KB069692

INTRODUCTION TO PSYCHOLOGY

심리학의 현대적 이해

안창일 편

고영건 · 구민모 · 김근향 · 김나라 · 김미리혜 · 김진영 · 김현택 · 남기춘
류승아 · 박기환 · 윤선아 · 이순묵 · 이정흠 · 최승원 · 최윤경 공저

학지사

머리말

    심리학은 현대를 살아가는 우리에게 하나의 전공학문으로서의 영역을 넘어서 일상생활에 꼭 필요한 상식이라고 할 정도로 보편화된 학문이다. 불과 50~60년 전인 1950년대만 해도 심리학은 일반인에게 생소한 학문이어서 관상학이나 독심술처럼 특이하게 생각하는 사람들이 많았다. 그러나 이제는 더 이상 그런 생각을 하는 사람은 없으며, 심리학은 현대인의 생활에 크나큰 영향을 미치는 학문이 되었다. 복잡한 현대사회에서 날마다 겪게 되는 여러 가지 스트레스를 극복하고, 시시각각 변하는 환경에 적절히 대처하기 위해서는 심리학적 지식이 필요하기 때문이다. 그만큼 심리학은 현대인의 삶에 깊숙이 파고들어 와 있는 것이다.

    이러한 현상은 대학의 교양과목 중에서 심리학을 선택 이수하는 학생의 수가 엄청나게 증가한 것을 보아도 알 수 있다. 학생들의 심리학 지식에 대한 요구에 부응하기 위해 대학에서는 심리학을 이해하기 쉽고, 배운 지식을 일상생활에 활용하기 적절하게 가르쳐야 할 책임이 있다. 이를 위해 심리학을 소개하는 우수한 교재가 개발되어야 함은 너무나도 당연한 사실이다.

    이러한 요구에 부응하려는 노력의 일환으로 현재 전국의 유수한 대학에서 심리학을 강의하고 있는 소장 학자들이 힘을 모아 본 교재를 편찬하기에 이르렀다.

    이 책은 심리학을 교양과목으로 수강하는 학생들에게 심리학에 관한 기초적 지식을 제공하고, 심리학에 흥미를 갖게 함과 동시에 적응기술을 습득하게 하여 그들의 대학생활은 물론, 일상생활에 도움을 주려는 목적으로 편찬되었다. 따라서 심리학 전반에 관한 내용들을 되도록 이해하기 쉽고 평이하게 집필하였다. 대학의 한 학기가 16주임을 감안하여 다소 여유 있고 편안하게 강의하고 배울 수 있도록 전체 14장으로 구성하였다.

심리학의 영역은 광범위하고 각 영역별로 학문적 성격도 달라 한 사람의 학자가 집필하기에는 적합하지 않으므로 각 장의 주제에 적합한 전공자들이 책임 있게 집필하였다. 예를 들면, 제2장 행동의 생물학적 기초는 생물심리학 전공 교수가, 제5장 인지와 언어 정보처리는 인지심리학 전공 교수가 집필함으로써 각 분야에 대한 신뢰성 있는 지식과 정보를 제공하는 데 소홀함이 없게 하였다. 따라서 독자들은 각 주제를 공부하면서 자기가 특별히 관심을 갖고 더 깊이 배우고 싶은 분야가 무엇인지를 탐색할 수 있기를 바란다.

여러 사람이 함께 어떤 일을 도모한다는 것이 얼마나 어려운가는 굳이 말하지 않아도 알 것이다. 이 어려운 작업을 아무런 불평 없이 묵묵히 수행하여 마침내 빛을 보게 한 고영건 교수의 인내심과 노고에 사의를 표한다. 이 책을 집필한 15명의 필자들은 모두 본인과 함께 수학한 후학이요 제자들이다. 각자 연구와 강의로 눈코 뜰 사이 없이 바쁜 중에도 못난 스승의, 결코 자랑스러울 것도 없는 칠순에 맞추어 출간하기 위해 성심을 다한 그 정성과 노력에 무한한 고마움을 표한다. 이들의 앞날에 학문적으로나 개인적으로 큰 발전이 있기를 진심으로 기원한다.

끝으로 이 책이 출판될 수 있도록 인내심을 가지고 도와준 학지사 김진환 사장을 비롯한 직원 여러분께도 감사의 마음을 전한다. 또한 이 책으로 공부하는 독자들의 앞날에 영광이 있기를 기원한다.

2012년

안창일

차 례

Chapter 02 행동의 생물학적 기초

Chapter 03 전 생애 발달

Chapter 04 감각과 지각

Chapter 08 성격의 형성과 발달

Chapter 09 개인차의 이해

Chapter 10 사회심리학

Chapter 11 이상심리학: 이상행동의 이해와 치료

Chapter 12 심리장애의 치료

Chapter 13 스트레스와 건강

Chapter 14　여성심리학

복합 학문으로서의
심리학

김나라

학습 목표

1. 심리학이라는 학문 태동의 역사적 배경에 대해 알아본다.
2. 심리학의 주요 관점에 대해 알아본다.
3. 심리학에서 주로 사용되는 연구 방법에 대해 알아본다.

학습 개요

심리학이란 인간의 행동, 그리고 그 행동과 관련된 생리적·심리적·사회적 과정을 연구하는 과학이다. 오늘날 심리학자들이 전념하고 있는 인간의 마음과 행동에 대한 기본적인 물음들에 대해서 철학자들도 관심을 가지고 있었지만, 현대 심리학의 창시자들은 이런 문제들을 과학적으로 연구해야 할 필요성에 대해 생각하기 시작하였다. 1879년 빌헬름 분트(Wundt)가 독일의 라이프치히(Leipzig) 대학교에 최초의 심리학 실험실을 세웠는데, 이것은 현대 심리학이 전 세계적으로 인정되는 새로운 학문으로 출범하는 데 핵심적인 역할을 하게 된다. 심리학은 비교적 젊은 학문이다. 100년 전 심리학자들이 관심을 가졌던 논제들 중에 아직까지도 중요한 것이 많듯이, 심리학의 역사 중 많은 부분이 최근의 일이다. 현대 심리학의 발전과 함께 심리학자들은 우리의 뇌는 어떻게 작동하는 것일까라는 문제부터 우리는 어떻게 보고, 듣고, 생각하고 또 결정을 내리는 것일까라는 문제에 이르기까지 인간의 행동 및 정신 과정과 관련된 모든 문제를 과학적으로 연구해 왔다. 이러한 심리학 연구는 크게 다섯 개의 관점으로 설명될 수 있으며, 주요 관점들은 상호 배타적인 것이 아니라 상호 보완적으로 이해해야 한다. 이 장에서는 1879년 이후 심리학의 공식적 출범 역사와 함께 현대 심리학의 주요 관점들을 소개하고, 심리학 연구에 적용되는 주요 연구 방법을 설명할 것이다.

1. 현대 심리학의 역사

1) 현대 심리학의 태동

분트(Wundt, 1832~1920)는 심리학이 공식적으로 인정받는 학문이 되는 과정에서 분명한 비전, 뛰어난 재능, 독창적 능력 그리고 열정을 보여 준 심리학사에서 매우 중요한 인물이다. 분트는 1875년 라이프치히 대학교에 교수로 부임하자마자 자신이 이전 대학교에서 사용하던 꽤 많은 실험 도구들을 비치해 둘 장소를 학교 당국에 요청했으며, 여러 번의 요청 끝에 1년 뒤에야 공간을 제공받았다. 넓이가 50㎡ 정도 되는 이 작은 방에서 시작해 실험심리학 최초의 실험실이 탄생하였고, 이후 수십 명의 학자들이 이를 모방하여 실험실을 세우게 되었다. 분트는 처음에는 실험의 시범을 보여 줄 목적으로만 실험실을 사용하였다가 1879년 실험실에 심리학 연구소(Psychologisches Institute)라는 이름을 붙였다. 이 연구소는 곧 유럽 전역과 미국에서 호기심에 찬 학생들을 끌어들이게 되었다.

실험실에서 나온 분트의 업적들은 그 당시에 이용 가능했던 기법이나 장비들을 가지고 실험할 수 있는 비교적 다루기 쉽고 명확한 문제들에 집중되었다. 실험실 연구들의 목적은 그리 대단한 것은 아니지만 과학 연구의 기본 표준을 훼손하지

Wilhelm Wundt(1832~1920)

실험실에서의 분트와 동료들

는 않았다. 분트의 실험실 연구는 주로 감각, 지각 그리고 반응 시간에 집중되었으며, 그 외에 주의, 정서, 연합, 꿈과 같은 주제에 대해서도 연구를 수행하였다. 또한 분트는 광범위한 비전을 가지고 실험실에서 언어학, 행동에 대한 사회적 영향력 등과 같은 다양한 연구 주제들을 다루었는데, 이러한 주제들은 그가 생각했던 것만큼 실험실 연구에 적합한 주제가 아니었다. 그 결과 그의 이론 체계는 연구 방법과 연구 주제의 관점에 비해 매우 협소하게 표현될 수밖에 없었다.

2) 심리학의 도약기

라이프치히에서 심리학이 공식적으로 출범하고 난 후, 이 새로운 학문에 대한 관심이 매우 빠르게 증가하였다. 유럽과 미국에서 새로운 강좌, 실험실, 학위 프로그램들이 우후죽순처럼 생겨났다. 티치너 (Titchener, 1867~1927)는 분트의 다른 어떤 제자들보다도 분트의 실험실에서 나온 사상과 과학적 업적들을 미국으로 많이 들여온 인물이다. 사실 그가 라이프치히에서 연구한 기간은 2년(1890~1892)밖에 되지 않는다. 그는 라이프치히 대학교에서 박사

Edward Bradford Titchener
(1867~1927)

학위를 받은 후 미국으로 건너가 코넬(Cornell) 대학교 교수가 되었는데, 생을 마칠 때까지 미국 심리학계에 매우 강력한 영향력을 발휘하였다. 그는 1984년부터 1927년 사이에 56명의 박사를 배출하였는데, 이 중 19명이 여성이었다. 이는 그당시 시대 상황으로 볼 때 매우 이례적인 일이다.

티치너는 자신의 심리학 이론 체계를 구조주의(structuralism)라고 표현하였다. 그는 지속적으로 자연과학과 심리학을 대비시켰으며, 새로운 학문인 심리학이 이미 확고하게 자리 잡은 자연과학과 같은 개념적 토대 위에 확립되기를 희망했다. 따라서 심리학의 첫 번째 과제는 자연과학에서처럼 경험의 기본 구성 요소를 밝

히는 것이었다. 그다음으로, 그 구성 요소들이 결합하는 방식을 탐색하고, 이러한 현상과 관련된 원인을 밝히는 것이 심리학의 과제라고 주장하였다.

이러한 과제를 풀기 위해 심리학은 여느 과학에서와 마찬가지로 지정된 현상을 관찰하는 방법을 사용하여 연구하게 되는데, 티치너는 심리학자들이 하는 관찰을 내성법(introspection)이라고 하였다. 과학적인 관찰이 되기 위해서는 다른 요인들이 개입할 수 없도록 통제되어야 하고, 실험적으로 변화를 주어야 하며, 반복되어야 한다고 주장하였다. 티치너에게 심리학은 인간 의식의 기본적인 구성을 발견하는 것이 목적인 순수한 실험실 과학이었다. 체계적 실험 내성이 주요한 방법이었고, 이런 형태의 내성은 집중적인 훈련을 필요로 하기 때문에 강력한 동기를 가진 성인 관찰자들에게만 한정되어 있는 일이었다. 예를 들어, 어린아이나 고양이, 개와 같은, 성인 이외의 대상에게 내성을 하도록 요구하는 것은 무리다. 하지만 티치너는 자신의 사상이 진화함에 따라 다른 종류의 의식을 탐구하는 것의 중요성을 인식하기도 하였다.

비록 그가 사용한 내성법은 이후 많은 비판을 받으며 심리학 분야에서 사라졌지만, 그가 심리학적 지식의 기반을 제공하는 데 기초적인 실험실 연구가 갖는 가치를 고집했기 때문에, 이러한 영향으로 심리학과가 설치된 모든 단과대학과 종합대학에 실험실이 생기는 터전이 마련되었다.

3) 복합 학문으로서의 심리학

심리학은 심리학이 존재해 온 100년 이상의 역사 동안 하나의 독립적인 학문 분야로서 왕성한 성장을 보여 왔으며, 심리학자들의 관심은 더욱 전문화되어 왔다. 홀(Hall)의 서재에서 1892년에 창립된 미국심리학회(American Psychological Association: APA)는 1920년대 중반까지 꾸준한 성장을 이루었다. 처음 31명이었던 창립회원들이 19세기 말에는 125명으로 늘어났고, 제1차 세계대전이 끝날 무렵에는 회원 수가 375명이 되었다. 제2차 세계대전 이후에는 회원 수가 약 5,000명이 되었고, 이후 지속적으로 증가하여 20세기가 끝나는 시점에는 10만 명에 육박하였다.

　20세기의 후반부 동안 심리학은 엄청난 성장을 이룩해 냈으며, 그 전문성 또한 발전되어 왔음은 분명하다. 그러나 하나의 지적 학문 분야로서 현대 심리학을 살펴볼 때, 심리학을 '심리학과'에서 가르친다는 측면을 제외한다면 심리학이 통일된 하나의 학문이라고 말하기 어렵다. 현재 미국심리학회에는 54개의 분과가 있고, 한국심리학회에는 12개의 분과가 있으며, 많은 심리학자들이 하나 이상의 분과에 속해 있다.

　코흐(Koch)는 현대 심리학의 특징은 전문성의 증가이기 때문에 심리학(psychology)이라는 단일한 분야 대신 심리학적 연구들의 집합(psychological studies)이라는 개념으로 대체하자는 제안을 하였다(Koch, 1993). APA의 회장을 역임했던 바우어(Bower)는 오늘날 심리학은 실제로 다수의 하위 학문 분야들이 이루는 집합체이며, 각각은 그 자체로서 하나의 전문 분야라고 주장했다(Bower, 1993). 심리학의 성장과 다양성은 나무의 성장 과정과 같아서 나이 듦에 따라 가지가 더 늘어난다는 것이다. 그러므로 심리학은 하나의 학문 분야가 아니라 여러 개의 집합이라고 가정하는 것이 가장 합리적이다.

표 1-1 한국심리학회 산하 분과 학회

1. 임상심리학회	7. 사회문제심리학회
2. 상담심리학회	8. 건강심리학회
3. 산업 및 조직심리학회	9. 여성심리학회
4. 사회 및 성격심리학회	10. 소비자광고심리학회
5. 발달심리학회	11. 학교심리학회
6. 인지 및 생물심리학회	12. 법정심리학회

2. 심리학의 주요 관점

분트 이래 20세기 중반까지 다양하고 많은 심리학의 이론 체계들이 등장하였으며, 제2차 세계대전 이후 수십 년 동안 심리학은 전에 없는 확장과 발전을 이룩해 왔다. 이 과정에서 기능주의와 형태주의 심리학과 같은 고전적 이론 체계들은 현대 주류 심리학에 잘 흡수되었고, 정신분석학, 인본주의 및 신행동주의와 같은 이론들은 각기 다른 수준에서 영향을 미쳤다. 현대 심리학자들의 관점은 전통적인 학파로 보기보다는 심리학적 관점으로 보는 것이 더 유용한 분류다. 현대 심리학의 주요 관점으로는 생물학적 관점, 정신분석적 관점, 행동주의적 관점, 인지적 관점, 인본주의적 관점 그리고 사회문화적 관점이 있다.

1) 생물학적 관점

생물심리학적 관점을 가진 심리학자들은 인간행동 및 정신과정의 원인을 인간의 생리, 유전 및 진화에서 찾으려 한다. 즉, 생물학적 접근에서는 특정 행동과 특정 생물학적 요인 사이의 관련성에 관심을 가진다. 생물심리학자들은 물리적 사건과 정신적 사건 사이의 관계를 탐색하기 위해 뇌와 신경계의 기능을 조사하고, 뇌 각 부분의 활동이 행동과 경험에 어떻게 대응되는지를 연구한다.

생물심리학자들은 우울증과 같은 정신장애의 원인을 신경계에 필요한 특정 화학물질의 결핍으로 본다. 우리의 기분이 뇌의 화학물질에 따라 달라진다는 것은 어느 정도 사실이지만, 건전하지 못한 사고방식, 학습된 무기력, 결핍된 주변 환경 등 여러 가지 비생물적 요인에 의해 정신장애가 발생할 수도 있다. 따라서 어떠한 문제를 다룰 때는 항상 상호 보완적인 관점을 활용하는 것이 유용하다.

새로운 방법들이 등장하면서 생물심리학은 진보를 거듭하였다. 단일 뉴런 기록과 자극법들이 출현함으로써 시각 및 청각 처리 과정이나 기억의 장기 증강(long-term potentiation) 현상과 같은 다양한 분야의 연구 가능성이 높아졌다. 또한 뇌의 전기적 활동을 기록하는 방법의 출현과 구조적·기능적 화상진단법의 등장은 이 분야 연구 활동을 진척시켰다. 이와 같이 발전된 여러 가지 연구 방법을 사용하여 생물심리학자들은 뇌 속 화학물질의 영향 이외에도 우리의 행동과 정신과정에 관

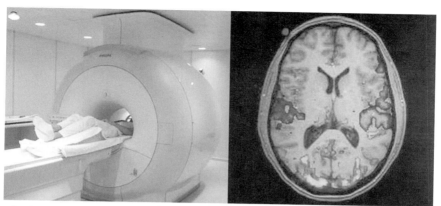

기능적 자기공명 영상(functional magnetic resonance imaging)

여하는 신경계의 구조와 기능을 연구한다.

2) 정신분석적 관점

프로이트(Freud, 1856~1939)는 자신을 치료하기 위한 분석과 함께 자신의 환자들에 대한 사례연구를 통해 인간행동에 대한 이론을 개발하였다. 그는 전 생애를 통해 자신의 이론이 수용되고 거부되는 것을 모두 경험하였다. 정신분석학은 뒤얽히고 복잡한 역사를 가졌음에도 불구하고, 서양 심리학에서 매우 중요한 위치를 차지하게 되며, 1950년대에는 심리치료 분야에서 주도적인 역할을 하게 된다.

오늘날에도 정신분석학의 영향은 계속되고 있으나, 인본주의 심리학의 성장으로 인해 심리치료에서의 영향력은 다소 후퇴하였다. 프로이트의 영향하에 있었던 대부분의 학자들도 프로이트의 이론이 생물학적인 성을 지나치게 강조한다고 이의를 제기하고, 무의식의 성격, 자아의 자율성, 발달 단계 및 치료법과 같은 다른 주제들과 관련해서도 의견이 분분하게 되었다. 융(Jung), 아들러(Adler), 호나이(Horney) 등과 같은 학자들은 프로이트를 벗어나서 자신들만의 고유한 이론을 개발하였으며, 이들을 신프로이트 학파라고 부른다.

정신분석적 접근에서는 인간의 의식적인 정신 경험은 빙산의 일각과 같이 아주 작은 부분에 불과하며, 수면 아래 방대한 무의식적 충동, 요구들이 숨어 있다고 본다. 프로이트는 수면 아래 깊은 곳에 숨어 있어 우리가 자유롭게 접근할 수 없는 이 무의식의 역할을 특히 강조하였다.

3) 행동주의적 관점

왓슨(Watson, 1878~1958)은 미국 심리학의 한 학파로 행동주의를 창시하였다. 왓슨 이전에 많은 심리학자들은 객관적인 측정에 관심을 가지고 있었다. 또한 많은 심리학자들이 내성법에 점점 더 비판적이었기 때문에 심리 현상을 좀 더 객관적으로 측정하는 것에 관심이 있었다. 왓슨은 '꼬마 앨버트(Albert) 실험'으로 정서 반응의 조건화를 증명하려고 시도하였다. 1913년 '행동주의자 선언서'를 발표하였고, 1930년대 행동주의가 미국의 실험심리학계에 뿌리를 내리기 시작하였으며, 1960년대까지 미국 심리학계에서 가장 강력한 학파로서 심리학 연구에 영향을 미쳤다.

행동주의적 관점에서는 마음, 의식, 감정과 같은 개념은 객관적이지 않으며 측정할 수도 없기 때문에 심리학에서 연구하기에 적합한 주제가 아니라고 여겼다. 이들은 관찰하고 측정할 수 있는 행동만 연구하였다. 이후 추상적 개념들(예: 배고픔)도 연구의 대상에 포함하였으나, 이것도 관찰 가능한 사건들을 조작적으로 정의한 개념(예: 배고픔에 대해 24시간 굶는 것이라고 조작적으로 정의)이어야 한다고 주장하였다. 행동주의적 관점에서는 개개인이 어떤 행동을 하게 되는 이유가 외부의 사건에 의해 조건이 형성되었기 때문이라고 본다. 그 개인이 무엇을 알게 되었는지보다는 어떤 절차에 의해 그가 조건화되었는지가 관심의 대상이다. 즉, 외부 환경을 행동 변화의 원인으로 본다.

4) 인지적 관점

1950년대 이후 심리학 분야에서 가장 눈에 띄는 흐름 중 하나는 인지에 대한 새로운 관심이었다. 이러한 흐름은 기억, 형태 재인, 추론, 아동 및 성인 발달, 인공지능과 같은 분야에 걸친 새로운 연구들에 의해 두드러지게 되었다. 나이서(Neisser, 1967)는 '인지(cognition)'를 "감각 입력 자료들이 변형되고, 축약되고, 정교화되고, 저장되고, 회복되고 활용되는 모든 과정이다."라고 정의하였다. 인지적 접근을 취하는 심리학자들은 감각과 지각, 기억, 학습, 문제해결, 언어와 같은 고도의 정신기능을 이해하는 데 중점을 둔다. 행동주의자들은 개인을 수동적인 정보 수입자로 규정하고 있는 반면, 인지심리학자들은 유기체에 보다 역동적인 역할을 부여한다. 다시 말해, 개인을 위계적 체계를 활용하여 정보를 조직하는 능동적인 조직자로 보는 것이다.

인지적 관점에서 유기체는 정교한 정보처리자로 여겨진다. 예를 들어, 기억은 반응으로 실행되기 전에 연속적인 단계나 수준(예: 감각기억, 단기기억, 장기기억 등)에 걸쳐 정보를 처리하는 과정을 수반한다. 인지심리학자들은 순서도나 여러 단계에 걸쳐 정보를 처리하는 컴퓨터 과학에서 차용된 방법들을 활용함으로써 인지적 과정을 이론적으로 나타냈다. 부호화, 저장, 인출과 같은 기억과 관련된 용어들은 인지심리학과 컴퓨터 과학 사이에 관련성을 보여 주는 예다.

5) 인본주의적 관점

인본주의적 관점에서는 우리 자신을 정보 처리자, 암흑 상자, 기계 또는 문화적 산물로 간주하는 것은 매우 잘못된 것이라고 주장한다. 컴퓨터나 흰쥐와 같은 모형들은 잘해야 단편적인 이론적 시각을 제공할 수 있고, 잘못하면 오해를 제공하게 된다는 것이다. 인본주의적 관점의 심리학자들은 조건화라는 개념이 인간의 삶에서 중요한 역할을 한다는 점을 부정하지는 않는다. 하지만 인간은 초의식 수준에서 조작할 수 있는 능력을 갖추고 있어서 조건화의 결과를 극복하거나 뒤집을 수 있는 존재라고 주장한다. 또한 인본주의적 관점은 정신분석적 관점을 비판하였는데, 인간에게 무의식적인 세력이 존재할 수 있지만 대부분의 사람들은 무의식적이기보다는 더 의식적이라고 주장한다. 인본주의적 관점은 1960년대에 심리학계에 제3세력으로 환영을 받으며 급속하게 성장하게 된다.

인본주의 심리학자들은 인간을 연구하는 데 과학적인 방법, 역사적인 방법, 철학적인 방법, 문학 혹은 예술적인 방법에 이르기까지 다양한 방법론을 적용하였다. 또한 심리학의 탐구 주제가 좀 더 광범위해야 한다고 주장하였다. 이들은 공포, 공격성, 학습과 같은 주제 이외에, 고통, 지혜, 성장, 의미, 존엄, 절정 경험 등과 같은 주제들도 다룰 필요가 있다고 주장하였다. 심리학이 인간의 삶을 다루어야 함에도 불구하고 그동안 너무 편협한 탐구 영역만 개척해 왔다고 지적하였다. 인본주의적 접근에서는 인간의 선택, 자기 인식, 성장, 잠재력의 실현 그리고 개개인의 경험을 중요하게 여긴다.

6) 사회문화적 관점

사회문화적 관점에서는 인간행동에 대한 사회적·문화적 영향을 강조하며, 인간행동을 설명하는 데 이들의 영향력을 이해하는 것이 중요함을 강조한다. 인간은 사회적 동물이다. 따라서 우리에게는 다른 사람들이 중요하며, 그들은 우리가 행동하고 생각하는 방식에 영향을 미친다. 사회문화적 관점의 연구 영역은 대인 매력, 사회 지각, 편견, 공격성, 설득, 이타주의 등과 같이 다양하고 광범위하다.

감각, 반응 시간, 개인차 및 행동의 생리학적 토대와 같은 주제들은 심리학적으로 중요한 연구다. 하지만 사회적 맥락이 우리의 존재와 행동의 상당 부분을 결정한다는 것을 배제할 수 없다. 사회문화적 관점은 심리학 내 다른 분과 학문들과 결합되어 왔다. 예를 들어, 사회심리학을 인지심리학에서 구분하기보다는 사회인지이론으로 통합하여 사회적 상황에서 사람들이 자신과 타인에 관해 생각하는 방식을 탐구한다. 진화심리학자들은 적응적인 인간의 사회적 상호작용에 관한 가설들을 설정하고 이 가설들을 사회심리학적 방법으로 탐구하기도 한다. 사회문화적 관점의 심리학 연구들은 기초 분야뿐만 아니라 응용 분야에서도 지속적으로 성장하고 있다.

표 1-2 심리학의 주요 관점 요약

생물학적 관점	생물학적 구조, 과정, 기능, 유전
정신분석적 관점	무의식적 동기, 초기 아동기 경험
행동주의적 관점	관찰 가능한 행동, 환경의 영향력
인지적 관점	사고 과정
인본주의적 관점	주관적 경험, 잠재력을 실현하려는 내재적 동기
사회문화적 관점	사회적 및 문화적 맥락

3. 심리학 연구 방법

심리학 연구는 과학적 이해를 제공하고 실용적 문제를 해결하는 데 영향을 미친다. 인간행동을 연구하는 과학자가 되기 위해서는 심리학 연구를 어떻게 수행해야 하는지에 대해 배워야 한다. 연구의 전형적인 단계는 다음과 같다.

아이디어 얻기 ➡ 검증 가능한 가설 형성 ➡ 문헌 개관 ➡ 예비연구 실시 ➡
연구 실시 ➡ 결과 분석 ➡ 결과 해석 ➡ 본문 집필 및 발표 준비

가설을 검증하기 위해 연구를 실시할 때 심리학자는 어떠한 관점을 가지는지와 상관없이 기술연구, 상관연구 및 실험연구를 할 수 있다. 이러한 방법은 심리학자들이 주로 사용하는 연구 방법이다. 실험연구는 인과관계를 추론하는 데 가장 강력한 방법이지만 때로는 실험을 할 수 없을 때도 있다. 이런 경우 상관연구나 기술연구를 통해서도 중요한 결과를 도출할 수 있다. 또 이렇게 얻어 낸 결과는 실험을

통해 검증해야 할 가설을 설정하는 데 중요한 정보를 제공하기도 한다.

1) 기술연구

행동을 기술하는 것은 이해를 위한 첫 번째 단계다. 기술연구를 통해 어떤 행동이 일어나고 있으며, 어떠한 양상, 빈도, 양으로 발생하는지를 기술하고 수량화할 수 있다. 비록 기술연구를 통해 인과관계를 추론할 수는 없지만 기술연구는 심리학에서 중요한 역할을 한다. 기술연구로 모은 자료는 차후 좀 더 고도로 통제된 연구에 중요한 정보를 제공한다. 기술연구에 통제가 결여되어 있다고 해서, 기술연구를 실험연구에 비해 이차적이거나 부차적인 것으로 간주해서는 안 된다. 행동과 정신과정을 상세하고 객관적으로 기술하기 위해 사용되는 세 가지 기술연구 방법에는 관찰연구, 사례연구 및 설문연구가 있다.

(1) 관찰연구

관찰연구는 연구자가 관심을 가지는 대상의 행동을 직접 관찰한다. 실험실에서 피험자의 행동을 관찰할 수 있을 뿐만 아니라, 자연스러운 환경에서 관심 대상의 행동을 관찰할 수도 있다. 실험실 관찰에서 연구자는 자연 상황에서보다 통제를 더 많이 할 수 있게 되고, 더 정확한 장비를 사용할 수 있다. 하지만 실험실에서 이루어진 관찰에 기초하여 내려진 결론은 인위적인 상황으로 인해 실험실 밖에서 그대로 적용하기 어려울 수도 있다.

자연관찰법(naturalistic observation)은 자연적인 조건하에서 전개되는 그대로의 행동을 관찰하고 기록하는 방법을 말한다. 이 방법은 인간이나 동물이 자연환경 속에서 행동하는 방식에 관심을 가지는 연구자들이 주로 사용한다. 자연관찰법을 사용하는 연구자가 직면하게 되는 한 가지 문제는 어떤 행동을 관찰할 것인가다. 그러므로 관찰하고자 하는 행동반경의 경계를 정해 놓아야 한다.

예를 들어, 신생아를 자연관찰법을 사용하여 연구할 때는 신생아는 무엇을 하는

지 그리고 신생아의 행동에서 무엇을 보아야 하는지 결정해야 한다. 신생아는 먹고, 자고, 싸고, 우는 것 이상을 할 수 있다. 신생아는 다양한 감각기관을 사용하며, 수십 개의 복합적인 반사 능력도 갖고 있다. 브래즐턴(Brazelton)은 동료들과 함께 수년 동안 다양한 문화 배경을 가진 신생아들을 다양한 상황 속에서 반복적으로 관찰하였다. 그 결과 신생아의 16개의 반사와 26가지 행동에 대해 평가할 수 있는 척도(Brazelton Neonatal Behavioral Assessment Scale; Als, Tronick, Lester, & Brazelton, 1977)를 개발하였다. 이러한 일련의 관찰을 통해 개발된 평가척도는 이후 통제된 연구에 중요한 정보를 제공하였다.

　자연관찰법의 제한점은 연구자가 사건이 일어날 때까지 기다려야 하고, 그 과정을 빠르게 하거나 느리게 만들 수 없다는 데 있다. 이는 상황을 통제할 수 없다는 뜻으로, 인과관계에 대해 결론을 내리기 힘들다. 또 다른 문제점은 연구자의 기대 때문에 연구자가 보고 싶은 것을 보거나 본 것에 대해 틀리게 추론하게 되는 관찰자 편향이 일어날 수 있다는 점이다. 만일 한 명 이상의 관찰자가 관찰하게 된다면 관찰자가 가지는 편향을 줄이는 데 도움이 될 수 있다. 하지만 이때 둘 이상의 관찰자가 같은 행동을 동시에 관찰했을 때 비슷한 결과를 내는지를 측정하는 관찰자 간 신뢰도(interobserver reliability)를 살펴보아야 한다. 또 자연관찰법에서는 관찰자가 관찰 대상의 행동에 영향을 미칠 수 있어 관찰 결과가 오염될 수 있다. 이

원숭이의 행동을 관찰하는 연구자

런 문제점을 극복하기 위해서 참여관찰법(participant observation)을 이용하기도 한다. 참여관찰법이란 관찰자가 관찰 대상 집단의 구성원이 되어 관찰하는 것을 말한다.

(2) 사례연구

사례연구는 개인, 집단 또는 상황에서 발생한 현상에 대해 실시하는 심층적 연구 방법이다. 매우 복잡하거나 희귀한 경우에 사례연구가 유용하다. 비행기 추락 사고 생존자의 사고에 대한 심리적 적응을 연구한다거나, 희귀병을 앓고 있는 사람들의 경험에 대해 연구할 때 대규모의 연구 참여자를 모으기란 쉽지 않기 때문이다. 따라서 사례연구에서는 개인 또는 작은 규모 집단의 사람들을 오랜 기간에 걸쳐 깊게 연구한다. 연구 대상에 대해 가능한 모든 것을 알아내고자 관찰, 면접 및 검사와 같은 자료 수집이 이루어진다. 프로이트의 정신분석이론은 자신의 환자의 사례연구에 기초하여 발전하게 되었다.

사례연구가 가지는 여러 장점에도 불구하고 사례연구에는 중요한 한계가 있다. 사례연구는 적은 수의 사람을 대상으로 한 연구 결과이기 때문에 그 결과를 더 큰 집단이나 다른 문화에 적용하고 일반화하는 데 어려움이 있다. 또 사례연구로는 인과관계를 밝힐 수 없다는 제한점이 있다. 그 밖에도 한 개인의 경험과 역사적 자료를 회고적(retrospective)으로 수집할 경우 과거를 환언하는 과정 중 정확한 정보를 얻는 데 어려움이 있을 수 있다.

(3) 설문연구

전체 모집단을 대표하는 결과를 얻기 위해 연구자들은 보다 넓은 범위의 지역에서 많은 사람들을 표본으로 삼아 정보를 수집하고 결과를 도출하기를 원한다. 정밀한 표집 절차를 사용할 경우 비교적 적은 수의 사람들에게 질문할 수도 있으며 이러한 결과는 작은 표본임에도 전체 모집단에 잘 일반화되기도 한다. 설문연구는 특정 집단의 사람들을 대상으로 그들의 행동, 믿음, 태도, 경험 등에 관한 정보

3. 심리학 연구 방법

를 면접이나 질문지를 사용하여 수집하는 것을 말한다.

설문연구의 형식에는 직접 면접을 하는 경우, 전화, 우편 및 온라인상에서 응답을 하는 형식이 있다. 인터넷 조사를 사용하게 되면 전 세계 인구를 대상으로 보다 손쉽게 정보를 얻을 수 있는 반면, 인터넷을 사용할 수 있는 집단만 편파적으로 대상에 포함되므로 결과가 전체를 대표하지 못하는 경우가 발생할 수 있다. 따라서 설문연구의 형식을 결정할 때 설문 형식에 의해 발생할 수 있는 문제점에 대해 충분히 고려해야 한다.

모집단을 대표할 수 있는 표본을 선정하는 과정에서 편파가 일어나지 않도록 해야 한다. 또한 설문에 응답해 줄 사람을 매우 신중하게 선정해야 한다. 자원자들에게 설문 응답을 받을 경우, 자원한 참가자는 여러 가지 방식에서 자원하지 않은 잠재적 참가자와 달라서 자원자 문제(volunteer problem)가 발생할 수 있다. 참가자의 특성이 결과에 영향을 미치게 되면 결과를 일반화하기 어렵다. 모집단을 대표하는 표본을 선정하기 위해 자주 사용하는 방법을 무선표집(random sampling)이라고 한다. 무선표집을 하면 모집단에서 특정인이 뽑힐 확률을 다른 사람이 뽑힐 확률과 동일하게 만들 수 있다. 설문조사 연구에서 고려해야 할 또 다른 문제점은 참가자가 설문에 응할 때 사회적 바람직성(social desirability)에 따라 응답할 가능성이 있다는 점이다. 이러한 반응 유형에 의한 문제점을 해결하기 위해 사회적 바람직성을 측정할 수 있는 문항을 설문지에 넣거나 강제선택검사(forced-choice test)를 사용하기도 한다.

2) 상관연구

상관(correlation)이란 두 변수가 서로 관련된 정도를 말한다. 상관연구는 두 변인의 특성이나 사건 또는 행동 간 관계의 정도를 검토하기 위해 사용한다. 연구를 위해 외모와 데이트 횟수 간의 관계를 연구하거나 자녀의 수와 삶의 만족도 간의 관계를 연구할 수도 있다. 연구자는 상관연구를 통해 단일 통계치로 관계의 정도와 방향을 동시에 알아볼 수 있다. 상관계수(correlation coefficients)는 −1.00에서 +1.00까지 변한다. 상관계수의 크기는 관계의 정도를 나타내고, 부호는 정적 또는 부적인 관계의 방향을 가리킨다. 정적 상관은 한 변인이 증가할 때 다른 변인도 증가하는 것을 말한다. 정적 상관의 예로, 폐암과 흡연 간의 관계처럼 흡연을 많이 할수록 폐암에 걸릴 확률도 증가하는 것을 들 수 있다. 부적 상관은 두 변인의 값이 서로 반대 방향으로 변하는 것으로, 한 변인이 증가하면 다른 변인이 감소하고, 한 변인이 감소하면 다른 변인은 증가하는 방향으로 변하는 것을 말한다. 부적 상관의 예로, 산의 고도가 높아질수록 온도가 내려가는 것을 들 수 있다.

상관계수가 0이거나 0에 가까운 것은 관련성이 매우 낮은 것을 의미하며, 상관계수의 절대값이 1에 가까울수록 두 변인 사이의 관계가 밀접한 것으로 해석한다. 두 변인 사이의 상관의 정도는 도표를 통해서도 확인할 수 있는데, 두 변인 간의 상관관계를 도표로 나타낸 것을 산포도(scatter diagrams)라고 한다. 산포도의 형태가 직선이면 상관이 가장 높고, 직선에 가까울수록 상관이 높다. 반면, 산포도의 형태가 원에 가까울수록 상관이 낮다. 산포도는 상관에 대해 어느 정도의 정보를 제공하지만, 산포도만으로 상관을 정확하게 파악할 수는 없다([그림 1-1] 참조).

상관연구 결과는 인과관계를 증명하지는 못한다. 왜냐하면 관심을 가지는 변인들뿐만 아니라, 연구에서 함께 관찰하지는 못했지만 동시에 변하는 몇 개의 요인들이 있을 가능성이 있기 때문이다. 예를 들어, 머리의 크기와 회상할 수 있는 단어의 수 사이에 상관이 높다고 하자. 이때 머리가 큰 사람이 기억을 잘한다고 말할 수는 없는데, 머리 크기가 어찌 되었든 참가자의 연령, 학력 등의 제3변인이 혼

| 강한 정적 상관 | 강한 부적 상관 | 약한 정적 상관 | 약한 부적 상관 | 무상관 |

[그림 1-1] 다양한 상관강도를 보이는 산포도

입되었기 때문이다. 그럼에도 상관연구가 유용한 이유는 심리학자가 관심을 가지고 있는 많은 변인들을 조작하기 힘들 때가 많기 때문이다. 임산부의 흡연이 태아에 미치는 영향에 대해 살펴보고자 할 때 임산부에게 담배를 피우도록 조작할 수 없고, 남녀의 차이를 알아보기 위해 어떤 사람에게 강제적으로 특정 성을 부여할 수 없는 것과 같은 경우들이 있기 때문이다.

3) 실험연구

실험연구는 인과 추론을 할 수 있게 하는 연구 방법이다. 여기서 인과관계를 추론할 수 있는 이유는 모든 다른 것들은 일정하게 유지되는 동안 독립변인이 조작되었기 때문이다. 제3변인의 혼입을 최소화한 방식으로 실험을 수행하면 독립변인 수준의 변화가 종속변인의 변화를 일으켰다고 말할 수 있다.

여기서 독립변인이란 연구자가 다른 변인에 변화를 일으킨다고 생각하는 변인을 말한다. 연구자는 의도적으로 이 독립변인을 조작한다. 종속변인이란 독립변인에 의해 영향을 받는 변인을 말한다. 독립변인을 조작한 결과로서 종속변인이 변화한다. 이때 연구자는 모든 변인들을 조작적으로 정의한 후 실험에 임해야 한다. 그 밖에 통제변인은 실험 동안 일정하게 유지되는 잠재적인 독립변인을 말한다. 실험자는 가능한 많이 두드러진 변인들을 통제하려고 노력하면서, 동시에 통제되지 못한 요인들의 효과는 독립변인의 효과에 비해 미미하기를 바란다. 연구자가 의도하지 않은 효과들이 영향을 미치는 것을 혼입(confounding)이라고 하며, 제3변인이 혼입되었을 경우 실험결과를 적합하게 해석하는 데 혼란을 초래한다.

실험을 할 때는 적어도 두 집단이 필요하다. 한 집단은 연구자가 조작한 독립변인의 처치에 노출되는 실험집단을 말하며, 다른 한 집단은 실험집단의 특성과 유사하면서 독립변인의 처치에 노출되지 않은 통제집단을 말한다. 통제집단은 처치가 없이 일어난 변화를 볼 수 있으며, 그 변화와 독립변인의 효과를 분리할 수 있기 때문이 실험설계에 필요하다.

실험연구에도 제한점이 있는데, 연구자가 상황을 엄격하게 통제할수록 연구 상황은 점점 더 인위적이고 부자연스러워진다. 그렇게 되면 인위적인 실험 상황에서 나온 결과를 실제 상황에 일반화하기 어렵게 된다.

4) 연구에서 반드시 고려해야 할 점

연구자는 윤리적 문제를 고려하고, 연구자 편향을 배제하며, 조작적 정의를 사용한다. 연구자는 자신이 부주의하게 결과를 편향시키지는 않았는지를 충분히 고려해야 하며, 연구의 윤리성, 자신의 의사소통에 대한 신뢰성 등을 고민해야 한다.

(1) 윤리적 쟁점

연구의 대상이 사람이든 동물이든지 간에 연구자는 연구 참가자의 복지에 대해 고려해야 한다. 신체적·정신적 해를 피하거나 최소화하기 위해 상호 신뢰성이 위반되어서는 안 되며, 부정직하거나 속임수를 사용해서는 안 된다. 연구에 사용되는 동물은 인도적으로 취급해야 한다.

예를 들어, 왓슨이 꼬마 앨버트(little Albert)를 대상으로 한 공포의 조건 형성 실험의 경우 윤리적 문제가 많은 실험이었다. 그는 10개월 된 영아에게 공포반응을 학습하게 만드는 실험을 계획하였는데, 토끼와 시끄러운 소음을 학습한 결과 앨버트의 공포반응은 토끼에 대한 두려움뿐만 아니라 개, 모피 및 수염 달린 가면으로까지 공포반응이 일반화되었다. 또 실험이 끝난 후 앨버트에게 학습된 공포반응을 되돌리는 어떠한 조치도 취하지 않았다. 애석하게도 이 연구 결과가 발표되었을 당시에는 이 논문을 고찰하며 이러한 연구에서의 비윤리적인 행위에 대해 지적한 학자가 없었다. 현재는 연구가 발표되는 학술지마다 연구 윤리규정을 지키도록 요구하고 있으며, 연구자들이 연구를 실시할 때 윤리적 측면을 윤리위원회로부터 확인받는 등의 제도적 지침들이 마련되어 있다.

(2) 연구자 편향

연구 과정의 많은 부분들이 부주의에 의해 오염될 수 있다. 연구자들은 한 번에 제한된 생각을 하기 때문에 연구 설계에 자신의 개인적인 기호를 부분적으로 반영하게 된다. 1800년대 초반 모턴(Morton)의 연구는 잘못된 연구 설계로 편향된 결과를 도출한 유명한 사례다. 그는 다양한 인종의 두개골을 수천 개 수집하였다. 두개골의 용적이 지능의 지표라고 믿었고, 수집한 두개골을 사용하여 인종 간 지능 차이를 조사하였다. 그 결과 백인의 지능이 가장 우수하고, 미국 흑인이 가장 뒤떨어지며, 미국 인디언이 그 사이에 위치한다고 발표하였다. 이러한 발표는 그 당시 시대의 편견과 일치한 결론이었다. 하지만 1978년에 모턴의 자료를 가지고 굴드(Gould)가 다시 연구하였을 때는 인종 간 두개골 크기에는 차이가 없었다고 결론을 내렸다. 굴드는 모턴이 자신의 가설에 맞는 두개골만 선택하여 사용하였다는 것도 밝혀냈다. 연구자들은 자신의 선입관에 대해 정확하게 자각하고 있어야 한다.

연구자 편향을 최소화하기 위해 두 가지 방법이 사용될 수 있다. 먼저 연구자는 모든 연구 참가자에게 되도록 획일적으로 연구를 수행해야 한다. 연구 참가자가 연구에 참여하는 절차와 방법이 상세하게 기록된 연구 규약(protocol)을 연구자가 정확하게 지키는 것으로 획일성이 지켜질 수 있다. 다른 한 가지 방법은 부주의한 차별적 취급을 최소화하기 위해 연구자에게 연구 참가자 혹은 연구 과제의 중요한 속성을 은폐하는 것이다. 참가자와 연구자 모두 은폐된 경우를 이중–은폐 설계(double-blind design)라고 한다. 또한 부주의한 연구자 효과를 배제하기 위해서는 위약(placebo)효과를 경계해야 한다. 위약은 실제로는 효과가 없는 약이나 처치를 말하는 것으로, 위약집단(placebo group)을 설계하여 위약효과를 통제할 수 있다. 위약집단은 실제로는 처치를 받지 않았지만 처치를 받았다고 믿는 집단을 말한다.

5) 연구결과의 해석

기술연구, 상관연구 및 실험연구를 통해 수집된 자료를 과학적으로 분석하기 위해 통계적 방법을 사용한다. 이때 자료의 특징을 쉽게 파악할 수 있도록 자료를 조직, 요약 및 정리하는 기술통계(descriptive statistics)를 사용한다. 기술통계의 가장 중요한 목적은 모집단이나 표본의 자료를 쉽게 이해할 수 있도록 조직하고 요약하여 정리하는 데 있다. 예를 들어, 대학생들의 평균 성적, 자동차의 연비, 대학생들의 평균 연애 기간 등이 기술통계에 해당된다. 기술통계는 수집된 자료를 집중경향치(평균, 중앙치, 최빈치)와 같은 하나의 수치, 그래프, 도표 등으로 요약하고 정리한다.

(1) 집중경향치

집중경향치는 자료를 대표하는 점수를 말한다. 따라서 수많은 점수들을 하나의 수치로 요약한다. 방대한 자료를 하나의 수치로 요약하여 훨씬 더 유용한 정보를 제공하게 되는 것이다. 대표적인 집중경향치로 평균, 중앙치 및 최빈치가 있다.

평균(mean)은 각 점수를 합한 다음 사례 수로 나눈 값을 말한다. 평균은 자료에 포함된 모든 점수에 영향을 받으며, 분포의 균형을 유지하는 점수다. 중앙치(median)는 자료를 상위 50%와 하위 50%로 구분하는 점수, 즉 백분위 50에 해당하는 점수를 말한다. 중앙치를 구할 때는 사례 수가 홀수일 경우와 짝수일 경우가 다르다. 사례 수가 짝수라면 실제 존재하지 않는 점수가 중앙치가 될 수도 있다. 예를 들어, 6 5 4 3 2 1이라면 중앙치는 3.5가 된다. 중앙치는 점수의 크기가 아니라 사례수의 영향을 받기 때문에 편포된 자료에서 집중경향치로 적합하다. 최빈치(mode)는 자료에서 사례가 가장 많은 점수, 즉 가장 빈도가 많은 점수를 말한다. 어떤 자료가 2 3 4 4 4 6 7이라면 최빈치는 4다. 분포에 따라서 최빈치는 하나 이상이 될 수 있으며 최빈치가 존재하지 않을 수도 있다. 자료가 편포를 이룰 경우 평균보다 최빈치가 더 적합하지만, 최빈치는 평균이나 중앙치에 비해 표집의 안정성이 낮다. 특히 최빈치는 사례 수가 적을수록 안정성이 낮아진다.

(2) 변산도

자료를 하나의 수치로 요약하는 집중경향치만으로는 자료의 특징을 완전히 파악할 수 없다. 따라서 자료의 특성을 정확하게 파악하기 위해 집중경향치는 물론 변산도를 고려해야 한다. 변산도(variability)는 점수가 집중경향을 중심으로 흩어져 있는 정도, 즉 점수 간 다른 정도를 나타낸다. 변산도가 클수록 점수가 흩어져 있고 이질적이다. 변산도를 나타내는 지수로 범위, 표준편차, 분산 등이 있다.

범위(range)는 자료에서 최고 점수와 최하 점수 간의 차이를 말한다. 만일 최고 점수가 70이고 최하 점수가 20이면 범위는 50이다. 범위는 쉽게 계산할 수 있는 장점이 있다. 하지만 양극단에 존재하는 두 점수만 고려할 뿐 전체 점수를 고려하지 못하고, 극단치에 영향을 받을 수 있으므로 변산도를 제대로 나타내지 못한다는 단점이 있다.

표준편차(standard deviation)는 평균과 다른 정도를 평균한 값을 말한다. 표준편차가 클수록 자료가 이질적이고, 표준편차가 작을수록 자료가 동질적이다. 표준편차를 구할 때 평균을 기준으로 하는 것은 평균을 기준으로 할 때 편차제곱의 합이 최소가 되기 때문이다. 이것을 최소자승법 원리(principle of least square)라고 한다.

분산(variance)은 표준편차를 제곱한 값이다. 분산은 각 점수와 평균의 차이(편차)를 제곱한 값을 평균한 것이므로, 분산이 클수록 점수들이 평균과 다르고, 분산이 같을수록 점수들이 평균과 비슷하다.

(3) 분포 형태

분포는 다양한 형태를 취할 수 있는데, 그중 정규분포(normal distribution)는 이론적인 측면은 물론 실제적인 측면에서 가장 중요한 확률분포다. 대부분의 통계방법은 자료가 정규분포를 이룬다고 가정하고 있다. 왜냐하면 무수한 자연현상 및 사회현상들은 정규분포하거나 정규분포에 근접하는 확률분포를 이루기 때문이다. 정규분포는 다음과 같은 몇 가지 특징을 가진다. 평균을 중심으로 완벽한 좌우 대칭을 이룬다. 정규분포에서는 평균 중앙치 최빈치가 일치한다. 정규분포의 형태는 평균과 표준편차에 따라 결정된다. 예를 들어, 표준편차가 커지면 모양이 뚱뚱해지고 표준편차가 작으면 모양이 홀쭉해진다.

좌우대칭을 이루는 정규분포와 달리 분포가 오른쪽이나 왼쪽으로 치우쳐 있는 편포도(skewness)가 있다. 편포도는 평균, 중앙치, 최빈치의 차이가 커질수록 증가한다. 편포는 치우친 방향에 따라 정적편포와 부적편포로 나뉜다. 정적편포는 분포의 긴 꼬리가 + 방향에 있고, 부적편포는 분포의 긴꼬리가 − 방향에 있는 것을 말한다. 다시 말해, 정적편포는 낮은 점수가 많고 높은 점수가 적은 분포이며, 반대로 부적편포는 낮은 점수가 적고 높은 점수가 많은 분포를 말한다. 시험이 매우 어려웠다면 정적편포를 그리게 되고, 시험이 매우 쉬웠다면 부적편포가 나타난다.

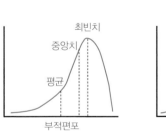 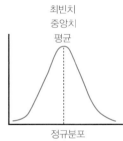 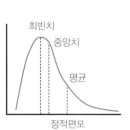

[그림 1-2] 집중경향과 분포 형태

요 약

현대 심리학은 분트의 실험실에서 1879년 공식적으로 출범한 이래 양적 및 질적 발전을 이루어 왔다. 다양한 전문 분야들이 심리학계에서 생겨나고 인정을 받는 과정에 있으며, 나무의 성장과정과 같이 다양한 전문 분야들이 심리학이라는 나무 기둥을 중심으로 가지를 치고 있다.

현대 심리학은 생물학적 관점, 정신분석적 관점, 행동주의적 관점, 인지적 관점, 인본주의적 관점 그리고 사회문화적 관점으로 나누어 볼 수 있다. 각 관점들의 주요 초점들을 살펴보면 다음과 같다.

생물학적 관점은 생물학적 구조, 과정, 기능, 유전에, 정신분석적 관점은 무의식적 동기와 초기 아동기 경험에, 행동주의적 관점은 관찰 가능한 행동과 환경의 영향력에, 인지적 관점은 사고과정에, 인본주의적 관점은 주관적 경험과 잠재력을 실현하려는 내재적 동기에, 마지막으로 사회문화적 관점은 사회문화적 맥락에 관심을 가진다. 심리학자가 어떠한 관점을 취하건 간에 기술연구, 상관연구 및 실험연구를 할 수 있다. 기술연구에는 관찰연구, 사례연구와 설문연구가 있다. 상관연구는 두 변인들 사이의 관계의 살펴보기 위해 사용한다. 상관연구로는 인과관계를 증명하지는 못하지만, 상관연구가 유용한 상황이 있다. 실험연구는 인과 추론을 할 수 있게 하는 연구 방법이다. 연구자가 의도적으로 독립변인을 조작하고, 그 결과 종속변인이 어떻게 변화하는지 살펴본다. 연구자가 의도하지 않은 효과들의 영향을 통제해야 하는데, 너무 엄격하게 통제하면 인위적인 상황에서 도출된 결과가 되어 연구 결과를 실제 상황에 적용하기 어렵게 된다. 또 모든 연구자는 윤리적 문제를 충분히 고려하여야 하며, 연구자 편향에 의한 영향을 최소화해야 한다.

학습과제

1. 인본주의적 관점에서 행동주의적 관점과 정신분석적 관점을 비판하시오.

2. 운동시간과 체중은 어떤 관계가 있는지 살펴보는 연구를 계획한다고 하자. 이에 대해 기술연구, 상관연구 및 실험연구를 각각 계획해 보시오.

3. 처벌이 학습에 미치는 영향을 알아보기 위해 초등학교 5학년 학생들을 대상으로 수학문제를 풀게 하고 틀린 개수에 따라 오리걸음을 걷도록 계획하였다. 이러한 연구 설계를 윤리적 측면에서 논하시오.

4. 다음 분포에서 평균, 중앙치 및 최빈치의 상대적 위치를 순서대로 열거하시오.
   1) 매우 쉬운 시험의 점수　　　2) 20세 여자 집단의 키

참고문헌

Als, H., Tronick, E., Lester, B. M., & Brazelton, T. B. (1977). The Brazelton Neonatal Behavioral Assessment Scale(BNBAS). *Journal of Abnormal Child Psychology, 5*(3), 215-231.

Bower, G. H. (1993). The fragmentation of psychology. *American Psychologist, 48*, 905-907.

Koch, S. (1993). "Psychology" or "the psychological studies". *American Psychologist, 48*, 902-904.

Neisser, U. (1967). *Cognitive psychology.* New York: Appleton-Century-Crofts.

chapter 02

행동의 생물학적 기초

김현택

학습 목표

1. 신경계의 기본 단위인 뉴런의 전기적 신경신호 발생과정에 관해 알아본다.

2. 뉴런 간의 화학적 신호 전달과정과 신경전달물질의 기능에 관해 알아본다.

3. 신경계의 기본 구성과 기능에 관해 알아본다.

4. 뇌의 주요 구조물과 기능에 관해 알아본다.

5. 뇌 발달의 취약성에 관해 알아본다.

6. 좌우반구의 기능 차이에 관해 알아본다.

학습 개요

인간은 일상에서 기쁨과 슬픔 등의 다양한 정서를 경험하고, 눈앞에 나타난 사물이 무엇인지 인식하고, 과거에 재미있었던 일들을 기억하고, 배고플 때 식사를 하고, 반가운 사람을 만나면 포옹을 하고, 그리고 자동차를 운전한다. 이러한 경험과 행동은 어떻게 가능할까? 어떤 행위를 한 것에 대해 누군가가 그 이유를 물으면 사람들은 아마도 그렇게 하고 싶은 마음이 들어서라고 말할 것이다. 그러면 그 마음은 어디에 있는 것이며, 그 마음이라는 것은 무엇일까? 그 마음은 어떻게 인간이 그 행동을 하도록 했을까? 이에 대한 해답은 그렇게 간단한 것은 아니다.

17세기 초에 프랑스 철학자 데카르트(Descartes)가 인간의 마음과 신체는 본질적으로 분리되어 있지만 서로 상호작용한다고 주장하여 제기된 이원론적 상호작용론은 인간의 마음과 행동에 대한 생리학적 접근과 과학적 접근의 출발점이 되었다. 이후 많은 과학적인 연구의 성과에 의해, 20세기에 들어오면서 인간의 마음과 행동의 작용이 뇌와 신경계를 기반으로 이루어진다는 믿음이 확고해졌다. 그리하여 인간의 행동과 정신현상들을 생물학적 수준에서 분석하고 연구하려는 시도가 활발하게 이루어졌다.

이 장에서는 마음과 행동의 기반이 되는 신경계를 구성하는 신경세포와 이 세포들의 작용 원리, 그리고 신경계의 각 구조들과 그 구조들의 기능을 다루게 된다. 이 장을 통해 마음과 행동이 생물학적으로 어떻게 설명될 수 있는지 확인할 수 있을 것이다.

1. 신경세포와 신경활동

　신경계를 구성하는 신경세포는 두 가지로, 하나는 뉴런(neuron)이고 다른 하나는 교세포(glia)다. 뉴런은 정보를 받아들여 다른 세포에게 전달하는 세포다. 사람들이 신경세포라고 하는 것은 보통 뉴런을 의미한다. 교세포는 신경계를 지지하고 수초를 만들고 신경계의 노폐물을 제거하는 등 다양한 기능을 한다. 하지만 여기서는 뉴런에 대해서만 설명하고, 이 뉴런이 어떻게 다른 신경세포에 정보를 전달하게 되는지를 살펴볼 것이다.

1) 뉴런

　뉴런은 모양, 크기 및 기능이 다양하며, 성인의 뇌에는 대단히 많은 뉴런이 있다. 한 추정치에 따르면, 성인의 뇌에는 대략 천억 개의 뉴런이 있다(Williams & Herrup, 1988). 뉴런은 수상돌기(dendrite), 세포체(cell body), 축삭(axon) 및 시냅스전 종말(presynaptic terminal)로 구성되어 있다([그림 2-1]). 수상돌기는 여러 갈래로

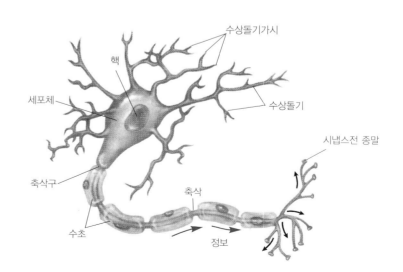

[그림 2-1] 뉴런의 구성 요소
뉴런은 세포체, 수상돌기 및 수상돌기가시에 연결된 시냅스에서 신호를 받아 축삭을 통해 시냅스전 종말로 신호를 보낸다.

갈라진 섬유로서 끝으로 갈수록 가늘다. 수상돌기의 표면에는 시냅스 수용기 (synaptic receptor)들이 덮여 있어 시냅스 과정을 통해 다른 뉴런으로부터 정보를 받아들인다. 세포체에는 리보솜, 미토콘드리아 및 대부분의 세포들에서 볼 수 있는 기타 구조물들이 있다. 뉴런의 신진대사 작업 중 많은 부분들이 이곳에서 일어난다. 수상돌기처럼 세포체의 표면도 시냅스 수용기가 있어 다른 뉴런과 시냅스를 한다. 축삭은 일정한 지름을 가진 가는 섬유로서 세포체의 축삭구에서 뻗어 나가는데, 대부분의 경우는 수상돌기보다 훨씬 길다. 축삭은 정보의 송신자로, 신경충동을 다른 뉴런, 내분비선 및 근육으로 전달한다. 척추동물 중에는 축삭이 수초 (myelin sheath)라는 절연물질에 싸여 있고 각 수초 사이에 랑비에마디(nodes of Ranvier)라는 중절이 있는 것들이 많다. 그러나 무척추동물의 축삭에는 수초가 없다. 한 축삭은 많은 가지로 나뉘는데, 각 가지의 끝은 볼록한 형태의 시냅스전 종말을 형성한다. 여기에서 축삭이 화학물질을 분비하는데, 이 화학물질을 신경전달물질(neurotransmitter)이라고 한다. 시냅스전 종말에서 분비된 이 신경전달물질이 다른 뉴런의 수상돌기나 세포체에 있는 시냅스 수용기와 결합하여 정보를 전달하는데 이러한 과정을 시냅스 과정이라고 한다([그림 2-4] 참조).

뉴런에는 세 가지 유형, 즉 운동뉴런, 감각뉴런 및 개재뉴런이 있다. 운동뉴런은 원심성 뉴런(efferent neuron)이라고도 하는데, 뇌에서 정보를 받아 말초의 근육이나 내분비선으로 정보를 전달한다. 감각뉴런은 구심성 뉴런(afferent neuron)이라고도 하는데, 이것은 외부에서 들어오는 정보(감각 수용기를 통해)를 받아 뇌로 전달한다. 개재뉴런(interneuron)은 수상돌기 및 축삭 전체가 한 단일 구조물 내에 있다. 예를 들어, 시상(thalamus)이라는 뇌 구조물의 개재뉴런은 그의 수상돌기와 축삭이 시상 내에 있으면서 시상 내의 다른 세포들하고만 교신한다.

이 세 종류의 뉴런들이 어떻게 협응하는가를 잘 보여 주는 예가 척수반사(spinal reflex)다. [그림 2-2]에서 볼 수 있듯이, 피부에 제시된 자극 정보는 감각뉴런을 통해 척수로 들어간다. 척수 내에 있는 개재뉴런은 감각뉴런으로부터 정보를 받아 운동뉴런으로 전달한다. 운동뉴런은 근육으로 정보를 보내 근육을 수축시켜 척수

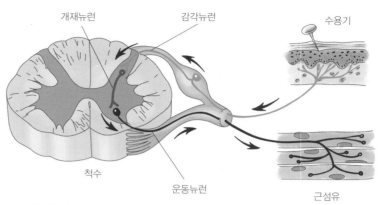

[그림 2-2] 척수반사

감각정보가 감각뉴런을 통해 척수로 들어가 개재뉴런에 전달되고 이것이 다시 운동뉴런으로 정보를 보내 근섬유를 수축하여 운동을 발생시킨다. 이러한 과정을 척수반사라 하고, 이러한 일련의 회로를 반사궁이라고 한다.

반사가 나타나도록 한다. 감각뉴런으로부터 근육반응에까지 이르는 이 회로를 반사궁(reflex arc)이라고 한다. 우리는 이러한 척수반사에 의해 유해한 자극으로부터 신속하게 피할 수 있게 된다.

2) 신경활동

앞에서 뉴런들이 '정보를 받는다' 또는 '정보를 보낸다'라고 언급했는데, 그러면 뉴런에서 정보는 어떻게 만들어지고 어떻게 주고받을까? 뉴런에서의 정보 생성과 정보 처리는 전기화학적 신호로 나타난다. 이 신호들에 의해 우리는 생각하고, 느끼고, 창조하고 그리고 활동한다.

(1) 활동전위

활동하지 않는 뉴런의 축삭에 미세전극을 꽂아 뉴런 막 안팎의 전압 차이를 측정해 보면 뉴런의 안쪽이 뉴런의 바깥쪽에 비해 상대적으로 −70mv 정도의 전압이 나타난다. 이 상태를 안정전위(resting potential)라고 한다. 이 안정전위는 주로 뉴런 안에 있는 음 전위를 띤 단백질 때문에 생겨난다. 이 뉴런에 충분한 크기의 자극이 제시되면 −70mv 상태였던 뉴런 내의 전압이 점점 양 전압 방향으로 변하면서 −50mv 정도에 도달하게 되면 갑자기 뉴런 내의 전압이 약 +50mv로 바뀐 후, 곧 −70mv 이하로 내려갔다가 안정전위 상태로 돌아온다([그림 2-3] 참조). 세포 내의 전압이 갑자기 +50mv로 변화된 때를 활동전위(action potential)라고 하고, 이때를 신경이 흥분되었다 또는 신경이 발화되었다고 하는데 이것이 신경신호가 된다.

활동전위는 실무율(all-or-none law)에 따른다. 뉴런에 가해진 자극이 역치(여기서는 −50mv)에 도달할 만큼 충분하면 활동전위가 나타나는데, 자극의 강도와는 상관없이 활동전위의 크기는 +50mv로 일정하다. 만약에 뉴런에 가해진 자극이 역치에 도달할 만큼 충분하지 않으면 활동전위는 나타나지 않는다. 활동전위는 첫

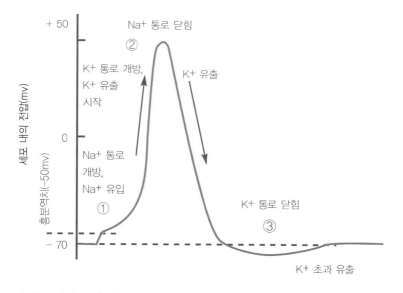

[그림 2-3] 활동전위 발생 과정

시냅스의 결과로 Na^+가 조금씩 유입되면 안정전위(−70mv)가 역치수준(−50mv)까지 도달하게 된다. 역치에 도달하면 모든 Na^+ 통로가 개방되어 세포 외의 Na^+가 신속하게 유입된 후에 Na^+ 통로가 닫히면서 활동전위가 나타난다. 활동전위가 발생되는 과정 동안 K^+가 세포 외로 빠져나가기 시작하는데 활동전위가 발생 후에도 지속적으로 K^+가 유출되면서 안정전위로 복귀된다.

번째 랑비에마디에서 발생되어 축삭을 따라 시냅스전 종말까지 전달된다. 수초가 있는 유수신경의 경우에 활동전위가 수초를 건너뛰어 랑비에마디에 따라 연속적으로 발생되기 때문에 이것을 도약전위라고 한다. 수초가 없는 무수신경의 경우에는 도약전위가 나타나지 않기 때문에 유수신경보다 전파 속도가 느리게 된다. 따라서 유수신경의 경우 수초가 손상되면 활동전위 전도에 심각한 문제를 유발한다. 자가면역질환으로 수초가 퇴화되는 병인 다발성 경화증(multiple sclerosis)은 중첩되어 보이는 시각과 몸의 떨림이 나타난다. 그리고 나중에는 신체의 마비가 초래되는 무서운 질환이다.

활동전위가 발생된 상태(+50mv)이거나 직후에 아무리 강한 자극이 주어져도 활동전위가 다시 나타나지 않는데, 이때를 절대적 불응기라고 한다. 절대적 불응기 직후(안정전위로 복원되기 전)에는 처음 활동전위를 유발한 자극보다 더 강한 자극이 주어질 때만 활동전위가 나타날 수가 있다. 이때를 상대적 불응기라고 한다. 이러한 불응기 때문에 축삭에서의 활동전위 전파는 시냅스전 종말 쪽으로만 향하게 된다. 왜냐하면 활동전위가 나타났던 이전 랑비에마디는 불응기 상태에 놓여 있기 때문에 활동전위 전파가 세포체 방향으로 되돌아가서 나타날 수가 없기 때문이다.

(2) 시냅스

한 뉴런 내에서의 정보 전달 방식은 전기적 신호였다. 이와는 달리 뉴런과 뉴런 사이의 정보 전달 방식은 전기적 신호가 아닌 화학적 신호다. 뉴런들은 서로 직접 접촉하지 않고 미세한 간격을 두고 만나는데, 이러한 연결을 시냅스(synapse)라고 하고, 그 사이의 틈을 시냅스 틈(synaptic cleft)이라고 한다. 정보를 보내는 뉴런의 시냅스전 종말의 막을 시냅스전 막이라고 하고 정보를 받아들이는 뉴런의 세포체와 수상돌기의 표면을 시냅스후 막이라고 하는데, 여기에 시냅스 수용기들이 많이 분포되어 있다. 시냅스전 종말 안에는 작은 주머니들이 있으며 이 주머니들 안에 화학물질들이 채워져 있다. 이 화학물질을 신경전달물질이라고 한다. [그림 2-4]는

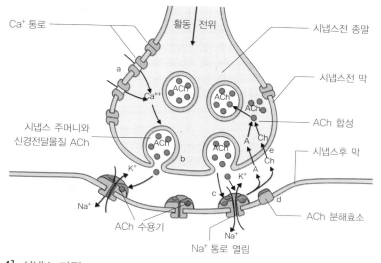

[그림 2-4] 시냅스 과정

신경전달물질 ACh이 시냅스 틈으로 분비되어 시냅스후 막의 수용기와 결합했다가 분해효소에 의해 분해된 후, 시냅스전 종말로 재흡수되어 다시 합성된다.

신경전달물질 ACh의 시냅스 과정을 보여 준다.

　축삭을 따라 활동전위가 전파되어 시냅스전 종말에 활동전위가 도달하면 칼슘 이온이 시냅스전 종말로 들어오게 되고, 이때 신경전달물질을 담고 있는 주머니 들은 시냅스 틈으로 전달물질을 분비하게 된다. 시냅스 틈으로 분비된 전달물질 은 시냅스후 막에 있는 수용기와 결합하여 시냅스후 뉴런으로 하여금 활동전위를 유발하게 하거나 아니면 활동전위의 유발을 억제한다. 시냅스후 뉴런의 활동전위 유발과 억제는 시냅스후 막에 있는 수용기에 의해 결정된다. 수용기가 흥분성일 때 이 뉴런의 안정전위는 점점 역치방향으로 나아가게 되어 활동전위 발생을 가 능하게 하고, 수용기가 억제성일 때는 뉴런의 안정전위는 더욱더 음전위를 갖게 되어 역치에 도달할 가능성을 더욱 낮추게 된다. 전자를 흥분성 시냅스후 전위 (excitory postsynaptic potential: EPSP)라고 하고 후자를 억제성 시냅스후 전위 (inhibitory postsynaptic potential: IPSP)라고 한다. 한 개의 뉴런은 적게는 수천 개 많 게는 수만 개의 시냅스를 가지고 있다. 이 개개의 시냅스는 흥분성일 수도 있고 억 제성일 수 있다. 시냅스후 뉴런이 신경발화를 하기 위해서는 이 시냅스들에서 발생되는 각각의 EPSP들과 IPSP들의 총합의 결과가 역치 이상 도달할 수 있어야 한다. 이 시냅스들의 변화는 곧 인간의 경험과 행동 변화의 기초가 되기 때문에 시냅스에 대한 이해는 인간행동의 생물학적 이해를 위해 중요하다고 할 수 있다.

(3) 신경전달물질

신경전달물질은 뉴런과 뉴런 간의 정보 전달을 담당하는 것으로 현재 60가지 이상의 신경전달물질이 있는 것으로 알려져 있다. 신경전달물질과 수용기와의 관계를 열쇠와 자물쇠로 비유하는데, 특정 신경전달물질은 특정 수용기와만 결합하기 때문에 수많은 시냅스에서 혼선을 줄일 수가 있다. 여기서는 일상 행동의 조절을 위해 뇌에서 작용하는 중요한 신경전달물질을 살펴본다.

① 아세틸콜린

아세틸콜린(acetylcholine)은 최초로 발견된 신경전달물질로, 중추신경계와 말초신경계 모두에 존재한다. 골격근에 분포하는 운동뉴런은 아세틸콜린을 분비하여 근육을 수축시켜 운동을 일으킨다. 근력이 약화되어 궁극적으로 근육이 마비되는 중증근무력증은 아세틸콜린 수용기의 손상 때문에 근육을 수축할 수 없어서 나타나는 질환이다. 부패한 통조림에서 발생하는 보툴리누스 독은 시냅스전 종말에서 아세틸콜린의 분비 억제를 유발하여 골격근을 마비시키고, 횡격막까지 마비되면 호흡을 못해 질식사를 일으킬 수 있다. 동물을 사냥하기 위해 아마존 인디언이 입으로 불어 쏘는 화살촉에 바르는 쿠라레(curare)는 아세틸콜린 수용기를 차단하여 아세틸콜린의 정상적인 작용을 못하게 함으로써 동물을 움직이지 못하게 한다. 또한 아세틸콜린은 기억과도 관련이 있다. 노인에게서 나타나는 퇴행성 질환인 알츠하이머병(치매)의 특징은 기억상실이다. 이러한 기억상실의 원인은 아세틸콜린을 분비하는 뉴런의 변성 때문이다.

② 감마아미노부티르산

감마아미노부티르산(gamma-aminobutyric acid: GABA)은 뇌에서 가장 많은 신경전달물질로, 주 기능은 신경활동의 억제다. GABA가 부족하면 특정 유형의 정신병리가 나타날 수 있다. 예를 들면, 불안장애는 GABA의 부족이 그 원인이 될 수 있다. 그래서 GABA의 효능제(agonist, 특정 신경전달물질의 시냅스 효과를 높여 주는 약물들에 대한 총칭)인 벤조디아제핀(benzodiazepine)계 약물은 GABA의 효과를 높여 불안장애를 완화시킬 수 있다. 알코올도 GABA의 효능제로 작용하는데, 알코올의 섭취는 GABA의 효과를 증진시켜 신경활동의 억제를 초래한다. 따라서 지나친 음주는 신경활동의 과잉 억제에 의해 생명을 위협할 수도 있다.

③ 카테콜아민과 세로토닌

카테콜아민(catecholamine)은 도파민(dopamine), 노어에피네프린(norepinephrine) 및 에피네프린(epinephrine)을 포함하는 화학물질의 한 부류다. 도파민과 노어에피네프린은 기분장애나 정신분열병과 같은 심리적 질환에 관여하는 것으로 밝혀졌다. 노어에피네프린의 부족은 우울증의 원인이 된다. 뇌에서 이 신경전달물질의 효과를 높이는 효능제는 기분을 고양시켜 우울증을 경감시킨다. 정신분열병 환자들은 높은 도파민 수준을 보여 준다. 따라서 정신분열병을 치료하는 약물은 도파민의 수준을 낮추는 도파민의 길항제(antagonist, 효능제와 반대로 특정 신경전달물질의 시냅스 효과를 억제하는 약물에 대한 총칭)인데, 대표적인 약물은 할로페리돌(haloperidol)이다. 그러나 정신분열병을 치료하기 위해 고용량의 도파민 길항제를 사용하면 파킨슨병이 유발될 수 있다. 파킨슨병은 뇌에 있는 도파민을 분비하는 뉴런의 죽음이 원인인데, 이 뉴런의 죽음은 도파민의 부족을 초래한다.

도파민은 행동에 대한 강화효과와도 연관이 있다. 도파민의 분비를 증가시키는 행동은 강화되어 그 행동을 지속하게 하는데, 마약류인 헤로인과 같은 아편제와 암페타민과 같은 자극제는 도파민의 효능제로 도파민의 분비를 증가시킨다. 그 결과로 마약을 하는 행동이 강화되고 그 행위가 지속되어 약물에 중독된다. 이러한 효과는 약물에 국한되는 것이 아니다. 도박 중독이나 게임 중독도 도파민의 증가와 관련이 있다.

세로토닌(serotonin)은 각성과 많은 자율신경적 작용에 관여한다. 환각제인 LSD는 화학적으로 세로토닌과 유사하고, 세로토닌의 수용기를 자극하여 세로토닌의 효과를 높이는 세로토닌의 효능제다. 따라서 환각 경험은 세로토닌 작용 효과의 증가와 관련이 있다. 또한 세로토닌은 우울증과 관련이 있는데 세로토닌의 부족은 노어에피네프린과 마찬가지로 우울증을 초래한다. 따라서 우울증을 치료하기 위해 세로토닌의 효능제가 사용된다.

④ 엔도르핀

엔도르핀(endorphin)은 우리 몸에서 스스로 만들어 내는 모르핀이라는 의미를 갖는 신경전달물질이다. 엔도르핀의 존재에 대한 연구는 양귀비에서 추출된 아편제인 모르핀이 적은 용량으로 보여 주는 진통 효과 때문에 시작되었다. 모르핀의 효과는 뇌에 존재하는 특정 수용기와 결합함으로써 이루어진다. 뇌에 모르핀과 같은 중독성 있는 아편제에 대한 수용기가 존재한다는 사실은 신경계가 스스로 모르핀과 같은 물질을 생성하여 사용함을 의미한다. 과학자들이 이후 뇌에서 분비하는 아편성 물질을 발견하고 이 물질을 내인성 모르핀(endogenous morphine)의 줄인 말인 엔도르핀으로 명명했다(Pert & Snyder, 1973). 엔도르핀은 통증 감소에 중요한 역할을 하지만 정서행동의 조절에도 관여한다. 즉, 엔도르핀은 스트레스에 대한 반응을 감소시켜 준다. 또한 엔도르핀은 기억에도 영향을 미치는데, 기억 과정 중에 기억 저장의 감소를 초래하여 기억 능력을 저하시킨다(Curtis, Bello, & Valentine, 2001). 동의학에서 사용하는 침술에 의한 진통효과는 엔도르핀의 분비 증가와 연관이 있다. 또한 심리학에서 잘 알려진 동통에 대한 위약효과의 기저에도 엔도르핀이 관여하는 것으로 밝혀졌다(Benedetti et al., 2005; Han, 2004).

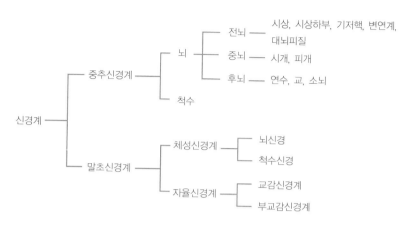

[그림 2-5] 신경계의 구성

2. 신경계의 구조와 기능

신경계는 수많은 전문화된 뉴런들로 이루어져 있으며, 크게 중추신경계(central nervous system; CNS)와 말초신경계(peripheral nervous system: PNS)로 나뉜다([그림 2-5] 참조). 중추신경계는 다시 뇌(brain)와 척수(spinal cord)로 나뉘고, 뇌는 다시 전뇌(forebrain), 중뇌(midbrain) 및 후뇌(hindbrain)로 나뉜다. 중추신경계는 모든 신체기능들을 통합하고 협응시키며, 입력되는 모든 신경신호를 처리하고 신체 여러 부위로 명령을 내보낸다. 말초기관에서 정보를 받아 뇌로 보내고 뇌의 정보를 말초기관으로 전달하는 중요한 통로가 척추 속에 있는 척수다. 따라서 척수가 손상되면 말초기관에서 뇌로 정보를 전달할 수 없을 뿐만 아니라 뇌의 정보를 말초기관으로 전달할 수 없게 되는데, 이러한 경우를 반신불수라고 한다. 그러나 뇌와의 교신 없이도 척수는 행동을 유발할 수 있는데, 이것이 가능한 것은 척수반사 때문이다([그림 2-2] 참조).

말초신경계는 체성신경계(somatic nervous system)과 자율신경계(autonomic nervous system)로 나뉜다. 체성신경계는 다시 뇌신경(cranial nerve)과 척수신경(spinal

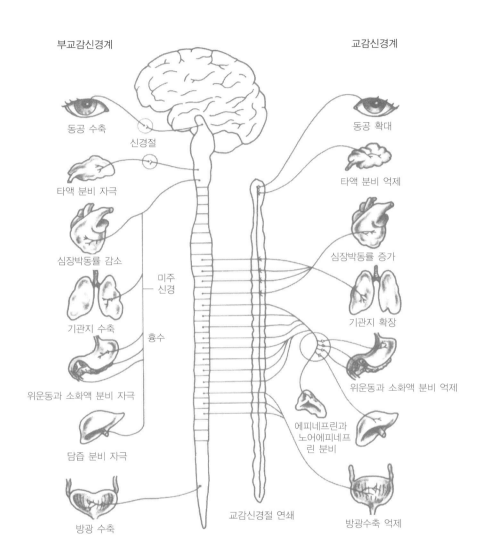

부교감신경계

교감신경계

동공 수축

신경절

타액 분비 자극

심장박동률 감소

미주
신경

기관지 수축

흉수

위운동과 소화액 분비 자극

담즙 분비 자극

방광 수축

동공 확대

타액 분비 억제

심장박동률 증가

기관지 확장

위운동과 소화액 분비 억제

에피네프린과
노어에피네프
린 분비

교감신경절 연쇄

방광수축 억제

[그림 2-6] 자율신경계
자율신경계는 교감신경계와 부교감신경계로 구성되어 있으며, 상호 길항작용을 한다.

nerve)으로 나뉘고, 자율신경계는 교감신경계(sympathetic nervous system)과 부교
감신경계(parasympathetic nervous system)로 나뉜다([그림 2-6] 참조). 체성신경계는
신체 각 부위로부터 들어오는 감각정보를 척수를 통해 뇌로 전달하고 또한 뇌에
서 척수를 통해 전달되는 명령을 받아 운동을 유발하는 데 관여한다. 뇌신경은 목

이상 부위의 감각과 운동을 담당하고, 척수신경은 목 아래 부위의 감각과 운동을 담당한다. 칠판을 보고 교사의 수업 내용을 들으면서 동시에 노트에 필기를 하는 활동은 뇌신경과 척수신경의 협응에 의해 가능한 것이다. 자율신경계는 신체의 생리적 기능을 담당하는데, 이를 위해 여러 장기에 교감신경과 부교감신경이 동시에 분포되어 있으며 서로 길항작용을 하여 생리적 상태를 일정하게 유지할 수 있도록 한다.

1) 자율신경계

자율신경계라는 이름에서 알 수 있듯이, 이 신경계의 작용은 의식적 조절 없이 자율적으로 이루어진다. 각 장기에는 교감신경과 부교감신경이 함께 분포되어 있다([그림 2-6] 참조). 교감신경계는 투쟁과 회피(fight and flight) 상황에서 활성화되고 부교감신경계는 안정된 상황에서 작용하는데 교감신경계와 상반된 기능을 통해 생리적 균형 상태를 유지할 수 있게 한다. 예를 들면, 교감신경계는 동공을 확장시키고, 심장박동을 증가시키고, 호흡률을 높이며, 혈압을 높이고, 위장 운동을 억제하고, 땀 분비를 촉진한다. 반면에 부교감신경계는 동공을 축소시키고, 심장 박동을 낮추며, 호흡률을 낮추고, 혈압을 떨어뜨리고, 위장 운동을 촉진한다. 땀샘에는 부교감신경이 분포되어 있지 않아 땀 분비 억제는 나타나지 않는다. 교감신경계는 외부 환경에 대처하기 위해 활성화되므로 신체의 에너지를 발산하게 하지만 부교감신경계는 소화기능을 활성화하여 신체 에너지를 생성 및 보존하게 한다. 자율신경계는 건강과 관련성이 높다. 스트레스는 교감신경계를 활성화시켜 혈압을 높이고 소화장애를 유발할 뿐만 아니라 생식기기능을 억제하기 때문에 발기부전과 같은 성기능 장애를 초래할 수 있다.

2) 뇌의 구조물과 그 기능

뇌는 신경계에서 가장 중요한 부분이다. 뇌는 크게 후뇌, 중뇌 및 전뇌로 나뉜다. 후뇌에는 생명을 유지하는 중요한 구조물들이 있으며, 고등동물일수록 전뇌가 발달해 있다. 뇌의 외형을 보면 거의 대뇌피질만 보일 뿐 다른 뇌 구조물들이 잘 보이지 않는다. 다른 중요한 뇌 구조물들은 대뇌피질의 아래에 있기 때문이다. 여기서는 중요한 뇌 구조물들의 위치와 기능들을 자세히 살펴본다(그림 2-7] 참조).

(1) 후뇌

후뇌는 척수 바로 위에 위치한다. 후뇌의 중요한 구조물은 연수(medulla oblongate), 교(pons) 및 소뇌(cerebellum)다. 연수는 뇌와 척수의 경계선에 있으며, 연수 위와 소뇌 앞쪽에 교가 있다. 연수는 호흡, 혈압, 심장박동, 구토, 침 분비, 기침, 재채기 등과 같은 생명 유지에 꼭 필요한 여러 반사를 뇌신경을 통해 조절한다. 따라서 연수가 손상되면 치명적일 수 있다. 또한 과량의 아편성 약물은 연수의 활동

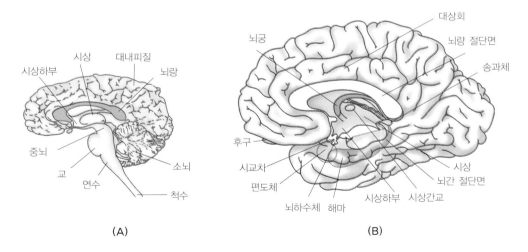

(A)   (B)

[그림 2-7] 뇌의 중요한 구조물
(A)는 후뇌, 중뇌 및 전뇌를 포함한 뇌의 전반적인 모습이다. (B)는 후뇌와 중뇌를 제외한 전뇌의 뇌 구조물들이다.

을 억제하기 때문에 생명을 앗아갈 수 있다. 교라는 용어는 교량을 의미하는데, 이 이름은 이 신경구조에서 많은 축삭들이 뇌의 반대쪽으로 건너가기 때문에 붙여졌다. 여기에서 우반구와 좌반구로 교신하는 축삭들이 교차하기 때문에 우반구는 신체의 좌측을 통제하고 좌반구는 신체의 우측을 통제하게 된다. 연수와 교는 망상체(reticular formation)와 봉선핵(raphe neucleus)을 내포하고 있다. 연수에서 중뇌까지 뻗어 있는 망상체는 뇌의 여러 영역의 각성과 주의를 선택적으로 증가시키고(Guillery, Feig, & Lozsádi, 1998), 봉선핵은 뇌의 반응준비성을 증가 또는 감소시킨다(Mesulam, 1995).

소뇌는 머리의 뒤쪽 그리고 대뇌피질의 아래쪽에 위치하고 있으며, 신체의 균형 잡기와 운동의 정교화를 담당한다. 소뇌가 손상된 사람은 숙련된 움직임이 아닌 느리고 어색한 행동을 보이고, 시각자극과 청각자극 간에 주의를 이동하는 데도 어려움이 많다. 주의 이동이 어려운 자폐 아동은 소뇌가 기형인 경우가 많다.

(2) 중뇌

중뇌는 이름 그대로 뇌의 중앙에 있는데 후뇌의 교와 전뇌의 시상 사이에 위치한다. 중뇌는 크게 두 영역으로 나뉘는데, 위쪽을 시개(tectum) 그리고 아래쪽을 피개(tegmentum)라고 한다. 시개 영역에는 위 아래로 두 개씩 융기 부위가 있는데 위쪽 부위를 상구(superior colliculus) 그리고 아래쪽 부위를 하구(inferior colliculus)라고 부른다. 상구는 시각의 중계핵으로 시각자극의 위치에 대한 정보처리를 하고, 하구는 청각의 중계핵으로 청각자극의 위치에 대한 정보처리를 한다. 피개 내에는 적핵(red nucleus)과 흑질(substantia nigra)이라는 구조물이 있다. 적핵은 운동 기능의 중계핵으로 주로 팔 근육을 통제한다. 한편 흑질은 도파민을 전달물질로 하는 신경로의 발원지로, 파킨슨병에 걸리면 흑질에 심각한 손상이 일어난다.

(3) 전뇌

전뇌는 뇌의 가장 위쪽에 위치하며, 포유류의 뇌에서 가장 눈에 띄는 구조다. 전뇌의 바깥 부분이 대뇌피질(cerebral cortex)이며, 이 아래에는 대뇌피질과 교신을 하는 주요한 뇌 구조물들이 있다. 이 구조물들 중에 일부는 상호 긴밀한 연결망이 형성되어 하나의 체계를 이루는데, 이것을 변연계(limbic system)라고 한다. 변연계를 구성하는 주요 뇌 구조물들은 시상(thalamus), 시상하부(hypothalamus), 편도체(amygdala), 해마(hippocampus) 등이 있다.

변연계는 정서의 조절, 동기 및 기억에 관여한다. 파충류보다 더 진화된 동물이 새끼를 돌보는 것은 변연계가 있기 때문이다. 변연계의 한 구조물인 시상은 중뇌의 바로 위 좌우반구 중앙에 위치하고 있다. 대부분의 감각정보는 시상을 거쳐 대뇌피질로 전달되므로 시상을 감각중계핵이라고 한다. 시상하부는 시상의 아래에 위치하는 작은 구조물이지만 기본적인 생물학적 기능을 수행하는 데 매우 중요한 부위다. 시상하부는 섭식행동, 체온조절, 성행동 등 동기화된 행동을 조절한다. 또한 말초신경계 중 자율신경계의 활동을 지배하며, 바로 아래에 있는 뇌하수체(pituitary gland, 호르몬을 분비하는 내분비선으로 다른 내분비선을 조절하는 주 분비선)를 조절하여 내분비계의 활동을 지배한다.

편도체는 정서 조절에 중요한 구조인데, 특히 동물의 경우 공격행동에 중요한 역할을 한다. 따라서 편도체가 손상되면 공격적인 동물이 온순해진다. 또한 이 구조물은 공포에도 관여를 하는데, 편도체의 특정 부위의 손상은 공포와 관련된 신체적 증상의 소멸을 초래한다(Davis, 1992).

해마는 학습과 기억에 중요한 구조물이다. 해마의 기능은 H. M.이라는 간질 환자의 예에서 확인할 수 있다. H. M.은 간질발작을 멈추기 위해 뇌수술을 받았다. 이 수술에서 해마가 제거되었는데 이후 H. M.은 새로운 기억을 전혀 형성할 수 없었다. 그의 지능과 성격에는 큰 변화가 없었으며, 오래 전의 기억은 온전하였지만 그는 조금 전에 있었던 일들을 기억하는 데 어려움이 있었다. 그는 점심때 무엇을 먹었는지 회상하지 못했고, 방금 소개받은 사람을 조금 후에는 알아보지 못했다.

또한 그는 매번 동일한 퀴즈문제를 풀고, 똑같은 코미디물을 보면서 처음 보는 듯이 재미있어 했다. 심리학자들은 H. M.의 사례를 면밀히 연구하여 기억에 여러 측면이 있다는 것을 알아내었다. 해마가 손상된 동물에서도 유사한 기억장애가 나타나므로, 해마는 기억 형성에 매우 중요한 구조물로 받아들여지고 있다.

전뇌의 또 다른 중요한 구조물은 기저핵(basal ganglia)이다. 기저핵은 시상의 바깥쪽에 위치하는 비교적 큰 구조물이다. 기저핵은 다시 여러 개의 하위 영역들이 있으며 이 영역들은 대뇌피질의 상이한 영역들과 교신을 하는데, 그중에서 행동순서를 계획하는 기능과 기억 및 정서표현을 담당하는 전두영역과 가장 많이 연결되어 있다(Graybiel, Aosaki, Flaherty, & Kimura, 1994). 기저핵의 손상은 주 증상이 운동장애인 파킨슨병과 헌팅턴병과 관련이 있다.

(4) 대뇌피질

전뇌는 좌반구와 우반구로 구성되어 있으며, 이 두 반구를 연결하는 구조물을 뇌량(corpus callosum)이라고 한다. 각 반구는 신체의 반대편에서 감각정보를 받고 신체 반대편으로 운동정보를 보내 행동을 통제할 수 있도록 조직화되어 있다. 대뇌반구의 표면에 있는 세포층이 대뇌피질인데 6개의 층으로 구성되어 있다. 인간의 대뇌피질은 많은 주름이 있어 넓은 표면적을 가지고 있다. 이 주름에서 들어간 부분을 구(sulcus)라 하고, 솟아난 부분을 회(gyrus)라고 한다. 대뇌피질은 구들을 경계로 후두엽(occipital lobe), 두정엽(parietal lobe), 측두엽(temporal lobe) 및 전두엽(frontal lobe)으로 나뉜다([그림 2-8]과 [그림 2-9] 참조).

후두엽은 대뇌피질의 뒤쪽 끝에 위치하며, 시각정보를 먼저 받아들이는 곳을 일차시각피질이라고 한다. 일차시각피질의 주변에 있는 이차시각피질은 고차적인 시각정보를 처리한다(Van Essen, Anderson, & Felleman, 1992). 후두엽이 손상되면 시각장애가 나타나는데, 이를 피질성 맹이라고 한다.

두정엽은 후두엽 앞쪽부터 대뇌피질의 주름에서 깊은 홈 가운데 하나인 중심구 사이에 위치한다. 중심구 바로 뒤에 솟아난 부위를 중심후회라고 하는데, 이곳을

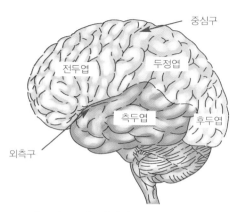

[그림 2-8] 대뇌피질의 영역 구분

일차체감각피질이라고 한다. 일차체감각피질은 신체의 각 부위의 체감각을 받아들이는 세부적인 영역으로 나뉜다. 이 영역의 신체 부위에 대한 표상은 상하가 뒤바뀐 형태로 나타난다. 즉, 신체의 아래 부위들(발과 다리)은 피질에서 위쪽에, 그리고 신체의 위쪽 부위들(얼굴 부위)은 피질에서 아래쪽에 담당 영역들이 있다. 이영역들의 크기는 담당하는 신체 부위의 크기와 일치하는 것이 아니라 신체 부위의 민감도에 따라 피질 영역의 크기가 결정된다. 예를 들면, 엉덩이 부위는 신체부위로서는 큰 부위이지만 피질상의 영역은 좁다. 반면에 손가락은 작은 부위이지만 피질상의 영역은 상대적으로 더 크다. 왜냐하면 손가락의 체감각은 엉덩이의 체감각보다 더 민감하기 때문이다. 일차체감각영역의 직접적인 자극은 자극부위와 일치하는 신체 부위의 감각을 경험하게 한다. 두정피질 가운데 뒤쪽에 있는 후측두정피질은 사물의 공간적 위치에 대한 정보를 처리하는 곳이다.

측두엽은 뇌의 옆면 외측구 아래에 위치하고 있다. 이 영역의 주 기능은 청각정보처리다. 청각정보를 먼저 받아들이는 곳을 일차청각피질이라고 하는데, 이 영역은 측두엽의 위쪽에 있다. 측두엽의 아래쪽에 있는 하측두엽은 시각과 관련이있는데, 이 영역들은 운동을 지각하고 얼굴을 재인하는 것과 같은 복잡한 시각정보처리에 관여한다. 이 영역들이 손상되면 대상을 볼 수는 있어도 그 대상이 무엇인지를 알아보지 못하는 시각실인증이 된다. 그중에서도 특히 얼굴을 인식하지 못하는 경우를 안면실인증이라고 한다.

전두엽은 중심구의 앞쪽과 외측구의 위쪽으로 뇌의 앞부분에 위치한다. 중심구의 바로 앞에 있는 회를 중심전회라고 하는데 이 영역은 신체의 운동을 담당하는 일차운동피질이다. 중심구를 사이에 두고 일차운동피질과 일차체감각피질이 인접해 있다. 일차체감각피질과 마찬가지로, 일차운동피질의 위쪽은 신체의 아래 부위의 운동을 담당하고, 피질의 아래쪽은 신체의 위쪽 부위의 운동을 담당한다. 또한 신체 부위의 크기와는 상관없이 정교한 운동이 일어나는 신체 부위는 그렇지 않은 부위에 비해 일차운동피질영역에서 더 넓은 영역을 차지한다. 일차운동 피질에 인접해 있는 이차운동피질과 운동전영역은 운동계획과 불필요한 운동의 통제에 관여한다. 전두엽의 앞쪽 부분을 전전두피질(prefrontal cortex)이라고 한다. 이 피질은 모든 종류의 감각정보를 받아 종합적인 분석을 하는 곳으로, 고등정신 과정인 이해, 판단 및 결정을 담당한다. 따라서 상황을 적절히 파악하고 통합된 행동을 할 수 있게 하는 고등정신과정에 필수적인 곳이다.

이렇게 상이한 뇌 영역들이 어떻게 조화롭게 작용하는가는 언어정보처리의 예를

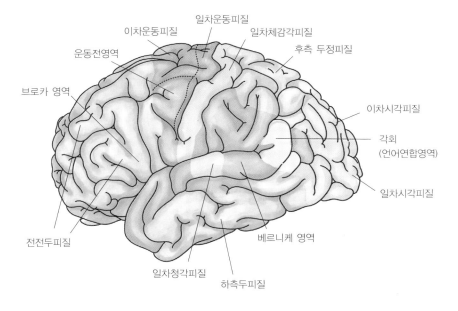

[그림 2-9] 대뇌피질의 주요 영역

통해 이해할 수 있다([그림 2-9] 참조). 종이에 적힌 '사탕'이란 단어를 보고 소리 내어 읽는다고 가정할 때 여기에는 몇 가지 정보처리 단계가 존재한다. 먼저 단어를 시각적으로 받아들이고, 그 단어의 의미를 파악하고, 마지막으로 그 단어를 발성하는 순차적인 단계가 있다. 이러한 일련의 과정이 나타나기까지 뇌에는 어떤 과정이 나타나는가? 먼저, '사탕'이라는 시각자극을 망막의 신경세포들이 탐지하여 시상을 거쳐 시각피질로 신경신호를 보낸다. 그러면 시각피질은 각회(angular gyrus)라는 측두엽의 후측부 영역으로 정보를 보내고 그곳에서 단어의 시각적 부호가 청각적 부호와 비교된다. 적절한 청각적 부호가 찾아지면 그것이 베르니케 영역(Wernicke's area)이라는 청각피질의 한 영역으로 전달된다. 그러면 거기에서 그 부호가 해독된다. 그런 다음 전두엽의 아래쪽에 있으며 언어적 발성에 관여하는 브로카 영역(Broca's area)으로 신경신호가 전달된다. 여기서 다시 운동피질 중에 발성기관의 운동에 관여하는 입술, 혀 및 후두 등의 영역에 신호가 전달되고, 이 영역들의 활성화는 '사탕'이라는 단어를 발성하도록 한다. 이렇게 한 단어를 보고 발음하는 데는 여러 단계의 신경정보처리 과정을 거친다. 이러한 일련의 신경정보처리 과정에 관여하는 특정 영역이 손상되면 언어장애를 갖게 된다. 만약 베르니케 영역이 손상되면 다른 사람의 말을 청각적으로 들을 수는 있어도 해독하지 못해서 그 말의 뜻을 이해하지 못하게 된다. 이러한 경우를 수용성 실어증(receptive aphasia)이라고 한다. 만약 브로카 영역이 손상되면 단어를 정확하게 발음하지 못하게 되는데, 이러한 경우를 표현성 실어증(expressive aphasia)이라고 한다.

Paul Broca(1824~1880)

Carl Wernicke(1848~1905)

3) 뇌 발달의 취약성

신경계는 수정 후 12주가 될 때까지 크게 발달하는데, 신경계는 태아의 1/2을 차지한다. 그리고 출생 후 5세까지 뇌의 무게가 급속도로 증가하여 18세경에 최고의 수준에 도달하였다가 40세 이후부터 뇌의 무게가 가벼워지기 시작한다. 성장 중의 뇌세포는 미숙하기 때문에 여러 가지 화학물질, 물리적 자극 및 병원균에 매우 취약하다. 그래서 뇌가 성숙되었을 때는 덜 심각하게 영향을 미치는 약물, 영양실조, 엑스선 및 감염 등에 발달 중인 뇌는 아주 취약하다. 예를 들면, 갑상선기능장애는 성인에게는 일시적인 무력감을 가져오지만 유아에게 영구적인 정신지체와 성장장애를 초래할 수 있다. 그리고 마취제는 성인에게는 일시적인 의식상실을 가져오지만 유아의 뉴런을 죽일 수도 있다(Ikonomidou et al., 1999). 성인 당뇨병은 일시적인 수행장애를 일으키지만 임산부가 자신의 당뇨병을 잘 조절하지 못하면 태아의 뇌 발달 단계에서 산소와 포도당의 결핍에 의해 기억과 주의집중에 문제가 있는 아이가 될 수도 있다(Nelson et al., 2000).

유아의 뇌는 알코올에도 취약하다. 임산부가 임신 중에 술을 많이 마시면 자녀는 태아알코올증후군(fetal alcohol syndrome)을 갖고 태어나게 된다. 태아알코올증후군의 특징은 경계수준의 감퇴, 과잉활동, 정신지체, 운동장애, 심장 결함 및 비정상적인 얼굴이다. 이 아동은 성인이 되어 알코올중독, 약물 의존, 우울증 및 기타 정신질환들을 가질 가능성이 높다(Famy, Streissguth, & Unis, 1998). 나아가 외형

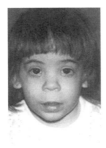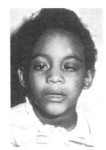

태아알코올증후군의 얼굴 모습

적으로 태아알코올증후군의 특징이 나타나지 않더라도 임산부가 임신 중에 마신 술의 양에 비례해서 아동은 더 충동적이고 더 나쁜 학업성적을 보인다(Hunt, Streissguth, Kerr, & Olson, 1995). 이런 아동의 뉴런 형태는 짧고 분지가 적은 수상돌기를 보여 준다. 이러한 결과들은 술 소비가 세계에서 최상위권에 있고 여성 음주자 수도 늘어나고 있는 우리의 실정에 비추어 볼 때 임신 중의 음주에 대해 경각심을 가져야 함을 시사한다.

임신 중에는 다른 약물에 노출되는 것도 위험하다. 임신 중에 마약을 한 산모의 자녀는 낮은 지능지수와 언어능력의 저하를 보인다(Lester, LaGasse, & Seifer, 1998).

그리고 임산부의 흡연은 코카인보다 더 심각한 위험이 생길 수 있음을 보여 준다(Brennan, Grekin, & Mednick, 1999). 흡연 산모의 자녀는 출생 시 저체중과 잦은 병치레, 영아돌연사증후군, 지적 능력의 결함, 주의력 결핍 과잉행동장애, 면역계 결함 및 성장 후 비행과 범죄 등의 가능성이 높다.

3. 좌우반구 기능 편재화

각 대뇌반구는 신체의 반대쪽을 통제한다. 즉, 좌반구는 신체 오른쪽 부위, 우반구는 신체 왼쪽 부위의 감각과 운동을 통제한다. 시각정보의 경우에는 보다 복잡하게 입력된다. 눈이 시각정보를 받아들이는 시야(visual field)를 좌우 반으로 나누었을 때, 좌측 시야에 나타난 자극은 양쪽 눈의 좌우 망막 중에 우측 망막에 상이 맺히고 이 정보는 우반구로 들어간다. 반면에 우측 시야에 나타난 자극은 양쪽 눈의 좌측 망막에 상이 맺히고 이 정보는 좌반구로 들어간다([그림 2-10] 참조). 우반구와 좌반구에서 처리된 여러 정보는 두 반구를 연결하는 뇌량을 통해 상호 교환하여 좌우반구가 정보를 통합하게 된다.

1) 분리 뇌

간질 환자가 간질발작을 보일 때 뇌파를 기록하면 한쪽 반구에서 나타난 간질발작이 뇌량을 거쳐 다른 반구로 전이됨을 알 수 있다. 심각한 발작을 보이는 환자의 경우 이러한 발작을 경감시킬 수 있는 외과적 방법으로 뇌량 절제술이 있다. 뇌량 절제술은 좌우반구를 독립시켜 좌우반구의 정보 통합을 못하게 한다. 그래서 간질 환자의 경우 뇌량 절제술은 좌우반구를 독립시켜 뇌 발작의 확산을 막기 때문에 발작을 극적으로 감소시킬 수 있다. 뇌량 절제술을 받은 환자는 이러한 좌우반구 독립에도 불구하고 여러 정신적 기능에 이상 없이 일상생활을 영위할 수 있다. 이것이 가능한 이유는 뇌량 절제술을 받은 환자가 일상생활에서는 시각정보를 받아들일 때 눈동자를 움직여 양쪽 망막 모두에 자극이 투사되게 함으로써 양쪽 반구로 정보가 같이 들어가기 때문이다.

뇌량 절제술은 뇌 연구자들에게 분리된 두 개의 뇌가 기능적으로 차이가 있는지

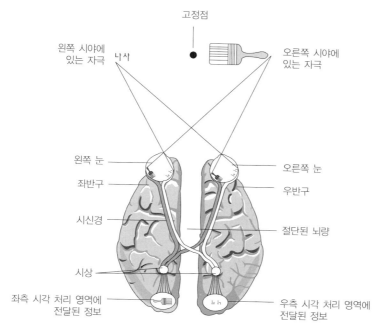

[그림 2-10] 좌우 시야의 시각정보가 좌우반구로 전달되는 과정

를 확인할 수 있는 기회를 제공했다. 좌우반구의 기능 차이를 알아보기 위해서 연구자들은 뇌가 분리된 환자에게 한쪽 시야에 순차적으로 그림이나 단어와 같은 시각자극을 제시하여 이 자극정보를 한쪽 반구로만 선택적으로 들어가게 했다. 그러고 나서 환자에게 여러 가지 물음과 지시를 한 후에 환자가 보여 주는 반응들을 통해 좌우반구의 기능을 확인했다. 이 연구에서 시각자극의 제시 시간이 중요하다. 자극 제시 시간이 길면 환자가 눈을 돌려 좌우망막 모두에 시각자극을 투사할 수 있기 때문에 자극을 짧게 제시해야 한다.

이러한 실험 상황을 통해 스페리와 가자니가는 두 대뇌반구가 상이하게 정보를 처리함을 확인했다(Sperry, 1966; Gazzaniga, 1985). 분리 뇌 환자는 시각 자극이 오른쪽 시야에 제시되면 금방 그 자극이 무엇인지를 말할 수 있었으나 동일한 자극을 왼쪽 시야에 제시하면 그것이 무엇인지를 말할 수 없었다. 그러나 우반구의 지배를 받는 왼손으로 스크린 뒤에 가려져 있는 물건 중에 금방 본 것을 찾아보라고 하면 정확하게 그 물건을 골라내었다. [그림 2-11]에서 보여 주듯이 시야 양쪽에 다른 자극을 제시하고 그 자극이 무엇인지를 묻게 되면 분리 뇌 환자는 'cup'이라고 말을 하지만 왼손으로 본

Roger Sperry(1913~1994)

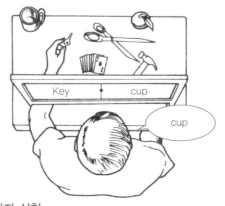

[그림 2-11] 분리 뇌 환자 실험
분리 뇌 환자가 'cup'이라고 말하고, 왼손으로 'key'를 찾아 든다.

것을 찾아보라고 하면 'key'를 찾게 된다.

2) 좌우반구 기능 전문화

앞서 살펴보았듯이, 분리 뇌 환자는 좌반구로 정보가 들어갔을 때는 쉽게 그 정보가 무엇인지를 말할 수 있지만 우반구로 정보가 들어갔을 때는 무엇인지를 말하지는 못하지만 그 대상을 왼손으로 찾을 수 있었다. 그 이유는 뇌에서 언어를 담당하는 중추는 좌반구에 있고 공간적이고 입체적인 정보를 처리하는 중추는 우반구에 있기 때문이다. 이는 좌반구가 언어처리에 지배적이라면 우반구는 시각-공간 과제에 지배적임을 보여 준다.

분리 뇌 환자는 종종 두 개로 분리된 의식을 경험한다고 말한다. 오른손에 책을 들고 열심히 읽고 있는데 왼손이 책을 가로채 던져 버린다거나, 그날 입을 옷을 이미 한 손에 골라 들고 있는데 다른 손이 자꾸 다른 옷을 꺼내기도 한다. 스크린의 오른쪽 시야에 '웃음'이라는 단어를 제시하고 왼쪽 시야에 '박수'라는 단어를 제시하면 분리 뇌 환자는 즉시 웃으며 박수를 친다. 이때 그에게 무엇을 보았는지 물어보면 웃으라는 지시문을 보았다고 주장한다. 왼쪽 시야에 단추를 풀라는 지시를 제시하고 오른쪽 시야에 단추를 끼우라는 지시를 제시하면 단추 하나에서 왼손은 단추를 풀려고 하고 오른손은 단추를 끼우려고 양쪽 손이 서로 다투기도 한다. 여기서 중요한 것은 두 반구의 독립성이다. 두 반구는 동시에 별도의 지시를 받고 수행할 수 있다.

뇌의 활성화 영역을 확인할 수 있는 양전자단층촬영(PET) 기법은 수행하는 과제에 따른 반구의 전문화를 직접 확인할 수 있다([그림 2-12] 참조). 뿐만 아니라 한 과제에서도 사람들이 사용하는 전략에 따라 반구의 전문화가 달라짐이 입증되었다. 예를 들면, 음악을 들려주면서 단순히 음을 지각하게 한 경우는 우반구가 활성화되는 반면에 머릿속으로 오선지에 음표를 그리는 식으로 반응하도록 지시하면 좌반구가 활성화되었다. 이는 반구의 전문화에서 중요한 것은 제시되는 자극의 물리적 속성이 아니라 피험자가 사용하는 인지적 전략임을 시사한다. 음악이 아닌 다른 활동에서도 유사한 개인차가 나타나는데, 사람은 동일한 문제에 대하여 서로 다른 사고를 하며 동일한 일을 할 때에도 서로 다른 뇌 부위를 사용하는 것 같다.

언어에 있어서 좌반구의 중요성을 앞에서 살펴보았다. 물론 좌반구의 손상은 결정적인 언어장애를 초래하지만, 최근에는 우반구의 손상 또한 언어기능에 영향을 미치는 것으로 밝혀졌다. 언어에는 의미적 요소와 문법적 요소에 더하여 부가적인 요소가 들어가는데, 특히 구어상의 대화에서 중요한 말의 운율이다. 운율은 정서적 어조를 전달하고 미묘한 의미상의 차이를 나타내 준다. '잘한다' 와 같은 말은 여러 의미로 쓰일 수 있지만 우리는 그 말을 들으면 감탄해서 하는 말인지 아니면 비꼬는 말인지 금방 알아차릴 수 있다. 우반구에 손상을 입은 사람은 이러한 운율 속에 숨어 있는 말의 어감을 알아차리지 못한다. 정상인들도 언어의 미묘한 측면을 다루는 데 상당한 차이를 보인다. 농담을 이해하지 못해 웃음거리가 되는 사람도 있고, 억양의 차이를 이용하여 익살을 떠는 재담가도 있다. 우반구는 평범한 말에 색깔과 정열 및 정서를 표현하게 해 준다.

정서반응에서도 좌우반구는 서로 다르게 기능한다. 부정적 정서를 가진 사람의 얼굴을 주의 깊게 관찰해 보면 왼쪽 안면이 정서표현에 더 강렬하게 참여함을 알 수 있다. 안면 근육의 전기적 활동을 측정해 보면 이를 확인할 수 있다. 반면에 기분이 좋을 때는 오른쪽 안면의 전기적 활동이 크게 나타난다. 실제로 아무런 이유 없이 통곡하는 것은 좌반구가 아닌 우반구의 과도한 흥분에 기인한다. 우반구가 손상된 환자들은 종종 자신의 왼쪽 신체마비를 부인하거나 그에 대해 무관심하며 아무런 감정이 없는 것처럼 보이는데, 이는 기본적으로 정서적 감지를 할 수 없기 때문이다.

두 대뇌반구는 독립적이고 기능적으로 다소 전문화되어 있다 할지라도 뇌량의 연결에 의해 항상 통합적으로 작용한다. 그러므로 인간은 두 개의 뇌가 각자 요구하는 것에 혼란을 느끼지 않고 환경에 적응하며 가치 있는 삶을 영위하는 것이다.

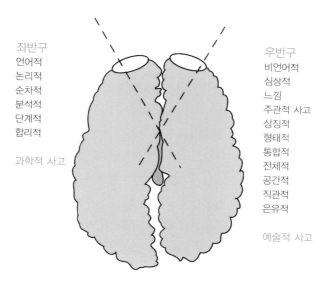

[그림 2-12] 좌우반구 기능 전문화

인간은 배우고 기억하며 계획하고 느끼는 단일한 나에 대한 자기인식을 가지는데, 그것이 가능한 것은 지금까지 살펴본 신경계의 통합적 기능이 조화롭게 수행되기 때문이다.

요약

신경계의 기본 단위는 뉴런으로, 뉴런에서 만들어 내는 신경신호는 활동전위라는 전기적 신호다.

뉴런 간의 정보 전달은 시냅스라는 화학적 신호에 의해 이루어진다. 화학적 신호로 작용하는 것을 신경전달물질이라고 하는데, 신경전달물질은 다양하며 그 기능들도 다양하다. 흥분성 시냅스후 전위가 안정전위를 역치까지 높이면 활동전위가 나타난다.

신경계는 중추신경계와 말초신경계로 나뉘며, 중추신경계는 다시 뇌와 척수로 나뉘고, 말초신경계는 체성신경계와 자율신경계로 나뉜다. 체성신경계는 12쌍의 뇌신경과 31쌍의 척수신경으로 나뉘고, 자율신경계는 다시 교감신경계와 부교감신경계로 나뉜다.

체성신경계는 신체의 감각과 운동을 담당하며, 이 중에 뇌신경은 목 이상 신체 부위의 감각과 운동을, 척수신경은 목 아래 신체부위의 감각과 운동을 담당한다. 자율신경계는 신체의 장기들을 통제하는데, 한 장기에 교감신경과 부교감신경이 같이 분포되어 있고, 이들 간의 상반된 작용(길항작용)에 의해 장기의 활동을 조절한다.

뇌는 후뇌, 중뇌 및 전뇌로 나뉜다. 후뇌의 중요한 구조물에는 연수, 교 및 소뇌가 있고, 중뇌는 시개와 피개로 나뉜다. 전뇌의 중요한 구조는 기저핵, 변연계, 대뇌피질 등이다. 후뇌의 연수는 생명 유지와 관련된 기능을 담당하고, 교는 뇌의 건너편 신체 통제를 위한 신경이 교차되는 곳이다. 소뇌는 자세 유지와 운동조절 기능을 한다. 중뇌의 시개와 피개는 시각과 청각 정보의 중계핵이다.

전뇌의 기저핵은 운동조절에 관여한다. 변연계는 시상, 시상하부, 편도체 및 해마 등으로 구성되어 있는데, 시상은 감각을 중계하는 핵이고, 시상하부는 섭식, 체온 및 성행동에 관여하고 또한 자율신경계와 내분비선을 조절한다. 편도체는 정서에 중요한 기능을 하고, 해마는 학습 및 기억에 관여한다.

전뇌의 대뇌피질은 크게 전두엽, 두정엽, 측두엽 및 후두엽으로 나뉜다. 전두엽에는 일차운동피질이 있어 모든 감각의 정보를 받아들이고 통합하여 적절한 운동계획을 수립한다. 두정엽에는 일차체감각피질이 있어 촉각, 통각, 압각 및 진동 감각과 같은 신체 감각을 통합한다. 측두엽에는 일차청각피질이 있어 청각정보를 처리할 뿐만 아니라 색채지각과 복잡한 형태지각을 담당한다. 후두엽은 일차시각피질이 있어 시각정보처리를 담당한다.

발달 중인 뇌는 미숙한 상태이기 때문에 화학적 · 물리적 · 생물적 자극 등에 취약하다. 따라서 임산부가 마약, 알코올 및 흡연을 하거나 세균에 감염되면 태아의 뇌 발달 장애를 초래할 수 있다.

뇌는 좌반구와 우반구로 나뉘며, 두 반구 간의 연결은 뇌량에 의해 이루어진다. 그러나 뇌량이 절단되면 좌반구와 우반구가 독립된다. 좌우반구가 분리된 환자를 대상으로 좌우반구 기능 차이를 확인할 수 있는데, 좌반구는 언어적 기능에 중요하고 우반구는 시각-공간 과제 수행에 중요하다.

학습과제

1. 뉴런의 구성 요소에 관해 설명하시오.

2. 뇌의 주요 구조물과 그 기능에 관해 설명하시오.

3. 좌우 시야의 시각정보가 좌우반구로 전달되는 과정을 도시하고 설명하시오.

4. 좌우반구의 기능 편재화를 확인할 수 있는 대표적인 실험에 관해 설명하시오.

참고문헌

Benedetti, F., Mayberg, H. S., Wager, T. D., Stohler, C. S., & Zubieta, J. K. (2005). Neurobiological mechanism of the placebo effect. *Journal of Neuroscience, 25*, 10390-10402.

Brennan, P. A., Grekin, E. R., & Mednick, S. A. (1999). Maternal smoking during pregnancy and adult male criminal outcomes. *Archives of General Psychiatry, 56*, 215-219.

Curtis, A. L., Bello, N. T., & Valentine, R. J. (2001). Evidence for functional release of endogenous opioids in the locus ceruleus during stress termination. *Journal of Neuroscience, 21*, RC152.

Davis, M. (1992). The role of the amygdala in fearpotentiated startle: Implications for animal models of anxiety. *Trends in Pharmacological Sciences, 13*, 35-41.

Famy, C., Streissguth, A. P., & Unis, A. S. (1998). Mental illness in adults with fetal alcohol syndrome or fetal alcohol effects. *The American Journal of Psychiatry, 155*, 552-554.

Gazzaniga, M. S.(1985). *The social brain: Discovering the networks of the mind.* New York: Basic Books.

Graybiel, A. M., Aosaki, T., Flaherty, A. W., & Kimura, M. (1994). The basal ganglia and adaptive motor control. *Science, 265*, 1826-1831.

Guillery, R. W., Feig, S. L., & Lozsádi, D. A. (1998). Paying attention to the thalamic reticular nucleus. *Trends in Neurosciences, 21*, 28-32.

Han, J. S. (2004). Acupuncture and endorphins. *Neuroscience Letters, 361*, 258-261.

Hunt, E., Streissguth, A. P., Kerr, B., & Olson, H. C. (1995). Mother's alcohol consumption during pregnancy: Effects on spatial-visual reasoning in 14-year-old children. *Psychological Science, 6*, 339-342.

Ikonomidou, C., Bosch, F., Miksa, M., Bittigau, P., Vöckler, J., Dikranian, K., Tenkova, T. I., Stefovska, V., Turski, L., & Olney, J. W. (1999). Blockade of NMDA receptors and apoptotic neurodegeneration in the developing brain. *Science, 283*, 70-74.

Lester, B. M., LaGasse, L. L., & Seifer, R. (1998). Cocaine exposure and children: the meaning of subtle effects. *Science, 282*, 633-634.

Mesulam, M. M. (1995). Cholinergic pathways and the ascending reticular activating system of the human brain. *Annals of the New York Academy of Science, 757*, 169-179.

Nelson, C. A., Wewerka, S., Thomas, K. M., Tribby-Walbridge, S., deRegnier, R., & Georgieff, M. (2000). Neurocognitive sequelae of infants of diabetic mothers. *Behavioral Neuroscience, 114*, 950-956.

Pert, C. B., & Snyder, S. H. (1973). The opiate receptor: Demonstration in nervous tissue. *Science, 179*, 1011-1014.

Sperry, R. W. (1966). Brain bisection and consciousness. In J. Eccles (Ed.), *Brain and conscious experience*. New York: Springer-Verlag.

Van Essen, D. C., Anderson, C. H., & Felleman, D. J. (1992). Information processing in the primate visual system: An intergrated system perspective. *Science, 255*, 419-423.

Williams, R. W., & Herrup, K. (1988). The control of neuron number. *Annual Review of Neuroscience, 11*, 423-453.

chapter 03

전 생애 발달

김근향

학습 목표

1. 유아의 신체 및 인지 발달과정에 관해 알아본다.
2. 피아제의 인지발달이론에 관해 알아본다.
3. 애착의 개념 및 유형에 관해 알아본다.
4. 도덕성 발달 단계에 관해 알아본다.
5. 성공적인 노년과 성공적이지 못한 노년의 차이에 관해 알아본다.

학습 개요

"아침에는 네 발로 걷고, 오후에는 두 발로, 저녁에는 세 발로 걷는 짐승은 무엇인가?"
스핑크스가 인간에게 던졌다는 이 질문은 연령에 따라 변화하는 인간의 모습을 상징적으로 잘 나
타낸다. 이렇듯 생명이 시작되는 수정의 순간부터 죽음에 이르기까지 인간에게 나타나는 모든 변
화의 양상과 과정을 발달(development)이라고 한다.

발달심리학(developmental psychology)은 인간의 전 생애에 걸친 신체적 · 인지적 · 사회적 영
역에서의 발달적 변화를 다각도로 연구하는 학문이다. 이 장에서는 유아기, 아동기, 청년기, 성인
기 및 노년기의 신체발달, 인지발달, 사회성 발달에 대해 살펴볼 것이며, 이를 통해 인간 발달의
의미를 파악하고 인간을 전 생애적 관점에서 이해하는 데 도움을 주고자 한다.

1. 발달의 정의

일반적으로 '발달(development)'이란 어떤 상태나 현상이 이전보다 높은 수준으로 향상되는 것을 의미한다. 그러나 인간 발달의 개념에는 어떤 속성이 양적으로 증대하거나 특정 기능이 유능해지고 구조가 복잡해지는 긍정적 변화는 물론이고 양적인 감소나 기능과 구조가 쇠퇴하는 부정적 변화도 포함한다.

발달과 밀접하게 관련되는 개념으로는 성장, 성숙 및 학습을 들 수 있다. 성장(growth)은 주로 신체적 특성의 긍정적 변화를 뜻하는 개념으로 받아들여져 왔다. 예를 들면, 신장이나 체중 등의 증가를 나타낼 때 '성장'이라는 표현을 많이 사용한다. 하지만 요즘에는 신체적 성장에만 국한해서 사용하지는 않으며, '지적 성장'이나 '인간적 성장'과 같이 인간의 여러 특성의 긍정적 변화를 나타낼 때 쓰이고 있다. 성숙(maturation)은 발달심리학에서 특수한 의미로 사용되는데, 교육이나 환경의 영향을 받지 않아도 유전적 경향이나 계획에 의해 자연스럽게 겪는 신체적·생리적 변화를 일컫는다(Crain, 1992). 아기에게 몸을 뒤집을 수 있고 걷는 능력이 생기는 것, 키와 체중의 증가, 사춘기에 나타나는 이차성징 등을 성숙에 의한 변화라고 본다. 이와는 대조적으로 경험, 연습, 훈련 등을 통해 이루어지는 변화도 있는데, 이를 학습(learning)이라고 한다. 외국어 능력이나 수리 능력의 향상, 운전 기술이나 기계 조립 기술과 같은 특수한 기술 습득, 운동 기술 훈련 등이 이에 속한다.

인간의 정상적인 발달을 위해서는 개인의 신체적·생리적 영양 상태와 같은 개인 내적 요인뿐만 아니라 자연적·물리적 환경, 생존의 기본 요건인 의식주의 적절한 조건, 화목한 가족 분위기와 대인관계 등 사회문화적·환경적 요인들이 갖추어져야 한다.

2. 유아기와 아동기

1) 신체발달

신체운동 발달의 순서는 보편적이다. 대개 아이는 몸을 뒤집은 후에 배로 기다가 네 발로 기며 혼자 일어선 후에 걷게 된다. 하지만 이와 같은 순서가 나타나는 시점에는 개인차가 존재한다. 예를 들면, 생후 11개월에 25%의 아이가 걷고, 첫돌이 지난 후에 50%가 걷고, 15개월에는 90%가 걷는다(Frankenburg et al., 1992). 대소변 가리기를 포함한 모든 신체적 기술은 근육과 신경의 성숙이 요구되며, 이와 같은 성숙은 개인차가 존재한다. 유아기의 신체발달은 연습을 통해 이루어지는 것이 아니므로 근육 발달이 충분하지 않은 이른 연령대에서 과도한 대소변 훈련 등은 효과적이지 않다고 할 수 있다. 하지만 대부분의 아동이 특정 신체발달을 완성하는 시기에도 해당 신체기술을 발달시키지 못하는 경우에는 발달상의 지체나 장애의 가능성을 고려해야 하므로 양육자는 아동의 발달 과정을 주의 깊게 살펴야 한다. [그림 3-1]은 유아의 신체 발달 과정과 그 시기를 보여 준다.

2) 인지발달

인지(cognition)란 생각하고 알고 기억해 내고 의사소통하는 것과 관련된 모든 심적 활동을 일컫는다. 인지발달이란 개인이 환경으로부터의 정보를 획득하고 저장, 인출, 수정해 나가는 전체적인 과정에서의 변화를 말하며, 여기에는 언어를 이해하고 사용하는 능력, 기억과 망각, 사고력, 문제해결능력 등이 포함된다. 피아제(Piaget)는 아동 인지발달의 가장 기초적이고 영향력 있는 이론을 세운 발달심리학자다. 피아제의 인지발달이론은 많은 인지발달 연구 결과들에 의해 일부 수정이 필요한 부분이 있지만 여전히 영향력 있는 이론이다. 여기서는 피아제의 인지발

태내 자세
(0개월)

턱을 든다.
(1개월)

가슴을 든다.
(2개월)

만지지만 놓쳐 버린다.
(3개월)

받쳐 주면 앉는다.
(4개월)

무릎에 앉고 물건을 잡는다.
(5개월)

높은 의자에 앉고 매달려 있는
물건을 잡는다.
(6개월)

혼자 앉는다.
(7개월)

도와주면 선다.
(8개월)

가구를 짚고 일어선다.
(9개월)

기어간다.
(10개월)

잡아 주면 걷는다.
(11개월)

의자를 잡고 일어선다.
(12개월)

계단을 오른다.
(13개월)

혼자 선다.
(14개월)

혼자 걷는다.
(15개월)

[그림 3-1] 유아의 운동발달

출처: Hetherington & Parke (1993).

달 이론을 살펴봄으로써 아동의 인지발달을 이해
하고자 한다.

피아제는 아동을 대상으로 한 반세기 동안의 연
구를 통해 생득적 요인인 성숙과 더불어 물리적 경
험, 사회적 관계 등의 환경적 요인이 상호작용하여
인간의 발달에 영향을 끼친다고 보았다. 나아가,
인간에게는 이러한 요인들을 적합한 방식으로 통
합, 조정 및 재구성하는 능동적인 내적 능력이 있

Jean Piaget(1896~1980)

는데 이것을 도식(schema)이라고 하며, 도식이야말로 인지발달의 핵심 기능임을
강조하였다. 이와 같이 새로운 경험을 분류, 조직화하는 도식은 동화와 조절이라
는 두 가지 과정을 통해 발달한다. 동화(assimilation)란 새로운 경험을 이와 유사한
기존의 도식에 흡수하고 통합하는 과정이며, 조절(accomodation)이란 기존의 도식
과는 차별화되는 새로운 경험을 통해 자신의 도식 자체를 적절히 수정, 재구성하
는 과정을 말한다. 예를 들면, '날개가 있고 하늘을 나는 것'은 모두 '새'라는 도
식을 가진 아이가 오리나 닭을 처음 보게 되면 '새'에 대한 기존 도식을 수정, 변
경한 뒤 오리와 닭이 새처럼 날지 못하더라도 이를 '새'의 도식에 포함시킨다. 또
한 '비행기'를 처음 본 경우에는 새에 대한 이전 도식을 수정해 비행기는 하늘을
날더라도 '새'의 도식에 포함시키지 않으며 비행기라는 사물에 대한 새로운 도식
을 형성해 나간다. 이와 같이 도식에 대한 동화와 조절 과정을 거쳐 인간은 환경에
적응하며 살아갈 수 있는 능력을 발달시킨다.

피아제는 인간의 인지 구조는 다음의 다섯 단계를 통해 발달하며, 각 단계는 이전
단계와는 질적으로 구별되는 특수한 사고 기능과 특징이 존재한다고 결론지었다.

(1) 감각운동 단계

피아제는 출생 후부터 만 2세 무렵의 유아의 인지발달을 감각운동 단계(sensori-
motor stage)라고 보았다. 이 시기 유아의 지적 능력은 빨기, 잡기 등 기본적인 반

사와 관련되어 있다. 울기, 젖 빨기, 손가락 빨기, 삼키기 등의 기본적인 반사 반응 외에도 손에 잡힌 것을 들여다보거나 입에 넣는 등 감각−운동 협응을 통해 대상을 파악하고 세계를 받아들인다. 우연히 잡은 방울을 흔들었는데 소리가 딸랑딸랑 났고, 계속해서 방울을 흔들며 운동과 소리(청각)의 연관성을 파악하게 되는 것이다.

6개월 이전의 유아는 눈에 보이지는 않더라도 대상이 항상 존재한다는 자각이 없다. 그러나 생후 8개월 정도부터는 장난감을 유아에게 보여 준 후 보자기로 덮어 놓으면 유아는 장난감을 찾으려고 손으로 보자기를 치운다. 사물이 눈에 보이지 않더라도 존재할 수 있음을 이해하는 능력이 생기기 때문인데, 이것을 대상영속성(object permanence)이라고 한다. 대상영속성의 개념을 획득한다는 것은 유아가 더 이상 감각과 운동에 의존해서 대상을 인식하는 것이 아니라 내적 표상의 형태로 대상을 파악하고 기억하는 능력을 획득하게 되었음을 의미한다. 이는 다음 단계인 전 조작 단계로 발전해 나가는 데 필수적인 능력이다.

피아제는 특정 시기에 도달해야 대상영속성이 획득되는 것으로 보았지만, 최근의 연구자들은 대상영속성이 어느 순간 획득된다기보다 그 이전의 시기부터 점진적, 연속적으로 발달한다고 본다. 예를 들어, 생후 8개월보다 더 어린 유아도 1초 전에 물건을 감추는 것을 본 장소에 시선을 응시하며 장난감을 보려는 시도를 하며, 제시된 대상을 제거 혹은 첨가해 다시 보여 주었을 때 유아의 시선 응시 시간이 더 길어졌다(Wynn, 2000; Wynn et al., 2002).

(2) 전 조작 단계

피아제에 따르면, 2~7세 무렵의 취학 전 아동의 인지발달은 전 조작 단계(pre-occupational stage)에 속한다. 이 시기의 아동은 정신적 조작을 수행할 만한 인지기능을 발달시키지 못하였다. 피아제의 주장에 따르면, 취학 전 아동은 형태가 변하더라도 대상이 바뀌지 않는 한 무게, 부피 그리고 수와 같은 속성은 일정하게 유지된다는 보존(conservation)의 개념이 부족하다. 예를 들면, 길고 좁은 컵에 담긴 우유가 넘칠 것 같아 낮고 넓은 그릇에 옮겨 담으면, 우유의 양이 줄어들었다고 잘못 파악한다. 컵의 높이라는 한 가지 차원에 집착해 넓이라는 다른 차원을 고려하지 못했기 때문이다.

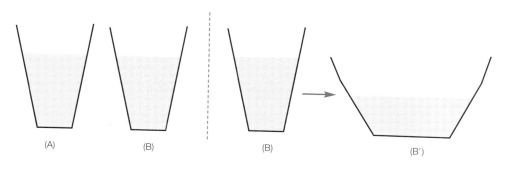

(A)   (B)   (B)   (B′)

[그림 3-2] 양의 보존
동일한 크기의 두 컵(A와 B)에 담긴 우유의 양이 같다는 것을 인식하지만(좌), B의 우유를 그대로 넓은 컵(B′)에 옮겨 담았을 때 양이 줄어들었다고 생각하는 것은 보존의 개념이 발달되지 않았기 때문이다.

또한 취학 전 아동은 대상을 타인의 관점에서 인식하지 못하며 자아 중심적인 (egocentric) 사고를 보인다. 아동은 해와 달이 자신을 따라 온다고 생각하며, 어머니에게 자신이 좋아하는 과자나 인형을 선물한다. 그러나 이후 연구자들은 3~4세의 유아도 친숙한 상황에서는 자신과 다른 조망을 수용하고 이해하는 것이 가능하다고 보고하였다(Broke, 1975; Flavell, 1982).

전 조작 단계에서 정신적 조직이 어렵다고는 하지만, 외부의 대상이나 경험을 표현하기 위해 단어 및 언어와 같은 상징체계를 사용할 수 있게 된다. 강아지가 현재 눈에 보이지 않더라도, 혹은 어떤 종류의 강아지든 '강아지'라는 단어를 사용함으로써 이를 표현한다. 또한 소꿉놀이, 병원놀이, 기차놀이와 같이 이 시기에 보이는 가상놀이 역시 상징화된 행동 중 하나다. 가상놀이는 어느 문화권에서든 이 시기의 아동에게 보편적으로 나타난다는 점에서 유전적으로 프로그래밍되어 있는 듯하다. 가상놀이는 상상력과 창의력을 발달시키는 수단이 되며, 사회성과 사회인지능력의 발달을 촉진할 수 있다는 점에서 중요하다. 이런 역할 놀이를 통해 아동은 자신과 타인을 구분하고, 타인의 입장을 공감하고 이해하는 중요한 경험을 하게 된다.

전 조작 단계에서는 아직 자아 중심적인 사고를 보이기는 하지만 각자에게 마음이 있다고 생각하며 타인의 정신 상태를 추리할 수 있는 능력을 서서히 형성하기 시작하는데, 이를 마음이론(theory of mind)이라고 한다. 이 시기의 아동은 동생이 어떤 상황에서는 장난감을 빼앗으려 하고 어떤 상황에서는 공유하는지, 자신이 어떻게 행동을 하면 부모가 좋아하는지를 이해하고자 한다. 즉, 타인의 관점을 취할 수 있는 능력이 생기기 시작하는 것이다. 이에 반해 자폐증을 비롯한 광범위성 발달장애 아동은 다른 사람의 사고와 감정을 추리하는 데 장애를 겪는다.

(3) 구체적 조작 단계

아동의 연령이 만 6~7세 무렵이 되면 인지발달이 구체적 조작 단계(concrete operational stage)의 수준에 속한다. 구체적 조작기의 가장 두드러진 특징은 아동이 본격적으로 논리적 사고를 한다는 점이다. 구체적 수준에서 언어를 사용해 오던 이전 단계와는 달리 이 시기에는 언어를 통해 논리를 전개할 수 있으며, 수학이나 과학에 대한 이해 능력이 생기기 시작한다. 이러한 논리적 조작 능력의 발달에 필요한 대표적인 인지능력으로 보존 개념을 들 수 있다. 이 시기의 아동은 구체적인 자료가 있다면, 보존의 개념을 이해할 수 있다. 전 조작 단계에서와는 달리 높이, 넓이 등 여러 개의 차원을 동시에 융통성 있게 고려하기 때문이다. 이러한 보존의 개념은 부피, 질량, 무게뿐만 아니라 수와 같은 속성에 대해서도 형성된다. 예를 들면, 6세 아동은 '9+3=12'라는 덧셈식과 '12-3=9'라는 뺄셈식을 별개의 문제로 이해하지만 8세 아동은 덧셈식의 역산으로서 뺄셈식을 이해하는 것이 가능하다.

(4) 형식적 조작 단계

만 12세 정도가 된 아동의 추리능력은 실제 경험에 기초한 구체적인 수준에서부터 상상이나 상징을 이용한 추상적 수준까지 포괄한다. 피아제는 연역적 사고에 기초한 논리적 사고의 전개, 체계적 추리 능력을 형식적 조작 사고(formal operational thinking)라고 불렀으며, 이는 청소년기에 완성된다고 보았다. 그러나 형식적 조작 사고의 기원은 피아제가 생각했던 것보다 일찍 시작한다.

분명 피아제의 이론은 믿을 만하며 상당한 영향력을 미쳤지만, 오늘날 연구자들은 인간의 발달이 보다 연속적이라고 생각한다. 또한 오늘날의 연구자들은 각 유형의 사고가 더 이른 시기에 시작한다는 것을 발견하였고, 피아제와는 달리 형식적 조작을 인지의 한 부분으로 간주하고 있다.

3) 사회성 발달

모든 문화에서 유아는 보호자와 강력한 유대관계를 발달시킨다. 신생아는 물건보다는 사람 얼굴을 선호하며 친숙한 얼굴과 목소리를 선호하게 되어 어머니가 관심을 가져주면 좋아한다. 게다가 대상영속성이 출현한 후에는 낯선 사람에 대한 공포, 즉 낯가림(stranger anxiety)이 생긴다. 대략 8개월부터 유아는 낯선 사람을 보면 울고 친숙한 보호자를 찾는다. 이와 같은 현상은 기억, 즉 인지와 정서가 함께 발달한다는 것을 의미한다. 아이의 생애 최초의 사회적 관계는 양육자와의 관계다. 유아를 양육자 곁에 있으려 하게 만드는 강력한 요소를 애착(attachment)이라고 하는데, 애착은 유아기뿐만 아니라 전 생애에 걸쳐 영향을 끼친다. 여기서는 애착의 기원과 유형에 대해 살펴보고 아동의 자기 개념에 대해 간단히 알아본다.

(1) 애착의 기원

발달심리학자들은 오랫동안 유아가 영양분의 욕구를 만족시켜 주는 사람에게 애착을 형성하게 된다고 추론해 왔다. 하지만 할로우 부부(Harry Harlow & Margeret Harlow)가 새끼 원숭이를 대상으로 한 실험의 우연한 결과(Harlow et al., 1971)를 통해 그와 같은 추론에 반론이 제기되었다. 할로우 부부는 두 대리모를 가지고 원

할로우의 실험에 사용된 철사 대리모와 천 대리모
출처: Shaffer (1993).

숭이를 양육하였다. 한 대리모는 나무 머리에 철사로 만든 몸통을 가지고 있으며, 우유를 공급하는 젖병이 달려 있었다. 다른 하나에는 우유병이 달려 있지 않지만, 고무로 싸여 있으며, 부드러운 천으로 덮여 있는 대리모였다. 원숭이들은 편안함을 제공하는 천 대리모를 선호하였는데, 심지어는 젖을 주는 대리모로부터 우유를 먹을 때조차 그러하였다. 이와 유사하게, 유아도 부드럽고 따뜻한 부모 그리고 토닥거려 주는 사람에게 애착을 형성한다. 즉, 부모와 유아 간의 정서적 소통은 접촉(skin-ship)을 통해서 일어난다(Hertenstein, 2002).

애착을 형성하는 데 주요한 또 다른 요인은 친숙성(familiarity)이다. 동물은 대개 출생 직후에 적절한 발달을 위해 특정한 사건이 발생해야만 하는 최적의 시기, 즉 결정적 시기(critical period)에 친숙성이 형성된다. 새끼 오리나 거위 등은 부화 직후 최초로 보게 되는 움직이는 대상을 어미로 간주하여 그 대상만을 따라다니게 되는 각인(inprinting)이라는 경직된 애착 과정을 겪는다. 하지만 아동은 새끼 오리처럼 각인되지는 않는다. 아동은 반복 노출을 통해 친숙해진 대상에게 애착을 형성하는데, 자주 접한다는 것은 안전의 신호이기 때문이다.

(2) 애착의 유형

에인스워스(Ainsworth, 1979)는 생후 첫 6개월 동안 어머니-유아의 반응을 관찰하였고, 첫돌 전후에 유아를 어머니가 존재하지 않는 낯선 상황에서 다시 관찰함으로써 애착의 차이를 연구하였다. 에인스워스는 어머니가 존재할 때는 편안하게 놀고 새로운 환경도 탐색하는 유아들을 안정 애착(secure attachment) 유형으로 보았다. 대략 60%의 유아가 안정 애착을 보인다. 반면, 어머니와 함께 있을 때에도 낯선 주변 환경을 탐색하려고 하지 않으며, 어머니에게 매달리고 어머니가 떠나면 큰소리로 울거나 어머니가 나갔다 돌아오면 무관심한 것처럼 보이는 유아들을 불안정 애착(insecure attachment) 유형이라고 보았다.

이와 같은 애착 유형의 차이가 생기는 이유는 다음과 같다. 첫째, 유아에 대한 어머니의 행동이다. 유아의 요구에 민감하고 반응적인 어머니는 유아가 안정적인 애착을 형성하는 경향이 있다(De Wolff & van IJzendoorn, 1997). 둘째, 아동의 기질 요인이다. 어떤 아이는 태어날 때부터 유난히 다루기가 힘들다. 아이의 기질로 인해 아이에 대한 양육자의 태도가 달라질 수 있다는 것이다. 하지만 까다로운 기질(difficult temperament)의 아이를 가진 부모를 훈련하여 부모의 양육태도를 바꿀 수 있으며, 결과적으로 아이의 애착과 안정성 또한 증대될 수 있다(Bakermans-Kranenburg, van IJzendoorn, & Juffer, 2003).

(3) 자기 개념

유아기의 화두가 애착이라면, 아동기의 화두는 자기 개념(self-concept)이다. 만 12세 무렵 아동기가 끝날 즈음에 대부분의 아동은 자기 개념을 형성한다. 자기 개념은 자신의 정체감과 자기 가치감이다. 아동이 자신의 자기 개념을 조목조목 말할 수는 없겠지만 아동의 행동을 보면 자기 개념을 추론할 수 있다. 생후 6개월의 유아는 거울 속의 자신을 다른 대상으로 인식하지만, 15개월에서 18개월 무렵이 되면 거울 속의 대상이 자신이라는 것을 알게 되며 점차 자기 개념이 강력해진다. 학령기가 되면, 아동은 자신을 성별, 소속집단, 심리적 특성 등으로 설명하기 시작하고 자신을 타인과 비교하게 된다(Newman & Ruble, 1988; Stipek, 1992). 8~10세 무렵에 자기 개념은 상당히 안정된다. 이때 긍정적인 자기 개념은 아동의 행동에도 긍정적인 영향을 끼친다. 따라서 아동이 긍정적인 자기 개념을 형성할 수 있는 환경을 조성하고 자극을 제공하는 것이 중요한데, 그 역할은 주로 양육자가 담당하게 된다. 양육 방식에 따른 부모의 유형은 〈표 3-1〉과 같다. 허용적 부모의 자녀가 공격적이고 미숙하였던 것에 비해 권위적 부모의 자녀가 자존감, 자기 신뢰감, 사회적 유능감이 높았다는 연구 결과들(Coopersmith, 1967: Baumrind, 1996)은 자녀를 양육할 때 무조건적인 허용보다는 적정 수준의 권위를 가지고 아동을 훈육하는 것이 중요함을 시사한다.

표 3-1 양육 방식에 따른 부모의 유형

유형	특징
권위주의적 부모	규칙을 부과하고 복종을 요구한다.
허용적 부모	자녀의 요구를 수용하고 명령을 거의 하지 않으며 처벌도 거의 사용하지 않는다.
권위가 있는 부모	자녀에게 요구도 하지만 수용적이며 규칙을 정하여 자녀의 의견을 듣고 설명해 준다.

3. 청년기

청년기(adolescence)는 아동기와 성인기 사이의 기간을 말하는 것으로서 신체적인 성적 성숙을 시작으로 하여 사회적으로는 독립적인 성인의 지위에 이르는 것을 목표로 한다. 흔히 이 시기를 '질풍노도'의 시기로 일컫듯이 이 시기는 그야말로 격변과 혼돈의 시기다. 하지만 청년기를 거치면서 신체적으로나 정신적으로 보다 견고해지고 안정되며, 그 결과 온전한 성인이 되기 위한 기초를 다지게 된다. 청년기의 연령 범주는 다소 광범위한데, 대체로 청년기의 초반을 사춘기(puberty) 또는 청소년기라고 말하며 10대 후반을 후기 청소년기 또는 청년기라고 말한다.

1) 신체발달

청년기는 성적으로 성숙하는 시기, 즉 사춘기로부터 시작한다. 사춘기에는 호르
몬의 급격한 변화에 따라 키와 몸무게 같은 신체적 성장이 촉진되며 2차 성징(pri-
mary sex characteristics)이 나타난다. 2차 성징이란 생식과는 직접적인 관련이 없는
성적 특징, 즉 여성의 경우에는 가슴과 엉덩이의 발달을, 남성의 경우에는 수염과
변성을, 그리고 남녀 모두에서 음모와 겨드랑이털 등이 생기게 되는 것을 말한다.
여성은 10세 전후에 가슴이 발달하고 대략 12세 이후에 초경(menarche)이 나타나
는 경우가 많은데, 신체 변화의 순서에는 역시 개인차가 존재한다. [그림 3-3]은
남녀 청소년의 2차 성징의 발현 시기를 보여 준다. 최근에는 10대 초반 또는 10세
이전부터 신체적인 성적 변화가 일어나는 성조숙증으로 인해 정신적인 성숙이 이
루어지지 않은 상태에서 아동이 자신의 신체에서 발생하는 성적 변화 때문에 당
혹감을 겪는 경우도 발생하고 있다.

한편, 이 시기에는 두뇌도 급격하게 발달하게 된다. 뇌의 신경세포들은 상호 간
연결을 증가시키며 다양한 외부 자극을 경험함에 따라 그 연결이 견고해지고 복
잡해진다. 또한 사춘기 호르몬의 증가와 함께 정서를 담당하는 뇌 내 변연계의 발
달이 촉진되어 충동적이고 위험한 행동 경향성이 커진다. 하지만 10대 후반에는
전두엽이 성숙해짐에 따라 점차 충동을 통제하고 계획을 수립하는 등의 능력이

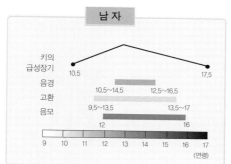
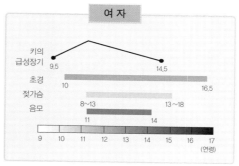

[그림 3-3] 남녀 청소년의 2차 성징의 발현 시기

출처: 충남가정교육연구회 자료실(http://www.waedu.net)

발달하게 된다(McClure et al., 2004).

2) 인지발달

10대 초반에는 사고가 자아 중심적으로 이루어지지만 아동기와는 달리 구체적인 사고에서 벗어나 형식적인 조작이라고 부르는 추상적 사고가 가능해진다. 이에 따라 청소년은 선과 악, 진리와 정의 등과 같은 철학적이고 도적적인 주제에 대한 신념을 발달시키게 된다.

(1) 도덕성 발달

아동기와 청년기의 중요한 과제 중의 하나는 옳고 그름을 분별하는 것, 즉 도덕성을 발달시키는 것이다. 콜버그(Kohlberg, 1981, 1984)는 옳고 그른 것을 가려낼 때 영향을 미치는 도덕적 추리의 발달을 설명하고자 하였다. 그는 10~16세의 소년 72명을 대상으로 하인츠의 딜레마(Heinz Dilemma)를 비롯하여 이와 유사한 9개의 도덕적 갈등 상황을 제시하여 각 상황에서 주인공의 행동에 대해 어떻게 생각하며 그 이유가 무엇인지를 물었다. 그는 이를 바탕으로 3수준 6단계의 도덕 발달 단

하인츠의 딜레마

유럽 어느 지역에서 한 부인이 희귀암으로 죽어 가고 있었다. 의사가 보기에 그 부인을 구할 수 있는 약이 딱 하나 있기는 하였다. 그 약은 최근에 같은 마을의 약사가 발견한 약으로 그것은 일종의 라듐이었다. 그 약을 제조하는 데에는 비용이 많이 들기는 하였지만, 약사는 약을 만드는 데 든 비용의 10배를 약값으로 매겨 라듐의 값은 200달러였지만 그 약의 값은 2,000달러였다. 그 부인의 남편인 하인츠는 자기가 아는 사람들을 모두 찾아가 돈을 빌렸지만, 약값의 절반인 1,000달러 정도밖에 구할 수 없었다. 그는 약사에게 아내가 죽어 가고 있다고 말하고, 약을 좀 싼 값에 팔든지 아니면 모자라는 돈은 뒤에 갚도록 해 줄 것을 간청하였다. 그러나 약사는 "안 됩니다. 나는 그 약을 발견했고 그 약으로 돈을 좀 벌어야겠습니다."라고 말했다. 하인츠는 절망에 빠진 나머지, 약사의 가게에 침입하여 아내를 구할 그 약을 훔치고 말았다.

계를 제안하였다(〈표 3-2〉 참조).

표 3-2 콜버그(1984)의 도덕성 발달의 6단계와 구체적인 반응 예

수준 1: 전 인습적 수준(preconventional level)
- 단계 1: 처벌과 복종 지향

  괜찮다—홈친 약값이 실제로는 200달러밖에 안 될지도 모른다.

  나쁘다—남의 것을 함부로 홈쳐서는 안 된다. 그것은 죄다. 약값이 비싸니까 비싼 것을 홈치면 그만큼 큰 죄가 된다.
- 단계 2: 도구적 상대주의

  괜찮다—약국 주인에게 큰 해를 끼치는 것도 아니고, 또 언젠가 갚을 수도 있다. 아내를 살리려면 홈치는 길밖에 없다.

  나쁘다—약사가 돈을 받고 약을 팔려는 것은 당연한 일이다. 그것은 영업이고 이익을 내야 한다.

수준 2: 인습적 수준(conventional level)
- 단계 3: 대인 간 조화 또는 착한 소년-소녀 지향

  괜찮다—홈치는 것은 나쁘지만, 이 상황에서 아내를 사랑하는 남편으로서는 당연한 행동이다.

  나쁘다—아내가 죽는다 해도 자기가 비난받을 일은 아니다. 죄를 안 지었다고 해서 무정한 남편이라고 할 수는 없다. 홈치지 않아도 하인츠는 자기가 할 일을 다한 것이다.
- 단계 4: 법과 질서 지향

  괜찮다—사람이 죽어 가는 데 약사가 잘못하는 것이다. 아내를 살리는 것이 하인츠의 의무다. 그러나 약값은 반드시 갚아야 하고, 홈친 데 대한 처벌도 받아야 한다.

  나쁘다—아내를 살리려는 것은 당연하지만 그래도 홈치는 것은 역시 나쁘다. 자기 감정이나 상황과 관계없이 규칙은 항상 지켜야 한다.

수준 3: 후 인습적 수준(postconventional level)
- 단계 5: 사회적 계약과 합법적 지향

  괜찮다—홈치는 것이 나쁘다고 말하기 전에 전체적인 상황을 고려해야 한다. 이 경우 법은 분명히 홈치는 것이 나쁘다고 규정한다. 그러나 이 상황이라면 누구라도 약을 홈칠 수밖에 없을 것이다.

  나쁘다—약을 홈쳐서 결과적으로 아내를 살릴 수 있지만 목적이 수단을 정당화시킬 수는 없다. 하인츠가 전적으로 나쁘다고 말할 수는 없지만, 상황이 그렇다고 해서 그의 행동이 옳은 것이 될 수는 없다.
- 단계 6: 보편적인 윤리적 원리 지향

  괜찮다—법을 준수하는 것과 생명을 구하는 것 사이에서 선택하라면 약을 홈치더라도 생명을 구해야 하는 것이 더 높은 수준의 원칙이다.

  나쁘다—암은 많이 발생하고 약은 귀하니 필요한 모든 사람에게 약이 다 돌아갈 수는 없다. 이 경우 모든 사람에 보편적으로 옳다고 생각되는 행동을 해야 한다. 감정이나 법에 따라 행동할 것이 아니라 한 인간으로 무엇이 이성적인가를 생각했어야 한다.

콜버그의 도덕성 발달의 순서는 대체로 사람들에게 동일하게 나타나지만 최종적으로 도달하는 단계는 다를 수 있다. 콜버그 이론의 영향력은 크지만 연구자들 사이에서는 최고의 도덕성 단계인 후 인습적 수준은 서양의 개인주의적 문화에서는 보편적일 수 있지만 개인보다는 자신이 속한 집단이나 다수의 권리를 중요시하는 동양의 집단주의적 문화는 충분히 반영하지 못한다는 점과 소년들의 반응만을 분석함으로써 여성의 반응이 배제되었다는 점 등이 지적되고 있다.

3) 사회성 발달

청년기의 사회성은 에릭슨에 의해 제안된 성인기의 주요 심리사회적 과제인 친밀감을 형성하기 위한 기초를 형성하는 데 초점을 두고 살펴보고자 한다. 에릭슨(Erikson, 1963)은 삶의 각 단계에 위기가 존재하며 그 위기를 어떻게 극복하느냐에 따라 개인의 심리사회적 발달의 결과가 달라진다고 보았다. 에릭슨의 심리사회적 발달단계에 대한 상세한 설명은 본서의 성격이론을 다룬 장(8장) 부분을 참고하기 바란다.

에릭슨에 따르면, 청년기의 주요 과제는 정체성(identity)의 달성이다. 청년기는 '나는 누구인가? 내가 좋아하는 것은 무엇이며, 나는 앞으로 무슨 일을 하고 싶어 하는가?' 등과 같은 자아정체감에 대해 탐구하는 시기이다. 청소년은 정체감을 스스로 찾아가기보다는 의미 있는 타인, 즉 부모와의 관계, 또래와의 관계를 통해 자기 존재를 확인하고 자기 개념을 발달시킨다. 대개 서양의 청소년들은 부모로부터 분리를 시작함으로써 자아정체성을 추구하게 된다(Paikoff & Brooks-Gunn, 1991). 개인차가 있겠으나 10대 중반에 접어들면서 청소년은 부모와의 신체 접촉이 줄어들며, 부모와의 갈등과 마찰은 점차 빈번해진다. 때로 부모와 청소년 자녀 간에 심각한 불화가 발생할 수 있지만 10대 후반에 이르면서 점차 그와 같은 갈등은 줄어드는 경향이 있다. 부모와의 긍정적인 관계는 긍정적인 또래관계와 연관(Galambos, 1992; Gold & Yanof, 1985; Steinberg, 1987)될 뿐만 아니라 자녀의 건강과 행복, 학교생활에도 긍정적인 영향을 끼친다(Resnick et al., 1997).

한편, 청년기는 또래집단의 영향력이 생애의 어느 시기보다도 강력한 시기로서, 10대에게 또래집단은 사고와 행동의 절대적인 참조집단이다. 10대는 또래와 같이 말하고 옷을 입고 행동한다. 또래집단에 대한 동일시와 동조를 지향하는 것은 10대에게는 자연스러운 특징이지만, 그와 같은 경향 때문에 또래들과는 다른 일부 이질적인 개인은 소위 '왕따'라는 희생양이 되어 극심한 스트레스에 시달리기도 한다. 이와 같이 청소년은 청년기를 통해 부모로부터 자연스럽게 분리되고, 또래와의 상호작용을 비롯한 다양한 대인관계 경험을 통해 점차 자아정체감을 형성해 간다.

4. 성인기

오늘날 점차 교육기간이 길어지고 그에 따라 취업, 독립의 시기가 늦어지면서 결혼 시기 또한 늦어지는 추세가 보편화되어 청년기는 과거에 비해 길어지는 경향을 보이고 있다. 청년기는 대체로 10대를 말하지만 20대가 되자마자 성인기에 들어가는 아니다. 즉, 청년기와 성인기의 경계는 명확하지 않다. 성인기가 출현하는 시기(emerging adulthood)라고 부르는(Arnett, 2000) 18세에서 20대 중반에 이르는 기간을 거쳐 점차적으로 성인기에 들어가게 된다고 볼 수 있다.

성인기(adulthood) 발달에 대한 일반적인 특징은 크게 다음과 같은 두 가지로 설명된다. 첫째, 연령이 이전 시기에 비해 큰 영향력을 끼치지 못한다. 성인기에서는 더 이상의 발달을 연령으로 구분할 수 없으며(Baltes & Willis, 1979), 그 대신 다양한 사회문화적 요인을 고려해야 한다. 둘째, 이전 시기에까지 적용해 왔던 발달적 개념, 즉 발달을 양적 증가와는 다른 관점에서 접근해야 한다. 예를 들면, 성인기 후반에 시작되는 노화(decline)의 진행은 더 이상 발달하는 것이 아닌, 일반적으로 쇠퇴의 의미를 지닌다. 이와 같은 기본적인 특징에도 불구하고 현대 사회의 인구가 급속하게 고령화되어 감에 따라 성인기 이후를 보다 세분화하고 노년기에서 나타나는 변화 또한 단순히 쇠퇴로서만이 아닌 새로운 발달적 개념을 도입하여 이해해야 할 필요성이 제기되고 있다.

1) 신체발달

성인기에는 점차적으로 신체 능력의 감퇴가 가속화되어 가는데, 연령보다는 개인의 건강 상태와 운동 습관 등이 이 시기의 신체적 활력과 더 관계가 깊다. 성인기의 신체 변화는 심리적 반응을 촉발하게 되며, 이와 같은 심리적 반응은 나이가 들어 가고 늙어 가는 것을 어떻게 수용하는가에도 영향을 미친다. 노화를 늦추고자 하는 소망은 인지상정이라 할 수 있겠지만 최근 우리 사회에서 유행처럼 번지고 있는 '동안(童顔)' 외모에 대한 열풍과 그에 따른 투자는 가히 폭발적이어서 우려가 될 정도다. 이와 같은 추세에도 불구하고 신체적인 노화는 나이가 들어 가면서 차츰 진행되기 마련이다.

여성의 1차적인 생물학적 노화 신호는 폐경(menopause)으로, 이는 대개 50대 초반에 나타난다. 폐경 및 그에 따른 신체적 증상은 여성 호르몬인 에스트로겐의 감소를 일으킨다. 일반적으로 알려진 것과는 달리 폐경을 맞은 여성은 폐경을 경험하여도 별다른 우울 증상을 보이지 않는다(Avis, 2003; Dennerstein et al., 2000). 남성의 경우에는 여성의 폐경에 상응할 만한 현상은 없다. 즉, 남성은 가임능력이 정지하지 않으며, 성호르몬의 급격한 감소도 보이지 않는다. 물론 남성도 점진적으로 성기능이 감소하는 것을 느끼게 되지만 대부분은 성생활에 크게 문제가 발생하지는 않는다. 따라서 중년기가 지나도 대부분의 남성과 여성은 원만한 성생활을 즐길 수 있다.

전 세계적으로 평균 수명은 증가하고 있는 추세다. 게다가 출산율의 감소로 노년 인구는 점차로 증가하고 있다. 이에 따라 자녀에게 노년의 삶을 의존하는 것을 전통적으로 이어온 나라에서는 향후 심각한 사회적 위기를 겪을 것이 예상된다. 남성은 여성보다 사망 위험도가 높고 전 세계적으로 여성이 남성보다 4년 정도 더

알츠하이머병에 걸린 미국 전 대통령 로널드 레이건은 아내 낸시와 함께 알츠하이머병의 치료와 연구를 위해 로널드 낸시 레이건 연구소를 1995년에 창설했다.

오래 산다. 30세 이후에 사망의 위험은 8년마다 2배로 증가한다(Olshansky et al., 1993). 의학의 발달로 인해 평균 수명이 늘어 간다고 하더라도 결국 신체는 늙어 가고 사람은 죽게 마련이다.

노년기에 접어들면 사람들은 시력과 청력, 후각이 감퇴하고 발음도 분명치 않게 된다. 신체의 면역력도 약해져서 감기에서부터 생명을 위협하는 질병에 이르기까지 병에 취약해진다. 나이가 들어 감에 따라 기억에 중요한 역할을 담당하는 뇌 영역도 퇴화하기 시작한다(Schacter, 1996). 성인 초기부터 뇌 신경세포의 손실이 서서히 시작되어 80세가 되면 뇌 무게가 5% 정도 줄어들게 된다. 운동은 전반적인 신체 건강을 촉진할 뿐만 아니라 뇌 세포의 발달과 연계를 촉진하는데, 노인을 대상으로 한 연구들(Colcombe & Kramer, 2003; Colcombe et al., 2004; Weuve et al., 2004)에서 운동은 그들의 기억력과 판단력을 증진시켰다고 보고되고 있다.

노인이 가장 두려워하는 것 중에는 치매(dementia)와 알츠하이머병(Alzheimer's disease)이 있다. 경미한 뇌졸중의 반복, 뇌종양, 알코올중독 등으로 인해 치매가 유발될 수 있다. 알츠하이머병은 정상적인 노화와 다른 질병으로서, 처음에는 가벼운 건망증에서 시작하여 점차로 심각한 기억장애에 이르며, 사고 및 판단 능력이 상실되고 정서적 무감각, 기본적인 자조능력의 박탈로 인해 결국에는 산 송장과 같은 상태가 된다. 뇌 세포의 손상과 아세틸콜린이라는 신경전달물질을 생산하는 뉴런의 퇴화가 알츠하이머 증상에 기저한다. 신체적인 활동뿐만 아니라 두뇌를 단련하는 활동은 뇌 활동을 촉진하며 나아가 치매나 알츠하이머와 같은 병을 예방하는 데 도움이 된다.

2) 인지발달

학습 및 기억 능력은 성인기 초기에 절정을 이루며 나이가 들어감에 따라 감퇴된다. 중년기로 접어드는 시기인 40대는 대개 자신의 기억이 10년 전보다 쇠퇴하였다고 보고한다. 물론 나이가 들어도 잘 기억하는 부분들이 존재하는데, 사람들은 10~30세의 경험을 가장 잘 회상해 내는 경향이 있다(Conway et al., 2005). 학습 및 기억 능력에서의 개인차는 나이가 들어 감에 따라 커진다. 예를 들어, 대부분의 노인은 20대 청년보다 기억력이 낮지만, 일부 노인은 20대보다 기억력이 더 좋은 것으로 나타난다.

그렇다면 지능은 어떠한가? 연령 변화에 따른 지능의 변화는 지능의 유형에 따라 달라진다(그림 3-4) 참조). 습득된 지식과 같은 결정화된 지능(crystallized intelli-

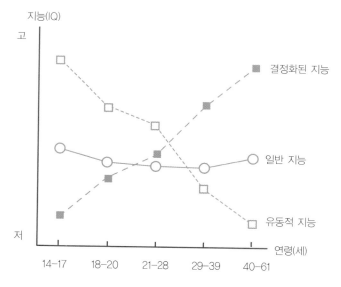

[그림 3-4] 결정화된 지능, 유동적 지능 및 일반 지능의 연령별 변화
출처: Horn (1970).

gence)은 나이가 들수록 증가하는 반면, 추상적인 추리능력과 같은 유동적 지능 (fluid intelligence)은 75세 정도까지는 서서히 감소하다가, 85세 이후가 되면 급격하게 감소한다(Cattell, 1963; Horn, 1982). 이로 볼 때, 나이가 들어 갈수록 성과를 나타낼 수 있는 부분은 철학, 역사와 문화 등 결정지능을 필요로 하는 분야라고 할 수 있다. 뿐만 아니라 노인의 지식은 단순히 지식의 누적이 아니라 기본적인 지식에 경험을 더하여 조정된 것으로서, 소위 지혜라고 일컫는 것이 옳다. 이와 같은 의미에서 젊은이들은 "노인 한 명이 죽는 것은 도서관 한 채가 불타 없어지는 것과 같다."라는 말의 의미를 되새겨 볼 필요가 있겠다.

3) 사회성 발달

성인기의 가장 큰 인생 사건은 결혼과 취업이다. 에릭슨의 심리사회적 단계이론에 따르면, 성인기부터 노년기 전까지의 가장 중요한 과제는 친밀감과 생산성과 관련된 부분으로, 이는 곧 결혼과 일을 의미한다. 결혼은 친밀감과 성적 안정감을 제공하고 성인으로서의 진정한 독립을 선언하는 의식이지만, 타인과의 긴밀한 관계 형성이라는 측면에서 큰 스트레스를 초래하는 것이 사실이다. 결혼에 따른 출산과 자녀 양육 그리고 부모 되기 등의 일련의 과정을 거치며 이를 통해 부부애, 자녀애, 우애, 효(孝) 등과 같은 다양한 형태의 유대를 경험하게 된다. 하지만 가족은 때로 별거나 이혼으로 인해 해체되는 위기를 겪기도 한다. 흔히 '중년의 위기'라고 말하는 40대의 경제적 · 심리적 어려움과 그에 따른 폐해에 대한 실증적 증거는 불충분하다(Hunters & Sundel, 1989). 특정 연령대가 위기의 시기가 아니며 연령과 상관없이 특정한 부정적인 사건(예: 실직, 이혼 등)의 발생이 삶의 위기를 초래하는 것이다.

직업을 가진다는 것은 의식주와 같은 생계를 유지할 수 있는 수단을 가졌다는 것을 의미하며, 직장은 일을 매개로 가족 이외의 다양한 인맥을 형성하고 확장하는 데 기초를 제공한다. 따라서 진로 및 직업의 선택은 중요하다. 온전하고 안정된 성인기를 위해서는 자신에게 맞는 직업의 선택이 선행되어야 하며, 이것은 곧 일에 대한 몰입 그리고 행복과 연관될 수 있다. 하지만 요즘은 전 세계적으로 경제상황이 불안정해지면서 실업문제가 점차 심각해지고, 청년의 실업문제부터 직장에서의 정년이 빨라지거나 명예퇴직, 권고사직 등과 같은 중년의 실직문제에 이르기까지 고용의 안정성이 보장되지 않는 환경이 보편화되면서 당면한 생활의 어려움에 따른 고통뿐만 아니라 노후 생활에 대한 불안감이 커지고 있다.

한편, 과거에 비해 여성의 사회 진출과 기여가 많아지면서 미혼 여성의 비율은 해마다 증가하고 있다. 최근에는 고학력을 바탕으로 한 고소득층을 형성하는 여성들이 많아졌으나, 결혼은 하지 않는 이른 바 '골드미스' 라고 불리는 여성들이 증가하고 있다. 이들은 그동안 여성이 진출하지 않았던 다양한 영역으로 진출하고 있으며 고액의 소득으로 경제력을 갖추고 있어 결혼을 통한 경제적 의존의 필요성이 없고 바쁜 사회생활로 인해 결혼을 전제로 한 남성과의 만남을 굳이 선호하지 않는다. 골드미스의 비율은 해마다 증가하고 있는 추세이며, 이들은 또한 '1인 가정' 을 구성하는 대표적인 미혼 인구다. [그림 3-5]는 미혼 여성과 골드미스의 국내 증가 현황을 보여 준다.

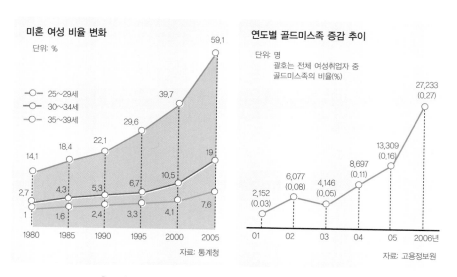

[그림 3-5] 미혼 여성과 골드미스의 국내 증가 현황

이와 같은 환경적·사회적 불안 요소에도 불구하고 많은 노인은 노년기에 이르러 자신의 삶의 의미를 되새기고 일생을 통합하는 과정을 거치게 된다. 그와 관련된 과제가 바로 에릭슨이 제안한 노년기의 심리사회적 과제다. 자신의 삶을 되돌아보았을 때, 실패와 좌절이 두드러지고 이를 통해 어떠한 의미조차 발견하지 못한 노인은 절망감을 경험하게 된다. 게다가 가족 형태의 변화에 따라 독거노인이 늘어감에 따라서 가족이나 이웃과의 교류가 줄어들고 외로움을 겪을 가능성 또한 높아진다. 2009년 보건복지부 자료에 따르면, 국내의 독거노인은 98만여 명으로 전체 노인 인구의 20%를 차지하고 있다. 이 가운데 사회적 안전망을 통해 보호할 필요가 있는 독거노인은 모두 17만 명으로 집계되었다.

일부 노인은 건강을 관리하고 은퇴 이후에 새로운 대인관계를 적극적으로 형성하며 제2의 청춘을 만끽하기도 한다. 어쨌든 모든 인간은 죽게 마련이며 죽음에 점차 가까워지는 시기인 노년기에는 죽음과 관련된 부분들을 직간접적으로 경험하게 된다. 부모와 친지 등 가족의 죽음 외에 다양한 원인으로 인한 동년배 또는 배우자의 죽음을 목격하고 경험하는 것은 노인 자신에게 큰 영향을 끼친다. 더 이상 죽음이라는 생의 끝을 향한 시간의 흐름을 외면할 수 없는 시기가 바로 노년기인 것이다.

800여 명 이상의 사례를 대상으로 한 대규모 전향적 성인 발달 연구를 성공적으로 이끈 베일런트(Vaillant)는 성공적인 노년과 성공적이지 못한 노년의 차이에 대해 『행복의 조건(Aging well)』에서 다음과 같이 결론 내리고 있다.

George E. Vaillant(1934~)

바로 즐거움을 누릴 줄 아는 여유가 있는가 없는가다. 그것이야말로 우리가 살아가면서 잊지 말아야 할 가장 중요한 요소다. 분명 성공적인 노년에 이르는 길은 수없이 많을 것이며 어느 한 가지 길이 옳다고 말할 수 없다. 그러나 목표는 분명하다. 긍정적인 노화란 사랑하고, 일하며, 이제까지 알지 못했던 사실을 배우고, 사랑하는 이들과 함께 남은 시간을 소중하게 보내는 것이다.
출처: 이덕남 역(2010). 『행복의 조건』 (Vaillant 저) 중 발췌.

그의 연구에 따르면, 생의 마지막 20년에서 가장 중요한 요소는, 첫째 병에 걸렸더라도 아픔을 겪지 않고 살아가고, 둘째 은퇴한 뒤에도 창조성과 놀이를 즐길 줄 아는 능력을 회복하며, 셋째 지혜를 쌓고, 넷째 정신적 숭고함을 가꿔 가는 것이다.

요약

발달심리학은 인간의 전 생애에 걸친 신체적·인지적·사회적 영역에서의 발달적 변화를 다각도로 연구하는 학문이다. 생명이 시작되는 수정의 순간부터 죽음에 이르기까지 인간에게 나타나는 모든 변화의 양상과 과정을 발달이라 한다. 수정에서 죽음에 이르는 전 과정을 태내기, 유아기, 아동기, 청년기, 성인기 및 노년기로 나누어 볼 수 있다. 유아기와 아동기는 일생을 통해 가장 급격한 변화가 일어나는 시기로 한 인간으로 일상에 적응하며 살아가는 데 필요한 기본적이고 중요한 인지적·사회적 기술을 발달시킨다. 청년기에는 자신의 정체감을 획득하고, 성인기에는 자녀를 갖고 직업을 가지며 왕성하게 생산하며, 노년이 되어 죽음에 이르게 된다.

학습과제

1. 피아제 이론에서 전 조작 단계에 관해 설명하시오.

2. 애착의 유형과 그러한 차이가 나타나는 이유에 관해 설명하시오.

3. 하인츠의 딜레마에 관해 설명하시오.

4. 일반 지능의 연령별 변화에 관해 설명하시오.

학습 개요

우리의 신체는 외부 세계로부터 매 순간 엄청나게 많은 자극을 받고 있다. 우리가 복잡한 환경 속에서 안전하게 살아가기 위해서는 이러한 외부 자극 속에서 형태, 크기, 색 및 거리와 같은 필수적인 정보를 추출해야 한다. 정보를 추출하기 위해서는 외부 자극이 우리의 뇌(또는 마음) 속에 들어와야 한다. 외부 자극이 마음속에 들어오기 위해서는 감각과 지각이라는 과정을 거친다. 감각은 환경 자극의 물리적 에너지를 뇌가 처리할 수 있는 형태인 신경신호로 변환해서 뇌의 감각 영역까지 전달하는 과정이다. 지각은 뇌에 도달한 감각정보를 분석하여 의미 있게 해석하는 과정이다. 또한 지각 과정은 감각 수용기에서 처리되어 입력되는 감각정보뿐만 아니라 우리의 기대, 동기 및 지식과 같은 요인에 의해서도 영향을 받는다. 전자를 상향처리라고 하고, 후자를 하향처리라고 한다.

1. 감 각

1) 감각의 종류

인간과 세계의 만남은 감각에서 시작한다(최현석, 2009). 일반적으로 인간은 시각, 청각, 촉각, 미각 및 후각의 다섯 가지 감각, 즉 오감을 통해 세상과 소통한다.

(1) 시각

시각(visual sensation)기능이 인간의 오감 중에서 가장 먼저 진화된 기능은 아니지만 현재 우리는 시각을 통해서 외부 정보의 약 80% 정도를 처리한다. 시각을 담당하는 감각기관은 눈이다. 우리의 눈은 약 400~700nm의 가시광선에 포함되어 있는 정보를 처리한다. 이 범위를 벗어나는 파장을 갖는 빛에너지는 우리의 눈으로 처리할 수 없는 영역이다. 시각정보는 외부에서 반사된 빛에너지가 눈의 망막에 외부 대상의 이미지를 만드는 것으로 시작된다([그림 4-1] 참조). 망막상이 형성

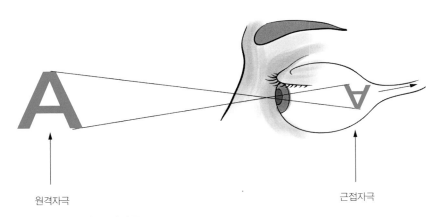

원격자극   근접자극

[그림 4-1] 원격자극과 근접자극

외부에서 빛을 반사하는 물체를 원격자극(distal stimulus), 물체에 의해 반사된 빛에 의해 망막에 만들어지는 망막상을 근접자극(proximal stimulus)이라 한다. 근접자극은 원격자극의 도립상 형태로 만들어진다. 후뇌에서 도립상을 원격자극과 같은 방향으로 잡아 주는 역할을 한다.

되면 시각 수용기인 원추체와 간상체에 의해 빛에너지가 전기신호로 변환되고, 이 전기신호가 시신경을 통해 뇌로 들어가 시각 경험을 일으키게 된다.

(2) 청각

청각(auditory sensation)을 담당하는 감각기관은 귀다. 귀는 구조적으로 외이, 중이 및 내이로 구성되는데, 이 중에서 외이와 중이는 외부에서 들어오는 공기 압력을 증폭하는 역할을 담당하고, 내이의 와우각에 있는 청각 수용기가 진동자극을 전기신호로 변환하는 역할을 수행한다(그림 4-2] 참조). 이렇게 변환된 전기신호가 청신경을 통해 뇌로 전달되어 청각 경험을 일으킨다. 귀는 약 20~20,000Hz 범위의 가청진동수를 갖는 압력 자극을 처리하고, 이를 통해 외부 정보의 약 15% 정도를 처리한다. 청각을 분석해서 추출되는 기본적인 속성 정보는 음강(loudness), 음고(pitch), 음색(timbre)인데, 음파(sound wave)의 에너지 강도, 주파수, 주파수의 혼합 비율에 의해 결정된다.

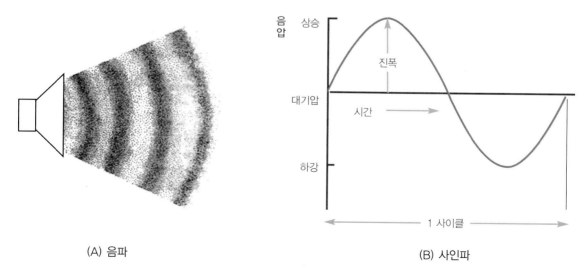

(A) 음파   (B) 사인파

[그림 4-2] 청각 자극

(A)는 스피커에서 나오는 소리에 의해 만들어지는 공기 압력의 변화인 음파이고, (B)는 이 음파를 사인파(sine wave)의 형태로 나타낸 것이다. 음파에서 공기 분자가 밀집해 있는 영역은 사인파에서 진폭이 높게 표시되고, 공기 분자가 적은 영역은 사인파에서 진폭이 낮게 표시된다.

(3) 후각

후각(olfactory sensation)은 진화상으로 볼 때 가장 원시적인 감각으로 기체 형태의 화학물질을 후각섬모(olfactory cilia)에서 신경정보로 변환함으로써 발생한다([그림 4-3] 참조). 다른 감각들이 시상을 경유하는 것에 비해, 후각은 직접적으로 뇌의 일차후각영역에 전달되기 때문에 미각에 비해 10,000배 정도 더 예민하다. 이렇게 일차후각영역으로 들어온 후각정보는 시상을 통해 다른 뇌의 다른 후각영역으로 전달된다. 후각기능은 음식물을 탐지하고 그 위치를 파악하기 위해 진화되었다(Moncrieff, 1951). 또한 종에 따라 이 감각은 잠재적인 위험을 탐지하거나 의사소통을 위한 수단으로 사용된다. 예를 들면, 어떤 종은 페로몬을 분비하여 의사소통을 한다. 이것은 성적 수용성, 위험, 영토 경계 및 음식물의 위치에 대한 다양한 정보를 전달한다. 인간의 경우 1,000여 종의 냄새수용체 유전자가 있으며, 이 중에서 실제로 작동하는 유전자 수는 375개 정도임이 밝혀졌다(Buck & Axel, 1991). 절반이

[그림 4-3] 후각의 감각기관

코에 들어온 냄새 분자는 비강을 통해서 후각상피에 도달한다. 이 후각상피에는 후각신경세포가 존재하는데, 이 신경세포에 달려 있는 후각섬모에 냄새 분자가 달라붙는다. 그러면 후각섬모에서 전기신호를 발생시키고, 이 정보는 후각구와 변연계를 통해 대뇌피질의 후각영역으로 전달되어 냄새를 지각한다.

넘는 유전자가 기능을 수행하지 않는 '가짜 유전자'인 셈이다. 이것은 인류가 직립을 하면서부터 후각에 대한 의존도가 줄어들어 후각기능이 퇴화했기 때문이다.

(4) 미각

미각(taste)은 화학적 자극을 분석하고, 변환하여 맛을 지각하게 하는 감각이다. 맛의 지각은 미각 이외에 후각, 촉각, 온도 및 시각의 영향도 받는데, 특히 후각이 중요하다. 혀에 있는 미뢰(taste bud)라 불리는 수용기에서 미각을 담당한다. 성인의 경우 미뢰는 약 10,000개 정도 있으며 약 3~5일 주기로 재생된다. 미뢰에는 50~100개의 미각세포가 들어 있는데, 이 미각세포는 단맛, 신맛, 쓴맛 및 짠맛의 네 가지 기본 맛 중에서 한 가지에만 선택적으로 반응한다(Frank & Nowlis, 1989; [그림 4-4 참조]). 또한 최근에 다섯 번째 맛인 우마미(umami)를 담당하는 수용기가 쥐의 조직에서 발견되었다(Chaudhari, Landin, & Roper, 2000). 이것은 일상생활에서 감칠맛으로 표현되며 글루타민소다 향을 내는 화학물질에 대한 반응으로 만들어지는 맛으로, 이 물질은 육류나 생선과 같은 고단백질의 음식물에 포함되어 있다.

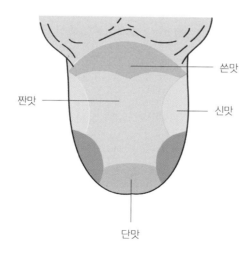

[그림 4-4] 혀에서 맛을 느끼는 부위

쓴맛은 혀의 뒤쪽에서, 단맛은 혀끝에서, 신맛은 혀의 옆쪽에서 그리고 짠맛은 혀의 전체 부위에서 느낀다.

(5) 피부감각

피부감각(cutaneous sensation)은 온도감각, 촉각(압각) 및 통각으로 구분할 수 있다. 피부감각은 피하에 있는 여러 세포들이 감각기관으로 작동하며, 이 세포들이 자극되면 외부 정보를 전기신호로 변환하여 뇌의 신체감각영역으로 전달한다([그림 4-5] 참조).

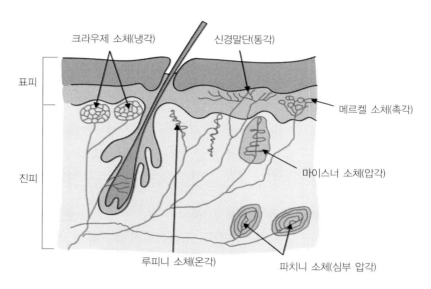

[그림 4-5] 피부감각 수용기

(6) 평형감각

두 발로 걸을 때 몸의 균형을 유지하거나 한 발로 서기 등은 평형감각(equilibrium)이 있기 때문에 가능한 것이다. 평형감각에는 우리 신체가 공간에서 어디에 위치해 있고, 어떻게 움직이는지를 알려 주는 고유감각과 귀에 있는 전정기관이 우리 몸의 움직임 특히 머리의 움직임을 정확히 지각하는 전정감각으로 구성된다.

2) 감각의 측정

전통적으로 철학자들은 주관적인 감각을 측정할 수 없다는 입장을 가지고 있었다. 그러나 정신물리학자들이 물리적 자극과 감각과의 관계를 수리적으로 표현할 수 있음을 보여 주었다. 이를 위해 정신물리학자들은 감각기관의 역치를 측정하였다.

(1) 절대역치

절대역치(absolute threshold)는 우리의 감각기관이 어떤 자극에 반응하기 위해 필요한 최소한의 자극강도로 정의된다. 일반적으로 절대역치는 해당 자극에 대한 '예' 반응과 '아니요' 반응이 50%가 되는 자극의 강도로 결정된다([그림 4-6] 참조). 그 이유는 감각기관의 민감도가 사람에 따라 다르고, 여러 원인에 의해 개인 내에서도 달라지기 때문이다. 인간의 다섯 가지 감각 형태에 대한 절대역치는 〈표 4-1〉과 같다.

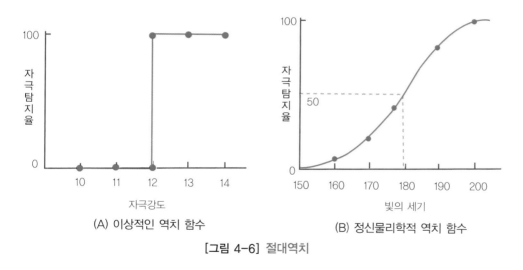

[그림 4-6] 절대역치

표 4-1 여러 감각에 대한 절대역치

감각 형태	절대역치
시각	어둡고 맑은 밤 약 48km 전방에서 비친 촛불의 밝기
청각	조용한 방 6m 앞에서 들리는 째깍거리는 시계소리
미각	9L의 물에 녹인 설탕 한 스푼
후각	방이 6개 있는 집에 뿌린 한 방울의 향수
촉각	1cm 거리에서 뺨에 떨어지는 꿀벌의 날개

(2) 차이역치

차이역치(difference threshold)는 우리의 감각기관이 두 개의 자극을 구별하는 데 필요한 최소한의 물리적 자극 강도의 변화로 정의된다. 일반적으로 표준자극과 비교자극 사이에 변별이 되는 경우와 변별이 되지 않는 경우가 각각 50%일 때의 두 자극의 물리적 자극강도 차이로 결정되며, 최소식별차이(just noticeable difference: JND)로 부르기도 한다.

(3) 물리적 자극과 감각의 관계

정신물리학자들의 관심사 중 하나는 물리적 자극과 감각의 관계를 간단한 수학적 공식으로 표현하는 것이었다([그림 4-7] 참조). 이를 위해 정신물리학자들은 절대역치와 차이역치에 대한 연구를 수행하였다. 이러한 연구를 통해 최초로 물리적 자극과 감각 크기의 관계를 수식으로 정리한 베버(Weber, 1834)는 두 자극의 차이역치는 표준자극이 커짐에 따라 비례적으로 커진다는 법칙을 발표하였다. 예를 들어, 무게변별에서 표준자극이 100g일 때 차이역치가 2g이면, 표준자극이 1000g으로 10배 증가하면 차이역치도 20g으로 10배 증가한다. 따라서 표준자극의 크기가 변화해도 베버 상수인 K는 0.02로 일정하게 유지된다. 베버 법칙을 수식으로 표현하면 $\Delta S / S = K$이다. 여기에서 ΔS는 차이역치, S는 표준자극, K는 상수를 의미한다. 페크너(Fechner)는 베버 법칙을 더 발전시켜 감각의 크기는 자극강도의 대수함수적 관계에 따라 증가한다는 페크너 법칙을 발표하였다(Fechner, 1860). 이 법칙을 수식으로 표현하면 $S = C\log I$이다. 여기에서 S는 감각의 크기, I는 물리적 자극의 크기, C는 감각의 종류마다 다른 상수다. 스티븐스(Stevens, 1957)는 크기추정법(magitude estimation)을 이용해서 물리적 자극의 크기와 감각의 크기는 지수함수(power function)의 관계를 따른다는 법칙을 발표하였다. 이 지수법칙은 $P = KS^n$으로 표현되며, 여기에서 P는 지각된 감각의 크기, S는 물리적 자극의 강도, K는 상수다.

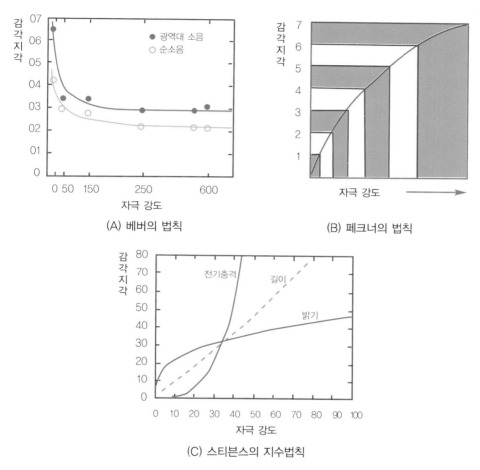

(A) 베버의 법칙

(B) 페크너의 법칙

(C) 스티븐스의 지수법칙

[그림 4-7] 물리적 자극과 감각의 관계를 기술한 정신물리학적 법칙

(4) 역치를 측정하는 방법

정신물리학자들은 절대역치를 측정하기 위해 한계법, 조정법, 항상자극법 등의 방법을 사용하였다. 한계법(method of limits)은 분명하게 자극을 탐지할 수 있는 자극에서부터 점차 그 강도를 낮춰 가면서 NO 반응이 나올 때까지 진행한다(내림차순 방식). 반대로 분명히 NO 반응이 나오는 자극에서 시작하여 YES 반응이 나올 때까지 진행한다(오름차순 방식). 내림차순 방식과 오름차순 방식에서 얻은 자극강도의 평균을 절대역치로 결정한다. 조정법(method of adjustment)은 관찰자가 자극을 탐지할 때까지 자극의 강도를 관찰자가 서서히 연속적으로 변화시킨다. 관찰

자가 탐지하는 자극의 강도가 절대역치로 결정되고, 이러한 절차를 여러 번 반복한 경우에는 평균 강도로 절대역치를 결정한다. 항상자극법(method of constant stimuli)은 실험자가 강도가 다른 5개에서 9개 정도의 자극을 무선적으로 제시한다. 일반적으로 시행의 50%에서 자극이 탐지된 자극 강도를 절대역치로 결정한다. 항상자극법은 가장 정확한 절대역치를 측정할 수 있는 방법이지만 시간이 많이 걸린다는 단점이 있고, 한계법과 조정법의 경우에는 정확도는 떨어지지만 시간은 적게 걸린다는 장점이 있다.

3) 시각체계의 구조

(1) 빛의 특성

우리의 시각은 태양에서 방사되는 빛에 의해서 시작된다. 이 태양빛은 전자기 스펙트럼(electromagnetic spectrum)으로 전기적 부하에 의해 생성되어 파형으로 방사되는 에너지다([그림 4-8] 참조). 이 태양빛을 구성하는 에너지는 파장으로 기술할 수 있는데, 파장의 범위는 감마선과 같은 극초단파에서 라디오와 같은 장파에 이르기까지 매우 다양하다. 태양빛을 구성하는 다양한 파장 범위 중에서 우리가 지각할 수 있는 파장은 약 400~700nm에 있는 전자 에너지로, 이를 가시광선(visible light)이라 한다. 태양빛은 주로 파장의 단위로 기술되지만, 광자(photon)라고 하는 에너지 입자로 기술되기도 한다. 하나의 광자는 빛 에너지를 구성하는 최소 입자에 해당한다. 빛의 파장과 광자의 개수는 시각과 관련된 중요한 속성이다. 또 다른 중요한 빛의 특성은 빛이 환경 속 물체에 의해 반사된다는 점이다. 실제로 우리의 시각 경험은 태양빛 자체가 아니라 이 반사된 빛에 의해서 발생한다. 물체에 의해 반사된 빛에는 그 물체에 대한 정보가 담겨 있기 때문에 '구조화된 빛'이라고 부른다.

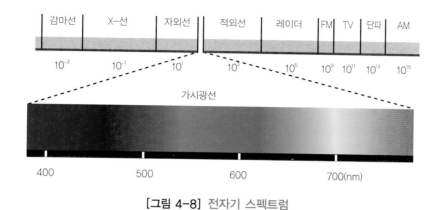

[그림 4-8] 전자기 스펙트럼

(2) 눈의 구조

시각은 물체에 반사된 빛이 우리의 눈에 들어오는 것으로 시작된다. 시각을 만들어 내는 눈의 주요 구조물은 각막, 수정체 및 망막이다([그림 4-9] 참조). 눈에 들어온 물체에서 반사된 빛은 망막에 그 물체의 상을 만들어 내는데, 이를 망막상(retinal image)이라 한다. 망막에 상이 만들어지면 그 부위에 있는 시각 수용기 세포들이 작동하여 전기신호를 발생시킨다. 궁극적으로 이 전기신호가 뇌로 전달되어 시각을 경험하게 된다.

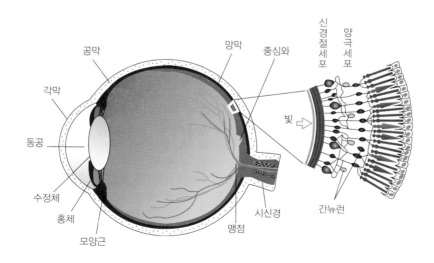

[그림 4-9] 눈의 구조

(3) 간상체와 추상체

망막은 중심와(forvea)라 불리는 약 1mm 직경의 영역과 중심와 이외의 모든 망막 영역을 의미하는 주변망막(peripheral retina)으로 구성된다([그림 4-10] 참조). 중심와는 카메라의 초점 영역과 유사한 것으로 낮과 같이 빛이 많은 조건에서는 이 영역에 상을 만드는 것이 유리하고, 반면에 밤과 같이 어두운 조건에서는 주변망막에 상을 만드는 것이 유리하다. 이러한 차이는 망막에 있는 시각 수용기 때문에 발생한다. 망막은 5개의 세포층으로 구성되는데, 맨 뒤에 시각 수용기 세포층이 존재한다. 시각 수용기 세포는 두 종류가 있는데, 추상체(cone)와 간상체(rode)가 그것이다. 각 눈에 추상체는 약 600만 개가 존재하는데, 이 중에서 약 1%에 해당하는 6만 개의 추상체가 중심와에 존재한다. 나머지 99%의 추상체는 주변망막 영역에 퍼져 있다. 간상체는 약 1억 2천만 개가 존재하는데, 모두 주변망막에 분포한

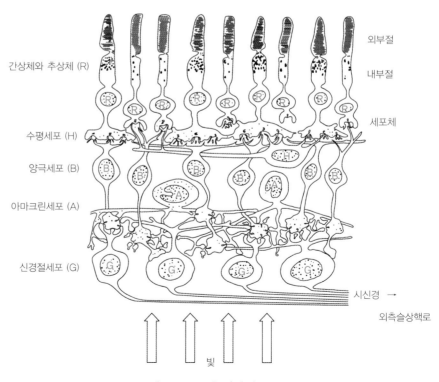

[그림 4-10] 망막의 구조

다. 추상체는 빛에 덜 민감한 수용기로 빛이 많은 조건에서 시각을 담당하고, 간상체는 빛에 민감한 수용기로 어두운 조건에서 시각을 담당한다. 추상체와 간상체 수용기에는 시각색소(visual pigments)라는 화학물질이 들어 있고, 이 화학물질이 빛에 반응해서 전기신호를 발생한다. 추상체와 간상체에서 발생한 전기신호는 양극 세포(bipolar cells)를 거쳐서 신경절 세포(ganglion cells)로 수렴된다. 이 신경절 세포는 600만 개가 있으며 이 세포의 축색다발이 모여서 시신경을 이루고, 이를 통해서 뇌까지 전기신호가 전달되어 시각 경험을 일으킨다.

또한 망막에 수평 세포(horizontal cells)와 아마크린 세포(amacrine cells)가 있는데, 이 세포들의 역할은 망막 내에서 정보를 수렴하여 신경절 세포로 전달하는 것이다. 추상체는 중심와에만 존재하기 때문에 망막상을 중심와에 맺으면 선명한 시각을 경험할 수 있다. 또한 추상체는 단파장(419nm), 중파장(531nm) 및 장파장(558nm)의 빛에 선택적으로 반응하는 세 종류가 있어서 우리의 색채지각의 기초가 된다.

(4) 시각 경로

우리가 보는 시각장에서 왼쪽에 존재하는 물체는 두 눈의 오른쪽 망막에 상을 맺고, 시각장의 오른쪽에 위치하는 물체는 망막의 왼쪽에 상을 맺는다([그림 4-11] 참조). 두 눈에서 출발하는 시신경은 시교차로(optic chiasm)에서 만나서 재분류된다. 즉, 두 눈의 오른쪽 망막에서 출발하는 시신경은 시교차로에서 만나서 우반구에 있는 외측슬상핵(lateral geniculate nucleus: LGN)으로 들어가고, 왼쪽 망막에서 출발하는 신경은 좌반구에 있는 외측슬상핵으로 전달된다. 또한 우반구 외측슬상핵에서 출발하는 시신경은 우반구의 선조피질(striate cortex)로 입력되고, 좌반구 외측슬상핵에서 출발하는 시신경은 좌반구의 선조피질로 입력된다. 선조피질에 입력된 시각정보는 두 개의 신경회로를 통해서 뇌의 다른 부위로 전달되며, 이 과정을 통해 다양한 시각 속성들이 분석되어서 시각 경험을 일으킨다. 이러한 회로에는 선조피질에서 뇌의 측두엽으로 진행하는 복측 경로(ventral pathway)와 두정엽으로 진행하

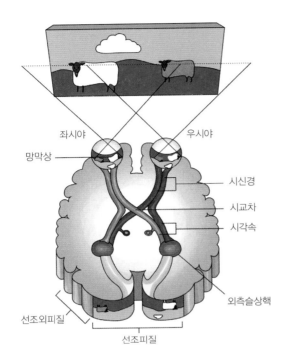

(A) 망막에서 선조피질까지 연결된 시각 경로

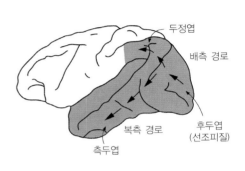

(B) 선조피질과 선조외피질을 연결하는 시각 경로

[그림 4-11] 시각 경로

는 배측 경로(dorsal pathway)가 있다(Ungerleider & Mishkin, 1982). 복측 경로에서는 자극의 색, 패턴, 깊이 정보 등을 처리하고, 배측 경로에서는 물체의 위치 정보를 파악한다. 복측 경로에 있는 선조외피질에서는 자극의 특정한 속성을 처리하는 모듈(module)이 발견되었다. 뇌영상법을 통해 측두엽에 있는 방추형 이랑(fusiform gyrus) 영역에서 얼굴 자극에만 반응하는 영역이 발견되었고, 이 영역은 FFA(fusiform face area)로 명명되었다(Kanwisher, McDermott, & Chun, 1997). 측두엽 영역에서 PPA(prarahippocampal place area)가 발견되었는데, 이 영역은 건물 안 배치도나 풍경 자극에 선택적으로 반응을 보였다(Aguire, Zarahn, & D'Esposito, 1998). 그리고 EBA(extrastriate body area)도 발견되었는데, 이 영역은 얼굴을 제외한 신체의 일부분에 대해서만 선택적으로 반응을 하였다(Downing, Jiang, Shuman, & Kanwisher, 2001). 이와 같이 복측 경로와 배측 경로를 통해서 분석된 시각정보는 뇌의 다른 영역에서 통합되어서 궁극적으로 우리의 시각 경험을 만들어 낸다.

4) 청각체계의 구조

(1) 귀의 구조

귀의 구조는 크게 세 부분으로 구분된다([그림 4-12] 참조). 외이(outer ear)는 귓바퀴와 외이도가 포함되며, 귓바퀴가 소리를 모아 외이도를 통해서 고막에 전달하여 진동시키는 역할을 한다. 중이(middle ear)는 고막을 경계로 시작된다. 고막의 진동은 청소골을 움직인다. 청소골은 추골, 침골 및 등골로 이루어져 있는데, 주요 역할은 고막에서 전달되는 진동의 강도를 증폭해서 난원창에 전달하는 것이다. 또한 중이에는 공기 압력을 유지하기 위해 코 쪽으로 연결된 관이 있는데 이를 유스타키오관이라고 한다. 내이(inner ear)는 난원창에서부터 시작된다. 난원창에 도달한 진동은 와우각에 전달되어 안에 있는 액체를 진동시키고, 이는 와우각 안에 있는 기저막을 진동시킨다. 기저막이 진동하면 이 기저막에 있는 융모세포가 구부러지게 되고, 결국 전기신호가 발생한다. 이 전기신호가 청신경을 따라 뇌로 전

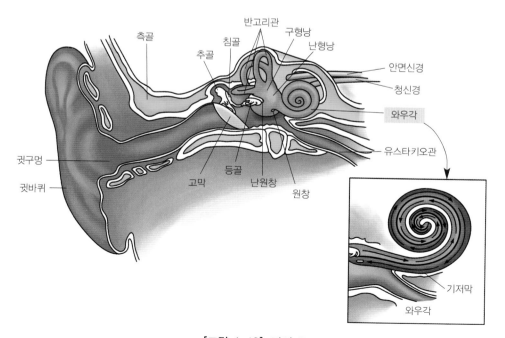

[그림 4-12] 귀의 구조

달되어 청각 경험을 일으킨다.

(2) 소리의 특성

청각자극은 음파다([그림 4-13] 참조). 음파는 공기의 압력 변화에 의해 발생한다. 우리가 실제로 듣는 소리는 음파를 분석하여 여러 가지 음의 속성을 분석해 낸 결과물이다. 음의 속성에는 음고, 음량 및 음색이 있다. 음고(pitch)는 음의 높고 낮음을 의미하며, 주로 음파의 주파수에 의해 결정된다. 물리적 주파수가 많을 때는 고음을, 적을 때는 저음을 지각한다. 인간이 들을 수 있는 소리는 20~20,000Hz의 주파수를 갖는 음파로 이를 가청주파수(audible frequency)라 한다. 특히 우리는 1,000~4,000Hz의 소리를 가장 잘 변별할 수 있다. 음량(loudness)은 소리가 크게 들리는 강약의 정도를 의미하며, 주로 음파의 물리적 진폭에 의해 결정된다. 진폭은 청각의 감각기관에 도달하는 진동자극의 압력에 따라 결정된다. 음강의 측정 단위는 데시벨(decibel: dB)이다. 1dB은 절대역치의 자극이고, 20dB은 속삭이는 소리, 50~70dB은 정상적인 대화소리, 130dB 이상의 소리는 고통을 지각한다. 음색(timbre)은 동일한 음고와 음량을 가진 두 소리의 차이를 감각적으로 구별해 주는 속성이다. 음색은 파형에 의해 결정된다. 파형은 기본파와 고조파들이 어떤 비

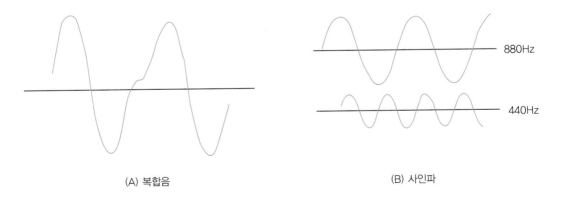

(A) 복합음   (B) 사인파

[그림 4-13] 청각자극인 음파
(A) 실제로 우리 귀에 들려오는 복합음의 음파, (B) 복합음을 푸리에 분석을 통해 분리한 440Hz와 880Hz의 사인파

율로 배합되어 있는가에 의해 결정된다. 우리가 듣는 소리는 복잡한 파형을 갖는 복합음인데, 이 복합음을 구성하는 다양한 사인파(혹은 정현파) 중에서 주파수가 가장 낮은 것을 기본파(fundamental wave)라 하고, 이 기본파의 배수가 되는 주파수를 갖는 소리를 고조파(harmonic wave)라 한다.

(3) 소리의 음고 지각

청각을 연구하는 지각심리학자들의 관심사 중 하나는 소리의 주파수에 따라 달라지는 음고를 어떻게 구별하여 지각하느냐에 관한 것이다([그림 4-14] 참조). 음고 지각과 관련해서 제일 먼저 제안된 가설이 장소부호(place coding)다. 죽은 사람의 귀에 구멍을 뚫고서 현미경으로 기저막의 진동을 관찰한 결과, 고주파 소리는 난원창 부근의 기저막 부위를 진동시키고, 저주파 소리는 와우각 끝에 있는 기저막을 진동시키는 것으로 나타났다(Békésy, 1960). 그러나 하나의 주파수가 기저막의 여러 부분을 진동시키고 또한 저주파수 소리와 중간주파수 소리에 의해 반응하는 기저막 부위가 중복된다는 사실은 장소설로 설명하기 어려운 현상이다. 여러 연구를 통해 장소부호 이론은 4,000Hz 이상의 소리에 대해 잘 적용됨이 밝혀졌다.

장소부호 이론의 문제를 해결하기 위해 제안된 것이 시기부호(timing coding)다. 최초의 이론은 주파수 이론(frequency theory)이다(Rutherford, 1886). 이것은 기저막 전체가 소리의 주파수를 충분히 생성하고 이것이 청각신경에 소리의 주파수와 동일한 빈도의 신경흥분을 일으켜 청각피질에 투사함으로써 음고 지각이 일어난다고 가정한다. 예를 들어, 1,000Hz의 소리는 청각신경에 1,000번의 신경흥분을 발생시킨다는 것이다. 그러나 개개의 신경세포는 절대적 불응기 때문에 초당 1,000번 이상의 신경흥분을 할 수 없다는 것이 문제점으로 지적되었다. 이러한 문제를 해결하기 위해 연사원리(volley principle)가 제안되었다(Wever, 1949). 이것은 기저막이 진동함에 따라 여러 개의 신경세포들이 집단을 이루어 연사하여 흥분을 중추신경계에 전달함으로써 음고 정보를 처리한다는 입장이다. 원숭이의 청각신경

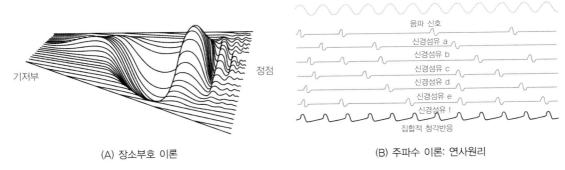

(A) 장소부호 이론   (B) 주파수 이론: 연사원리

[그림 4-14] 음고 지각을 위한 주파수 변별 이론

에서 나오는 출력을 측정한 결과 연사원리를 지지해 주는 것으로 나타났다(Rose, Brugge, Anderson, & Hind, 1967). 그러나 연사원리가 가정하는 생리적 기제가 완전히 밝혀진 것은 아니다. 초당 4,000번 정도의 흥분은 청각신경에 있는 신경세포 4개가 연발로 흥분을 일으키면 가능하지만 그 이상은 불가능한 것으로 알려졌다. 따라서 시기이론으로는 4,000Hz까지의 소리에 대해서 주파수 변별이 가능하다.

(4) 소리의 크기 지각

소리의 강도 변화는 청각신경에서의 신경충동의 변화와 밀접하게 관련되어 있는 것으로 나타났다. 소리의 강도가 20dB에서 80dB로 증가하면 청각신경에서 초당 200번의 신경충동이 800번으로 증가하는 것으로 나타났다(Katsuki, 1960). 또 다른 연구에서는 청각신경에 있는 일부 신경섬유가 일정한 강도를 넘는 소리에만 반응하는 것이 발견되었다. 따라서 소리의 크기 지각은 단위 시간당 발생하는 신경충동의 횟수와 특정한 강도 수준에서만 반응한 신경세포의 기제에 의해 일어난다.

(5) 소리의 위치 지각

시각에서 깊이 정보를 획득할 때 두 눈이 중요한 역할을 수행하는 것처럼, 귀에 들려오는 소리의 공간적 위치를 찾는 데는 두 귀의 존재가 중요한 역할을 한다. 우리는 두 귀에 들어오는 소리가 발생한 위치를 찾는 데 두 개의 단서를 이용한다

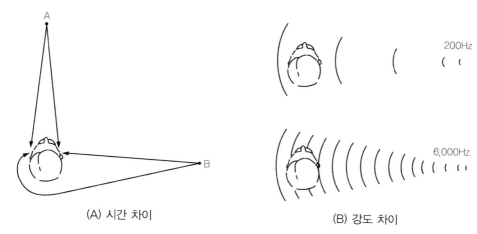

(A) 시간 차이   (B) 강도 차이

[그림 4-15] 소리의 발생 위치를 탐지하는 기제
(A) A 지점에서 소리가 나는 경우에는 두 귀에 동시에 소리가 들어오고, B 지점에서 소리가 발생하는 경우 오른쪽 귀에 먼저 입력된다. (B) 저주파 소리는 두 귀에 들리는 강도에 차이가 거의 없으나 고주파 소리는 왼쪽 귀에는 매우 약하게 들린다.

([그림 4-15] 참조). 첫째, 두 귀는 약 17.5cm 떨어져 있기 때문에 소리가 두 귀에 도달하는 데는 약간의 시간차가 있다. 예를 들어, 3시 방향에서 소리가 들려오면 그 소리는 오른쪽 귀에 먼저 들어오고, 왼쪽 귀에는 약간 늦게 들어온다. 반대로 10시 방향에서 소리가 발생하면 그 소리는 왼쪽 귀에 먼저 들리게 된다. 두 번째 단서는 머리의 측면에서 들려오는 소리의 음영화(shadow) 현상이다. 오른쪽에서 나오는 소리는 왼쪽 귀에는 강도가 낮게 들린다. 강도에서 음영화된 차이는 주파수가 증가함에 따라 커진다.

2. 지 각

1) 지각 현상

(1) 형태지각

아침에 화장실 거울에 비친 얼굴 형태를 보면, 그것이 자신의 얼굴임을 자동적으로 알아차린다. 그러나 이러한 형태지각을 인간처럼 할 수 있는 컴퓨터의 개발은 쉽지 않다. 그 이유는 다음과 같은 여러 요인 때문이다. 첫째, 한 시점에서 본 물체들은 수용기에 모호한 정보를 제공한다. 이를 역투사 문제(inverse projection problem)라고 하는데, 망막에 맺힌 한 이미지가 많은 다른 물체(혹은 형태)들 때문에 생기기 때문이다. 둘째, 우리가 시각 장면에서 보는 많은 물체들은 다른 물체에 의해 가려져 있는 경우가 많은데, 컴퓨터가 이러한 가린 물체와 가려진 물체를 구분하고, 가려진 물체의 일부분의 정보를 바탕으로 완전한 물체를 지각해 내는 것이 쉽지 않다. 이를 가려진 물체 문제(hidden object problem)라고 한다. 셋째, 물체의 이미지는 그 물체를 보는 시점에 따라 계속 변한다. 사람의 경우에는 여러 시점에서 본 한 물체를 동일한 물체로 재인하는 시점 불변성(viewpoint invariance) 능력을 갖고 있지만 이 능력을 컴퓨터에 구현하는 것은 쉽지 않다. 넷째, 시각 장면에서 밝기와 어둡기의 어떤 변화는 그 장면에 있는 물체들의 속성 때문이다. 그러나 어떤 변화는 조명의 변화 때문일 수 있으므로 이를 알아채야 한다. 이러한 능력도 컴퓨터로 구현하는 것은 쉽지 않은 문제다. 인간의 경우에는 물체 지각의 여러 가지 어려운 점들을 거의 인식하지 못하고, 형태지각이 자동적으로 일어난다.

1 세부 특징 추출

형태지각 과정의 제일 처음은 시각 장면에서 물체 지각을 위한 기초 요소를 추출하는 것이다. Julesz(1981)는 시각 장면에서 표면 결이 각기 다른 부위들로 구분해 내는 요소는 텍스톤(texton)이며, 이것이 초기의 전주의 처리단계에서 작용하는 기본 단위라고 주장하였다([그림 4-16] 참조). 텍스톤에는 방향, 선분교차, 선 끝, 덩어리(blobs) 등이 포함된다. 표면 결로 구성된 시야에서 지각적 분리를 하는 과정을 돌출 경계(pop-out boundaries)의 형성이라고 한다(Treisman, 1986). 시각탐색 과제(visual search task)를 사용해서 이러한 돌출 형성 과정을 일으키는 기본 요소가 곡선, 기울기, 색, 선 끝, 움직임, 폐쇄 부위, 대비 및 밝기 등임이 밝혀졌다. 이러한 세부 특징 요인에 대한 생리학적 증거도 발견되었는데, 고양이 시각피질에

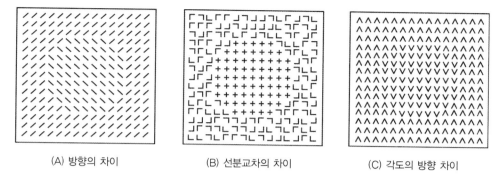

(A) 방향의 차이   (B) 선분교차의 차이   (C) 각도의 방향 차이

[그림 4-16] 텍스톤의 차이에 의한 결 분리
(A) 방향의 차이에 의해 결이 분리됨. (B) 선분교차의 차이에 의해 결이 분리됨. (C) 각도의 방향 차이에 의해 결이 분리되지 않음. 따라서 방향과 선분교차는 형태지각을 위한 기초 요소인 텍스톤이고, 각도의 방향은 텍스톤이 아니다.

서 수평선과 수직선과 같은 특정한 방위의 막대자극에 선택적으로 반응하는 신경세포가 발견되었다(Hubel & Wiesel, 1962).

② 전경-배경 분리

형태지각의 다음 단계는 전주의적 단계에서 세부 특징들에 의해 표면 결이 다른 영역으로 구분한 시각 장면에서 전경 영역과 배경 영역을 구분하는 것이다([그림 4-17] 참조). 전경(figure)은 주의가 주어지는 상을 말하고, 주의가 주어지지 않는 영역은 모두 배경(background)이 된다. 전경은 배경과 비교해서 더 물건처럼 생겼고, 기억하기 쉽다. 전경은 배경 앞에 있는 것으로 지각된다. 반면에 배경은 일정한 형태가 없는 것으로서 전경 뒤에서 계속되는 것으로 지각된다. 그리고 전경과 배경을 구분하는 윤곽선은 전경에 속한 것으로 지각된다. 시각 장면에서 전경과 배경의 구분은 대칭효과, 볼록효과, 면적효과, 방위효과 및 의미효과의 요인에 의해 결정된다([그림 4-18] 참조).

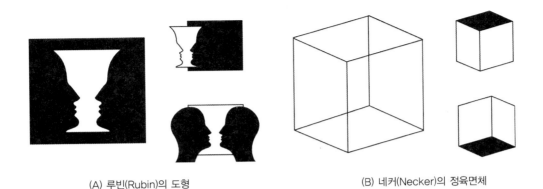

(A) 루빈(Rubin)의 도형   (B) 네커(Necker)의 정육면체

[그림 4-17] 전경과 배경의 구분에 따라 다르게 지각되는 도형

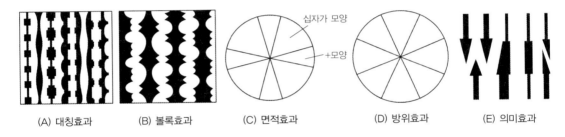

(A) 대칭효과   (B) 볼록효과   (C) 면적효과   (D) 방위효과   (E) 의미효과

[그림 4-18] 전경과 배경을 결정하는 원리

③ 지각적 집단화

　형태지각에서 전경과 배경을 분리한 다음 단계는 전경의 감각자료를 어떤 규칙에 의해 묶어서 지각하게 된다. 이러한 규칙은 형태주의자(gestalt psychologist)들에 의해 연구되었으며, 이를 지각적 집단화 원리(principle of perceptual organization)라 한다. 이 원리는 복잡한 감각자료들을 단일한 물체로 통합하고 이에 대해 용이하게 반응할 수 있도록 해 준다([그림 4-19] 참조).

- 근접성(proximity): 가까운 물체들은 함께 묶어서 하나의 집단으로 지각하는 원리
- 유사성(similarity): 비슷한 물체들은 함께 집단을 이루어서 지각하는 원리

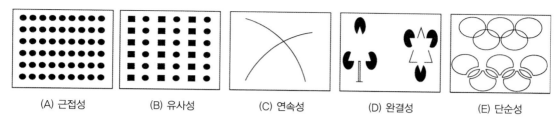

[그림 4-19] 지각적 집단화 원리

- 완결성(closure): 한 형태가 불완전한 경우에 완전한 형태로 완성해서 지각하
  는 원리
- 단순성(simplicity): 모든 자극패턴은 가능한 한 가장 간단한 구조를 내는 방향
  으로 조직화되어 지각하는 원리
- 유의미성(meaningfulness): 한 요소들의 무리가 친숙하거나 또는 의미 있게 보
  일 때 하나의 집단으로 묶어서 지각하는 원리
- 공통성(common fate): 같은 방향으로 움직이는 요소들을 함께 집단화하여 지
  각하는 원리
- 연속성(continuation): 직선이나 완만한 곡선으로 연결되는 점들은 함께 속한
  것으로 지각하며, 이러한 선들은 가장 완만한 길을 따르는 것으로 지각하는
  원리

④ 형태재인

형태지각의 마지막 단계는 조직화 원리를 통해 집단화된 지각표상(percept)을
이미 우리가 가지고 있는 지식을 사용하여 의미 있는 형태로 해석하는 과정이다.
이 과정을 형태재인(pattern recognition)이라 한다. 현대의 지각심리학자들은 이 과
정에 초점을 두고 연구를 수행했는데, 그 이유는 인간처럼 지각할 수 있는 컴퓨터
를 개발하는 데 목적이 있기 때문이다.

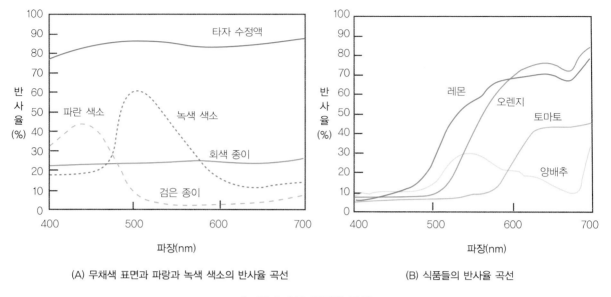

(A) 무채색 표면과 파랑과 녹색 색소의 반사율 곡선   (B) 식품들의 반사율 곡선

[그림 4-20] 반사율 곡선

(2) 색채지각

우리는 환경 속에서 경험하는 물체들이 고유한 색을 가지고 있다고 생각한다. 그러나 색채감각 그 자체는 물체의 속성이 아니라 우리의 시각체계에서 만들어 내는 심리적 속성이다. 또 하나의 오해는 색은 무채색과 유채색으로 구성된다고 알고 있는 것이다. 실제로 무채색은 색이 아니라 명암의 차이에 대한 지각으로, 흰색, 검은색 및 회색이 여기에 속한다. 우리가 빨강, 노랑, 녹색, 파랑과 같은 유채색을 지각하는 것은 물체의 선택적 반사(selective reflection)에 의해 일어난다. 물체가 선택적 반사를 하지 않고 전체 파장을 모두 반사하는 경우 무채색으로 지각하게 된다. 이 경우에는 반사율에 따라, 흰색은 반사율이 약 80% 정도 되는 경우에 지각되고, 회색은 반사율이 약 23% 정도일 때, 검은색은 반사율이 약 5% 정도일 때 지각한다([그림 4-20] 참조).

왜 우리는 색채를 지각하는가? 먼저 생각해 볼 수 있는 것은 색채지각이 우리의 삶을 윤택하게 해 준다는 점이다. 컬러 TV로 보던 영화를 흑백 TV로 본다고 상상하면 이 말의 의미를 쉽게 이해할 것이다. 또 다른 색의 기능은 색이 아주 중요한 정보를 전달해 준다는 것이다. 예를 들면, 우리는 신호등이 빨간색인 경우에 멈추고, 초록색인 경우에 길을 건넌다. 과일가게에서 과일을 살 때, 우리는 색을 살펴보고 과일이 익은 정도를 평가한다. 이런 신호기능 이외에 색은 지각 조직화에 도움을 준다. 색채지각은 한 물체를 다른 물체와 구분하는 것을 촉진한다. 예를 들면, 들판에서 꽃을 찾는 경우나 군중 속에서 친구를 찾는 것과 같이 색채를 지각함으로써 다양한 배경 속에서 물체를 보는 능력이 향상된다.

① 색의 속성

색채는 물체의 고유 속성이 아니라 시각체계의 작용에 의해 발생하는 심리적 속성이다. 색은 색상, 명도 및 채도라는 세 가지 속성을 갖는다.

- 색상(hue): 빛의 파장에 의해 결정되는 속성으로 빨강, 노랑, 초록, 파랑과 같은 유채색에서의 색채 구분을 말한다.
- 명도(brightness): 한 색채의 밝기를 표현하는 속성으로 물체의 표면에서 반사되어 들어오는 빛의 광자의 수(즉, 반사율)에 의해 결정된다.
- 채도(saturation): 한 색상 속에 포함되어 있는 흰색 또는 회색 때문에 그 색의 순수성이 떨어지는 정도를 나타내는 속성으로 포화도라고도 한다.

② 색채 현상

색채심리학자들이 많이 연구한 색채현상에는 색채 혼합, 색채 대비, 색채 잔상 등이 있다.

③ 색채 이론

인간이 어떻게 색을 지각하게 되는지를 설명하는 이론으로는 영–헬름홀츠(Young-Helmholtz)의 삼원색 이론과 대립과정 이론이 있다. 현대의 색채 이론은 삼원색 이론과 대립과정 이론을 통합하는 방향으로 진행되고 있다.

• **삼원색 이론(trichomatic theory)** 영(Young, 1802)에 의해 최초로 제안된 것으로, 이후에 독일의 형태주의심리학자인 헬름홀츠(Helmholtz, 1852)에 의해 지지되어 현재는 영-헬름홀츠의 삼원색 이론이라고 불린다. 이 이론은 색채지각이 각기 다른 빛의 파장에 민감한 세 개의 수용기의 작용으로 일어난다고 가정하였다. 실제로 우리 눈의 망막에는 다른 스펙트럼 민감도를 갖는 세 종류의 추상체가 있다. 약 419nm의 단파장에 가장 잘 반응하는 S-추상체, 531nm 파장에 민감한 M-추상체, 558nm 파장의 빛에 가장 민감한 L-추상체가 그것이다. 그래서 눈에 들어오는 빛이 S-추상체를 활성화시키면 파란색, M-추상체를 활성화시키면 녹색, L-추상체를 활성화시키면 빨간색을 지각하게 된다. 망막에 세 종류의 추상체 수용기가 있다는 생리적 증거 외에도 정신물리학적 연구에서도 삼원색 이론을 지지하는 증거를 보고하였다. 영-헬름홀츠는 색 맞추기 과제(color matching task)를 이용한 실험에서 스펙트럼상에 있는 모든 파장의 색을 맞추기 위해서는 최소한 세 가지 파장이 필요하다고 결론을 내렸다([그림 4-21] 참조). 이 이론은 색채 혼합과 색 맞추기 등의 색채 지각 현상을 잘 설명해 주지만, 부적 잔상과 적-녹 색맹이 노란색을 지각하는 현상 등은 설명해 주지 못하였다.

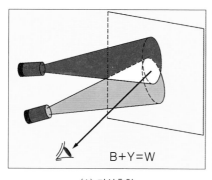

(A) 가산혼합

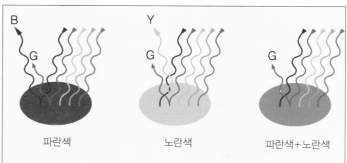

(B) 감산혼합

[그림 4-21] 색채 혼합

- 대립과정 이론(opponent process theory)　삼원색 이론이 설명할 수 없는 색채 현상에 대한 현상학적 관찰에 기초해 헤링(Hering, 1878)의 새로운 대립과정 이론이 제안되었다. 헤링은 추상체가 파랑-노랑, 빨강-녹색 및 검은색-흰색의 세 가지 쌍으로 대립하는 과정을 가정하였다([그림 4-23] 참조). 이 수용기들은 상호 대립되는 두 색에 모두 반응하는 것이 아니라 수용기가 구축되는 동화 및 수용기가 분해되는 이화의 화학적 과정에 따라 한 가지 색에만 반응한다는 것이다. 예를 들어, 파랑-노랑 수용기의 경우 동화된 상태에서는 파랑을, 이화된 상태에서는 노랑을 지각한다는 것이다. 현재는 헤링이 주장한 것처럼 대립과정을 일으키는 화학물질은 없는 것으로 밝혀졌고, 대신에 서로 다른 파장에 대립적인 반응 특성을 갖는 신경세포들이 발견되었다. 이 이론은 부적 잔상과 적-녹 색맹이 노란색을 지각하는 색채 현상들을 잘 설명해 준다.

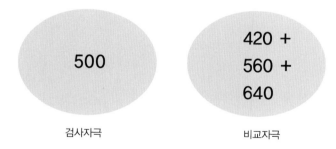

[그림 4-22] 색 맞추기 실험에 사용된 검사자극과 비교자극

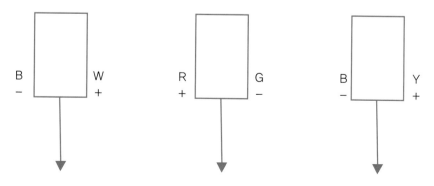

[그림 4-23] 헤링의 대립과정 이론에서 가정하는 길항적으로 작용하는 세 가지 기제

④ 색채시 결함(color deficiency)

색을 구별하지 못하는 장애는 남자가 전체의 8%, 여자가 1% 정도로 대부분의 경우 남자에게서 나타난다. 성별에 따른 차이는 색채시 결함이 있는 유전자를 X 염색체가 갖고 있기 때문이다. 여자의 경우에는 색맹인 아버지와 색맹이거나 색맹에 대한 열성유전자를 갖는 어머니를 모두 가져야 한다. 색채시 결함에도 여러 종류가 있다. 어떤 색채시 결함인지는 이시하라 색판(Ishihara plate)과 같은 색채시 검사를 이용하면 알아낼 수 있다([그림 4-24] 참조). 또 다른 방법은 색 맞추기 절차를 이용해서 스펙트럼의 다른 색상과 대응시키는 데 필요한 최소한의 파장의 개수를 찾아내는 방법이다.

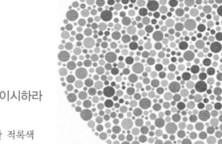

[그림 4-24] 색채시 결함을 검사하는 이시하라 색판

정상인의 경우에는 74라는 숫자를 지각하지만 적록색맹인 경우에는 그 숫자가 안 보인다.

(3) 깊이지각

지각심리학자들이 가장 관심을 두고 있는 지각현상이 깊이지각이다. 3차원의 외부 세계는 빛을 통해서 2차원의 망막에 상을 만들어 낸다. 우리의 지각체계는 2차원 망막상을 분석하고 처리하여 3차원의 세계를 마음속에 구현하여 외부 세계를 3차원적으로 지각할 수 있게 해 준다.

① 눈 운동 단서(oculomotor cues)

　12쌍의 뇌신경 중에서 눈 운동에 대한 정보를 제공하는 동안신경을 통해 뇌로 전달되는 정보를 이용해서 사물의 깊이를 지각할 수 있다. 눈 운동 단서는 두 가지 기제인 수렴과 조절에 의해 발생한다. 수렴(convergence)은 우리가 가까이 있는 물체를 볼 때 두 눈이 안쪽으로 움직여서 시선의 방향이 교차하기 때문에 일어난다. 반면에 멀리 떨어져 있는 물체를 볼 때는 두 눈이 바깥쪽으로 움직여서 시선의 방향이 교차하지 않게 된다. 조절(accommodation)은 다양한 거리에 위치하는 물체에 초점을 맞출 때 눈에서 수정체의 모양이 변하기 때문에 발생한다. 수정체에는 모양근이 붙어 있어서 가까운 물체를 볼 때는 모양근이 수축해서 수정체가 두꺼워지고, 멀리 떨어진 물체를 볼 때는 모양근이 이완되어 수정체가 얇아진다. 이러한 정보들이 동안신경을 통해서 뇌로 전달된다. 그러나 눈 운동 단서의 한계는 관찰자와의 거리가 1.5~3m 정도로 짧은 경우에만 효과가 있다는 점이다.

② 단안 단서(monocular cues)

　단안 단서는 한쪽 눈만으로 깊이를 지각할 수 있게 해 주는 정보를 말한다. 이에는 눈 운동 단서의 조절, 2차원 그림에서 묘사되는 깊이 정보인 회화 단서, 그리고 관찰자의 움직임에 의해 만들어지는 깊이 정보인 운동-생성 단서가 포함된다. 여기서는 회화 단서를 중심으로 단안 단서를 설명한다. 회화 단서는 망막상의 이미지와 같은 2차원 그림에서 깊이를 지각하게 해 주는 정보다([그림 4-25] 참조).

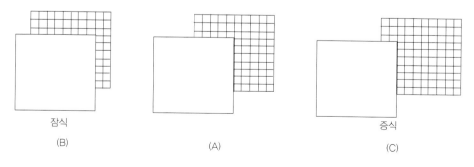

잠식
(B)

(A)

증식
(C)

[그림 4-25] 운동-생성 단서의 일종인 잠식과 증식

③ 운동–생성 단서(movement-produced cues)

눈 운동 단서와 단안 단서는 관찰자가 정지해 있을 때 작동한다. 우리가 걷거나 뛸 때처럼 움직이고 있을 때 깊이지각을 향상시켜 주는 새로운 단서들이 존재한다. 운동시차와 잠식과 증식이 운동–생성 단서들이다.

④ 양안 단서(binocular cues)

깊이지각을 위해 사용되는 단서 중에서 가장 중요하고 강력한 것은 두 눈에 의해 주어지는 정보의 차이에 의해 발생한다. 우리의 두 눈은 약 6cm 정도 떨어져 있어서 왼쪽과 오른쪽 눈이 같은 물체에 대해 만들어 내는 영상이 약간 다른데, 이러한 차이를 양안부등이라 한다. 두 눈에 맺히는 서로 다른 상에 대한 정보가 그 물체가 3차원임을 알 수 있게 해 준다. 줄레츠(Julesz, 1971)는 두 개의 무선점 패턴 자극을 이용해서 피험자들이 양안부등 이외에 다른 깊이 정보가 없는 조건에서 깊이지각을 함을 보여 주었다. 실제로 피험자들은 작은 사각형이 배경 위에 떠 있는 것을 지각하였다. 이러한 원리를 이용해서 우리는 입체영화(3-D movie)를 즐길 수 있으며, 여러 가지 매직아이(magic eye)를 경험하게 된다.

(4) 운동지각

환경 속에서 대상의 움직임 인식은 망막에 맺히는 대상의 위치 변화를 통해서 이루어진다. 우리는 약 2m 떨어진 거리에서 초당 0.2~150cm의 속도로 움직이는 대상에 대해 운동을 지각할 수 있고, 이 범위를 벗어나면 대상이 실제로 움직여도 그 움직임을 지각하지 못한다. 그러나 망막상의 위치 변화만으로 외부 대상의 움직임을 완벽하게 인식할 수는 없다. 이는 가현운동(apparent movement)이라는 현상을 통해 알 수 있다. 이것은 외부 대상이 실제로는 움직이지 않았으나 우리는 그 대상이 움직인 것으로 잘못 지각하는 현상을 말한다. 대표적인 가현운동에는 파이현상, 유인운동 및 자동운동이 있다([그림 4–26] 참조).

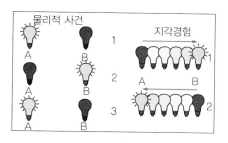

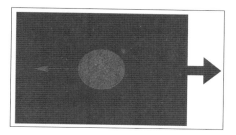

(A) 파이현상　(B) 유인운동

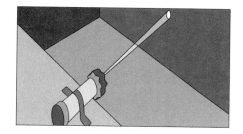

(C) 자동운동

[그림 4-26] 가현운동의 예

① 파이현상(phi phenomenon)

형태주의자인 베르타이머(Wertheimer)가 분트 심리학자들의 주장을 비판하기 위해 고안한 현상으로 상이한 위치에 떨어져 있는 두 개의 전구를 초당 4~5회의 속도로 반복해서 차례로 점멸시키면 우리는 하나의 전구가 좌우로 이동하는 것으로 지각한다. 이 현상은 망막의 잔상으로 인해 하나의 전구가 망막의 두 위치에서 번갈아 가며 나타났다 사라졌다를 반복하는 것으로 지각되기 때문에 발생한다. 실제로 이러한 원리는 옥외광고판에서 널리 적용되고 있다.

② 유인운동(induced movement)

밤하늘의 구름을 보면 구름이 움직이고 있다고 지각된다. 그러나 구름이 달을 가렸다가 지나가면 우리는 구름이 움직인 것이 아니라 달이 반대편으로 움직인 것으로 지각하는데, 이 현상을 유인운동이라 한다. 이 현상에서 실제로 움직인 것은 구름이지 달이 아니다. 그러나 전경-배경 역전 현상 때문에 우리는 달이 움직인 것으로 지각하는데, 그 이유는 배경은 움직일 수 없고, 전경만이 움직일 수 있기 때문이다.

③ 자동운동(autokinetic movement)

야외에서 깜깜한 밤에 하늘의 별을 보고 있으면, 별이 불규칙하게 움직이는 것으로 지각하게 되는 현상을 자동운동이라 한다. 우리는 외부 대상의 움직임을 지각할 때 망막상의 위치 변화뿐만 아니라 참조할 수 있는 외부 정보를 이용한다. 그러나 깜깜한 밤하늘의 경우 별의 움직임을 파악하기 위한 참조 정보가 존재하지 않아 망막상의 위치 변화에만 근거해서 움직임을 파악하기 때문에 발생한다. 이때 망막상의 위치 변화는 우리의 눈이 움직이기 때문에 발생한다.

(5) 지각 항상성

거리를 지날 때 고양이, 자동차, 건물 등을 보는 경우 이러한 대상들은 상이한 이미지를 망막에 만들어 낸다. 이러한 망막상의 차이를 통해 우리는 이러한 대상들이 동일한 것이 아니라 상이한 대상임을 지각하게 된다. 그러나 우리의 지각 현상은 단순하지만은 않다. 왜냐하면 동일한 대상도 주변 상황의 변화나 관찰자의 시점 변화 등에 의해 상이한 망막상을 만들어 내기 때문이다. 그렇지만 이런 경우에 우리는 상이한 망막상에 근거해서 그것들을 상이한 대상으로 지각하는 것이 아니라 하나의 대상으로 지각한다. 이와 같이 어떤 대상이 다양한 조건에서 상이한 망막상을 만드는 경우에도 동일한 대상으로 지각하는 현상을 지각 항상성(per-ceptual constancy)이라 한다. 이러한 현상은 환경 속에서 대상의 밝기, 색채, 모양, 크기 및 위치 정보를 탐지할 때 발생한다.

(6) 착시

지각 항상성이 망막상의 변화에도 불구하고 동일한 대상으로 지각하는 것과는 달리 착시(illusion)는 실제로 망막상의 변화가 없음에도 불구하고 차이가 있는 것으로 지각하는 현상을 말한다. 이것은 물리적 자극을 왜곡해서 지각하는 현상으로 학습에 의해 발생하지 않으며 누구에게나 발생하는 데, 그 발생 요인은 아직까지 명확하게 규명되어 있지 않다. 착시는 대상의 깊이, 거리, 길이, 넓이, 방향과 같은 기하학적 속성에서 그 예를 찾아볼 수 있다.

2) 유전 대 환경

우리는 2차원 평면의 망막상을 처리하여 3차원의 세계를 뇌 속에서 구현한다. 이러한 지각능력이 선천적인 것인지 아니면 후천적으로 경험을 통해 학습되는 것인지에 대한 논쟁이 오래전부터 있어 왔다. 데카르트(Descartes)와 같은 생득론자들은 인간은 뇌에 지각능력을 갖고 태어난다고 주장하는 반면, 버클리(Berkeley) 등의 경험론자들은 지각능력이 생후에 경험을 통해 학습된다고 주장한다.

(1) 선천적 지각능력

한 실험에서는 유아의 깊이지각능력의 선천성을 알아보기 위해 시각절벽(visual cliff) 장치를 만들었다(Gibson & Walker, 1960; [그림 4-27] 참조). 이 실험에서 깊이가

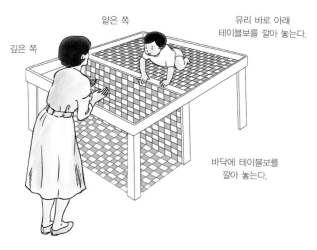

[그림 4-27] 시각절벽 실험

깊은 쪽에 어머니가 서서 얕은 쪽에 있는 아기를 부른다. 만약 아기가 선천적으로 깊이지각능력을 가지고 있다면, 아기는 무서워서 어머니 쪽으로 가지 않을 것이다. 실험 결과, 아기는 어머니 쪽으로 가지 않았다. 또한 어린 흰쥐, 개, 염소 등 동물을 사용한 연구에서도 동일한 결과를 보고하였다.

(2) 경험적 지각능력

한 실험에서 선택적 양육 기법을 통해 갓 태어난 고양이 새끼를 검은 배경과 수직적 자극만이 존재하는 환경에서 양육하여 수평을 경험하지 못하도록 하였다 (Blackmore & Cooper, 1970). 3개월 뒤에 이 고양이를 수평 방해물이 있는 환경에 두었더니 고양이는 그 수평 방해물을 지각하지 못하였다. 또한 수직을 경험하지 못했던 고양이는 이후에 수직 방해물을 지각하지 못하는 것으로 나타났다. 고양이 시각 발달의 결정적 시기는 생후 약 9주인 것으로 밝혀졌는데, 이 시기에 결핍된 지각환경은 시각피질의 발달에 지체를 가져온다. 또한 인류학자인 턴불(Turnbull)은 밤부티 피그미족 청년인 켄게와의 동행 여행을 분석한 사례연구에서 지각 항상성 능력이 경험을 통해 학습된 것임을 발견하였다. 평생 동안 한 번도 약 30m(100ft) 이상의 거리를 본 적이 없는 켄게는 크기 항상성 능력을 보여 주지 못했다.

(3) 상호작용 입장

지각능력에 대한 선천성 가설과 경험론 가설을 결합할 수 있는 연구가 있다 (Senden, 1960). 선천성 백내장으로 맹인이 된 사람이 이후에 수술로 세상을 보게 되었을 때 어떤 것들을 지각하는지를 조사한 것이다. 최초 시력이 회복된 순간 그는 책상과 사람을 잘 구별하지 못했다. 그리고 열쇠나 컵 등도 단지 보기만 해서는 알아보지 못했고, 눈으로 보아서는 막대 두께가 어떤 것이 더 두꺼운지에 대해서도 판단하지 못했다. 그러나 전경과 배경은 구분하였다. 이러한 결과는 전경과 배경의 분리 같은 지각능력이 선천적임을 나타내는 반면에 다른 지각능력들은 경험에 의해 발달함을 시사한다.

요약

감각은 환경 자극의 물리적 에너지를 뇌가 처리할 수 있는 형태인 신경신호로 변환해서 뇌의 감각 영역까지 전달하는 과정이다.

감각의 종류에는 시각, 청각, 후각, 미각, 피부감각, 평형감각 등이 있다.

정신물리학자들은 물리적 자극과 감각과의 관계를 감각기관의 역치를 측정하여 수리적으로 표현하였다.

지각은 뇌에 도달한 감각정보를 분석하여 의미 있게 해석하는 과정이다. 지각 현상으로는 형태지각, 색채지각, 깊이지각, 운동지각, 지각 항상성, 착시 등이 있다.

또한 지각 과정은 감각 수용기에서 처리되어 입력되는 감각정보뿐만 아니라 우리의 기대, 동기 및 지식과 같은 요인들에 의해서도 영향을 받는다.

학습과제

1. 절대역치와 차이역치에 대해 설명하시오.

2. 시각경로에 대해 설명하시오.

3. 형태지각에 대해 설명하시오.

4. 색채 이론에 대해 설명하시오.

참고문헌

최현석(2009). 인간의 모든 감각. 서울: 서해문집.

Aguire, G. K., Zarahn, E., & D' Esposito, M. (1998). An Area within Human Ventral Cortex Sensitive to "Building" Stimuli: Evidence and Implications. *Neuron, 21,* 373-383.

Békésy, G. von. (1960). *Experiments in hearing.* Oxford, England: Mcgraw Hill.

Blackmore, C., & Cooper, G. F. (1970). Development of the brain depends on the visual environment. *Nature, 228,* 477-478.

Buck, L., & Axel, R. (1991). A Novel Multigene Family May Encode Odorant Receptors: A Molecular Basis for Odor Recognition. *Cell, 65,* 175-187.

Chaudhari, N., Landin, A. M., & Roper, S. D. (2000). A metabotropic glutamate receptor variant functions as a taste receptor. *Nature Neuroscience, 3,* 113-119.

Downing, P. E., Jiang, Y., Shuman, M., & Kanwisher, N. (2001). A Cortical Area Selective for Visual Processing of the Human Body. *Science, 293,* 2470-2473.

Fechner, G. T. (1860). *Elemente der Psychophysik.* Leipsic: Thoemmes Press.

Frank, M. E., & Nowlis, G. H. (1989). Learned aversions and taste qualities in hamsters. *Chemical Senses, 14,* 379-394.

Gibson, E. J., & Walker, R. D. (1960). The "visual cliff". *Scientific American, 202*(4), 67-71.

Gregory, R. L. (1966). *Eye and brain.* New York: McGraw-Hill.

Helmholtz, H. von. (1852). On the theory of compound colors. *Philosophical magazine, 4,* 519-534.

Hering, E. (1878). *Zur Lehre vom Lichtsinn.* Vienna: Gerold.

Hubel, D. H., & Wiesel, T. N. (1962). Receptive fields, binocular interaction and functional architecture in the cat's visual cortex. *Journal of Physiology, 160,* 106-154.

Julesz, B. (1971). *Foundations of cyclopean perception.* Chicago: University of Chicago Press.

Julesz, B. (1981). Textons, the elements of texture perception and their interactions. *Nature, 290,* 91-97.

Kanwisher, N., McDermott, J., & Chun, M. M. (1997). The Fusiform Face Area: A Module in Human Extrastriate Cortex Specialized for Face Perception. *The Journal of Neuroscience, 17*(11), 4302-4311.

Katsuki, Y. (1960). Neural mecahanism of hearing in cats and insects. In Y. Katsuki (Ed.), *Elctirical activity of single cells* (pp. 53-75). Tokyo: Igaku Shoin.

Moncrieff, R. W. (1951). *The chemical senses.* London: Leonard Hill.

Rosch, E. (1973). "On the internal Structure of Perceptual and Semantic Categories". In T. E. Moore (Ed.), *Cognitive Development and the Acquisition of Language*, 111-144. New York: Academic Press.

Rose, J. E., Brugge, J. E., Anderson, D. J., & Hind, J. E. (1967). Phase-locked response to low-frequency tones in single auditory nerve fibers of the squirrel monkey. *Journal of neorophisiology, 309*, 769-793.

Rutherford, W. (1886). A new theory in the auditory nerve. *Journal of Anatomy and Phisiology, 21*, 166-168.

Senden, M. V. (1960). *Space and sight.* IL: Free Press.

Stevens, S. S. (1957). On the psychophysical law. *Psychological Review, 64*(3), 153-181.

Stratton, G. M. (1897). Vision without inversion of the retinal image. *Psychological review, 4*, 341-360, 463-481.

Treisman, A. (1986). Features and objects in visual processing. *Scientific American, 255*, 114B-125B.

Ungerleider, L. G., & Mishkin, M. (1982). Two cortical visual systems. In D. J. Ingle, M. A. Goodale, & R. J. W. Mansfield (Eds.), *Analysis of visual behavior*, 549-586, Cambridge: MIT Press.

Weber, E. H. (1834). *De pulsu, resorptione, auditu et tactu annotationes anatomic, et physiologicae.* Leipsic: Koehler.

Wever, E. G. (1949). *Theory of hearing.* New York: Wiley.

Young, T. (1802). On the theory of light and colours. *Transactions of the Royal Society of London, 92*, 12-48.

chapter 05

인지와 언어정보처리

남기춘

학습 목표

1. 인지심리학의 역사에 관해 알아본다.

2. 인간정보처리시스템에 관해 알아본다.

3. 기억 구조물에 관해 알아본다.

4. 효과적인 기억방법에 관해 알아본다.

5. 뇌와 인지에 관해 알아본다.

학습 개요

이 장에서는 인지심리학의 역사와 더불어 정보처리이론을 소개하여 인지심리학의 기초를 설명하고, 형태인식, 주의과정, 작업기억, 장기기억 등의 단일 인지 등을 설명한다. 그리고 인간의 지식이 어떤 방법으로 획득되고 저장되는지 등을 논한 후 복합인지를 다룬다. 복합인지는 일반적으로 실제 생활과 밀접하게 연결되어 있고, 여러 인지과정들이 합해져 다양한 기능을 구현하는 내적 과정들이다. 특히 이 장에서는 언어 이해와 언어 산출을 중심으로 다룬다. 그리고 마지막으로 뇌와 인지의 관계에 대해 살펴본다.

1. 인지심리학이란

　인지심리학은 인간이 외부 혹은 내부에서 발생한 다양한 자극을 감각 및 지각하고, 지식을 습득하여 저장하고, 필요에 따라 지식을 변형하여 활용하는 심리과정을 연구하는 학문이다. 인간은 시각, 청각, 촉각, 후각, 미각, 평형감각 등 여러 종류의 감각기관을 통해 외부에서 벌어지고 있는 사건을 감지한다. 예를 들면, 물체의 모양은 빛 에너지의 형태로 눈에 투영되고, 눈에 투영된 빛 자극은 시신경 활동으로 변환된다. 인지심리학에서는 이러한 정보의 변환과정을 다룬다. 변환된 시신경 신호는 여러 번의 정보변환과정(information transformation)을 통해 물체의 모양을 인지하는 뇌 영역에 도달하게 된다. 즉, 일련의 정보처리과정을 거치게 된다. 해당 뇌 영역에서는 이전에 알고 있던 물체 모양에 대한 기억 중에 유사한 것이 무엇인지를 검색하여 그 신호가 무엇인지를 결정한다. 즉, 인지심리학은 기억을 탐색하는 방법과 기억이 이루어지는 방법, 비교하고 결정하는 과정을 다룬다. 이런 과정을 통해 외부에 있는 물체가 무엇인지를 알게 되면 그 물체에 대해 이미 획득해서 저장하고 있는 관련된 여러 종류의 지식을 떠올리게 되고, 현재 상태에서 알고 있는 지식을 이용하여 그 물체에 대해 적절한 대처 방안을 만들어 내고, 상황에 맞도록 행동으로 옮긴다. 이처럼 인지심리학에서는 이전에 알고 있던 지식을 활용하여 계획하고 실행하며 행동하는 방법을 연구 주제로 삼는다. 인지심리학이 구체적으로 무엇인지는 이후의 정보처리이론(information processing theory)을 설명할 때 좀 더 자세히 다루도록 하고, 현 시점에서는 개략의 흐름 정도만 이해하자. 다시 한 번 위의 예를 통해 인지심리학을 정리해 보면, 물체의 빛 에너지가 시신경 신호로 입력된 후에, 뇌의 여러 곳에 있는 인지 장치에서 시신경정보가 변환되고 정보가 가공되고, 기억 속에서 그런 가공된 정보를 찾아서 그 가공된 정보가 무엇인지를 알게 되고, 그 후에 그 물체에 대해 어떤 대응 행동을 의사 결정해서 최후로 적절한 반응을 나타내는 일련의 과정을 연구하는 학문이다.

이제는 인지심리학의 간략한 역사를 살펴보자. 에빙하우스(Ebbinghaus, 1885, 1913)는 2,000개 이상의 무의미 철자 조합(예: BAK)을 이용하여 목록의 제시 시간 간격, 학습 정도와 망각(forgetting)의 관련성 등의 기억과 관련된 수용 현상을 처음으로 소개하였다. 제임스(James, 1890)는 일상생활 기술과 인간의 마음이 능동적이고 탐구적이라는 점을 강조하며 현대 인지심리학에서 다루는 지각, 주의(perception), 추론(reasoning), 설단현상(tip-of-the-tongue phenomenon) 등을 소개하였다. 바틀릿(Bartlett, 1932)은 자연스러운 문장 텍스트(text)를 이용하여 글 이해(reading comprehension)가 수동적인 과정이 아니고 읽는 사람이 해석하고 변형하는 구성적 과정(constructive process)이라고 주장하였다. 현대의 인지심리학은 나이서 (Neisser, 1967)가 1967년에 발간한 인지심리학에서 그 기틀을 잡았다고 생각할 수도 있다.

인지심리학은 1950년대를 전후로 하여 본격적으로 나타나게 되었다. 다트머스 대학교에서 열린 학술대회에서 공식적으로 인지심리학 설립에 대한 발표가 있었다고는 하지만, 다른 학문에서도 그렇듯이 어느 한때에 해당 학문의 기초가 모두 만들어졌다고 단언하기는 어렵다. 그러나 학문사조의 측면에서 보면 행동주의 (behaviorism)의 조건화(conditioning)를 기반으로 하는 학습심리학에 반발하여 나타난 것은 틀림없는 사실이다(Kuhn, 1970). 그래서 인지심리학도 초창기에는 학습과 관련된 기억 연구를 시작으로 출발하였다. 인지심리학의 본격적인 발전은 1970년대를 전후로 하여 이루어졌다. 앞서 언급한 나이서가 처음으로 인지심리학을 발간한 시점도 이 무렵이다. 전통적인 기억 연구와 함께 언어정보처리 연구, 주의 연구, 의사 결정 연구 등 현대 인지심리학의 대부분의 분야가 이 시기부터 왕성하게 연구되기 시작하였다. 예를 들면, 1970년대 말에 기억, 학습, 추론 등의 다양한 인지 분야에서 스키마(schema)의 역할이 체계화되었으며(Rumelhart & Norman, 1981), 카네기멜론 대학교의 연구진에 의해 인간연합기억(human associative memory)이라는 이론과 프로그램이 개발되어 인간지식의 구조와 지식이 저장되어 있는 부호(표상이라고도 한다)에 대한 대안이 제시되었다(Anderson & Bower, 1973).

1980년대 말에 와서는 인지심리학의 내용이 더욱 확장되어 오늘날의 인지과학(cognitive science)으로 발전하였다. 인지과학은 지적인 행동의 원리를 탐구하는 여러 학문의 이론과 접근법을 수용하여 학제 간 연구(interdisciplinary study)를 진행하는 것이 특징이다. 특히 인지과학에서는 컴퓨터와 인간 인지와의 관련성을 강조하여 지각, 학습 및 기억, 추론, 지식의 구조 등에 대한 이론과 연구 방법론을 발전시켰다. 예를 들면, 인공신경망 프로그램(neural network program) 등은 인간의 다양한 인지활동을 모사실험(computer simulation)하기 위해 개발된 컴퓨터 방법론으로, 인간의 지적 행동을 컴퓨터 프로그램으로 표현하여 그런 행동의 여러 가능성을 제안하고 검증하여 지적 행동의 원인을 찾아내는 컴퓨터 관련 학문에서 제안된 연구 방법이다. 1980년대 후반기에 인지심리학, 컴퓨터학, 언어학 등의 서적을 전시 판매하는 서점에 가면 인지과학에 관한 서적들이 시대를 대표하는 것들이었다. [그림 5-1]은 인공신경망을 이용해 단어 인지과정을 설명하는 인지과학 연구의 예이다.

[그림 5-1]은 영어 단어 인식이 세 종류의 단계를 거친다는 것을 보여 준다. '＼'와 '一' 등을 분석하는 단계, 'A' 'N' 등을 인식하는 단계, 'TAKE'와 같은 단어를 인식하는 단계 등의 세 단계를 보여 준다. 즉, 인간이 영어 단어를 인식할

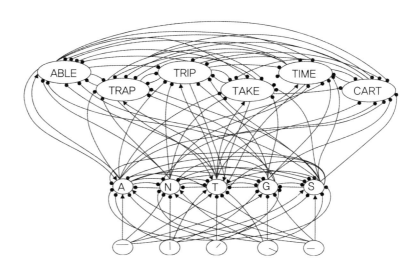

[그림 5-1] 영어 단어의 인식과정을 보여 주는 이론적 인지과학모델

때 이런 세 종류의 각각 다른 정보처리 단계를 거친다는 것을 보여 준다(한글 단어를 인식하는 과정에 대해서는 이 장의 끝 부분에서 간략히 설명한다.).

미국과 유럽의 여러 나라에서는 1990년대를 10년간의 뇌 연구기간으로 선언하고, 뇌의 분자생물학, 뇌 구조, 뇌기능, 뇌 질환, 뇌기능 향상 등을 대대적으로 연구하기 시작하였다. 인지심리학에서도 이런 시대적인 조류를 반영하여 인지신경과학(cognitive neuroscience) 연구를 시작하였다. 인지신경과학의 출현은 1960년대 부활하여 1970년대부터 활발하게 연구되어 오기 시작한 인지신경심리학(뇌 손상 환자를 통해 인지 기능의 원리를 연구하는 학문 분야)을 반영한 것이기도 하다. 인지신경과학의 발전에 큰 영향을 끼친 연구 방법이 뇌를 사진으로 찍을 수 있는 뇌 영상(brain imaging) 기법이다. [그림 5-2]는 저자의 연구실에서 진행된 fMRI를 이용한 뇌 영상 연구의 예다.

[그림 5-2]의 왼쪽 열의 뇌는 우반구(right hemisphere)의 측면 모습이고, 오른쪽 열의 뇌는 좌반구(left hemisphere)의 측면 모습이다. 또한 진하게 보이는 부분은 해당 언어의 단어를 인지할 때 활성화되는 뇌 부분을 나타낸다. 이 연구의 참여자들은 프랑스에서 유학하고 교수로 활동하고 있는 사람들이다. 프랑스어는 프랑스에서 유학할 때 사람들과 이야기하고 물건을 살 때 사용하며 강의실에서 사용하던

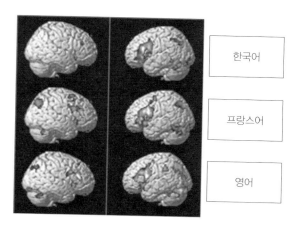

한국어

프랑스어

영어

[**그림 5-2**] 모국어인 한국어, 유학 중에 사용한 외국어 프랑스어, 책과 논문 읽기로 배운 외국어 영어 단어 이해 과정에 수반된 대뇌 활성화 영역

생활언어다. 따라서 한국어와 프랑스어는 학교에서도 사용하지만 일상생활에서 더 자주 사용하는 생활언어이고, 영어는 주로 연구를 위해 영어로 출판된 논문이나 전문서적을 읽을 때 사용하는 외국어다. 생활언어 측면에서는 한국어와 프랑스어가 유사하고, 모국어와 외국어 분류에서는 프랑스어와 영어가 외국어로서 더 유사하다. 다시 말하면, 이 연구의 목적은, 언어를 담당하는 뇌 영역이 일상생활에서 많이 사용하는 정도에 따라 활동하는 뇌 영역이 유사한지, 아니면 모국어와 외국어의 차원에서 유사성과 상이성이 나타나는지를 조사한 연구다. 좌반구와 우반구의 활성화 양상을 보면 프랑스어와 영어의 유사성이 한국어와 프랑스어의 유사성보다 더 크다. 프랑스어와 영어는 외국어라는 공통점을 가지고 있다. 이 연구를 바탕으로 내릴 수 있는 잠정적인 결론은 뇌의 영역은 모국어인지 아니면 외국어인지에 의해 먼저 분할되는 것이지, 어떤 용도로 언어를 사용하는지에 따라 결정되는 것이 아니라는 것이다. 이런 연구가 인지신경과학의 연구, 즉 인지과정을 뇌를 직접 측정하여 연구하는 분야다. 인지과학은 인지과정을 주로 컴퓨터를 이용해 연구하였다면 인지신경과학은 뇌의 활동을 직접 측정하고 분석하여 인지과정의 원리를 연구하는 새로운 학문이다. 이런 인지신경과학 연구는 인지의 근본적인 원인을 밝히는 데에도 중요할 뿐만 아니라 뇌 질환으로 고통받고 있는 뇌기능장애 환자를 평가하고 진단하는 데에도 중요한 자료를 제공한다.

초창기 인지심리학의 학습 및 기억에 대한 연구는 주로 인간의 행동을 측정하는 방법으로 이루어졌지만, 근래에 와서는 뇌 영상 기법이나 뇌 손상 환자 등을 대상으로 연구하는 방법까지 다양한 연구 접근법을 사용한다. 최근에는 한 연구 주제를 가능한 다양한 연구 방법으로 각기 다른 측면에서 일관된 해석을 유도할 수 있도록 하는 수렴적 연구 논리(converging approach)를 즐겨 사용한다. 이것은 전통적인 인지심리학의 이론과 방법, 인지신경심리학과 인지과학의 접근법 등의 다양한 이론과 연구 방법을 이용한다. 실제 연구 예를 통해 수렴적 연구 논리에 대해 자세히 살펴본다. [그림 5-4]와 [그림 5-5]는 저자의 연구실에서 수행된 한국어 단어 인식과정을 조사하기 위해 수렴적 연구 방법을 사용한 것이다.

[그림 5-3]은 한국어 단어를 음절(syllable)별로 끊어서 인식한다는 것을 전통적인 실험심리학(experiment psychology)의 연구 방법을 사용하여 반응시간(reaction time)을 측정한 연구 결과다. 이 연구를 통해 이끌어 낼 수 있는 잠정적인 결과는 한국어 단어 '반란' 같은 경우에 표기법 그대로의 '반'으로 시작하는 음절로 저장되어 있지 않고, 소리 나는 대로 표현된 '발'이란 음절로 저장되어 있다는 것이다. 이런 해석이 옳다면 한국어 단어를 인식할 때 활동하는 뇌 영역은 틀림없이 시각으로 보는 단어일지라도 말소리를 담당하는 곳이어야 한다. [그림 5-4]는 이런 예측을 뒷받침해 주는 fMRI를 이용한 연구로 한국어 단어를 인식하는 동안 활성화되는 뇌 영역을 보여 주는 것이다. [그림 5-4]의 동그랗게 표시된 부분이 활성화된 뇌 영역인데, 이 영역은 말소리를 인식하고 또한 말소리 정보를 저장하고 있는 곳이다.

[그림 5-5]는 [그림 5-3]과 [그림 5-4]의 연구 결과를 보이려면 어떤 종류의 컴퓨터 프로그램일 수 있는지 여러 가능성을 모색한 후에 인간 피험자가 반응하는 것과 유사한 결과를 산출해 내는 프로그램의 구조를 나타내고 있다. 이 컴퓨터 프로그램 구조에서는 음절단위로 어휘가 표현되는 것을 보여 주고 있다. [그림 5-5]를 통해 추출할 수 있는 결과는 인간 피험자에게 실험해서 알아낼 수 없는 뇌 속에 저장되어 있는 사전의 전체 구조다. 'ㄱ' 'ㄴ' 'ㅏ' 등이 음절로 어떻게 연결되고, 다시 음절은 단어로 연결되는 방법 등을 모두 인간 피험자를 대상으로 하는 실험에서 알아낼 수 없다. 그러나 이런 컴퓨터 프로그램 기법을 이용하면, 구체적으로 어떤 정보저장 형태와 정보처리기 등이 필요한지를 찾아낼 수 있다.

요약하면, [그림 5-3] [그림 5-4] [그림 5-5]는 각 연구 분야의 장점을 살려서 관련된 연구문제를 다른 각도로 풀어서 최종 결론을 도출하는 수렴적 연구 방법의 장점을 보여 주고 있다. 이런 연구 방법은 인지과학 이후에 인지신경과학 등 소위 학제 간 연구에서 주로 사용된다.

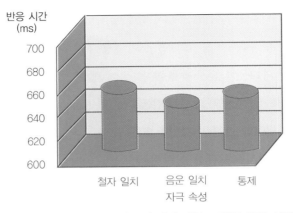

[그림 5-3] 자극 속성에 따른 조건별 반응 시간

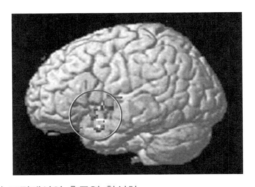

[그림 5-4] 음운 일치 조건에서의 측두엽 활성화

[그림 5-3]의 음운 일치 조건의 경우에 좌뇌의 측두엽(옆면)의 말소리 지각과 말소리 기억 장소인 영역이 활성화
되고 있다. 반응시간을 측정한 연구와 일맥상통하는 연구 결과다.

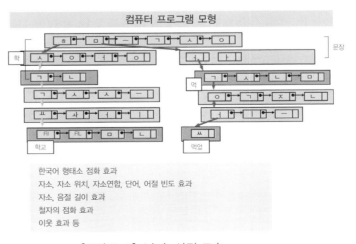

[그림 5-5] 뇌 속 사전 모습

1) 인간정보처리시스템

[그림 5-6]은 인간이 지니고 있을 것으로 추측되는 인간정보처리모형(information processing model)을 보여 준다. 인간이 지니고 있는 구조물과 그 구조물에서 이루어지는 작용을 나타낸 현재까지 가장 널리 쓰이는 한 종류의 이론이다. [그림 5-6]을 통해 인간정보처리과정을 설명해 보자. 예를 들어 입력되는 자극으로 친한 친구의 얼굴이 내 앞에 나타났다고 가정해 보자. 또한 나의 임무는 그 친구의 얼굴을 인식하는 것이라고 생각해 보자.

친구의 얼굴 입력은 감각기억(sensory memory)으로 들어와서 감각신호로 전환된다. 그러면 이어서 형태인식(pattern recognition)을 통해 얼굴자극을 분석해서 그 자극이 장기기억(long-term memory)의 기억저장소에 있는지 검색하고 찾는다. 기억에 있으면 내가 기존에 알고 있는 얼굴로 판단하게 된다. 이런 형태인식은 한 단계로 한꺼번에 이루어지는 것이 아니고 여러 일련의 과정을 거쳐서 일어난다. 각 과정에 주의(attention)가 요구되기도 하고 아닌 경우도 있다. 주의는 의식을 모아서 어떤 정보처리과정을 더 생생하게 의식적으로 처리하도록 도와주는 심리적 에너지와 같은 것이다. 친구 얼굴이 매우 낯선 얼굴이라서 큰 노력이 요구되는 경우에

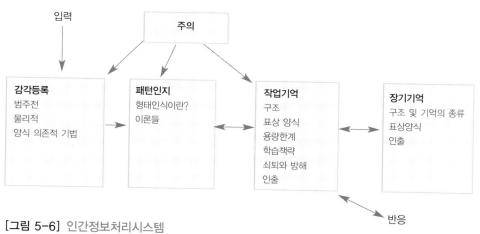

[그림 5-6] 인간정보처리시스템
자극의 입력부터 작업기억을 거쳐 장기기억까지의 과정을 보여 주고 있다.

는 주의가 동원되어 인식과정을 돕고, 매우 잘 아는 얼굴인 경우라서 의식적인 노력이 필요하지 않은 경우에는 주의가 작용하지 않는다. 아는 얼굴인가에 대한 검색과 판단은 작업기억과 장기기억을 통해서 일어난다. 작업기억은 밖에서 들어온 정보와 장기기억에서 찾아서 끄집어 낸 정보를 가지고 동일한 것인지 판단하기도 하고, 장기기억에서 부적절하게 정보를 끄집어냈다면 다시 찾아오기도 하고, 필요하면 부족한 부분을 추측으로 채워서 어떤 판단을 내리기도 하는 인간의 모든 정보처리가 능동적으로 이루어지도록 하는 핵심 기억장치다.

반면에 장기기억은 얼굴과 같이 이전에 획득했던 모든 지식을 저장하고 있는 거대한 기억장치다. 물론 장기기억에 저장되어 있는 친한 친구의 얼굴은 카메라로 찍은 사진처럼 저장되어 있지는 않고 추상화되어 있지만, 실제 모습을 닮은 그리고 필요하다면 수시로 수정 가능하며 다른 종류의 기억정보와 합쳐지거나 아니면 나누어질 수 있는 그런 형태로 저장되어 있다. 그러니까 처음에 눈에 투영된 친구의 얼굴은 장기기억에 저장되어 있는 이전에 획득한 친구의 얼굴과 비교할 수 있는 형태로 감각기억, 형태재인, 작업기억 등에서 여러 번의 정보 변형 과정을 거쳐 각각의 정보처리기에 입력된다.

친구 얼굴을 인식하는 과정을 예로 들어 설명한 것처럼 무엇을 인식하는 과정은 단번에 한번에 이루어지는 것이 아니고 일정한 몇 단계의 정보처리과정, 주의 동원, 정보 변형 등의 수많은 과정을 통해 이루어진다. 만일 이 중에 어떤 한 과정에서라도 문제가 발생하면 우리는 친구의 얼굴을 알아보지 못하는 인지기능장애를 갖게 된다(이런 뇌손상장애를 실인증이라고 부른다.). 이런 예에서 볼 수 있듯이, 우리가 무엇을 알게 되고, 학습하고, 학습한 내용을 이용해서 무언가를 하고 이런 모든 일은 [그림 5-6]에 표현되어 있는 것처럼 모든 정보처리구조물이 함께 협응하여 일어나는 것이다. 그러니까 이 여러 가지 정보처리구조물 중에 어느 하나라도 오작동하게 되면 우리의 인지는 일어나지 않거나 무언가 장애가 있는 인지가 일어나게 된다.

[그림 5-6]은 인간정보처리모형을 보여 주고 있다. [그림 5-6]에 표현된 것처럼,

인간정보처리모형은 감각기억, 작업기억, 장기기억과 같은 기억구조물(memory structure)과 형태인식(pattern recognition), 반응선택(response selection), 주의(attention) 등과 같은 정보처리과정으로 구성되어 있다. 이미 앞의 친구 얼굴 인식과정을 통해 각각의 인간정보처리모형의 구조물의 특성을 간단하게 설명하였듯이, 모든 과정은 필수적이며 독특한 정보처리방식을 가지고 있다. 나중에 이야기하겠지만, [그림 5-6]의 인간정보처리모형은 인간의 수많은 정보처리과정을 요약해서 보여 주는 것이라고 할 수 있다. 예를 들어, 학습하는 과정, 수수께끼를 푸는 과정, 등산 중에 지도를 보고 다음에 가야 할 길을 결정하는 과정, 상대방의 말을 듣고 어떤 말을 할까 생각해서 발화하는 과정 등 모든 정보처리과정은 나름의 독특한 과정을 지니고 있다. 그래서 이들 각각의 인간정보처리모형은 모두 다르다. [그림 5-6]은 이런 수많은 정보처리과정을 요약해서 공통적인 정보처리과정을 보여 주는 것이다. 따라서 수많은 정보처리과정에서는 감각기억, 작업기억, 장기기억, 주의 등이 모두 다르게 사용된다.

2) 기억구조와 정보처리의 개념

[그림 5-6]의 인간정보처리모형은 세 종류의 기억구조물, 즉 감각기억, 작업기억 그리고 장기기억으로 구성되어 있다. 이 세 가지 기억구조물은 정보를 저장할 수 있는 용량, 정보의 유지 기간, 정보를 저장하고 있는 방식, 정보를 찾는 방법 등에서 차이가 난다. 〈표 5-1〉은 세 기억 장치의 차이를 보여 준다. 기존의 심리학개론에서는 세 종류의 기억장치에 대해 용량, 지속시간 등을 설명하고 있으나 여기서는 세 기억구조물을 좀 더 이해할 수 있도록 각 구조물의 특성들을 자세히 살펴본다.

감각기억은 하나가 아니고 각 감각기관마다 존재하여 여러 개다. 시각의 감각기억(iconic memory)이 있고, 청각의 감각기억(echoic memory)이 있다. 다른 감각기관과 관련된 감각기억이 존재하는 것도 거의 확실하지만 시각과 청각에 비해 연

표 5-1 감각기억, 작업기억, 장기기억의 특성

구분	감각기억	작업기억	장기기억
종류	시각, 청각, 미각, 후각, 촉각 등의 감각기관별로 5개 이상	중앙집행기(central executive), 시공간잡기장(visual-spatial pad), 음운루프(phonological loop), 진행 중인 사건 기억장치(episodic buffer)	일화기억과 의미기억, 선언적 지식과 절차적 지식, 외현기억과 암묵기억 등
주된 기능	많은 입력된 정보를 짧게 유지하고 있어서 주의선택 혹은 패턴인식 등의 이후 과정 준비	계획, 추론, 학습, 언어 이해, 반응선택 등 정보처리가 실제로 수행되는 곳	수많은 기존에 획득한 지식을 여러 구획으로 나누어 저장하고 있는 지식저장고
용량	어느 정도 제한적	제한적	제한 없음
저장 시간	1초 이내	10초 이내	무제한
저장 형태	잔상 수준의 의미적으로 분류되지 않은 형태	소리, 시각이미지, 의미 등	의미, 시각이미지 등
정보 입력 방법	환경과의 접촉에 의해 자동적으로 입력	정보처리자에게 매우 친숙한 것이거나 현재 상황에서 매우 필요하여 주의를 끄는 것	작업기억에서의 효과적인 반복학습을 통해 전이됨. 때로는 의식적인 노력 없이도 기억되기도 함
정보 인출 방법	거의 자동적으로 이루어지고, 주의나 패턴인식에 의해 선택되거나 자동 소멸됨. 이런 선택은 사건별로 이루어짐	병렬적으로 동시에 여러 가지를 기억해 내지 않고 한 번에 하나씩 순차적이고 계열적으로 기억해 냄	자극을 받으면 동시 다발적으로 많은 양의 정보가 동시에 활성화됨
훈련을 통해 변화 가능 여부	타고난 기능으로 훈련에 의해 개선되지는 않음	작업기억의 용량도 어느 정도 증가시킬 수 있고, 저장하는 방법도 개선할 수 있음	적절한 책략을 개발하면 그 능력을 무한대에 가깝게 증가시킬 수 있음

구가 덜 진행되어서 많은 것이 알려지지 않았다. 파바로티 같은 위대한 성악가의 음악을 들은 후에 잠시 눈을 감고 있으면 마치 메아리 같은 것이 느껴진다. 혹은 강렬한 이미지를 본 후에 눈을 감고 있어도 마치 보이는 것처럼 눈에 아른거린다. 이런 기억이 감각기억의 예다.

또한 작업기억에는 정보처리의 전체 흐름을 관장하는 중앙집행기, 시각이미지 정보를 처리하는 시공간잡기장(visual-spatial pad), 말소리로 표현된 정보를 다루는 음운루프(phonological loop), 의미 등의 기억을 잠시 동안 보관하는 에피소드버퍼 (episodic buffer) 등이 있다. 작업기억은 인간정보처리의 작업이 일어나는 곳이다.

이곳은 새로운 정보를 받아들여 장기기억으로 정보를 영구히 저장하기도 하고, 상황 판단을 하여 적절한 행동을 결정하는 곳이기도 하다. 마치 컴퓨터의 램(RAM) 같은 기억장치다.

반면에 장기기억은 엄청난 양의 정보를 체계적이고 어느 정도는 요약하여 저장하고 있는 곳이다. 신기한 점은 우리의 뇌가 그렇게 많은 양의 정보를 놀라울 정도로 효과적으로 저장하고 있다는 것과 수많은 각기 다른 내용 중에 필요한 것을 순식간에 정확하게 찾아낸다는 것이다.

잠에서 깨어 일어나 다시 잠들 때까지 하루 동안 보고 듣고 느끼고 움직이는 등의 멀티미디어 정보를 장기기억에 저장하는 데 필요한 크기를 생각해 보라. 예를 들면, 2시간 분량의 시각과 청각으로만 이루어진 영화를 다운로드해서 컴퓨터에 저장하는 것만으로도 4~5GB 정도의 용량이 필요하다. 그런데 하루 종일 깨어서 경험하는 정보는 시각, 청각, 미각, 촉각 등의 다양한 감각 정보와 그때그때의 감정이나 느낌 혹은 이전의 기억 등 수많은 것이 첨부되어 있는 멀티미디어 정보다. 하루치만 저장하려고 해도 엄청난 양의 메모리가 필요할 것이다. 20세의 사람이 5세 이전의 기억은 거의 없다고 가정하더라도 이런 일이 대략 15년 정도 동안 매일 시시각각 일어난 것이고 그 기억 양은 상상을 초월할 것이다. 또한 더 놀라운 것은, 사람은 이렇게 엄청나게 많은 정보 중에서 자신이 필요로 하는 것을 순식간에 아주 정확하게 찾아내서 사용할 수 있다는 것이다. 이런 일은 장기기억에 저장되어 있는 정보가 어떤 원칙에 의해 매우 효과적으로 조직화되어 저장되어 있다는 것을 의미한다.

또 다른 장기기억의 측면은 작업기억에 있던 정보가 무조건 장기기억으로 모두 넘어오지 않는다는 것이다. 예를 들면, 작업기억에서 암기해야 할 단어를 장기기억에 저장하고자 할 때, 그 단어의 의미와 관련된 여러 단어의 의미와 연관지어 암기하면 작업기억에서 장기기억으로의 정보 전이가 더 용이하다. 즉, 작업기억에서 장기기억으로 정보가 옮겨지는 과정은 수동적인 과정이 아니라, 무언가 노력하고 애써서 암기하려고 하면 더 잘 일어나는 능동적 과정이라는 것이다.

정보를 저장하고 있는 방식에서도 차이가 있는데, 감각기억의 주된 기능은 외부에서 입력된 자극이 신경을 자극하여 아직 정제되지 않은 원래의 속성을 그대로 간직하며, 이 기억장치는 가능한 많은 양의 정보를 훼손하지 않고 가지고 있다가 다른 시스템이 요구하면 보존된 형태를 그대로 넘겨 주는 것이다. 그러므로 감각기억이 많은 양의 다양한 정보를 받아들이는 방법은 두 가지다. 하나는 한 번에 엄청나게 많은 양의 정보를 받아들이는 것이고, 또 다른 방법은 새로운 내용으로 자주 바꾸어 주는 것이다. 그래서 감각기억이 한 번에 받아들일 수 있는 정보의 양은 많지만 그 정보를 기억 속에 간직하는 시간은 매우 짧아서 1/2초도 안 된다. 반면에 작업기억의 용량은 상당히 제한적이다. 흔히 알려져 있는 것처럼, 한 번 보거나 듣고 기억해 낼 수 있는 정보 양은 4~5개 정도다. 이 4~5개의 정보는 작업기억의 음운루프의 용량이라고 볼 수 있다. 그리고 이 음운루프에 정보가 머물 수 있는 시간도 5초 정도다. 음운루프가 제한적인 정보처리 용량을 지니고 있는 것처럼, 나머지 작업기억의 구조물들도 제한적인 용량을 지니고 있으며 지속할 수 있는 시간도 상당히 제한적이다.

감각기억에 저장되었던 정보가 작업기억으로 전이되기 위해서는 주의과정이 필요하다. 감각기억의 수많은 정보 중에 관심 있는 정보만을 주의과정에 의해 선택적으로 작업기억으로 옮긴다. 이때 옮겨진 정보는 말소리 형태로 전환되거나, 시각적인 이미지로 전환되거나, 혹은 의미정보로 전환된다. 즉, 작업기억으로 들어올 때에는 외부 환경에서 처음 입력된 것과는 상당히 다른 형태로 전환되어 다른 정보처리과정들과 용이하게 소통이 이루어질 수 있도록 입력된다. 작업기억의 여러 부속 기관들이 함께 협동하여 정보처리하는 과정을 그림으로 표현하면 [그림 5-7]과 같다. 시공간 이미지 패드, 말소리 기억장치, 진행 중인 사건 기억장치 등은 중앙집행기의 통제를 받는다. 중앙집행기는 일종의 회사의 CEO와 같은 존재로 여러 부속 기관들의 정보처리방식을 결정하기도 하고 그들 간의 상호작용을 조율하기도 하고 정보처리의 전반적인 계획을 세워서 그대로 수행하기도 한다.

[그림 5-7]은 작업기억 부속 기관들의 관계를 보여 주고 있을 뿐만 아니라 장기

기억과 각각의 작업기억 부속 구조물이 연결되는 방법을 보여 주고 있기도 하다. 이처럼 작업기억의 각 부속 기억장치는 매우 특성적인 개별적인 정보의 양식 혹은 표상을 지니고 있고, 이런 부속 구조물은 그 정보표상양식을 가지고 직접적으로 장기기억과 연결되어 있다. 사실 몇몇 이론가들은 이 작업기억의 부속 기억장치들은 일종의 장기기억이 활성화된 모습의 일부라고 주장하기도 한다. 즉, 거대한 데이터베이스인 장기기억 중에 현재 이용되고 있거나 혹은 이용될 준비가 되어 있는 일부분이라고 주장하는 것이다. 이처럼 작업기억의 정보와 장기기억의 정보는 거의 동일한 형태의 정보표상방식을 갖는다.

앞서 제시한 〈표 5-1〉의 기억구조의 특성들 중에서 장기기억의 종류에 대해 간단히 살펴보자. 장기기억은 여러 종류로 분할되는데, 이 장기기억은 정보처리자가 경험한 온갖 필요한 정보를 모두 가지고 있다. 언어의 단어와 문법 등에 대한 지식, 저명한 지휘자가 지휘하던 멋진 음악회의 기억, 자전거를 타고 한강변에 나갔던 기억 등 다양한 종류가 기억되어 있다. 편의상 이런 다양한 기억은 몇 개의 차원으로

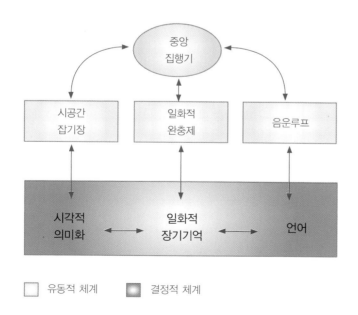

[그림 5-7] 작업기억의 구조
중앙집행기, 시공간 이미지 패드, 말소리 기억장치, 진행 중인 사건 기억장치 등의 상호 구조를 보여 준다.

구분할 수 있다. 장기기억을 분류하는 첫 번째 차원은 특정한 시간과 장소에 국한된 기억인지 아니면 일반화된 것인지에 관한 분류다. 지난 크리스마스 이브에 가족과 함께 근사한 식당에서 식사했던 기억 같은 것이 특정한 시간과 장소에 국한된 기억인 일화기억의 하나의 예이고, 강원도의 도청 소재지가 춘천이라는 것을 아는 것은 의미기억의 예다. 또 두 번째 차원은 사전에 어떤 내용이 기술되어 있던 것처럼 서술적으로 정의적으로 나열되어 있는 기억으로 1회의 학습으로도 가능한 선언적 기억이고, 운전하기처럼 여러 번의 훈련을 통해 이루어지고 거의 몸으로 체득되는 기술에 해당되는 절차기억이다. 그리고 세 번째 차원은 의식적으로 노력하면 떠오르는 기억은 외현기억이고, 말하기처럼 의식적으로 떠올리려고 해도 잘 떠오르지 않지만 매우 잘 알고 있는 지식을 담당하는 기억은 암묵기억이다. 사실 우리가 알고 있는 것 중의 대부분이 암묵기억에 해당하는 것이다. 예를 들어 아무런 의식 없이도 잘 걷는데, 걷는 방법에 대해 구체적으로 떠올릴 수 있는 것은 거의 없다. 걷기를 막 배우기 시작한 어린아이를 지켜보면 걷는 것이 얼마나 어려운 과정인지를 알 수 있다.

3) 효과적인 기억 방법

한국어로 "기억하라."라고 말할 때 그 의미는 모호하다. 왜냐하면 '기억하다'는 새로운 정보를 뇌에 효과적으로 집어넣는 과정을 의미할 수도 있고, 아니면 이전에 저장해 두었던 정보를 끄집어내는 것을 의미할 수도 있기 때문이다. 영어에서는 정보를 집어넣는다는 단어는 부호화(memorization)이고 저장되어 있는 것을 인출해 내는 것은 인출(retrieval)이라고 한다. 그러니까 효과적인 기억 방법은 부호화를 돕는 것일 뿐만 아니라 인출을 도울 수 있도록 여러 단서를 남기는 것이다. 가장 쉬운 부호화 방법은 정보를 여러 번 반복해서 암송하는 것이고, 효과적인 인출을 위한 학습 방법은 끄집어내야 하는 정보를 지칭하는 여러 단서를 어딘가에 남겨 두고 나중에 그 단서를 사용할 수 있도록 하는 것이다. 다음의 효과적인 기억 방법은 이런 두 과정을 돕는 방법이라고 생각하면 된다.

우리가 무엇을 학습하였다고 말하려면 작업기억에 잠시 머물러 있던 정보가 장기기억으로 전이되어야 한다. 특별한 노력을 하지 않더라도 상당수의 정보는 장기기억으로 자동적으로 전이된다. 거의 무의식적으로 기억되는 경우다. 이런 종류의 기억은 떠올리려고 노력해도 잘 인출되지 않지만 왠지 이전부터 알고 있었던 내용 같고 어떤 경우에는 해 보라고 하면 별 생각 없이 어떤 일을 마치 예전부터 해 오던 일처럼 해내는 지식에 해당된다.

그러나 장기기억으로 학습해야 할 내용을 옮기는 작업은 대부분 의식적인 노력에 의해 이루어진다. 효과적인 기억 방법의 요인은 다음과 같다. 첫째 요인은 학습하는 동안 어떤 방법으로 암기하려고 시도했는가에 관한 것이다. 작업기억에서 암기해야 할 내용을 기계적으로 반복하기보다는 관련된 내용을 떠올려서 기존의 알고 있었던 지식과 연결하면서 반복하면 더 효과적이다. 거의 무의미한 철자처럼 보이는 단어를 암기하는 것보다 자신이 잘 알고 있고, 의미가 분명하고 구체적인 단어일수록 더 잘 암기한다. 인지심리학에서는 이런 이론을 정보처리수준(levels of processing) 이론이라고 부른다. 이 이론의 핵심은 학습 항목을 더 깊이 처리할수록 기억을 더 잘한다는 것이다. '더 깊은 처리'라는 의미는 나와 관련이 깊은 정도를 의미하는 것으로 볼 수 있는데, 예를 들어 학습 항목을 나의 개인적인 경험과 연결시키면 가장 잘 암기할 수 있다. 이는 깊이 처리할수록 장기기억의 저장소에 기억 흔적을 더 분명하게 새기거나 아니면 다른 정보들과의 연관을 많이 맺도록 하기 때문이다.

두 번째 요인은 학습활동에서의 또 다른 요인은 조직화(organization)다. 예를 들어, 4591260 같은 숫자열을 그냥 외우려면 정말 어렵다. 그렇지만 내가 아는 지식을 이용해서 405와 1962로 군집화하면(405호는 저자의 연구실 호수이고, 1962는 저자가 태어난 해다), 훨씬 암기하기가 쉬워진다. 조직화의 또 다른 예는 책의 차례를 보고 그 차례를 암기하는 것이다. 그러면서 그 암기한 차례 밑에 어떤 내용들이 있었는지를 떠올려 보고 앞뒤의 내용이 서로 연결되는 방법을 생각해 본다. 이런 작업이 기억을 돕는 조직화다. 도서관에 책이 저장되어 있지만 정돈되어 있지 않으면 그 책을 찾을 수 없는 것처럼, 기억에서도 정보가 체계적으로 정돈되어 있지 않으면 나중에 그 정보를 끄집어내기가 매우 어렵다.

세 번째 요인은 학습하는 간격에 관한 것이다. 동일한 시간을 학습하더라도 여러 번으로 나누어서 학습하는 것이 그렇지 않은 경우보다 더 효과적이다. 이런 효과를 간격 효과(spacing effect)라고 한다. 재미있는 것은 매번 반복할 때마다 반복 간격을 더 넓히면 효과가 더 크다는 것이다. 예를 들면, 학습항목을 한 번 반복한 후에 10분 있다가 다시 반복하고 다음 번 반복할 때에는 30분 있다가 반복하고 그 다음에는 1시간 있다가 반복하는 것이 매번 동일한 간격으로 4회 반복하는 것보다 더 효과적이라는 것이다.

네 번째 요인은 심상화(imagination)다. 학습 내용을 시각화할수록 기억에 오래 남는다. 심상화는 정보를 여러 종류의 기억 부호로 저장할 수 있도록 도와준다. 즉, 학습할 내용을 의미 중심의 부호로 저장할 뿐만 아니라 시각이미지 부호로도 저장하기 때문에 기억이 더 잘 된다. 또한 심상화는 정보를 조직화하고 더 깊게 처리하는 데에도 효과적이기도 하다.

다섯 번째 요인은 학습하는 상황과 검사하는 상황이 유사할수록 기억 점수가 높다는 것이다. 이런 학습 방법을 전이적절학습(transfer appropriate learning)이라고 한다. 즉, 객관식으로 시험문제가 나올 것으로 예측하고 시험공부를 하였는데 난데없이 주관식 시험문제가 출제되었다면 당연히 시험을 잘 보지 못할 것이다. 또한 공부하던 시간에 동일 장소에서 시험을 치면 더 잘 볼 가능성이 높다. 사실 기억수행이 좋으려면 정보를 장기기억에 잘 넣어야 하기도 하고 또한 저장되어 있는 정보를 효과적으로도 끄집어낼 수 있어야 한다. 학습 상황과 검사 상황의 유사성이 검사 상황에서 학습 시에 저장되었던 것을 끄집어낼 수 있도록 도와주는 단서 역할을 하기 때문으로 추정된다.

2. 복합 인지과정

여기서는 인간정보처리모형을 중심으로 일상생활에서 일어나는 복합적인 인지과정을 상정하여 인지과정을 살펴본다. 인지심리학에서 다루는 영역을 보면 형태재인, 주의, 기억, 지식, 언어, 사고, 추론, 의사결정, 전문성 등의 과정들을 설명하는데, 이런 내용을 자세히 다룰 수는 없기 때문에 여기서는 언어 이해라는 주제를 중심으로 함께 동원되어 사용되는 방법을 논의하려 한다.

인지심리학 연구에서 알고 싶은 것은 앞서 제시한 [그림 5-6]과 같은 인간 정보처리가 일어나는 구조물(architecture)과 각각의 구조물에서 정보처리가 일어나는 방법에 관한 것이다. [그림 5-6]은 감각기억, 작업기억, 장기기억 등의 기억구조물을 보여 주고 있는데, 이 세 가지 구조물은 전체적인 개략적인 인간정보처리를 이루는 구조물이고 이들을 더 세분화한 정보처리구조물들이 있다. 예를 들면, 단어를 인식하는 시스템은 패턴인식의 특별한 장치라고 볼 수 있고, 수많은 자극 중에서 어느 하나만을 선택할 수 있는 주의는 주의의 여러 특성 중에 하나로 볼 수 있고, 또한 자전거 타기에 관한 기억은 장기기억의 한 부분이라고 볼 수 있다. 이런 더 세분화되고 전문화된 기능을 담당하는 구조물을 단원(module)이라고 한다. 결국 인간정보처리의 구조물을 연구한다는 의미는 언어 이해 혹은 문제 해결 같은 인지 영역에 동원되는 단원들을 밝히고 이런 단원들이 상호 연결되어 있는 양식을 밝히는 것이다. 이러한 과정은 어떤 건물의 설계도를 몇 가지 구성 요소를 조사한 다음에 추정해서 알아내는 것과 유사하다. 또 다른 중요한 문제는 각 단원에서 사용하는 정보의 형태에 관한 것이다. 예를 들면, 감각기억에서 사용되는 정보의 형태는 외부자극을 그대로 닮은 시각 혹은 청각 이미지 같은 것이고, 작업기억에서 사용되는 정보의 형태는 의미, 말소리, 시각이미지 등이며, 장기기억에서 사용되는 것은 의미와 이미지다. 지금까지 논의한 것은 감각기억, 작업기억 및 장기기억에서 다루고 있는 정보의 대략적인 정보 형태를 논의한 것이고, 언어 이해와 관련된 작업기억에서 사용되는 정보의 형태는 더 세분화되고 특수화된 것이다.

인간이 지닐 수 있는 가장 작은 단위의 단원을 찾아 가는 것이 인지심리학 연구의 긴 여정 중 하나다. 따라서 [그림 5-6]의 각각의 구조물은 지금까지 밝혀진 수많은 전문적인 단원들을 개략적으로 모아 놓은 것이라고 볼 수 있다. [그림 5-8]은 [그림 5-6]의 개략적인 인간정보처리모형에 적용되는 예시를 보여 준다. [그림 5-8]은 글로 표현된 언어를 이해하는 방법을 설명하고 있다. 눈으로 보아 글자가 입력되고, 입력된 글자를 장기기억에서 찾아서 어떤 단어인지를 확인하고, 확인된 단어를 작업기억으로 가져와서 그 단어가 문장 내에서 주어 역할을 하는지 아니면 목적어 역할을 하는지 등을 결정하여 잠시 저장하고, 그러고 나서 다음 단어로 눈동자를 움직여서 다음 단어를 입력하고 동일한 과정을 문장 끝까지 진행하여, 마지막으로는 작업기억에서 문장의 의미를 추출해 내고 그 의미를 장기기억에 다시 저장하는 것이다. 이런 문장의 이해를 마치면 다음 문장을 이해하기 시작하고, 끝으로는 여러 문장으로 이루어진 절(paragraph)의 전체 의미를 파악하는 것이다. 다음에서는 어떤 인지과정이 수반되는지, 각 기억들은 어떻게 상호작용하는지 살펴본다.

[그림 5-8]에서 눈동자 고정에서 중심와입력(forveal word processing)과 주변시입력(parafoveal processing)까지는 글에 쓰인 단어를 [그림 5-6]의 감각기억으로 입력하는 과정에 해당하는 것으로 볼 수 있다. 눈동자 뒤에는 망막이라고 하는, 마치 카메라의 필름과 같은 기관이 있다. 이 기관에는 빛의 밝기와 빛의 색깔을 감지하는 간상체(rod)와 추상체(cone)라는 탐지기가 있으며, 동공과 렌즈를 통해 투과된 빛 에너지의 변화를 이곳에서 감지한다. 이런 간상체와 추상체와 같은 탐지기의 활성화는 시신경을 촉발시키고, 그러면 시신경은 우리 뇌로 정보를 전달하게 되고, 전달된 시신경정보를 해석하여 물체의 모양과 색을 인지하게 된다. 망막 부위 중에 특별히 물체 인식에 민감한 부위가 있는데 이 부위를 중심와(fovea)라고 하고, 이 부위의 크기는 대략 글자 10개 내외를 감각할 수 있다. 이 중심와 주변을 주변시(paraforveal vision)라고 부르는데, 이 부위는 투사된 시각상(visual image)의 모양이나 색깔과 같은 정체를 파악하도록 정보를 입력하지는 못하지만 무언가 있다

는 것을 알려 줄 정도로 입력하기는 한다. 그래서 글을 읽을 때, 어느 단어에 눈을 고정(fixation)하면 단어의 상이 중심와에 맺히고 그러면 그 단어는 모양이 분석되어 무언지 알게 되는 것이다. 반면에 주변시에 맺힌 단어는 현재 읽고 있는 단어 다음 단어일 가능성이 높은데, 이 부분의 단어는 무언지 모르고 단지 다음에 눈동자를 어느 위치로 옮겨야 할지를 안내하는 역할을 한다. 그러니까 시각감각기억

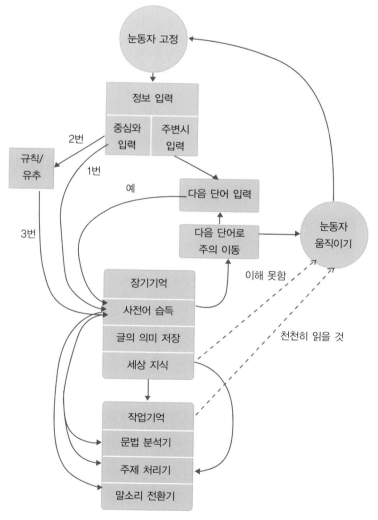

[그림 5-8] 글 읽기 모형

문장의 첫 단어를 시각을 통해 입력하여 최종적으로 문장을 이해할 때까지 작동하는 작업기억, 장기기억, 주의 과정 등을 개략적으로 보여 준다.

(iconic memory)에는 중심와에 맺힌 것과 주변시에 맺힌 것 모두가 입력되게 되고, 두 종류의 감각기억에 기록된 정보는 패턴 인식기로 넘겨져서 장기기억에서 해당하는 단어를 찾게 되거나 아니면 작업기억으로 전해져서 아마도 중앙집행기의 명령으로 눈동자가 다음 번에 어디로 이동할지를 결정하는 데 사용된다. 중심와에 맺혀서 감각기억에 등록된 정보는 1번 방법을 통해 바로 장기기억에 저장되어 있는 사전([그림 5-8]에서 사전어 습득으로 적혀 있다)을 검색하거나(이런 방법은 직접통로(direct route)를 사용한다고 말한다), 아니면 2번 통로를 통해 글자 입력을 해당되는 말소리로 전환하여(간접통로(indirect route/phonological recoding route)라고 한다) 장기기억에 있는 사전을 뒤지게 된다. 2번 통로에서 규칙과 유추로 표현된 것은 글자를 말소리로 바꾸는 방법에 대한 것으로, 규칙이라고 된 것은 글자와 말소리 간의 규칙적 관련성을 가지고 말소리를 만드는 경우이고, 유추로 되어 있는 것은 유사한 글자 조합이 기존에 자신이 알고 있는 지식으로 보면 무엇이라 말소리로 만드는 것이 좋은지를 통해 말소리를 만들어서 그 말소리 정보를 가지고 단어에 대한 형태인식을 수행하는 것을 의미한다. 이런 논리라면 장기기억의 사전은 글자 모양을 가지고 있는 사전뿐만 아니라 말소리로 표현된 사전도 존재한다는 것을 의미한다. 왜냐하면 1번을 통해 형태인식되는 경우에는 글자 모양을 가지고 할 것이고, 2번을 통해서 형태재인이 되는 경우에는 바뀐 말소리 정보를 가지고 사전을 검색할 것이기 때문이다. 또 다른 내용은 중심와에서 입력된 단어는 그것이 무엇인지에 대한 패턴인식에 사용되고, 주변시에서 입력된 단어는 다음에 옮겨야 할 눈동자 위치를 안내하는 데 사용된다는 것이다. 즉, 감각기억에 입력된 정보가 모두 동일한 용도로 사용되지 않고 입력되는 방법에 따라 처음부터 다르게 저장되고 사용된다는 것이다.

[그림 5-9]는 저자의 연구실에서 연구된 결과를 바탕으로 한국어 어절을 이해하는 원리에 대한 예시적 모형을 보여 주고 있다. '나는 책을 읽었다.' 라는 문장은 '나는' '책을' '읽었다'의 세 개의 어절로 구성되어 있다. 어절이란 문장 내에서 띄어쓰기 단위다. 어절은 한국어에만 존재하는 독특한 단위로 단어 혹은 의미의

최소 단위인 형태소로 구성되어 있다. '책을'이라는 어절은 '책'과 '을'의 두 개의 단어로 구성된 어절이다. 반면에 '읽었다' 같은 경우에는 '읽' '었' '다'라는 세 개의 형태소로 구성된 어절이다. 한국어 문장에서는 단어 단위로 띄어 쓰는 일은 거의 없고 모두 어절 단위로 구분하여 쓴다. 그러나 영어 등의 언어에서는 "This is a book."과 같이 단어 단위로 띄어 쓴다. 따라서 한국인이 한국어 문장을 이해하는 과정과 미국인이 영어 문장을 이해하는 과정은 상당히 다르다고 보아야 한다. 한국인도 문장을 보면 중심와와 주변시를 통해 어절을 감각기억으로 입력한다. 감각기억에 입력된 어절은 분석되지 않은 통째로 된 사진 같은 것이다. 이 시각 사진을 분석해서 어절을 추출하고 추출된 어절을 가지고 장기기억에 저장되어 있는 사전을 검색하여 찾으면 어절이 인식되는 것인데, 이때 사진을 분석해서 장기기억에서 어절을 찾는 것까지를 [그림 5-6]의 과정으로 보면 형태인식에 해당되는 과정이다. 그러니까 형태(pattern)라는 의미는 물체의 모양을 말하며, 이처럼 형태인식도 하나가 아니고 여러 과정으로 이루어진 복합적인 정보처리다.

[그림 5-9]에 나타나 있는 것처럼 형태인식은 먼저 수직선, 수평선, 사선, 동그라미 등 기본 자질(visual feature)을 추출하고, 이어서 기본 자질을 모아서 'ㅁ' 'ㅓ'와 같은 낱자를 구성하고, 이번에는 낱자를 모아서 '머'와 'ㄱ'을 구성하고, 끝으로 '머'와 'ㄱ'을 합쳐서 '먹'과 같은 음절을 조합해 낸다. 이 모형에 따르면, 한국인의 뇌 장기기억에 저장되어 있는 사전은 '먹'과 같은 음절의 연쇄(connected syllable)로 어절을 저장하고 있다. 그래서 장기기억에 있는 '먹었고'와 같은 어절을 찾으려면, 기본 자질, 낱자 등으로부터 장기기억에 있는 것과 동일한 형태인 음절로 조합해 내는 것이 필수적이다. 형태인식도 하나의 단원으로 되어 있는 것이 아니고 정말로 많고 복잡한 여러 세부적인 단원으로 구성된 복합체의 상호작용을 통해서 일어난다는 것이다. 사실 [그림 5-9]에 제시된 모형도 잠정적인 것이고, 연구가 더 진행되면 더 세부적인 단원이 있을지도 모른다. 단지 현재까지 연구된 것을 바탕으로 한국어 어절 형태인식과정을 나타낸 것뿐이다.

어절이나 단어에 대한 형태인식이 이루어지면, 장기기억의 사전에 저장되어 있

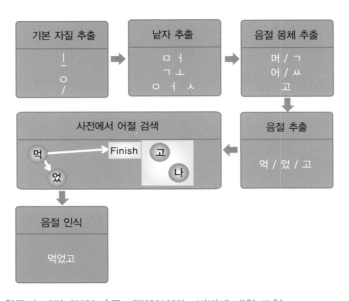

[그림 5-9] 한국어 어절 '먹었고'를 패턴인식하는 방법에 대한 모형

한국어 문장은 어절의 조합으로 이루어진다. '먹었고'와 같은 어절을 패턴인식하는 데 여러 종류의 하위 과정이 필요한 것을 볼 수 있다.

던 단어의 의미, 품사 정보 등을 작업기억으로 옮기고, 작업기억에서는 인출해 낸 단어를 소리로 기억하고 있으면서 그 단어가 문장에서 주어 등의 역할을 담당하는지를 결정하는 작업을 한다. 작업기억에는 문장의 문법구조를 분석하는 장치(parser), 문장의 주제를 파악하는 장치(thematic processor), 글자를 해당되는 소리로 전환하는 장치(inner speech) 등을 포함하고 있으며, 이들 각각을 모두 하나의 단원이라고 한다. 장기기억에는 뇌 속에 저장되어 있는 어휘 사전(lexicon), 앞에서 읽은 글 구조에 대한 기억(text representation), 이전부터 알고 있던 세상지식(real world knowledge) 등의 지식 단원을 포함하고 있다.

여러 개의 단어를 모아서 문장의 구조를 파악하는 작업을 문장분석(sentence parsing)이라고 하고, 이런 일은 문법분석(parser)에 의해 이루어진다. 문법분석기가 하는 일은 '아름다운 영희의 언니'라는 문장의 부분이 있으면 '아름다운'이 '영희'를 수식하는 것인지 아니면 '언니'를 수식하는 것인지를 결정하는 과정이다. 때로는 '아름다운 영희의 언니' 전후에 있는 문맥을 보고 무엇을 수식하는지 결정해야 한다. 이런 작업이 작업기억에서 일어난다. 문장의 주제를 파악하는 장치(thematic processor)는 누가 무엇을 하였는지를 추출하는 것이다. '고양이가 개를 할퀴었다.'의 문장에서 문법분석기에 의해 '고양이'가 주어이고, '개'는 목적어라는 것을 그리고 동사는 과거형이라는 것을 분석해 내면, 이것에 기초하여 고양이가 행동의 주체자이고 개는 행동을 받는 대상이라는 것을 알아내는 역할은 문장의 주제를 파악하는 장치(thematic processor)에 의해 결정된다. 이 문장의 의미를 망각하지 않기 위해 작업기억은 문장 의미를 장기기억에 글 구조에 대한 기억(text representation)으로 저장한다. 한 문장에 대한 이런 일이 일어나고 나면, 그다음 문장에 대해서도 동일한 정보처리를 수행한다. 이런 일은 한 절(paragraph) 끝까지 이루어지며, 절 관련 글 구조에 대한 기억(text representation)이 완성된다. 그러고 나면 가끔은 추론을 통해 글 구조에서 빠진 부분을 채워 넣기도 한다.

[그림 5-8]의 오른쪽 부분은 눈동자를 움직여서 다음 단어를 입력하거나 혹은 한 번 읽은 내용을 잘 이해하지 못해 한 번 더 읽어야 하는 경우를 나타내고 있는 것이다. 또한 오른쪽 부분을 보면 때로는 작업기억의 중앙처리기(central executive)에 의해 읽기 속도를 줄이라고 명령을 내릴 수도 있다. 또한 어려운 내용이니까 오랫동안 집중해서 보라고 명령할 수도 있다. 글을 읽으면서 때로는 이전에 읽어서 기억하고 있는 관련된 내용을 장기기억에서 떠올려서 현재 읽고 있는 내용을 채워 넣을 수도 있고, 다음에 어떤 내용이 이어질 것인가를 미리 예측하여 읽기 속도를 높일 수도 있다. 감각기억에 사진처럼 저장되어 있는 어절이나 단어를 선택하는 일은 주의에 의해 이루어지고, 또 글을 천천히 읽으라고 하는 것도 인간의 의식 혹은 주의에 의해 조절되는 것이다. 문장과 문장 사이에 생략되어 있던 의미를 메우는 작업은 작업기억에서 추론에 의해 이루어지며, 이런 과정은 문제 해결 과정이거나 선택하고 결정하는 과정 등을 포함하는 복합적인 과정이다. 글 읽기 과정을 설명한 이유는 하나의 인지 활동이 완성되기 위해서는 수많은 정보처리기와 정보처리가 수반된다는 것을 보여 주기 위해서다. 교과서에서 기억, 주의, 추론,

언어 등을 따로따로 적고 있지만 사실은 이 모든 것이 동원되어 인지 활동이 수행되는 것이다. 또 다른 이유는 [그림 5-6]의 인간정보처리모형은 인간이 여러 종류의 인지활동을 할 때 사용되는 수많은 단원과 정보처리과정을 극단적으로 요약해서 보여 주는 인간정보처리의 대략을 설명하고 있다는 것을 보여 주기 위해서다. 앞에서 잠깐 이야기하였지만, 인지심리학의 연구는 결국 이런 인간정보처리모형을 기반으로 하여 더 작고 세부적이고 특성화된 단원과 그 단원에서 수행되는 정보처리과정을 찾아내는 일이다. 다음 절에서는 인지심리학에서 다루는 영역을 간단히 살펴본다.

3. 뇌와 인지

뇌는 양반구로 이루어져 있다. 양반구는 인간의 다양한 정보처리를 위해 상호 협응한다. 수많은 연구를 통해 좌뇌와 우뇌는 각기 다른 기능을 담당한다. 예를 들면, 전반적으로 좌뇌(left hemisphere)는 언어와 수리적인 정보처리에 능하고 우뇌(rightt hemisphere)는 감성적이고 시각이미지 정보처리에 더 능한 것으로 알려져 있다. 물론 이런 주장이 모든 사람에게 적용되는 것은 아니고, 오른손잡이이고 뇌의 기능이 잘 분화된 사람에게서 평균적으로 발견되는 현상이다. 좌뇌가 언어에 능하다고는 하지만 모든 일을 정보처리하는 것은 아니다. 알려진 바로는, 좌뇌는 언어정보처리 중에서도 말소리 인식과 말소리 생성, 단어 인식, 문법 정보 처리 등 상당히 굳어진 일정한 원칙에 의해 이루어지는 언어정보처리에 전문적이다. 반면에 우뇌는 말소리의 운율, 현재 바로 관련은 없지만 멀게 관련이 되어 있는 정보의 활성화 및 유지(예: '한강에 배가 떠 있다.'라는 문장에서 '배'는 ship의 의미다. 좌뇌는 ship의 의미만을 활성화하여 유지하지만 우뇌는 ship, belly, pear 등의 문맥과 직접 관련이 없는 정보들을 활성화하고 유지한다), 유머와 은유 등의 이해 등을 담당한다. 전반적으로 좌뇌는 작고, 세밀하고, 정해져 있고, 당장 필요하고,

빠르고, 자동적인 처리에 능한 반면, 우뇌는 전반적이고, 통태적으로 보고, 느낌으로 처리하고, 직관적이고, 하나하나 분석해서 느리지만 분명하게 정보처리하는 특성이 있다.

[그림 5-10]은 [그림 5-7]에서 설명한 작업기억의 여러 정보처리기를 보여 주고 있다. 앞쪽 뇌의 윗부분인 외측전전두엽(dorsolateral prefrontal area)에서는 중앙집행기가 작동하고, 전두엽의 브로카 영역(Broca area)은 글로 읽은 문자를 말소리로 전환하여 정보를 유지하는 기능을 담당하고, 두정엽(parietal lobe)에서는 들은 말소리 정보를 유지하고 정보처리한다. 끝으로 뇌의 후면인 후두엽(occipital lobe)은 2차원, 3차원적인 시각정보를 다룬다. 이것처럼 뇌는, 모두는 아니지만, 상당한 정도로 분화되어 있다. 분화되어 있는 정도는 정보처리되어야 하는 내용이 얼마나 특수한지 혹은 얼마나 감각특성적인지 등과 관련되어 있다. 예를 들면, 시각, 청각처럼 감각을 담당하는 뇌는 매우 분명하게 분화되어 있다. 반면에 추론이나 의사결정을 하는 기능은 상대적으로 감각특수적이지 않아서 뇌의 여러 영역이 동시에 활동한다.

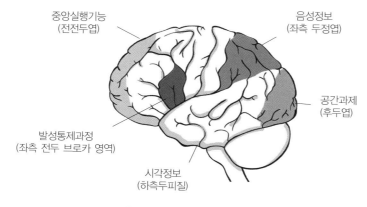

[그림 5-10] 좌뇌의 측면

[그림 5-11]은 언어정보처리와 관련된 분화된 뇌의 영역을 보여 주고 있다. 또한 〈표 5-2〉는 각각의 실어증 환자의 언어장애 유형을 보여 주고 있다. 이런 언

어장애는 말 유창성(fluency), 언어이해능력(comprehension), 따라 말하기(repeti-tion), 그림 이름 명명(naming) 등을 통해 언어장애를 평가한다. 예를 들면, 브로카 영역은 좌뇌의 앞쪽에 위치하고 있는데, 이 영역이 손상을 입으면 〈표 5-2〉에서 보여 주는 것처럼 말의 유창성이 떨어지고, 듣고 따라 말하는 능력이 떨어지고, 그림을 보고 그림의 이름을 떠올려서 말하는 능력이 부족해진다. 그러나 언어를 이해하는 능력은 다른 능력에 비해 상당히 우수하다. 이처럼 〈표 5-2〉에 있는 몇 종류의 언어기능장애의 조합으로 실어증을 분류한다. 브로카실어증 환자는 말을 더듬고 말의 속도가 매우 느리다. 또한 말을 하지만 문법에 맞지 않는 문장을 발화한다. 또 다른 특성은 영어의 수동태 문장과 같은 특정한 문장의 종류를 잘 이해하지 못하는 경우도 있다. 흔히 심리학개론이나 인지신경심리학 교과서에 보면 표현성실어증(expressive aphasia)으로 알려져 있는 실어증이다. 브로카가 1861년에 처음 이런 실어증을 학계에 발표했을 때, 이 환자의 사례는 관련된 학계에 파문을 일으켰으며, 뇌가 기능별로 서로 나뉘어 있다는 것을 보여 주는 결정적인 증거로 여겨졌다. 사실 현대의 인지신경심리학(인지신경심리학에서는 뇌손상 환자를 대상으로 다양한 인지심리학 실험을 진행하여 뇌의 영역과 인지기능 간의 상관을 연구하고, 이를 통해 인지심리학의 새로운 이론을 제안하거나 뇌손상 환자의 인지기능 진단에 관련된 연구를 진행하는 분야다. 이는 1800년대 말에 유행하다가 1950년대 이후 인지혁명 후에 다시 관심을 끌기 시작하여 현재에 이른 학문 분야다)은 이때부터 시작된 것으로 보고 있고 〈표 5-2〉에 제시된 실어증의 분류도 1874년에 베르니케가 제안한 뇌의 언어정보처리모형에 기초한 것이다.

이런 실어증은 뇌의 특정 영역에 손상을 입은 경우에 나타난다. 뇌 손상의 이유는 다양하다. 예를 들면, 총알이 뇌를 관통하는 것과 같은 외상에 의한 경우도 있고, 치매와 같은 노화에 따른 뇌 세포의 소멸로도 나타난다. 그렇지만 가장 흔한 경우에는 뇌 혈관이 완전히 막히거나 부분적으로 막혀서 뇌기능이 상실되거나 저하는 되는 경우이고(뇌졸중이라고 부르며, 흔히 부르는 중풍마비와 같은 것) 때로는 뇌 혈관이 터져서 뇌 손상(뇌출혈(hemorrhage)에 의한 손상)을 입는 경우다. 따라서 심장과 혈관을 건강하게 유지하는 것이 뇌 건강을 지키는 방법이기도 하다. 뇌 손상과 관련된 근래의 많은 연구를 살펴보면 뇌 혈관을 건강하게 지키는 방법으로 건강한 생활방식을 추천한다. 행복하고 밝은 심리적 행동, 적절한 운동, 건강한 섭식 등은 결국 심혈관계를 건강하게 유지할 수 있도록 도와주고, 건강한 심혈관계는 건강한 뇌기능을 유지하도록 도와준다.

또 다른 가장 잘 알려진 베르니케실어증은 뇌의 측두엽의 약간 위 부분에 손상을 입은 경우에 나타난다. 이 실어증의 특성은 말의 유창성은 비교적 온전해 보이나 듣고 따라 말하는 능력, 이해 능력, 그림을 보고 그림의 이름을 떠올려서 말하는 능력은 매우 떨어진다는 것이다. 흔히 다른 교과서에서는 수용성실어증(receptive aphasia)으로 알려져 있는 실어증이다.

베르니케실어증은 브로카가 처음으로 실어증을 소개한 이후에 약 10년 뒤에 발표된 실어증으로, 베르니케는 브로카가 발표한 사례와 자신의 사례를 종합하여 [그림 5-11]과 같은 뇌와 언어정보처리의 관련성에 대한 첫 번째 이론을 제안하였다. 〈표 5-2〉에 제시되어 있는 것을 보면 대표적인 실어증은 현재까지 대략 7종류 이상이 알려져 있다. 이런 실어증 분류는 획득(acquired)된 실어증이다. 즉, 뇌의 손상이 있기 전까지는 정상적인 뇌기능을 유지하고 있다가 어떤 이유로 뇌손상을 겪게 되고 이런 이유로 뇌기능에 장애가 생긴 경우다. 이런 획득된 뇌기능장

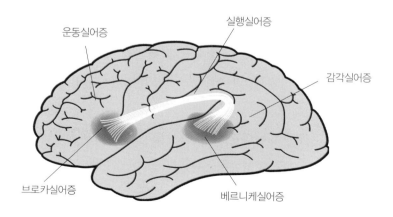

[그림 5-11] 뇌 영역과 실어증의 종류

표 5-2 실어증 유형과 대표적인 증상

증상 유형	유창성	이해	따라 말하기	그림 명명
브로카실어증 (Broca's Aphasia)	나쁨	좋음	나쁨	나쁨
베르니케실어증 (Wernike's Aphasia)	좋음, 부재	나쁨	나쁨	나쁨
전도성실어증 (Conduction Aphasia)	좋음	좋음	나쁨	좋음
명칭성실어증 (Anomic Aphasia)	좋음	좋음	좋음	나쁨
전반성실어증 (Global Aphasia)	나쁨	나쁨	나쁨	나쁨
초피질운동성 (Transcortical Motor Aphasia)	나쁨	좋음	좋음	나쁨
초피질감각성실어증 (Transcortical Sensory Aphasia)	좋음	나쁨	좋음	좋음

애와 상대되는 뇌기능장애는 발달성(developmental)장애다. 태어날 때부터 유전자 등에 문제가 있어서 뇌기능장애를 수반하는 경우이며, 흔히 유전되는 가족력이 있는 인지기능장애로 볼 수 있다. 흔히 아동 등의 이런 발달성언어장애(developmental language disorder)도 이런 성인의 뇌 손상에 따른 언어장애와 유사하게 분류 하기도 한다. 왜냐하면 발달성언어장애는 그 원인을 뇌에서 직접 찾기가 매우 어렵기 때문이고 따라서 발달성언어장애를 뇌 영역과 관련하여 분류하기가 매우 어렵기 때문이다.

〈표 5-2〉에서 분류한 실어증은 대개 환자를 크게 분류하거나 임상치료 장면에서 사용하는 것이고, 연구 영역에서는 실어증을 이루고 있는 증상(symptom)을 단위로 하여 연구한다. 예를 들면, 브로카실어증은 문법에 맞지 않는 문장을 만들어 내는 것이 증상 중의 하나다. 예를 들면, 브로카실어증 환자는 "The cat which chased the dog has fallen down."과 같은 주격관계대명사를 가진 문장을 이해하는 데에는 문제가 없지만 "The cat which the dog chased has fallen down."처럼 목적격관계대명사를 가진 문장은 잘 이해하지 못한다. 이 같은 문장이해 장애가 나타나는 이유를 설명하기 위해 여러 종류의 설명과 이론이 제안되었다. 이처럼 브로카실어증 환자로 동일하게 분류되더라도 그 내면으로 들어가 보면 상당히 다른 종류의 증상을 지닌다. 인지신경심리학이나 신경언어학(Neurolinguistics) 등에서는 이런 일이 어떻게 다른지를 기존의 인지심리학의 이론이나 언어학의 이론을 이용하여 설명하거나 아니면 새로운 이론체계를 제안한다. 이런 세부적인 연구는 환자 입장에서 보면 신경학적인 평가와 진단을 받는 것으로 생각할 수 있다. 만일에 어떤 브로카실어증 환자가 이와 같은 관계절 문장을 이해하는 데 어려움이 있다면, 그의 재활훈련은 당연히 잘 이해하지 못하는 문법을 새로 획득하는 데 초점을 맞춰야 할 것이다. 이미 잘하고 있는 부분을 반복적으로 훈련할 필요는 없다. 재활훈련을 통해 원래의 언어기능을 회복하지 못한다면 잃어버린 기능을 보조해 주는 기기를 생각해 볼 수 있다. 예를 들어 위의 "The cat which the dog chased has fallen down."과 같은 문장을 "The dog chased the cat and the dog has fallen down."처럼 풀어 써 주거나 읽어 주면 이해하는 데 아무런 어려움을 갖지 않는다. 실제로 언어재활에서 이런 컴퓨터 프로그램을 개발하여 실어증 환자를 돕기도 한다.

　[그림 5-11]과 〈표 5-2〉의 실어증을 [그림 5-8]의 글 읽기 모형과 연결시켜 보자. 브로카실어증 환자는 [그림 5-8]의 과정 중에 작업기억에서 이루어지는 문법분석과정에 문제가 있거나 아니면 장기기억에 저장되어 있는 문법지식이 손상되어 있기 때문일 수 있다. 작업기억에서의 문법분석의 문제라면 아마도 작업기억의 음운루프의 부적절한 활동 때문으로 추측되며, 만일에 그렇다면 작업기억의 음운루프를 이용해야만 하는 다른 인지과제를 시키면 그 과제에서도 문제가 있을 것으로 추측된다. 반면에 문법을 저장하고 있는 장기기억의 손상 때문이라면 문법적으로 복잡한 문장을 이해할 때뿐만 아니라 문장을 산출할 때에도 유사한 문법문제가 발생할 것으로 예측된다. 이런 가설을 검증하려면 문법성을 이해하

는지 그리고 이해와 산출 모두에서 동일한 문제를 야기하는지를 조사해야 한다. 또한 이런 브로카실어증의 장애는 손상된 뇌 영역과도 연결시킬 수 있다. 만일에 작업기억의 음운루프의 부적절한 활동 때문이라면 [그림 5-11]에 나타나 있듯이 두정엽(parietal lobe)의 손상이 있어야 한다(물론 뇌 영역과 인지기능 간의 상관성은 개인에 따라 상당히 다르다. 그러나 이런 개인 간의 차이가 있음에도 불구하고 평균적으로 보면 어떤 특정 영역이 전반적으로 그런 기능을 담당할 가능성이 상당히 높다.). 브로카실어증의 하나의 예를 들어서 앞의 글 읽기 이해과정과 연결시켜 보았는데, 다른 언어장애도 동일하게 정상적인 언어정보처리이론이나 모형과 관련하여 설명할 수 있다. 인간의 인지기능을 연구하는 방법은 한 가지만 있는 것이 아니라 여러 방법이 있다. 인간정보처리모형에 근거하여 인지기능을 발견하고 그에 대한 이론적 모형을 구성한다. 그런 다음에 이런 이론이 사실인지를 확인하기 위해 새로운 인지심리학의 실험을 실시할 수도 있고, 아니면 fMRI나 뇌손상 환자를 대상으로 앞의 이론을 검증할 수도 있고 확장할 수도 있다. 이런 연구 방법을 앞에서 논의한 것처럼 수렴적 연구 방법이라고 말하며, 이런 수렴적 연구 방법을 통해 밝혀진 여러 연구 결과들은 여러 분야와 맞닿을 수 있는 이론적 체계를 제공한다. 예를 들면, 뇌와 관련된 인지기능 이론은 의학이나 전자공학 등의 하드웨어를 만드는 팀과 공동연구가 가능하고, 신경언어학적 이론은 바로 언어학이나 언어병리학 등과 연관된다.

　[그림 5-12]는 고양이가 개를 물고 있는 그림과 반대로 개가 고양이를 물고 있는 그림을 보여 주고 있다. 이 연구도 저자의 연구실에서 이루어진 것이다. 연구 질문은 브로카실어증 환자가 말을 이해할 때 사용하는 문법 지식과 말을 만들어 낼 때 사용하는 문법 지식이 동일한지를 조사하는 것이었다. 대부분 경험이 있겠지만, 외국어인 영어 문장을 읽고 이해할 때에는 어려움이 있기는 해도 글의 내용을 이해하기 쉬운 데 반해, 영어로 읽을 수 있는 정도의 난이도를 가진 영어 문장을 작문하려고 하면 거의 불가능하다. 만일 영어 문법 지식이 읽을 때나 작문할 때 동일하게 사용되는 것이라면 이런 일이 일어나지 않을 것이다. 그래서 저자는 문장을

[그림 5-12] 고양이를 문 개와 개를 문 고양이 그림
(A)에서는 개가 고양이를 물고 있고 (B)에서는 고양이가 개를 물고 있다.

이해할 때와 작문할 때 사용하는 문법 지식이 다르다는 생각을 하였고, 그리고 이런 질문을 브로카실어증 환자를 통해 조사하기로 한 것이었다.

브로카실어증 환자에게 "고양이가 개를 물고 있다."라는 문장을 들려준 후에 어느 그림이 문장의 뜻과 맞는지 선택하도록 하였다. 환자가 이 문장을 제대로 이해하려면 주어가 무엇이고 목적어가 무엇인지를 분명히 알아야 한다. 왜냐하면 의미상 개가 무는 주체일 수도 있고 아니면 고양이가 무는 주체일 수도 있기 때문이다. 연구 결과 환자는 거의 완벽하게 이런 문장을 이해하였다. 즉, 문장을 이해하는 데에는 주어가 누구인지 목적어가 누구인지를 조사를 통해 분명히 구분하였다. 이번에는 "점심에 라면__ 먹었다."와 같은 문장에 적절한 조사를 채워 넣으라고 하였다. 만일 이해와 문장 만드는 데, 동일한 주격조사와 목적격조사의 사용법에 대한 지식을 사용한다면 이 문장에 목적격조사를 채워 넣는 것은 문제도 아니다. 그러나 연구결과는 이 환자가 조사를 채워 넣는 과제에서 거의 우연 수준으로 수행능력이 떨어지는 것이었다. 그러니까 문장 이해와 작문에서 사용하는 조사에 대한 문법지식이 다르다는 것이다.

이 예는 언어정보처리이론과 뇌와의 상관성을 논한 것이다. 마찬가지로 [그림 5-6]에 제시되어 있는 인간정보처리모형과도 연결시킬 수 있다. 즉, 더 확대하여 일반 인지과정과 뇌와 관련을 지을 수 있다. 예를 들면, 시각의 감각기억에 문제가 생기면 어떤 일이 일어날까? 당연히 시각정보처리와 관련된 모든 기능이 마비된다. 물체의 형체도 볼 수 없고, 색도 구분하지 못하며, 물체의 움직임도 알 수 없을 것이다. 왜냐하면 외부의 광선에 의한 빛 정보가 입력되지 않기 때문에 모든 시각인지과정이 작동하지 않을 것으로 추측된다. 기본적으로 시각은 뇌의 뒤쪽인 후두엽이 담당한다. 뇌에서 시각이미지를 담당하는 뇌 영역 쪽이다. 따라서 후두엽부분에 손상을 입으면 앞서 말한 그런 시각인지기능장애가 나타난다. [그림 5-10]의 후두엽에서 주된 신경통로는 측두엽의 아래쪽으로 가는 길과 음운루프가 있는 두정엽 쪽으로 올라가는 통로다. 아래쪽의 측두엽 영역은 물체의 윤곽과 물체가 무엇인지를 인식하는 데 중요한 역할을 하고, 음운루프가 있는 두정엽 근처의 영역은 물체의 움직임을 인식하는 영역이다. 예를 들면, 후두엽은 문제가 없지만 측두엽 중에 아래쪽에 손상을 입으면 물체를 인식하지 못하는, 즉 패턴인식이 일어나지 않는 실인증(visual agnosia)이 된다. 마찬가지로 두정엽 쪽에 손상을 입으면 물체의 움직임을 알지 못하는 인지장애를 지닌다. [그림 5-6]의 작업기억의 음운루프에 문제가 있으면 언어정보처리를 포함하여 새로운 사실을 장기기억으로 옮기는 데에도 장애를 지닌다. 새로운 사실을 배우지 못하는 기억상실증이 되는 것이다. [그림 5-6] [그림 5-10] [그림 5-11] 등을 조합해 보면 인간정보처리의 여러 종류가 뇌의 어느 곳에서 일어날지를 어느 정도 예측할 수 있다.

4. 인지심리학의 분야

표준적인 인지심리학 교과서를 보면 대개 몇 부분으로 이루어져 있다. 앞의 몇 장은 정보처리이론을 소개하여 인지심리학의 기초를 설명하고, 그다음에는 형태인식, 주의과정, 작업기억, 장기기억 등의 [그림 5-6]의 각 요소에 해당되는 단일인지 등을 설명한다. 그리고 인간의 지식이 워낙 중요하고 방대하기 때문에 인간의 지식이 어떤 방법으로 획득되고 저장되는지 등을 논한다. 마지막 몇 개의 장에서는 복합인지를 다룬다. 복합인지의 특성은 일반적으로 실생활과 밀접하게 연결되어 있고, 앞부분의 여러 인지과정들이 합해진 여러 기능이 함께 이루어져야 하는 인지과정들이다. 언어 이해와 언어 산출, 복잡한 문제 해결 과정, 논리적 추론, 전문성의 특징과 전문성을 얻는 방법 등을 다룬다. 그리고 마지막으로 뇌, 컴퓨터 등과 연관된 복합과학으로서의 인지과정을 논한다. 이런 내용의 전개는 표준적인 것이고, 저자에 따라 더 중요시하는 부분을 자세히 적을 수도 있고 아니면 다른 부분을 적지 않을 수도 있다.

앞에서 인지심리학이 무엇을 연구하는 학문인지를 설명하는 과정에서 형태인식과 작업기억, 장기기억 등을 간단하게 살펴보았다. 그러나 주의과정은 설명하지 않아서 간단하게 논하고 넘어가려 한다. 주의는 마치 심리 에너지와 같은 것이다. [그림 5-6]에 제시된 정보처리과정이 진행되도록 에너지를 불어넣는 것이다. 감각기억에 거의 자동으로 무의식적으로 입력된 정보 중에 중요한 것을 선택하여 형태인식과 작업기억 등으로 옮기고 정보처리가 완성될 때까지 어느 일정 시간 동안 정보를 유지하기도 한다. 마지막으로, 주의는 선택하고, 지속하는 것 외에도 다른 부분으로 주의를 옮겨서 새로운 정보처리를 진행하게도 한다. 때로는 주의에 통제기능을 포함하기도 한다. 앞에서 주의는 심리 에너지로 표현하였는데, 통제기능이라는 것은 이런 심리 에너지를 관리하는 기능을 말하는 것이다. 청각정보를 다루는 주의, 시각정보를 다른 주의 등 여러 종류의 주의가 있는데, 이런 주의과정을 모두 관리하고 통합하는 기능이다.

복합인지로서의 글 읽기 과정을 [그림 5-8] [그림 5-9]에서 설명하였다. [그림 5-8]을 보면 글자를 입력하고, 무슨 글자인지 형태재인하고, 눈동자를 옮기기 위해 주의과정을 사용하고, 작업기억에서 단어의 의미와 문장분석을 하는 모든 과정은 여러 개의 수없이 많은 단일인지과정이 복합적이고 유기적으로 상호 협동하여 이루어지는 것이다. 복합인지로 예를 든 문제 해결, 전문성 등도 글 읽기 과정처럼 주의, 형태인식, 작업기억, 장기기억 등의 여러 과정이 함께 동원되어 유기적으로 정보처리되어야 어떤 정보처리 결과가 나타나는 것이다.

요약

인지심리학은 인간이 외부 혹은 내부에서 발생한 다양한 자극을 감각 및 지각하고, 지식을 습득하여 저장하고 필요에 따라 지식을 변형하여 활용하는 심리과정을 연구하는 학문이다. 인지활동이 일어나는 방법은 인간정보처리모형을 통해 자극의 입력부터 작업기억을 거쳐서 장기기억에까지 이르는 과정을 볼 수 있다. 인지심리학의 연구 영역은 인간정보처리가 일어나는 구조물과 각각의 구조물에서 정보처리가 일어나는 방법에 관한 것이다. 뇌와 인지의 관련성은 언어정보처리를 중심으로 설명할 수 있다.

학습과제

1. 인지심리학의 연구 전통에 관해 설명하시오.

2. 인간정보처리시스템을 도시하고 설명하시오.

3. 세 가지 기억구조물에 관해 설명하시오.

4. 글 읽기 모형에 관해 설명하시오.

5. 뇌 영역과 실어증의 종류에 관해 설명하시오.

참고문헌

Anderson J. R., & Bower, G. H. (1973). *Human associative memory.* Washington, DC: Winston & Sons.

Bartlett, F. C. (1932). *Remembering: A study in experimental and social psychology.* London: Cambridge University Press.

Ebbinghaus, H. (1885). Er das Gedchtnis. Untersuchungen zur experimentellen Psychologie. Leipzig: Duncker & Humblot; the English edition is Ebbinghaus, H. (1913). *Memory. A Contribution to Experimental Psychology.* New York: Teachers College, Columbia University (Reprinted Bristol: Thoemmes Press, 1999).

James, W. (1890). *The Principles of Psychology (vol. 1).* New York: Henry Holt & Company.

Kuhn , T. S. (1970). *The structure of scientific revolutions.* Chicago: University of Chicago Press.

Neisser, U. (1967) *Cognitive Psychology.* New York: Appleton-Century-Crofts.

Rumelhart, D. E., & Norman, D. A. (1981). An activation-trigger-schema model for the simulation of skilled typing. *Proceedings of the Berkeley Conference of the Cognitive Science Society.* Berkeley, CA.

chapter 06

학습과 기억

최승원

학습 목표

1. 학습과정에 관해 알아본다.
2. 고전적 조건화에 관해 알아본다.
3. 조작적 조건화에 관해 알아본다.
4. 기억모형에 관해 알아본다.
5. 기억의 장애에 관해 알아본다.

학습 개요

학습이란 경험을 통해 특정 행동이 나타날 가능성이 비교적 장기간에 걸쳐 변화되는 것을 말한다. 학습과정에서 나타나는 습관화와 민감화는 인간의 생존에 중요한 기능을 한다. 인간은 자신을 해칠 사람이 없는 자신의 가정에서는 편안함을 느껴야 하고(습관화), 실수를 했을 때 어떤 피해가 올지 모르는 직장에서는 경계를 늦추지 말아야 한다(민감화). 이 장에서는 이러한 학습과정을 설명하는 이론에 대해 살펴본 후, 고전적 조건화와 조작적 조건화의 주요 개념과 차이에 대해 다룬다. 다음으로는 기억의 유형과 망각 그리고 기억장애에 관해 알아본다. 특히 기억장애 중에서는 기억상실과 치매를 살펴본 다음 정신과적 장애와 기억장애 간 연관성에 대해 소개한다.

1. 학 습

굴지의 다국적 기업에 다니고 있는 나순응 씨는 새로운 기업의 국제 이미지와 광고 전략에 대한 학습을 받고 있다.

검찰은 대선을 앞두고 선거기간에 앞서 사전선거운동을 하는 반칙왕 후보들에 대해 강력한 법적 대응을 하겠다고 천명했다. 검찰은 이번 대응을 통해 불법으로는 당선이 될 수 없다는 사실을 학습시키겠다며 단단히 벼르고 있다.

다음 두 가지 이야기는 모두 '학습'의 예를 보여 주고 있지만 그 의미에서는 상당한 차이가 있음을 알 수 있다. 나순응 씨의 예는 학교 및 산업 현장에서 흔히 관찰되는 교육의 예를 잘 보여 주고 있다. 그러나 반칙왕 후보의 사례도 학습의 일종이라 부를 수 있는지에 대해서는 많은 논란이 있을 것이다.

그렇다면 심리학에서 말하는 학습이란 무엇일까?

1) 학습의 정의와 기능

학습에 대해 대부분의 심리학자들은 경험을 통해 특정 행동이 나타날 가능성이 비교적 장기간에 걸쳐 변화되는 것이라고 정의한다(Klein, 2002). 여기서 행동의 변화라는 용어 대신에 행동의 발생 가능성이라는 용어를 사용한 것은 학습의 발생이 곧 가시적인 행동의 변화를 유발하지 않을 수도 있기 때문이다. 예를 들면, 축구가 재미있다는 것을 학습했다고 해서 집안에서 공을 차지는 않는다. 따라서 실제 학습을 통해 변화된 것은 공을 차는 빈도가 아니라 넓은 공터에 나갔을 때 축구를 하게 될 가능성인 것이다. 행동의 변화가 나타나기 위해서는 그 행동을 할 수 있는 조건과 그 행동을 하고자 하는 동기가 있어야 한다.

유기체에게 학습이란 어떤 의미가 있는 것인가? 1973년 노벨생리의학상을 수상한 동물 비교 행동학자 로렌츠(Lorenz, 1969)는 생명체가 본능적으로 환경에 적응하기 위한 시스템을 갖추고 있다고 하였다. 생명체를 둘러 싼 이러한 환경은 끊임없이 변화하고 있으며, 이 환경의 변화에 적응할 수 있는 생명체만이 생존을 보장받을 수 있다.

2) 비연합적 학습: 습관화와 민감화

병원에서 주사를 맞는 아이들의 주사에 대한 공포반응은 크게 두 가지로 나뉜다. 한 부류의 아이들은 주사를 맞는 횟수가 늘수록 주사에 대한 두려움이 줄어들며, 한 부류의 아이들은 주사를 맞는 횟수가 늘수록 오히려 주사에 대한 두려움이 심각해지는 것을 관찰할 수 있다. 이렇게 다른 현상이 나타나는 것은 학습의 한 종류인 습관화와 민감화 때문이다.

습관화는 특정 자극에 노출되는 경험이 반복됨에 따라 그 자극에 대한 반응수준이 감소하는 현상을 의미하며, 민감화는 이와 반대로 자극에 대한 반응성이 증가하는 현상을 의미한다(Klein, 2002). 주사를 맞는 경험이 반복될수록 주사에 대한 두려움이 줄어드는 현상은 습관화의 예이며, 반대로 두려움이 증가하는 현상은 민감화의 예라 할 수 있다.

그렇다면 우리는 어떤 경우에 습관화를 경험하고 어떤 경우에 민감화를 경험하게 되는가? 습관화와 민감화에는 다음과 같은 규칙이 있다.

첫째, 강도가 높은 자극을 경험할 때는 민감화가 발생되는 경우가 대부분이며, 습관화가 나타나는 경우가 적다. 둘째, 민감화와 습관화 모두 자극에 대한 노출 빈도가 높을수록 강하게 나타난다. 셋째, 습관화는 자극의 특징과 밀접한 관련이 있다. 동일한 형태의 자극이 반복될 경우 습관화가 나타날 가능성이 높지만, 자극의 특징이 변형될 경우 습관화의 효과는 사라질 수 있다.

습관화와 민감화는 인간의 생존에 중요한 기능을 한다. 인간은 자신을 해칠 사람이 없는 자신의 가정에서는 편안함을 느껴야 하고(습관화), 실수를 했을 때 어떤 피해가 올지 모르는 직장에서는 경계를 늦추지 말아야 한다(민감화). 가정에서도 직장에서처럼 항상 경계를 늦추지 않고 불안한 사람이 있다면 그 사람의 생존은 심각한 위협을 받게 될 것이다.

3) 대립과정이론

사람들의 모임은 흔히 술자리로 이어지고, 여러 사람이 모인 자리에서 마시는 술은 더 큰 흥분과 즐거움을 주게 마련이다. 그러나 이렇게 과음한 후에는 그에 따른 대가가 따르기 마련이다. 불편한 속과 두통에 시달리며, 때로는 먹은 것을 토해 내기도 한다. 아마도 많은 사람들이 이러고도 또 술을 먹으면 사람이 아니라고 몇 번씩 다짐을 했을지도 모른다.

왜 쾌감은 고통을 부르는가? 모든 유기체의 경험은 첫 번째 정서 상태인 A 상태가 선행되며, 이와 정반대의 정서를 유발하는 B 상태가 뒤따르게 된다(Solomon & Crobit, 1974). 따라서 술에 취할 때 느껴지는 행복감은 A 상태이며, 숙취에 의한 고통은 B 상태라고 볼 수 있다.

대립과정이론은 왜 인간이 도박을 끊을 수 없는지에 대한 답을 주고 있다. 도박에서 돈을 땄을 때의 쾌감(A 상태)은 필연적으로 금단증상이라 불리는 부정적 정서 상태(B 상태)를 불러오게 된다. 일반적으로 A 상태는 짧게 끝나는 반면, B 상태의 지속 기간은 이보다 훨씬 긴 편이다(Klein, 2002). 따라서 불쾌한 B 상태를 끝내기 위해 또 다른 도박을 통해 A 상태를 추구하게 되는 것이다.

2. 연합적 학습

　우리는 살갗을 뚫고 들어오는 주사바늘의 자극에 고통을 느끼며, 술을 마시면서 즐거움과 고통을 경험한다. 이런 자극과-반응의 결합은 유기체의 탄생과 동시에 프로그래밍되는 것으로 예외가 있을 수 없다. 이렇듯 무조건적인 관계에 있는 자극과 반응을 각각 무조건 자극(unconditioned stimulus: UCS)과 무조건 반응(unconditioned response: UCR)이라 부른다. 습관화나 민감화처럼 UCS에 의한 UCR의 강도가 경험에 의해 변화되는 것을 비연합적 학습이라 부른다.

　그러나 유기체가 환경에 생존하면서 학습해야 하는 상황은 이보다 훨씬 복잡한 속성을 보인다. 실제로 우리는 주사기 자체가 아닌 주사실의 소독약 냄새만 맡아도 공포반응을 느낄 수 있으며, 심한 경우에는 흰색 옷만 보아도 공포를 느낄 수 있다. 소독약 냄새는 인간에게 직접 공포를 일으키는 기능을 가지고 있지 못하지만, 단지 주사를 맞기 전에 항상 소독약 냄새를 맡았다는 이유로 소독약 냄새와 공포는 새로운 연합을 이루게 된 것이다. 이와 같이 본능상에서는 무관한 자극과 반응이 관계를 형성하는 과정을 연합적 학습이라 부르며, 이때 연합되는 자극과 반응을 각기 조건 자극(conditioned stimulus: CS)과 조건 반응(conditioned response: CR)이라 부른다.

1) 고전적 조건화

　고전적 조건화는 1904년 노벨생리의학상 수상자인 파블로프(Ivan Petrovich Pavlov)에 의해 발견되었다. 그는 원래 개의 소화현상을 연구하는 생리학자였다. 그의 연구는 개에게 고깃가루를 먹이고 타액의 분비를 관찰하는 것이었으나, 예상과 달리 개는 접시나 연구원의 발자국 소리, 실험실 문이 열리는 소리 등 고깃가루와 연합된 다양한 자극에서 타액을 분비했다. 분명 이것은 파블로프가 정확한 실험을 하는 데 큰 장애물이었지만 대다수의 위대한 과학자들이 그러했듯이 그는 실패 속에서 새로운 발견을 해냈다. 바로 UCR을 유발할 수 없는 자극들도 UCS와 어떤 관련성만 학습될 수 있다면 UCS가 유발한 UCR과 매우 유사한 행동을 이끌어 낼 수 있다는 고전적 조건화 현상을 발견한 것이다.

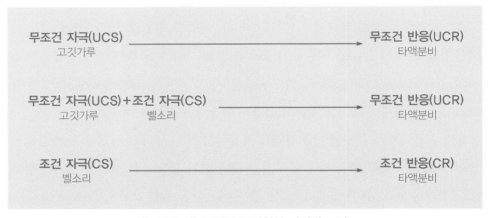

[그림 6-1] 고전적 조건형성 과정의 요약

[그림 6-1]에 파블로프가 발견한 고전적 조건화의 원리가 요약되어 있다. 고깃가루는 본능적으로 개의 타액분비를 유도한다. 따라서 고깃가루는 UCS, 타액 분비는 UCR이 된다. 고전적 조건화가 발생하기 위해서는 타액분비와 벨소리가 짝지어지는 과정이 필요하다. 여기서 벨소리는 타액분비를 유발할 수 없는 CS이지만 고깃가루와 반복되어 제시될 경우 연합되어 벨소리 단독으로도 개의 타액분비를 이끌 수 있게 된다.

(1) 조건형성에서 조건 자극-무조건 자극 연합시점의 중요성

고전적 조건형성은 단지 CS와 UCS가 함께 나타난다고 해서 형성되는 것은 아니다(Kaplan & Hearst, 1984). 조건반응이 습득되기 위해서는 CS와 UCS, 두 자극 사이의 간격이 어떤 관계를 가지고 제시되는지가 중요하다(Cooper, 1991). 다음 네 가지 조건화 방식을 살펴보자.

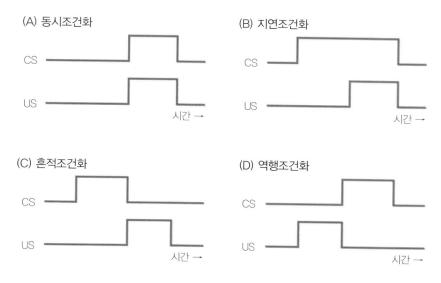

[그림 6-2] CS와 US를 제시하는 시간적 관계성

네 가지 조건화 방식 모두가 시간적으로 두 자극을 연합시키고 있지만, 실제 학습이 가장 잘 일어나는 방식은 대체로 지연조건화이며, 역행조건화가 가장 학습이 되지 않는 것으로 알려져 있다. 왜 이런 현상이 일어나는 것인가? 스칼라 기대 이론(Gibbon & Balsam, 1981)에 따르면, UCS와 다음 UCS 간의 간격이 길고, CS와 UCS 간의 간격이 짧을수록 습득이 잘 일어난다. 스칼라 기대 이론에서는 동일한 간격으로 UCS를 제시할 때, CS와 UCS의 간격이 가장 짧은 지연조건화가 가장 높은 학습률을 보일 것으로 예측한다.

(2) 고차적 조건화

어떤 중립자극이 UCS와 반복되어 연합되면 CR을 유도할 수 있는 CS가 된다는 것을 살펴보았다. 그런데 이 CS1이 또 다른 CS2와 연합될 경우, 새로운 CS는 UCS와의 연합 없이도 조건반응을 일으킬 수 있게 된다. 이런 현상을 고차적 조건화라 부른다. 파블로프의 실험을 예로 들면, CS인 벨소리와 푸른 신호등을 반복해서 제시할 경우 개는 푸른 신호등이 켜지는 것만으로도 타액을 분비하게 된다.

(3) 소거와 자발적 회복

고전적 조건화를 통해 CS는 CR을 이끌어 내게 된다. 하지만 이러한 현상이 언제까지나 지속되는 것은 아니다. UCS가 동반되지 않는 CS가 이끌어 내는 CR의 강도는 시간이 반복됨에 따라 약해지는 특성이 있으며, 일정 시간이 지나면 더이상의 CR이 나타나지 않게 된다(그림 6-3 A] 참조). 이러한 현상을 소거라 부르는데(Pavlov, 1927), 소거는 학습된 내용이 사라진 망각과는 다른 현상이다. 망각이 학습 후 시간의 경과에 의해 학습된 내용을 회상하지 못하게 되는 것이라면, 소거는 CS가 더는 UCS와 동반되지 않는다는 새로운 규칙을 학습하는 것이다. 소거와 망각의 차이를 구분할 수 있게 해 주는 현상이 바로 자발적 회복이다. 자발적 회복은 소거 단계를 통해 더는 CS에 반응을 하지 않게 된 피험자도 일정 시간이 지나 다시 CS를 제시하면 사라졌던 CR을 보이게 되는 현상이다(그림 6-3 A] 참조). 소거 기간 동안 망각이 일어난 것이라면 시간이 지날수록 CR의 강도는 더욱 약해져야 할 것이다.

소거는 기존에 학습된 내용을 잊는 것이 아니라 오히려 기존의 학습 내용을 저장하고 새로운 내용을 학습하는 보다 복잡한 학습과정일 수 있다(Stollhoff et al., 2005). 꿀벌을 대상으로 한 실험(그림 6-3 A와 B] 참조)에서 기억의 응고화 과정을 억제하는 약을 투여한 집단에서 자발적 회복이 약한 것으로 나타났다. 이는 유기체가 소거단계에서 기존 정보를 저장소에 안정되게 보관하는 작업을 동시에 진행한다는 것을 밝힌 것이다. 결국 소거는 망각이 아니라 환경의 복잡한 측면을 추가로 학습하는 과정인 것이다.

(4) 자극의 일반화와 변별

파블로프의 개는 실험 당시에 들려준 벨소리와 음정이나 음량이 다른 소리에도 CR을 보였다. 이는 CS와 속성이 유사한 자극에 CR이 나타나는 자극 일반화 현상을 의미한다. 일반화는 학습 당시의 자극과 속성이 유사할수록 쉽게 나타난다.

변별은 모든 자극에서 UCS가 동반되지 않음을 학습하는 과정이다. 파블로프의

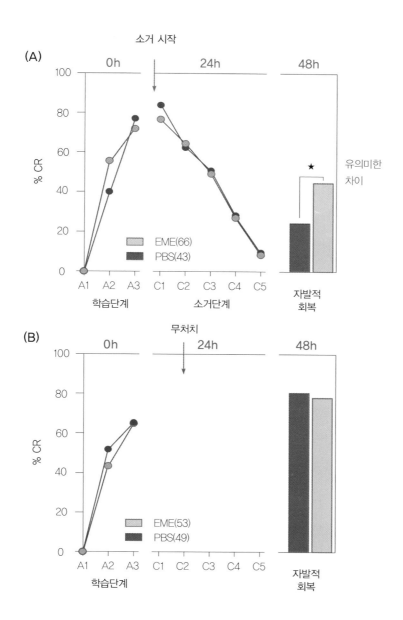

[그림 6-3] 소거와 자발적 회복의 예

(A) 단백질합성억제제(EME) 사용 집단과 식염수(PBS) 사용 집단의 학습과 소거 시행이 끝난 후 하루 뒤에 조건자극을 제시한 결과 식염수를 사용한 집단에서 강한 자발적 회복이 발생. (B) 소거를 거치지 않은 실험조건에서는 집단 간 자발적 회복의 차이가 나타나지 않음.

자료: Stollhoff, Menzel, & Eisenhardt (2005).

개는 실험실 문의 벨소리가 아닌 다른 소리들(예: 비행기 지나는 소리, 소 발자국 소리 등)이 고깃가루를 받을 것을 의미하지 않는다는 것을 변별하게 된다.

일반화와 변별 또한 유기체의 적응에 필수적이다. 독이 든 식물을 먹고 큰 고통을 당한 동물은 다시는 그 식물을 먹지 말아야 한다는 것을 배워야 한다(일반화). 먹이를 전혀 먹지 않을 수는 없으므로 독이 없는 음식을 구별(변별)해야 한다.

(5) 고전적 조건화의 신경학적 기전

조건화가 형성되기까지 우리 뇌에서는 어떤 일들이 벌어지는가에 대해 캐나다의 심리학자 헵(Hebb)은 서로 맞대어 있는 뉴런들이 동시점에 반복해서 발화될 경우 두 연결이 강화된다는 헵의 법칙을 발표하였다. 이것은 CS가 UCS와 반복되어 연합되면 둘 사이의 신경 연결이 강화되어 CS만으로도 CR을 일으킬 수 있는 강한 신경 연결이 발생함을 의미한다.

최근 신경영상도구의 발달과 함께 고전적 조건화와 관련된 특정 뇌 영역의 기능들도 밝혀지고 있다. 인간의 공포조건화에서 편도체의 역할(Moses et al., 2007)이나 눈꺼풀 조건화에서 소뇌피질과 소뇌 중간핵의 역할(Thompson et al., 1997) 등이 그것이다. 이러한 연구 결과들은 고전적 조건화가 어느 특정 뇌 영역에서 발생하기보다는 행동과 관련된 여러 뇌 영역들이 연합되어 발생하는 현상임을 알게 한다.

(6) 고전적 조건화의 응용

고전적 조건형성은 불안장애를 치료하기 위한 기법으로 오래전부터 활용되어 왔다. 실제로는 위험하지 않은 높은 건물(CS)에 올라가면 두려움(CR1)을 느끼는 고소공포증 환자에게 이완훈련을 통해 편안함(CR2)이라는 새로운 CR을 연합시키는 것이다. 고전적 조건화를 이용한 행동치료는 불안장애뿐 아니라 중독, 스트레스 등에도 널리 활용된다.

고전적 조건화의 원리는 산업 장면에서도 쉽게 찾을 수 있다. 맥도날드 햄버거

매장에 가면 디즈니 영화의 캐릭터들을 쉽게 만나게 된다. 이는 맥도날드 사가 자사의 새로운 어린이용 햄버거의 판매를 증진하기 위해 어린이들에게 인기 있는 디즈니 영화의 이미지를 사용하는 공동 브랜딩(co-branding) 전략을 사용하기 때문이다. 고전적 조건화 현상은 생리적 반응뿐 아니라 특정 브랜드나 상품에 대한 긍정적인 태도를 만들어 내는 데에도 활용된다(Schrimp, 1991). 공동 브랜딩은 긍정적인 이미지를 가지고 있는 기존의 상품을 신상품과 연합시켜서 소비가가 신상품에 긍정적 이미지를 갖도록 하는 것이다(Grossman, 1997). 많은 자동차 브랜드들이 새로운 007 시리즈의 본드 카로 선정되기 위해 경쟁하는 것도 마찬가지 원리다.

2) 조작적 조건화

고전적 조건화는 자극과 반응의 관계를 습득하는 과정이었다. 하지만 유기체의 행동이 선행자극에 의해서만 통제되는 것은 아니다. 우리는 월급을 더 많이 주는 직업을 택하기 원하고, 사람들의 부러움을 사는 옷차림을 선호한다. 우리는 행동의 결과에 따라 그 행동의 빈도나 강도를 높일 것인가 낮출 것인가를 학습하기도 하는데 이를 조작적 조건화(operant conditioning)라고 한다. 여기서 '조작' 이란 용어를 사용한 이유는 이 용어가 지칭하는 학습이 외부 자극에 의해 유도되는 수동적 '반응' 이 아닌 스스로의 의지에 의해 환경에 변화를 가하는 능동적인 '행동' 이기 때문이다.

그렇다면 능동적 행동은 어떻게 학습을 통해 변화되는가? 시행착오학습의 원리를 밝힌 손다이크(Thorndike, 1898)는 작은 페달을 밟아야 탈출이 가능한 문제상자에 굶주린 고양이를 집어넣고 문제상자 밖에 먹이를 놓아두었다. 고양이는 다양한 행동을 하다가 우연하게 페달을 밟고 문제상자 밖으로 나올 수 있게 되었다. 실험을 반복할수록 탈출에 걸리는 시간은 감소하였지만(그림 6-4) 참조), 그렇다고 고양이가 탈출 원리를 이해했다고 보기는 어려운 현상이 관찰되었다. 만일 고양

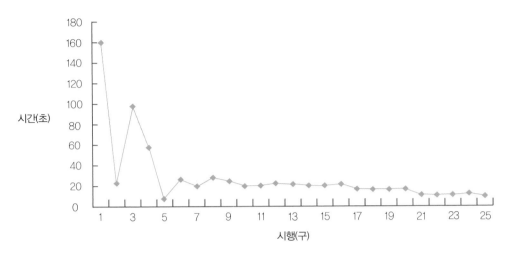

[그림 6-4] 손다이크의 문제상자에서 고양이가 탈출하는 데 소요된 시간

이가 문제상자의 탈출 원리를 이해하였다면 한 번 탈출에 성공한 뒤에 다음 탈출을 하기 위해 오랜 시간이 걸릴 리가 없기 때문이다. 하지만 고양이의 탈출 시간은 증가와 감소를 반복하였다(비록 전체적인 추세는 감소하고 있지만). 손다이크는 이 현상을 해석하면서 결과가 좋았던 행동이 유지되는 반면, 나쁜 결과를 초래한 행동들이 점차로 사라진 것이라고 주장하였다. 이것이 바로 특정 행동의 강도는 그 행동이 과거에 초래한 결과에 의해 좌우된다는 효과의 법칙(law of effect)이다.

현대적인 조작적 조건화의 의미는 스키너(Skinner, 1938)에 의해 구체화되었다. 그는 자신이 고안한 스키너 상자를 이용해 유기체는 자신에게 이익이 되는 방향의 행동을 습득할 수 있음을 제시하였다. 스키너 상자([그림 6-5] 참조)는 실험동물(쥐)이 들어가 특정 행동(스위치 누르기)을 할 경우 보상(먹이)을 받을 수 있도록 구성되었다.

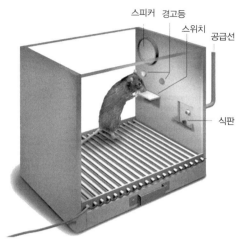

스피커 경고등
스위치
공급선
식판

[그림 6-5] 스키너 상자의 예

(1) 강화와 처벌

손다이크는 행동의 결과가 만족스러울 때 행동의 빈도가 증가한다고 주장하였다. 하지만 만족이라는 용어는 지극히 주관적이다. 스키너는 행동의 결과를 설명하기 위해 보다 객관적인 개념을 도입하였는데, 이것이 강화(reinforcement)와 처벌(punishment)이다. 강화는 특정 행동을 증가시키는 기능을 하며, 처벌은 행동을 감소시키는 기능을 한다.

강화와 처벌은 다시 정적(positive)인 경우와 부적(negative)인 경우로 나눌 수 있다(〈표 6-1〉 참조). 행동에 뒤따르는 자극이 증가되는 경우를 정적 강화 혹은 정적 처벌이라 하며, 착한 일을 한 아이가 용돈을 받게 되는 경우(정적 강화)와 말썽을 피운 아이가 매를 맞게 되는 경우(정적 처벌)가 이에 해당한다. 반면 행동에 뒤따르는 자극이 감소되는 경우는 부적 강화 또는 부적 처벌이라 하며, 착한 일을 한 아이가 평소 싫어하던 화장실 청소를 면제 받는 경우(부적 강화)와 말썽을 피운 아이

표 6-1 조작적 조건형성의 네 가지 유형과 행동에 미치는 영향

구분	정적(+)	부적(−)
강화	행동 증가	행동 증가
처벌	행동 감소	행동 감소

가 평소 좋아하던 TV 시청을 일정 시간 동안 제한받는 것(부적 처벌)이 이에 해당한다.

구분의 기준은 객관적이다. 제시 이후 행동 증가의 효과가 있으면 강화이며, 행동 감소의 효과가 있으면 처벌이 된다. 이 구분에는 유기체가 그 자극에 만족하는지 아닌지는 중요하지 않다.

이 원리는 심리학적·의학적 실험에 다양하게 응용된다. 윤리적 문제로 인해 대부분의 치료기법은 인간에게 효과를 검증하기에 앞서서 동물실험을 실시하게 되며, 학습이나 기억과 관련된 효과 검증에 조작적 조건형성이 널리 응용된다.

강화를 이용하는 학습은 쥐가 스위치를 누르면 먹이를 먹게 되는 스키너 상자가 대표적이다. 이를 통해 실험동물이 얼마나 빠르게 새로운 행동을 습득하는지를 연구할 수 있다. 이와는 반대로 처벌을 회피하는 행동을 실험에 응용하는 경우도 있는데 이를 회피훈련이라 하며, 전기충격을 피하는 훈련을 학습하게 하는 방식이 가장 보편적으로 사용되고 있다. 이 훈련은 실험 대상에게 가해지는 충격의 양을 실험자가 자유롭게 통제할 수 있다는 점에서 선호된다. 회피훈련은 다시 특정 행동을 해야만 충격을 피할 수 있는 능동적 회피(active avoidance)와 특정 행동을 하지 않아야만 충격을 피할 수 있는 수동적 회피(passive avoidance)로 나뉜다.

(2) 조형

앞서 조작적 조건형성의 대표적인 실험으로 스키너 상자를 설명했다. 효과의 법칙에 따르면 유기체의 무수한 행동 중 그 결과가 좋은 행동은 강화될 것이다. 하지만 스키너 상자 안에 있는 쥐가 처음부터 스위치를 누를 가능성은 매우 희박하다. 행동이 발생되는 빈도가 높아야 강화를 통해 그 행동이 학습될 수 있지만 이런 상황에서는 빠른 학습을 기대할 수 없는 것이다(때로는 학습이 불가능하기도 하다.). 이런 문제를 해결하기 위해 사용하는 기법이 조형(shaping)이다. 조형은 원하는 목표 행동을 단계적으로 강화시키는 기법이다. 스키너 상자 안의 쥐에게 처음부터 스위치를 누를 것을 기대하기보다는 단계적 목표를 세워 ① 스위치를 쳐다보기, ② 스위치 가까이에 가기, ③ 스위치에 몸을 접촉하기와 같은 세부 목표를 세우고 이 행동이 발생할 때마다 강화를 주는 것이다. 조형을 이용하면 유기체가 자연적 상황에서는 전혀 하지 않는 행동도 학습시킬 수 있다. 동물 조련사가 동물에게 다양한 묘기를 학습시키는 원리가 바로 조형이다.

(3) 소거

조건화를 통해 학습된 행동이라 하더라도 더 이상 강화가 제시되지 않는 경우 해당 행동의 빈도(혹은 강도)가 줄어들게 되며, 이런 상태가 지속될 경우 유기체는 더 이상 해당 행동을 하지 않게 된다. 이를 소거라 하며, 이는 고전적 조건화와 마찬가지로 이 행동과 강화가 더 이상 연합되지 않는다는 새로운 규칙을 학습한 것이다.

(4) 강화계획

스키너나 손다이크의 실험에서 실험동물은 행동을 할 때마다 강화를 얻었다. 이런 강화조건을 연속강화라 하는데, 사실 자연계에서 연속강화를 기대하기는 무척 어렵다. 아이는 자신의 책상을 깨끗하게 정리해도 어머니가 자신을 칭찬해 주지 않는 날을 경험할 것이며, 강아지는 아무리 꼬리를 흔들고 주인을 반갑게 맞아도 먹이를 얻지 못하는 날이 있을 것이다. 이와 같이 자연계에서는 행동 중 일부만이 강화를 받는 경우들이 대부분인데, 이런 강화 조건을 부분강화라 한다. 부분강화 조건에서는 강화가 어떤 규칙으로 나타나는지, 즉 강화계획(reinforcement schedule)이 행동의 발생 패턴을 결정한다.

강화계획은 강화가 시간을 기준으로 발생되는지 또는 행동의 비율을 중심으로 발생되는지에 따라 간격강화계획과 비율강화계획으로 나뉘며, 이는 다시 기준이 일정한 고정계획과 기준이 일정한 평균을 기준으로 계속 변화하는 가변계획으로 나뉜다.

고정간격(fixed interval) 강화계획은 일정 시간이 경과하면 그 이후 발생한 첫 번째 행동에 강화가 주어진다. 이 계획하에서 유기체의 행동 발생 빈도는 강화가 주어지는 시간에 집중적으로 증가한다(그림 6-6 A) 참조). 야간자율학습에서 교사가 30분마다 한 번씩 순찰을 돌며 공부를 열심히 하고 있는 학생들을 집에 보내준다고 생각해 보자. 학생들의 학습 태도는 30분이 다가오는 순간부터 집중적으로 좋아질 것이고, 교사가 가고 난 후의 교실은 난장판이 될 것이다.

가변간격(variable interval) 강화계획은 강화가 주어지는 시간 간격이 일정한 평균을 중심으로 다양하게 나타나는 경우다. 이 계획하에서는 행동의 발생 빈도가 지속적으로 증가하는 것을 알 수 있다(그림 6-6 B) 참조). 엉망이 되어 버린 야간자율학습을 되살리기 위한 대책으로 교사는 교실에 올라오는 시간을 학생들이 예측하기 어렵게 할 수 있다. 학생들은 이제 어느 시간에도 방심할 수 없다. 집에 빨리 가고 싶다면 그저 꾸준히 공부를 해야 할 뿐이다.

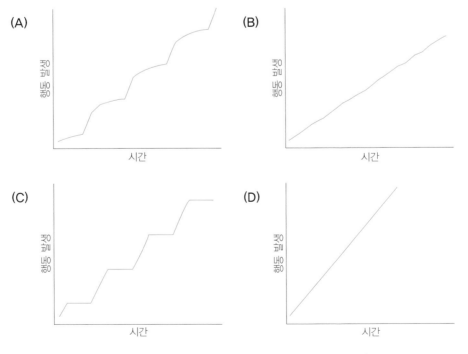

[그림 6-6] 강화계획에 따른 행동의 누적 빈도 그래프
(A) 고정간격 (B) 가변간격 (C) 고정비율 (D) 가변비율

고정비율(fixed ratio) 강화계획은 일정한 수의 반응을 하게 되면 강화가 제공되는 경우다. 이 경우 강화를 받은 후 일정 시간 동안 반응을 하지 않는 시기가 관찰된다(그림 6-6 C] 참조). 해외 배낭여행을 하기 위한 목적으로 설문조사 아르바이트를 하는 학생을 생각해 보자. 이 학생은 여행 비용에 충분한 일정 건수의 설문을 완성하고 나면 일을 그만두고 여행을 즐길 것이다. 일정 기간 아무 일도 하지 않고 쉬는 행동은 훌륭한 사회보장제도와 비정규직이 공존하는 사회에서 흔히 예측 가능한 현상이다.

가변비율(variable ratio) 강화계획은 강화를 받기 위한 반응의 수가 일정한 평균을 중심으로 다양하게 변화되는 경우다. 사실상 유기체는 몇 번을 반응해야 강화를 얻을 수 있는지를 알 방법이 없다. 예측 가능한 것은 단지 반응을 많이 할수록 강화를 받을 가능성이 높아진다는 것뿐이다. 이 강화계획에서는 가장 가파른 행동의 증가가 나타나는 것을 관찰할 수 있다(그림 6-6 D] 참조). 가변비율 강화계획은 인간이 왜 도박중독에서 벗어나기 힘든지를 설명해 준다. 도박에서 돈을 딸 수 있는 시기를 예측하기는 무척 힘들다. 하지만 일정한 도전이 있으면 한 번은 돈을 딸 수 있으므로(물론 그 도전이 몇 번이 될지는 아무도 모른다), 한 번 도전에서 잃은 돈은 처벌이 되기보다는 다음 대박이 다가오고 있다는 일종의 신호가 되는 것이다. 5시간 동안 화장실도 가지 않고 슬롯머신을 200번이나 작동했지만 단 한 번도 돈을 따지 못한 중독자를 생각해 보라. 도박장 관련자는 이 기계가 평균 150번에 한 번 꼴로 대박이 터진다고 광고하고 있다. 평균에서 50번이나 돈을 더 잃었으므로 이 사람은 그만큼 대박에 더 가까이 있다고 믿을 것이다. 그는 화장실도 가지 않고 밥도 먹지 않을 것이며, 집에 갈 생각은 더더욱 하지 않을 것이다. 자신이 잠깐 일어난 사이에 자신이 그리도 오랫동안 돈을 잃으며 근접해 온 강화를 누군가가 가져갈 수 있다고 생각이 들 테니까 말이다.

(5) 자극통제

행동이 강화를 얻기 위해서는 특정한 조건이 필요한 경우가 있다. 아이가 운다고 항상 젖을 먹을 수는 없다. 어머니가 자기 곁에 있을 때만 울음이란 행동은 강화를 얻을 수 있다. 이렇듯 유기체가 특정 조건이 충족될 때 특정 행동을 하거나 하지 않도록 학습되는 것을 자극통제라 한다. 스키너 상자 속의 쥐는 특정한 색의 신호등이 켜질 때만 스위치를 눌렀을 때 먹이를 받을 수 있음을 학습할 수 있으며, 전기가 흐르는 상자 속의 쥐는 특정 벨소리가 들릴 때는 그 장소를 피해야 전기충격을 받지 않음을 학습할 수 있다. 자극통제는 유기체가 복잡한 환경 속에서 어떻게 적응해 왔는지를 설명해 준다.

(6) 조작적 조건화의 응용

조작적 조건화의 원리는 생활 속 전반에서 응용되고 있다. 아이의 잘못된 습관을 교정하기 위해서 부모와 교사는 강화와 처벌을 사용한다. 대부분의 경우 처벌이 선호되고는 있으나 이는 특정 행동을 하지 않게 만들 뿐 바람직한 행동을 유도하는 기능이 부족하므로 처벌보다는 바람직한 행동이 부분적으로 나타날 때 조형과정을 통해 이를 강화하는 것이 바람직하다.

심리치료 장면에서 조작적 조건화는 환자의 부적응적 행동을 교정하는 수단으로 오랫동안 활용되어 왔다. 최근에는 눈에 보이는 행동뿐 아니라 뇌파와 같은 신체의 활동도 교정할 수 있는 조작적 조건화 기법이 나타나 주목을 받고 있는데, 이를 뇌파-바이오피드백 혹은 뉴로피드백(neurofeedback)이라 한다. 인간의 뇌파는 다양한 심리상태를 반영하는데, 심리적 문제를 가진 환자는 정상인과는 다른 비정상적 뇌파를 보이게 된다. 뉴로피드백은 컴퓨터에 제시된 자신의 뇌파를 보면서, 스스로의 노력을 통해 자신의 뇌활동을 정상적인 패턴으로 되돌릴 수 있게 한다. 보통 컴퓨터 게임 방식을 응용하여, 뇌활동을 정상적으로 변형시킨 순간에만 게임에서 점수를 딸 수 있으며(강화), 부적절한 뇌파가 발생될 때는 게임을 진행할 수가 없다(처벌). 뉴로피드백의 효과는 여러 연구를 통해 증명되고 있다. 이미 간질(Sterman, 2000), 주의력결핍 및 과잉행동장애(Heinrich, Gevensleben, Freisleder, Moll, & Rothenberger, 2004) 등에 효과가 있음이 밝혀졌으며, 최근에는 우울증(최승원,

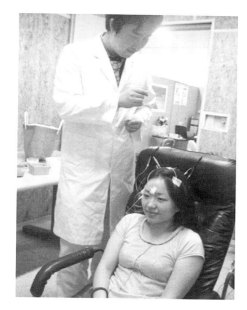

[그림 6-7] 뉴로피드백 치료의 예

2007)에도 치료 효과가 있음이 보고되고 있다.

3) 인지적 학습

고전적 조건화와 조작적 조건화는 측정 가능하고 관찰 가능한 행동들이 어떻게 학습되는지에 대해 명쾌한 설명을 해 주었다. 하지만 우리의 모든 학습과정이 이 두 가지 이론으로 설명될 수 있을 것인가? 그렇지는 않다. 우리는 강화나 처벌 없이도 많은 규칙들을 학습해 왔으며, 난생 처음 접해 보는 문제를 스스로의 머리로 해결해 본 기억도 있다. 여기서는 이러한 학습들이 어떻게 이루어지는지를 설명해 주는 몇 가지 인지학습에 대해 살펴본다.

(1) 통찰

손다이크는 고양이 실험을 통해 동물의 학습이 시행착오를 통해 습득됨을 밝했다. 그러나 독일의 심리학자 쾰러(Köhler)는 손다이크의 주장에 동의하지 않았다. 쾰러는 손다이크의 문제상자가 자연계의 현상과는 동떨어진 인위적 공간임을 지적하였다. 이곳의 고양이는 우연히 스위치를 누르는 것 외에는 어떤 다른 탈출방법이 없었으므로, 스스로 탈출방법을 고민하지 못한 채 무의미한 행동들을 반복하였을 것이라는 것이 그의 주장이다(Gleitman, Fridlund, & Reisberg, 2000).

쾰러는 침팬지가 자연 환경에서 어떻게 손에 닿지 않는 먹이를 얻는지를 연구하였는데, 그 결과는 놀라웠다. 침팬지들은 높은 곳의 먹이를 잡기 위해 장대를 이용하거나, 상자를 이용해 탑을 쌓기도 하였으며, 막대를 연결하여 깊은 곳의 먹이를 꺼내기도 하였다(그림 6-8 참조). 쾰러는 이 행동들이 시행착오로 설명될 수 없는 증거를 제시하였다. 첫째, 침팬지들은 상황을 관찰한 뒤 마치 무엇인가를 깨달았다는듯 문제를 해결하였다. 둘째, 이들은 한 번 성공한 방법을 쉽게 재현하였다. 이는 침팬지가 내적 사고를 통해 문제 해결에 이를 수 있다는 중요한 증거가 되며, 인간의 사고가 조건화의 산물로만 규정지을 수 없다는 중요한 발견이 되었다. 이러한 학습을 조건화와 구별하여 통찰(insight)학습이라 한다.

(A)   (B)   (C)   (D)

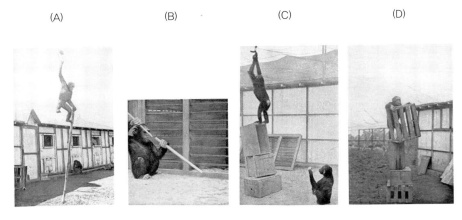

[그림 6-8] 쾰러가 관찰한 침팬지들의 먹이 찾기 전략
(A) 장대를 이용해 높은 곳에 오르는 침팬지 (B) 장대를 연결하는 침팬지 (C)와 (D) 주변의 상자로 탑을 쌓아 높은 곳에 오르는 침팬지

(2) 잠재학습

조작적 조건화에서 학습이 발생하기 위한 필수조건은 강화였다. 그렇다면 무엇을 배우기 위해서는 언제나 강화물이 필요한 것일까? 이에 대한 해답을 얻기 위해, 한 실험에서 쥐에게 미로의 출구를 찾도록 하였다(Tolman & Honzik, 1930; [그림 6-9 A] 참조). 조건화 이론에서 예상하듯이 출구에서 먹이로 강화를 받은 쥐들은 실험이 반복되면서 점차 출구를 찾기까지의 오류가 감소하였다. 반면, 출구에 나가도 먹이를 찾을 수 없었던 집단은 탈출 통로에 대한 학습이 부진하였다. 강화를 제공하지 않다가 실험 10일째부터 먹이를 제공한 집단에게서 재미있는 결과가 나타났다. 10일까지 이 집단의 수행은 강화를 받지 않은 집단과 동일하였으나, 강화가 제공된 10일부터 단 하루 만에 강화를 받아 온 집단 이상의 수행을 보인 것이다([그림 6-9 B] 참조).

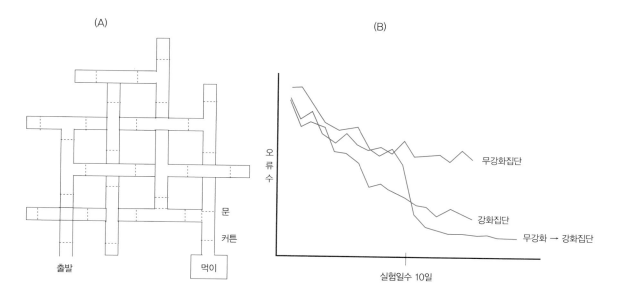

[그림 6-9] 톨먼과 혼지크의 실험

(A) 실험에 사용한 미로의 구조. (B) 강화조건을 다르게 한 집단들의 실험 오류 개수

자료: 잠재학습 실험(Tolman & Houzik, 1930)

연구진은 이 현상에 대해 쥐가 10일 동안 잠재학습(latent learning)을 이룬 것이라 주장하였다. 즉, 10일간의 방황 속에서 쥐는 자신의 머릿속에 미로의 구조에 대한 지도를 입력한 것이다. 이는 강화가 제공될 때에만 학습이 제공된다는 기존 이론이 모든 학습 행위를 설명할 수 없음을 분명히 해 준 결과다. 이미 우리 모두가 알고 있듯이, 인간은 어떤 보상이 예견되지 않은 상황에서도 학습을 한다. 단지 그 학습이 보상을 받을 수 있는 환경이 없기에 배운 지식을 적극적으로 활용하지 못할 따름이다. 중요한 것은 정당한 학습 내용에 대한 적절한 보상일 것이다.

(3) 관찰학습

모든 유기체가 한 가지 행동을 배우기 위해 반복적인 강화를 받아야 한다면 오늘날과 같은 인류의 진보란 애초부터 기대할 수 없었을 것이다. 대부분의 유기체는 다른 유기체가 강화를 받는 장면을 단지 '관찰'만 하여도 그 행동을 학습할 수 있다. 실험 중인 원숭이가 먹이를 찾아 먹는 것을 관찰한 다른 원숭이 역시 쉽게 먹이를 꺼낼 수 있는 것으로 밝혀졌다(Warden & Jackson, 1935). 이렇듯 모델의 학습과정을 관찰하는 것을 통해 행동을 습득하는 과정을 관찰학습 혹은 대리조건화(vicarious conditioning)라 한다.

관찰학습을 학습의 주요한 연구 분야로 끌어올린 사람은 스탠퍼드 대학교의 반두라(Bandura)다. 그는 개를 무서워하는 아동의 대부분이 개에게 공격을 받은 경험이 없다는 점에 주목하였다. 연구 결과, 상당수의 개 공포증 아동들의 부모가 개를 무서워한다는 것이 밝혀졌다(Bandura & Menlove, 1968). 인간의 공격행동 또한 관찰학습의 결과임이 밝혀졌다. 비디오를 통해 공격적인 행동으로 친구의 장난감을 빼앗아 즐기는 아이의 행동을 시청한 아동들은 이후의 놀이에서 공격적인 행동이 증대되었다(Bandura, Ross, & Ross, 1963). 관찰학습은 간접 경험이 인간의 행동에 미치는 중요성을 지적하여 고등동물의 학습과정을 규명해 냈다는 데 큰 의의가 있다.

3. 기 억

헤어진 연인과 다니던 곳을 우연히 지날 때 아련한 기억이 떠오르는 경험을 해 보지 않은 사람은 드물 것이다. 때로는 떠올리고 싶지 않은 기억이 우리를 괴롭힐 때가 있다. 반면, 반드시 떠올려야 하는 내용이 생각나지 않아 시험을 망치는 일도 생긴다. 이렇듯 기억은 인간의 모든 삶에서 따로 떼어 놓고 생각할 수 없는 과정이다. 하지만 막상 기억이 무엇인지에 대한 대답은 그리 쉬운 것이 아니다. 기억은 오랫동안 인지심리학자와 신경과학자들의 주된 연구 주제였다. 여기서는 그중 대표적인 내용들을 살펴본다.

1) 기억과정의 3단계

흔히 무언가를 우리 머릿속에 기억하고 이를 생활에 활용하기 위해서는 세 가지 과정이 필요한 것으로 간주된다. 이는 부호화(encoding), 저장(storage) 그리고 인출(retrieval)이다.

부호화는 무언가 기억해야 할 것을 정해서 이를 머릿속에 담아 두는 적극적인 과정이다. 이를 위해서는 외부 세계의 정보 중 일부에 주의를 기울여야 한다. 우리가 강의 시간 전체를 출석하고도 해당 과목에 대해 별다른 지식이 없는 이유는 (적어도 시험을 보기 전까지) 강의 내용이 우리 귓전을 흘러갔을 뿐 그 내용에 대해 주의를 기울인 적이 없기 때문이다. 부호화는 흔히 컴퓨터에 문서창을 띄워서 저장해야 할 내용을 작성하는 과정에 비교된다.

저장은 뇌의 일시적인 처리 장소에 담겨 있는 정보를 보다 안정적이고 장기간 보존 가능한 위치로 보내는 과정이라 할 수 있다. 마치 작성된 문서를 저장하기 위해 저장 버튼을 누르는 작업과 유사하다. 부호화된 정보라도 저장 버튼을 누르지 않은 채 컴퓨터를 끈다면 우리는 그 정보를 다시 찾을 수 없다. 불행히도 인간이 부호화된 정보를 저장하는 것은 저장 버튼을 누르는 것만큼 간단하지는 않으며, 저장을 위해서는 상당한 인지적 노력이 필요하다. 우리가 주의를 기울인 강의 내용을 모두 기억하지 못하는 것은 저장 작업의 어려움을 잘 설명해 준다.

　인출은 저장된 정보를 찾아내는 작업이다. 컴퓨터에 비유하면 저장된 정보를 '열기' 명령을 통해 꺼내 보는 과정이다. 하지만 저장한 정보라고 해서 항상 찾아보기 쉬운 것은 아니다. 예측 가능한 경로에 저장한 정보는 쉽게 열어 볼 수 있는 반면, 뚜렷한 규칙 없이 저장한 정보는 찾아내기가 무척 어렵다. 우리는 기껏 저장한 정보를 인출하지 못해 발을 동동 구르는 체험을 한 기억이 있을 것이다. 이런 상황은 주로 시험지를 받았을 때 자주 발생한다.

2) 지속 시간에 따른 기억의 분류

　기억의 과정은 매우 능동적이어서 특정 정보를 두뇌의 기억창고에 보관하기까지는 여러 단계의 정보 선택 과정이 요구된다. 이에 대해 설명한 대표적인 모형은 앳킨슨과 쉬프린(Atkinson & Shiffrin, 1968)이 제안한 다단계 기억모형이다. 이 모형에 따르면, 우리가 특정한 내용을 머릿속에 저장하기 위해서는 감각기억, 단기기억 및 장기기억이라는 세 가지 단계를 거쳐야 한다([그림 6-10] 참조).

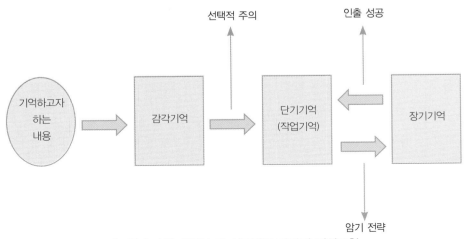

[그림 6-10] 앳킨슨과 쉬프린의 다단계 기억모형

감각기억은 기억하고자 하는 내용이 원자료의 형태 그대로 매우 짧은 시간 동안 보관되는 저장소이며, 용량이 매우 크지만 선택적 주의과정을 통해 관심 있는 정보를 취합하지 않을 경우 모든 정보가 소실된다. 선택된 주의과정을 통해 단기기억으로 이동된 제한된 정보도 그다지 오랜 시간 동안 보관되지는 않는다. 114에 문의한 전화번호를 메모하지 않은 채 직접 번호를 외워서 전화를 걸려다 다른 곳에 전화를 건 경험들이 한 번쯤은 있을 것이다. 우리가 기억하고자 주의를 기울인 내용이라 하더라도 실제 언제든 회상할 수 있을 정도의 정보가 되기 위해서는 정보를 저장고 속에 안정적으로 기록하는 응고화(consolidation) 과정을 거쳐야 하는 경우가 대부분이며, 오랜 시간과 노력이 요구되는 응고화가 완성되지 않은 정보들은 쉽게 소실될 가능성이 높다. 일단 응고화를 통해 장기기억에 저장된 정보는 비교적 영속적으로 우리 두뇌 속에 보관되는 듯하다.

하지만 장기기억에 저장된 정보라고 해서 컴퓨터 하드디스크에 저장한 정보처럼 모든 내용이 그대로 보관될 것이라고 기대하는 것은 무리가 있다. 우리는 상상력이나 유사한 경험들을 통해 장기기억 속의 정보를 변형하기도 하며, 정서적 충격이나 두뇌에 가해진 외상에 의해 장기기억의 내용이 손상되기도 한다.

3) 응고화와 인출을 담당하는 뇌 영역

학습한 내용이 장기간 보존되도록 만드는 응고화는 두뇌의 해마(hippocampus)에서 담당하는 것으로 밝혀지고 있다. 간질환자의 해마 속에 전극을 삽입하여 학습과정에서 발생되는 유발 뇌전위를 측정한 연구(Fernandez et al., 1999)에서 학습할 단어를 보여 줄 때마다 해마에서의 전기활동이 관찰되었으며, 이 전기활동이 강할수록 이후의 테스트에서 그 단어를 잘 기억하는 것으로 나타났다. 동일한 현상이 양전자방출 단층촬영술(Positron Emission Tomography: PET)을 통해서도 확인되었다. 재미있는 사실은, 단어를 암기할 때는 좌측 해마, 사물을 암기할 때는 우측 해마의 활동이 강하게 나타났다는 점이다([그림 6-11] 참조).

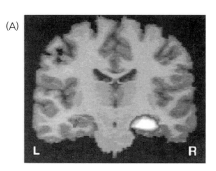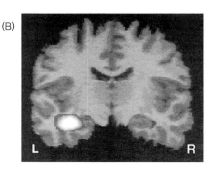

[그림 6-11] 학습 시행 동안 활성화되는 해마 영역
(A) 사물을 암기할 때 우반구 해마의 활동이 증가됨. (B) 단어를 암기할 때 좌반구 해마의 활동이 증가됨.

해마는 인출에도 중요한 역할을 하는 것으로 보인다. 미로의 탈출경로를 학습한 쥐의 해마에 신경계 활동을 중지시키는 약물을 주입하자, 탈출경로를 찾지 못하고 헤매는 모습이 관찰되었다(Riedel et al., 1999). 이는 이미 학습된 내용을 찾아내는 데에도 해마가 중요한 역할을 한다는 것을 의미한다.

그러나 해마의 크기는 우리 인생의 모든 사건들을 저장할 만큼 크지 못하다. 반복해서 학습하거나 회상하는 정보들은 점차 해마를 떠나 뇌의 다른 곳에 반영구적으로 저장된다. 실제 쥐의 미로 찾기 수행을 학습이 끝난 뒤에도 장기간 지속한 결과 해마의 전기활동이 점점 약해진 반면, 대뇌피질의 다른 영역들의 활동이 증가되는 것이 관찰되었다(Bontempi et al., 1999). 우리가 기억하는 오래전 사건들은 해마가 아닌 대뇌피질로 옮겨져 안정적으로 저장된 정보들이라고 볼 수 있다. 실제 뇌손상으로 기억상실을 보이는 환자들 중 사고 직전과 이후의 기억을 전혀 하지 못함에도 오래전 일들을 생생하게 기억하는 경우들이 있다. 이런 경우 환자의 뇌 손상은 해마가 위치한 내측 측두엽 부위에 집중되었을 가능성이 있다.

인출에는 전전두엽도 중요한 기능을 하는 것으로 보인다. 기억한 것을 회상하는 과제에서 전전두엽은 주로 정보를 찾으려 애쓰는 동안 활동이 강해지며, 성공적으로 회상을 해내는 순간에는 해마의 활동이 증가된다는 연구 결과가 보고되었다(Schacter, Alpert, Savage, Rauch, & Albert, 1996). 아직 추가적인 연구들이 필요하지만, 전전두엽은 기억된 자료들을 검색하는 데 중요한 역할을 하는 것으로 보인다.

4) 작업기억

단기기억을 단지 장기기억으로 변환되기 전의 일시적 저장고로 생각하는 관점은 배들리(Baddley, 1986)가 작업기억의 개념을 도입하면서 큰 변화를 맞았다. 그에 따르면, 작업기억은 음운루프(phonological loop)와 시공간 잡기장(visuospatial sketch-pad)이라는 두 가지의 저장공간과 이들을 통제하는 중앙집행기(central executive)의 세 가지 구성 요소로 구분되어 있다. 음운루프는 청각적 형태의 정보들이 저장되는 곳이며 소리를 내지 않는 언어의 형태로 존재한다. 시공간 잡기장은 시각적 심상과 공간적 심상이 처리되는 공간이다. 중앙집행기는 어떤 정보와 활동에 주의를 기울일지를 결정하며, 정보처리를 두 가지 저장공간 중 어느 곳에서 담당할지를 결정하게 된다([그림 6-12] 참조).

[그림 6-12] 작업기억 모형

만일 우리가 뉴욕에 가서 자유의 여신상을 처음 보았다고 가정해 보자. 일단 이 사실을 반드시 친구들에게 자랑해야겠다고 결정하면, 다른 작업을 멈추고 그 장면과 광경을 언어적 형태와 공간적 형태로 담을 수 있도록 정보를 배분한다(중앙집행기). 이때부터 '자유의 여신상'이라는 단어가 암기되도록 마음속으로 수차례 되뇔 것이며, 그 형상에 대한 설명을 언어적으로 변환하여 암기할 것이다(음운루프의 사용). 한편으로는 자유의 여신상 이미지를 마치 사진처럼 마음속에 떠올리는 작업도 병행할지 모른다(시공간 잡기장의 활용). 암기가 성공했다면 한국에 돌아왔을 때 친구들에게 현장의 생생한 감동을 전할 수 있을 것이다. 하지만 한 가지 저장공간이 제 역할을 하지 못했다면, 우리는 뉴욕의 햇불 든 이름 모를 한 동상을 설명해야 하거나, 생생한 세부 묘사 없이 교과서적인 설명을 들려주어야 할지도 모른다.

5) 중다기억체계

기억은 단일한 체계로 볼 수 없다. 우리는 흔히 기억이라 할 때, 이성친구와 보냈던 즐거운 추억들이나 중간고사를 위해 암기했던 영어단어를 떠올리곤 한다. 그러나 이것들만을 기억이라고 한정할 수는 없다. 우리는 자전거를 반복해서 탈수록 어느새 자전거 타는 기술이 좋아지는 것을 느끼며, 새로 부임한 학생주임의 구두 소리에 소름이 오싹하는 느낌을 받기도 한다.

중다기억체계([그림 6-13] 참조)에서 이성과의 추억이나 암기한 학습 내용 등은 그 기억 내용을 확인하고 표현할 수 있기 때문에 선언적 기억(declarative memory)이라 하며, 이를 다시 시간과 공간 등 상황적 정보를 함께 간직하고 있는 일화적 기억(episodic memory)과 상황 정보 없이 지식의 형태로 저장되는 의미 기억

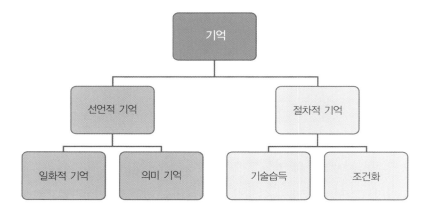

[그림 6-13] 중다기억체계

(semantic memory)으로 나눈다. 이성친구와의 기억은 추억의 장소와 시간이 동반되는 기억이므로 일화적 기억이 되며, 언제 공부했는지에 대한 정보 없이 단어의 뜻만이 머릿속에 남은 경우는 의미 기억으로 분류할 수 있다.

선언적 기억과 달리 자전거를 타는 방법이나 구두 소리에 대한 신체 반응은 언어적으로 표현할 수 없는 행동적 속성을 가진다. 이를 절차적 기억(procedural memory) 혹은 암묵적 기억(implicit memory)이라 한다. 자전거 타기나 피아노 배우기 같은 기술 습득 그리고 앞서 학습한 조건화 등이 모두 절차적 기억의 일종이라고 할 수 있다.

선언적 기억과 절차적 기억은 기억의 방식 및 재료뿐 아니라 기억을 담당하는 두뇌 영역에서도 차이가 있다. 선언적 기억이 해마와 내측두엽에서 담당하는 기억이라면, 절차적 기억은 주로 대뇌피질과 피질하 영역들과 관련이 있다(Poldrack & Foerde, 2008).

6) 망각

한 번 장기기억에 보관된 자료는 언제든 인출할 수 있는 것인가? 며칠 밤잠을 설치며 외운 내용들이 기억나지 않아 시험을 망쳐 본 사람이라면 장기기억에 보관된 내용을 다시 회상하는 게 그리 만만하지 않다는 것을 잘 알고 있을 것이다. 장기기억에 저장된 정보를 의식화하지 못하는 상태를 망각이라 한다.

에빙하우스(Ebbinghaus)는 망각과 관련해 흥미 있는 실험 결과를 내 놓았다. 그는 'cav' 'lek' 'pum' 등과 같이 아무 의미 없는 음절들을 학습시킨 후 시간이 지남에 따라 어느 정도를 회상할 수 있는지를 알아보았다. [그림 6-14]에서 보여 주듯이, 불과 1시간도 지나지 않아서 학습한 내용의 55%를 회상할 수 없었으며, 하루가 지나자 66%가 망각되었다. 이후 망각률은 점차 완만해져서 대략 1달이 지난 후에도 20% 정도의 내용은 망각하지 않을 수 있었다. 이와 같이 망각은 학습한 직후 빠르게 나타나지만 일부의 정보는 사라지지 않은 채 오랫동안 보관된다는 것을

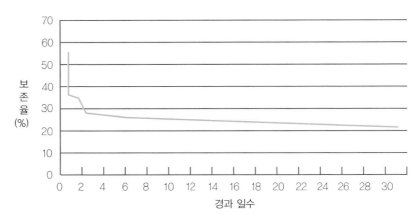

[그림 6-14] 에빙하우스의 망각실험

알 수 있다. 그렇다면 망각은 왜 일어나는 것인가? 망각과 관련된 이론으로는 기억 흔적 쇠잔론(memory trace decay theory)과 간섭이론(interference theory)이 대두된다.

기억흔적 쇠잔론은 자주 사용하지 않는 기억 자료가 시간이 지남에 따라 퇴화되어 우리의 뇌 속에서 사라진다는 주장이다. 이는 자주 사용하지 않는 기능은 퇴화된다는 라마르크(Lamarck)의 용불용설에 기반을 둔 것이다. 우리가 자주 사용하는 정보가 잘 회상되는 반면, 자주 사용하지 않는 정보는 쉽게 망각되는 것은 이 때문이라고 주장한다.

하지만 쇠잔론에 대한 반대 의견도 있다. 인간은 일반 의식 상태에서는 회상하지 못하는 내용들을 최면 상태에서 기억해 내는 경우도 있으며, 뇌를 직접 전기로 자극했을 때 평상시에는 회상하지 못하던 다양한 과거 경험들을 회상한다는 보고 (Penfield, 1952)도 있기 때문이다.

간섭이론은 쇠잔론과 달리 기억 자체가 사라진다고 가정하지 않는다. 인간에게서 망각이 일어나는 이유는 자료가 사라지기 때문이 아니라 새롭게 유입된 정보들과 뒤섞이며 찾아내기 어려운 상태로 변해 간다는 것이다. 마치 방에 아무렇게나 둔 물건들은 새로운 물건들이 늘어남에 따라 찾아내기 어려워지는 것과 같은 원리다. 물건은 그 방에 그대로 있겠지만 방이 복잡해지면서 그 물건을 찾아낼 확률은 점차로 줄어든다.

간섭에는 크게 순행성 억제(proactive inhibition)와 역행성 억제(retroactive inhibition)가 존재한다. 순행성 억제란 이미 기억한 내용에 의해 새로운 정보를 회상하기 어려워지는 현상이며, 역행성 억제는 새롭게 받아들인 정보에 의해 기존의 정보를 회상하기 어려지는 현상이다. 새 친구의 전화번호가 기존 친구의 전화번호와 유사하다면 그 번호를 기억하기는 무척 힘들 것이다(순행성 억제). 하지만 새 친구의 전화번호를 암기하다가 기존 친구의 전화번호를 망각하기도 한다(역행성 억제). 그러나 유사한 정보를 경험하지 않은 상태에서도 망각이 일어나는 경우도 존재한다(임승권, 1993). 망각의 기제를 이해하기 위해서는 더 많은 연구가 축적되어야 할 것이다.

4. 기억의 장애

1) 기억상실증

기억상실증(amnesia)은 다양한 형태로 존재한다. 가장 대표적인 것은 아동기 기억상실증으로, 우리는 출생 이후 상당 기간을 기억하지 못한다. 물론 일부 학생들은 자신이 한두 살 때의 일을 생생하게 기억한다고 주장하겠지만, 그것은 실제로 기억하는 내용이라기보다는 부모에게서 들은 이야기를 마치 경험한 것처럼 착각하는 현상으로 보아야 할 것이다.

의학적 문제로 나타나는 기억상실 중의 하나는 일과성 전 기억상실증(transient global amnesia)이다. 이는 흔히 갑작스럽게 나타나며, 새로운 사실을 기억하지 못할 뿐 아니라 일정 기간의 과거 기억도 회상하지 못하는 경향이 있다. 증상은 몇 시간 정도 지속되는 것으로 알려져 있으며(Fisher & Adams, 1964), 원인은 뇌의 허혈, 편두통, 간질발작 등인 것으로 알려져 있다(Pantoni, Lamassa, & Inzitari, 2000).

외상 후 기억상실증(post traumatic amnesia)은 머리에 외상을 당한 후 발생하는 기억장애로, 보통 외상으로 인한 뇌조직의 손상이 어느 정도 심각한지에 따라 기억장애의 정도도 결정되는 편이다. 환자들은 보통 사고를 당한 후 일시적으로 의식을 잃으며 깨어난 뒤부터는 혼돈 상태를 보이게 된다. 초기와 달리 시간이 지나면서 기억하지 못하는 시간은 줄어드는 편이며, 최종적으로는 사고 직전에 발생된 수초에서 수분 사이의 사건을 영구히 기억하지 못하게 되는 경우가 많다. 10% 정도의 환자들은 1주일 이내에 기억장애가 회복되는 편이지만, 60% 정도의 환자들은 3주 이상 기억장애가 지속되기도 한다(Kolb & Whishaw, 1995).

그 밖에 다양한 형태의 기억장애가 존재하지만, 가장 간단한 구분은 회상을 하지 못하는 정보들이 기억상실증이 발생되기 이전의 정보인지 이후의 정보인지에 따라 구분하는 것이다. 전자를 역행성 기억상실증이라 하며, 후자는 순행성 기억상실증이라 한다. 다음은 기억상실증이 동반되는 대표적 질병들이다.

2) 치매

치매란 다양한 인지기능이 손상되는 지적 기능의 장애다. 일반적으로는 알츠하이머병으로 인한 치매가 가장 잘 알려져 있지만, 그 밖에도 다양한 원인 질환에 의해 치매가 발생할 수 있다.

알츠하이머병은 대표적인 치매의 원인 질환으로 이 병으로 치매가 시작되면 한 말을 반복하고, 밖에서 자신이 하고 온 일을 기억하지 못하는 경우들이 발생하며, 물건을 둔 장소를 찾지 못하는 등의 초기증상을 보인다. 초기에는 순행성 기억상실증이 주를 이루지만, 병이 진행되면서 역행성 기억상실증도 동반된다. 알츠하이머형 치매 환자들의 기억을 평가할 경우 일화기억, 의미기억, 시각작업기억 등의 수행 결함이 두드러지게 나타나는 것을 확인할 수 있다(최승원, 오자영, 2007; 허지원, 최승원, 안창일, 2007).

혈관성 치매는 뇌졸중에 의한 뇌손상으로 인지기능의 장애가 나타나는 병이며,

알츠하이머병과 함께 가장 흔한 치매의 원인 질환이다. 주로 어느 뇌 부위에서 뇌졸중이 발생되는지에 따라 발생되는 기억장애의 양상에 차이를 보인다. 물건의 이름을 기억하지 못하거나 잘 다니던 길을 찾지 못하고, 식사를 하고도 밥을 먹은 것을 기억하지 못하는 등 다양한 기억의 문제를 보일 수 있다.

3) 정신과적 질환과 기억장애

정신분열병은 환각과 망상이 주요 증상인 질병이지만 기억의 문제도 뚜렷하게 나타난다. 정신분열병의 대표적 기억문제는 작화증이라 불리는 증상으로 자신의 과거에 대해 왜곡된 기억을 만들어 내고 마치 그것이 사실인 것처럼 믿고 행동하는 증상이다(Kramer, Bryan, & Frith, 1998). 기억력을 측정하는 신경심리평가에서도 정신분열병은 작업기억(Snyder et al., 2008), 언어 및 비언어적 자극의 학습 및 회상 능력(Cascella et al., 2008)에 심각한 문제를 드러내고 있다.

기억장애는 정신분열병 같은 심각한 정신과적 장애에 국한된 것은 아니다. 강박 사고와 강박행동을 특징으로 하는 강박장애는 자신의 기억능력에 대한 신념, 즉 상위기억의 문제가 두드러진다. 이에 따라 자신의 판단을 믿지 못하고 같은 것을 확인하는 행동이 반복된다(Nedeljkovic & Kyrios, 2007). 기분장애도 기억의 문제가 나타나는 대표적 정신과 질환이다. 우울증 환자들은 시각적 자극과 언어적 자극 모두에서 학습한 내용을 회상하는 데 문제를 보였다(Austin et al., 2000). 조증과 우울증 상태가 교차되어 나타나는 양극성 장애에서도 우울증과 유사한 결과를 보인다. 흥미로운 점은 언어적 기억과 작업기억의 손상이 환자뿐 아니라 환자의 형제 및 가족들에게서도 나타난다는 점이다. 이는 기억장애가 양극성 장애의 유전적 위험인자를 가진 사람들에게 나타나는 초기 징후임을 의미한다(Balanza-Martinez et al., 2008).

요약

학습은 경험을 통해 행동이 변화되는 것을 의미한다. 학습은 유기체가 살아가는 데 필수적인 과정이다. 유기체는 습관화를 통해 이미 안전성이 검증된 자극에 대해 신경을 쓰지 않을 수 있게 되는 반면, 생존에 중요한 자극에 대해서는 민감화를 통해 각성의 강도를 높일 수 있다.

유기체의 모든 생리반응에는 A 상태와 B 상태라는 상반된 내적 경험이 존재한다. 우리가 도박을 끊기 어려운 것은 쾌감이라는 상태와 상반되는 금단 상태가 나타나기 때문이다.

고전적 조건화는 파블로프에 의해 발견되었으며, 조건 자극이 무조건 자극과 반복적으로 연합되며 학습이 이루어진다. 연합에는 시점이 중요한 역할을 하며, 지연 조건화가 가장 학습이 잘되는 조건화로 알려져 있다.

조건 자극이 무조건 자극과 연합되는 빈도가 낮아지면 조건 자극이 제시될 때 무조건 반응이 나타나는 강도가 약해지게 되는데, 이를 소거라 한다. 완전히 소거가 이루어 진 후 일정 시간 후에 조건 자극을 제시할 경우 이전에 학습되었던 조건 반응이 다시 나타나는 경우가 있는데, 이를 자발적 회복이라 한다.

조작적 조건화는 행동의 결과가 그 행동의 후속 발생 가능성을 통제한다는 이론이다. 이때 행동의 발생 가능성을 증가시키는 자극을 강화라 하고, 행동의 발생 가능성을 감소시키는 자극을 처벌이라 한다.

모든 행동에 강화를 제시하는 경우를 완전강화계획, 일부 행동에 강화를 제시하는 경우를 부분강화계획이라 한다. 부분강화계획은 일정 시간마다 강화를 제시하는 간격계획과 일정 행동 빈도마다 강화를 제시하는 비율계획으로 나뉘며, 다시 간격이나 비율이 고정된 고정계획과 변화되는 가변계획으로 나뉜다.

인간 같은 고등 유기체는 직접 경험이 없이도 특정 행동을 학습할 수 있다. 이는 쾰러의 통찰실험, 톨먼의 인지도, 반두라의 관찰학습을 통해 증명되었다.

특정 정보를 머릿속에 저장하고 인출하는 과정을 기억이라 하며, 기억은 단계에 따라 부호화, 저장 및 인출로 나눌 수 있고, 지속 시간에 따라 감각기억, 단기기억 및 장기기억으로 구분된다.

작업기억은 단기기억의 개념이 확정된 것으로 기억장소로는 음운루프와 시공간 잡기장소가 있으며, 이를 통제하는 중앙집행기의 역할이 강조되고 있다.

기억은 여러 가지 하위 체계로 구분할 수 있는데, 크게는 선언적 기억과 절차적 기억으로 구분이 가능하며, 선언적 기억은 다시 일화적 기억과 의미 기억으로 구분한다.

장기기억에 저장한 내용이 인출되지 않는 상황을 망각이라 하며, 망각의 원인으로는 기억흔적 쇠잔론과 간섭이론이 대두되고 있다.

기억상실증은 다양한 일반의학적, 정신과적 원인에 의해 발생된다. 질환별로 각기 다른 기억장애의 특징이 나타나며, 이 특성과 질환의 증상 간에는 밀접한 관련성이 있다.

 학습과제

1. 대립과정이론에 관해 설명하시오.

2. 고전적 조건화에 관해 설명하시오.

3. 강화계획에 관해 설명하시오.

4. 응고화와 인출을 담당하는 뇌 영역에 관해 설명하시오.

5. 치매에 관해 설명하시오.

참고문헌

임승권(1993). 교육의 심리학적 이해. 서울: 학지사.

최승원(2007). 전두엽 알파파 뉴로피드백의 우울증 치료효과. 서울: 고려대학교.

최승원, 오자영(2007). 알츠하이머형 치매의 선별을 위한 K-DRS의 유용성 연구. 한국심리
학회지: 건강, 12(3), 617-629.

허지원, 최승원, 안창일(2007). 알츠하이머형 치매의 진단을 위한 배터리 구성에서 Corsi
block test 유용성 검증. 한국심리학회지: 임상, 26(3), 731-743.

Atkinson, R. C., & Shiffrin, R. M. (1968). Human memory: A proposed system and its
control processes. In K. W. Spence (Ed.), *The psychologyo flearning and motiva-
tion: Advancesinre search and theory* (Vol. 2). New York: Academic Press.

Austin, M. P., Mitchell, P., Wilhelm, K., Parker, G., Hickie, I., Brodaty, H., et al. (2000).
Cognitive functionindepression: Adistinct pattern of frontal impairment in melan-
cholia. *Psychological Medicine, 29*(1), 73-85.

Baddley, A. D. (1986). *Workingmemory*. Oxford: Oxford University Press.

Balanza-Martinez, V., Rubio, C., Selva-Vera, G., Martinez-Aran, A., Sanchez-Moreno, J.,
Salazar-Fraile, J., et al. (2008). Neurocognitive endophenotypes (Endophenocognitypes)
from studies of relatives of bipolar disorder subjects: A systematic review. *Neuroscience
& Biobehavioral Reviews, 32*(8), 1426-1438.

Bandura, A., & Menlove, F. L. (1968). Factors determining vicarious extinction of avoid-
ance behavior through symbolic modeling. *Journal of Personality and Social
Psychology, 8*, 99-108.

Bandura, A., Ross, D., & Ross, S. A. (1963). Vicarious reinforcement and imitative learn-
ing. *Journal of Abnormal and Social Psychology, 67*, 601-607.

Bontempi, B., Laurent-Demir, C., Destrade, C., & Jaffard, R. (1999). Time-dependent
reorganization of brain circuitry underlying long-term memory storage. *Nature, 400*,
671-675.

Cascella, N. G., Testa, S. M., Meyer, S. M., Rao, V. A., Diaz-Asper, C. M., Pearlson, G.
D., et al. (2008). Neuropsychological impairment in deficit vs. non-deficit schizo-
phrenia. *Journal of Psychiatric Research, 42*, 930-937.

Cooper, L. D. (1991). Temporal factors in classical conditioning. *Learning and Motivation*,

22, 129-152.

Fernandez, G., Effern, A., Grunwald, T., Pezer, N., Lehnertz, K., Durmpelmann, M., et al. (1999). Real-time tracking of memory formation in the human rhinal cortex and the hippocampus. *Science, 285*, 1582-1585.

Fisher, C. M., & Adams, R. D. (1964). Transient global amnesia. *Acta Neurologica Scandinavica, 40*, 7-83.

Gibbon, J., & Balsam, P. D. (1981). Spreading association in time. In C. M. Locurto, H. S. Terrace & J. Gibbon (Eds.), *Auto shaping and conditioning theory* (pp. 219-253). New York: Academic Press.

Gleitman, H., Fridlund, A., & Reisberg, D. (2000). *Basic Psychology* (5th ed.). Kingston, MA: R. S. Means Company.

Grossman, R. P. (1997). Co-branding in advertising: Developing effective associations. *Journal of Product & Brand Management, 6*, 191-201.

Heinrich, H., Gevensleben, H., Freisleder, F. J., Moll, G. H., & Rothenberger, A. (2004). Training of slow cortical potentials in attention-deficit/hyperactivity disorder: Evidence for positive behavioral and neurophysiological effects. *Biological Psychiatry, 55*, 772-775.

Kaplan, P., & Hearst, E. (1984). Trace conditioning, contiguity, and context. In M. Commons, R. J. Hermstein & A. R. Wagner (Eds.), *Quantitative analysts of behavior: Acquisition* (Vol. 3, pp. 347-370). Cambridge, MA: Ballinger.

Klein, S. B. (2002). *Learning: Principles and applications*. Boston: McGraw-Hill.

Kolb, B., & Whishaw, I.Q.(1995). *Fundamentals of Human Neuropsychology* (4th ed.). NewYork: W. H. Freeman and Company.

Kramer, S., Bryan, K. L., & Frith, C. D. (1998). 'CONFABULATION' IN NARRATIVE DISCOURSE BY SCHIZOPHRENIC PATIENTS. *International Journal of Language & Communication Disorders, 33*, 202.

Lorenz, K. (1969). Innate bases of learning. In K. H. Pibram (Ed.), *On the biology of learning*. New York: Hart court, Brace, & World.

Moses, S. N., Houck, J. M., Martin, T., Hanlon, F. M., Ryan, J. D., Thoma, R. J., et al. (2007). Dynamic neural activity recorded from human amygdala during fear conditioning using magnetoencephalography. *Brain Research Bulletin, 71*, 452-460.

Nedeljkovic, M., & Kyrios, M. (2007). Confidence in memory and other cognitive processes in obsessive-compulsive disorder. *Behaviour Research and Therapy, 45,* 2899-2914.

Pantoni, L., Lamassa, M., & Inzitari, D. (2000). Transient global amnesia: A review emphasizing pathogenic aspects. *Acta Neurologica Scandinavica, 102,* 275-283.

Pavlov, I. P.(1927). *Conditioned reflexes: An investigation of the activity of the cerebral cortex, Lecture III.* Oxford: Oxford UP.

Penfield, W. (1952). Memory Mechanisms. *AMA Arcives of Neurology and Psychiatry, 67,* 178-198.

Poldrack, R. A., & Foerde, K. (2008). Category learning and the memory systems debate. *Neuroscience & Biobehavioral Reviews, 32*(2), 197-205.

Riedel, G., Micheau, J., Lam, A. G. M., Roloff, E. V., Martin, S. J., Bridge, H., et al. (1999). Reversible neural inactivation reveals hippocampal participation in several memory processes. *Nature Neuroscience, 2,* 898-905.

Schacter, D. L., Alpert, N. M., Savage, C. R., Rauch, S. L., & Albert, M. S. (1996). Conscious recollection and the human hippocampal formation: Evidence from positron emission tomography. *Proceedings of the National Academy of Sciences of the United States of America, 93,* 321-325.

Schrimp, T. A. (1991). Neo-Pavlovian conditioning and its implications for consumer theory and research. In T. S. Robertson & H. H. Kassarjian (Eds.), *Handbook of Consumer Behavior.* New York, NY: Prentice-Hall.

Skinner, B. F. (1938). *The behavior of organisms.* NewYork: Appleton-Century-Crofts.

Snyder, P. J., Jackson, C. E., Piskulic, D., Olver, J., Norman, T., & Maruff, P. (2008). Spatial working memory and problem solving in schizophrenia: The effect of symptom stabilization with atypical antipsychotic medication. *Psychiatry Research, 160,* 316-326.

Solomon, R. L., & Crobit, J. D. (1974). An opponent-process theory of motivation: Temporal dynamic of affect. *Psychological Review, 81,* 119-145.

Sterman, M. B. (2000). Basic concepts and clinical findings in the treatment of seizure disorders with EEG operant conditioning. *Clinical electroencephalography, 31,* 45-55.

Stollhoff, N., Menzel, R., & Eisenhardt, D. (2005). Spontaneous Recovery from Extinction Depends on the Reconsolidation of the Acquisition Memory in an Appetitive Learning Paradigm in the Honeybee (Apis mellifera). *Journal of Neuroscience, 25*(18), 4485-4492.

Thompson, R. F., Bao, S., Chen, L., Cipriano, B. D., Grethe, J. S., Kim, J. J., et al. (1997). Associative learning. In J. D. Schmahmann (Ed.), *Cerebellum and Cognition* (pp. 151-189). SanDiego: Academic Press.

Thorndike, E. L. (1898). Animal intelligence: An experimental study of the associative processes in animals. *Psychological Review Monograph, Supplement 2.*

Tolman, E. C., & Honsik, C. H. (1930). *"Insight"*. Berkeley: University of California Press.

Warden, C. J., & Jackson, T. A. (1935). Imitative behavior in the rhesus monkey. *Journal of Genetic Psychology, 46,* 103-125.

chapter
07

동기와 정서

윤선아

학습 목표

1. 주요 동기이론에 관해 알아본다.
2. 긍정적 정서와 부정적 정서에 관해 알아본다.
3. 정서지능에 관해 알아본다.
4. 정서이론에 관해 알아본다.
5. 정서의 생리적 기제에 관해 알아본다.

학습 개요

인지란 세상을 표상하는 기제이고, 동기는 세상을 작동하는 기제이며, 그리고 정서는 세상과 관계하는 기제라고 표현한다. 동기는 내적 자극에 의해 생기는 경우가 많고, 음식이나 물, 짝짓기 대상 등 대상에 자연적으로 지향되는 반면, 정서는 보통 외적 자극에 의해 생기며, 정서의 표현은 정서를 일으킨 자극으로 향한다. 동기는 대개 목표 지향적 활동에 초점을 두는 반면, 정서는 행동에 수반되는 주관적·감정적 경험에 중점을 둔다. 동기는 사람으로 하여금 어떤 일을 하도록 하고, 정서는 사고보다 훨씬 일찍 시작된 생존과 직결된 기제로서 행동으로 연결하는 동기적 속성을 지니고 있다. 이 장에서 동기의 종류를 살펴보고, 동기이론들을 점검한다. 또한 정서 종류와 정서지능, 신경생리학적 접근을 포함한 정서이론들을 살펴본다.

1. 동 기

동기는 사람이 어떤 행동을 했을 때 그 사람에게 작용하는 외적이거나 내적인 어떤 힘을 기술하는 데 사용된다(Petri, 2001). 즉, 행동의 원인이나 이유를 말하는데, 보통 행동에 활력을 불어넣고 방향을 지시하는 요인들을 뜻한다. 심리학에서 동기란 인간의 활동을 시발하고, 방향을 정하고, 강도를 나타내며, 지속시키는 힘으로 볼 수 있다. 생리적 요구부터 사회적 동기까지 다양한 동기들을 기술하고, 이를 설명하는 동기이론들을 살펴보면 다음과 같다(Wagner, 2002; 김현택 외, 2003)

1) 다양한 동기

(1) 잠

일일주기는 유기체를 밤과 낮의 주기에 맞추어 주며 동기화된 행동과 인지 기능뿐 아니라 내분비 활동과 신진대사의 변화를 포함한다. 일일주기는 시상하부의 시교차위핵에 있는 내부(생물학적) 시계에 의해 만들어지는데, 이 시계의 주기는 25시간이다. 이 시계는 망막에서 직접 시상하부로 들어가는 회로에 의해 밤낮의 주기에 동조화된다.

수면은 비-REM(Rapid Eye Movement, 빠른 안구운동)과 REM 수면 활동 주기가 90분 단위로 반복된다. REM 수면 단계는 빠른 안구운동과 뚜렷한 꿈이 특징적이며, 온혈 동물에서만 나타나는 것으로 알려져 있다. 사람의 경우 출생 전의 태아는 REM 수면이 일일주기의 약 절반을 차지하다가, 출생 이후에는 그 비율이 현저히 감소한다. 수면 동안에 뇌의 감각 및 운동 회로에서 적극적인 억제가 이루어진다. 수면의 기능은 아직 분명하게 밝혀지지 않고 있는데, 신경망을 공고히 하기 위해 뇌를 잠시 휴지시키는 기능을 한다는 주장과 꿈을 통해 정서적인 문제를 해결하는 기능을 한다는 주장이 있다.

(2) 배고픔

배고픔은 강력한 동기 유발자다. 신체가 효율적으로 기능하기 위해서는 필수 영양소의 공급이 필수적이다. 먹는 것을 조절하는 여러 조절 계통은 대뇌의 시상하부에서 통합된다. 외측 시상하부는 먹기를 시작하게 하는 출발 또는 섭식 중추다. 복측 시상하부는 먹기를 금지시키는 정지 또는 포만 중추다. 쥐의 외측 시상하부 세포를 손상시키면, 쥐는 먹기와 마시기를 거절하여 억지로 먹이지 않으면 죽게 된다. 복측 시상하부가 손상되면, 과식과 비만증을 일으킨다.

(3) 목마름

유기체는 생존하기 위하여 음식뿐 아니라 물을 섭취하고 조절해야 한다. 물이 결핍될 때 유기체는 물을 마시거나, 소변으로 배출되기 전에 신장에서 재흡수하는 두 가지 방식으로 보충할 수 있다. 물을 섭취하는 과정은 뇌하수체에서 나오는 반이뇨 호르몬의 방출을 자극함으로써 동질 정체 기제를 작동시킨다. 반이뇨 호르몬은 신장에 작용해서 수분을 혈액 속으로 재흡수하게 하는데, 이 경우 매우 농축된 소변만이 배출된다.

(4) 성

성은 섭식이나 물 마시기처럼 유기체의 생존에 절대 필요한 것은 아니지만 종의 생존에 필수적이다. 먹기와 마시기를 함으로써 신체의 에너지가 흡수 · 저장되는 반면, 성은 에너지를 저장하기보다는 소모한다. 성행동은 호르몬이나 대뇌 기제에 따른 내부 요인과 학습된 외부 요인 모두의 영향을 받는다. 생식기관의 발달과 기능을 담당하는 호르몬은 뇌하수체에서 조절된다. 여성의 경우는 난소가 에스트로겐과 프로게스테론을 만들도록 자극한다. 남성에서는 뇌하수체 호르몬인 고환 세포로 하여금 테스토스테론을 포함하는 안드로겐이라는 일군의 성 호르몬을 만들고 분비하도록 자극한다. 사춘기 동안에 이 호르몬들의 증가는 2차 성징을 나타나게 한다.

(5) 공격성

공격은 타인에게 신체적으로나 언어적으로 손상을 주거나 재산을 파괴하려는 의도가 있는 행동을 뜻한다. 프로이트(Freud)는 공격을 기본적인 본능으로 보았다. 이러한 공격 에너지는 외현적인 공격을 통해 외적으로 표출되거나 자기 파괴적인 형태로 내적으로 해소될 때까지 생체 내에 축적된다. 프로이트에 따르면, 공격성이 완전히 없어질 가능성은 없으므로, 우리가 취할 수 있는 최선의 방법은 사람들 간의 정적인 정서적 유대를 증진하고 스포츠를 관람하거나 참여하는 등의 대리적 출구를 통하여 공격의 강도를 변형시키는 것이다.

동물의 경우, 시상하부 특정 부위에 약한 전기 자극을 가하면 공격 행동이 나타난다. 하등 동물처럼 인간도 공격적으로 행동할 수 있는 신경 기제를 가지고 있다. 그러나 인간에게 이 기제의 작동은 인지적 통제를 많이 받는다. 사회적 학습 이론은 공격을 본능이나 욕구 좌절로 보기보다는 학습된 것으로 본다. 공격은 관찰이나 모방을 통해 학습될 수 있고, 자주 강화될수록 나타날 가능성이 크다. 또한 공격은 모방에 의해 학습된다.

(6) 쾌락 추구

많은 사람들이 카페인과 알코올과 같은 향정신성 약물을 사용한다. 특정 약물을 오래 사용하면 내성을 갖게 된다. 약물 내성은 금단 증상을 가져오는데, 이는 약물로 인한 보상 대신에 발생하게 되는 반대급부적인 현상을 말한다. 중독에 대한 신체 의존성 이론은 의존성에서 비롯된 부정적인 금단 증상을 회피하려는 데서 중독이 발생한다고 본다. 중독과 의존성이 동일하지 않고 약물을 서서히 끊을 경우, 금단 증상을 제거할 수 있지만 재발은 막지 못하므로 이는 적절한 설명이 아니다. 긍정적인 보상 효과 이론에 따르면, 사람은 약물의 보상적 성질에 중독되는 것이며 이 효과는 뇌의 중뇌 변연계 도파민 시스템에 있는 보상 기제에 의해 만들어진다. 모든 중독성 약물은 직간접적으로 이 시스템의 도파민 농도를 증가시키는 작용을 한다. 중독은 긍정적 보상 효과 이론과 금단 증상 회피 원리를 모두 고려할 때 더 잘 설명될 수 있다. 그 밖에 유전적·성격적·사회문화적 요인들도 약물 사용과 중독 가능성에 영향을 미친다. 도박과 그 밖의 비화학적 중독들은 약물 중독과 비교할 때 유사점도 있으나 차이점도 있으므로, 동일한 기제는 아닌 것으로 보인다.

(7) 사회적 동기

호기심

호기심은 대표적인 인지적 동기로서, 주변 환경을 잘 파악하고자 하는 욕구에 기초한다. 유기체는 환경 변화를 탐색함으로써 외부로부터 위협을 받을 때 효율적으로 반응할 수 있게 된다. 호기심의 생리적 기초는 일정한 수준의 각성을 유지해야 한다는 필요성이다. 만일 각성이 너무 낮으면 자극을 추구하게 되고 가장 단순한 차원에서 주변을 탐색하는 행동을 보인다.

성취 동기

성취 동기는 자아통합의 동기다. 다른 종의 경우 사회적 위계를 형성하는 경쟁심이 인간에서는 성취 동기로 표현된다고 할 수도 있다. 사람은 학업, 직업, 스포츠 등에서 자신에게 대단히 높은 기준과 목표를 스스로 설정하고, 이를 성취하기 위해 노력한다. 성취 욕구는 단순한 금전적인 보상이나 명성을 얻기 위함이 아니라 자신이 원하는 목표를 이루었다는 성취감이 최종 목표일 것이다. 앳킨슨(Atkinson)은 성취 목표를 향해 행동하게 만드는 세 가지 요인으로 성공하려는 동기, 성공의 확률 그리고 성공의 보상 가치를 들었다. 성공하려는 동기뿐 아니라 실패를 회피하려는 동기도 전반적인 성취 동기에 영향을 미친다. 성공하려는 동기가 실패를 회피하려는 동기보다 더 높을 경우 쉬운 과제는 성공이라고 할 수 없고, 어려운 과제는 성공하기 어려우므로 중간 정도의 과제를 선택하는 경향성을 보인다. 또한 더 잘하기를 원하기 때문에 실패를 경험한 후에는 동기가 더 증진되고, 반대로 성공을 경험한 후에는 이미 자신의 능력을 증명하였으므로 더 계속할 이유가 없으므로 동기가 감소된다.

사회적 촉진

주변에 다른 사람들이 존재하는 것만으로도 동기적인 결과를 가져올 수 있다. 이 역시 수행해야 할 과제의 복잡성과 증가된 각성이 상호작용하여 수행을 향상시키거나 저하시키는 것으로 설명되어 왔다. 사회적 존재의 효과 중 일부분은 남에게 되도록 잘 보이고 싶은 욕구로 설명될 수 있으며, 지위의 위계와 관련된 생물학적 기원으로 원인을 돌릴 수도 있다.

협동

협동은 다른 종에서도 널리 발견된다. 타인과의 협동을 통하여 개인 유전자의 생존 확률이 높아진다는 일반적인 원리가 충족되는 것 같다.

2) 동기이론

(1) 본능이론

유기체가 특정 방식으로 행동하도록 만드는 생물학적 힘을 본능이라 한다. 본능은 주로 동물의 행동을 설명할 때 사용하였는데, 다윈 이후로 인간 행동을 설명할 때도 사용하게 되었다. 맥도갤(McDougall)은 인간의 사고와 행동이 유전받은 본능의 결과이며 행동을 일으키는 원천이지만, 학습과 경험에 의해 수정될 수 있다고 주장하였다. 그가 말한 본능에는 도주, 반발, 호기심, 투쟁, 획득, 자기주장, 생식, 군집, 자기비하, 건설 등이 있다. 본능이론은 인간에 대한 이성적 견해와 정반대다. 목표와 행위를 선택하는 대신에 사람은 생득적인 힘에 좌우되며, 이후의 행동이 결정되고 동기화된다. 정신분석 이론 또한 행동이 강력한 생득적 힘에서 나온다고 하였다. 프로이트는 성행동으로 표현되는 생의 본능과 공격 행위의 바탕이 되는 사의 본능, 이 두 가지 기본적인 에너지가 무의식적이지만 강력한 동기적 힘으로 행동을 결정한다고 보았다.

(2) 추동감소이론

너무 많은 본능은 아무것도 설명할 수 없다는 딜레마 빠지게 된다. 이에 본능이론은 헐(Hull)이 주장한 추동(drive)이론으로 대치되었다. 추동은 음식, 물, 산소나 고통스러운 자극으로부터의 회피와 같은 생물학적 요구(need)에서 나오는 흥분된 상태다. 이 흥분은 유기체에게 요구를 제거하도록 동기화시킨다. 유기체가 요구를 만족시키기 위해 어떤 것을 함으로써 추동을 감소시키려 한다는 것이 추동감소이론(drive-reduction theory)이다. 추동감소이론에서 동질 정체(homeostasis) 원리, 즉 신체의 내부 환경을 일정하게 유지하려는 경향이 기본이 된다. 신체의 감지 장치는 최적 수준에서의 변화를 탐지하고, 불균형을 교정하는 기제를 통하여 체온이나 혈당의 농도, 혈액 속의 산소와 이산화탄소의 수준 그리고 세포 속의 수분의 균형 등의 생리적 상태들을 좁은 한계 내에서 유지한다.

추동감소이론도 복잡하고 다양한 인간 사회의 행동을 설명하기에 부족함이 있기 때문에 이러한 문제점을 극복하기 위하여 일차적 추동과 획득된 추동이 제안되었다. 일차적 추동은 기본적이며 생리적인 욕구들인 데 비해, 획득된 추동은 사랑, 돈, 명예와 같이 사회적 욕구들이다. 획득된 추동은 연합의 원칙에 의해 일차적 추동과 연결되어 있다. 예를 들면, 사랑은 성적 욕구, 돈은 식욕, 갈증은 해소 등의 욕구와 연합되어 고차 조건형성으로 학습된 추동들이다.

(3) 각성이론

사람은 추동감소이론에서처럼 생리적 긴장을 줄이는 방향으로 행동할 뿐 아니라, 반대로 생리적 흥분이나 각성 상태를 높이는 방향으로 행동한다. 각성이론에 따르면, 사람은 적절한 수준의 흥분 상태를 유지하기 위하여 특정 행동들을 한다. 예를 들면 스카이다이빙이나 암벽 등반 또는 카페인이 든 음료수를 마시거나 이성과의 사랑, 공포 영화를 보는 것 등이 있다. 사람은 각성 수준이 너무 낮으면 잠을 자고, 각성 수준이 너무 높으면 불안과 스트레스를 경험한다. 그러므로 개인의 최적 각성 수준을 유지하도록 동기부여된다. 각성이 높아질수록 수행은 가장 능률적이 되고 최적의 각성 수준을 넘기면 오히려 각성이 과다하게 일어나 수행 수준은 떨어지는 역전된 U 함수를 나타낸다.

(4) 행동주의 동기이론 및 사회적 학습이론

모든 행동이 추동감소이론으로 설명되지는 않는다. 내부 욕구뿐 아니라 외부 자극(유인, incentive)도 행동을 유발하는 중요한 요인이다. 동기는 환경 속의 자극 대상과 유기체의 특정한 생리적 상태 사이의 상호작용으로 더 잘 이해될 수 있다. 어떤 요인은 긴장을 감소시키고 유기체를 활동이 없는 상태로 돌아가게 하는데, 이러한 현상은 동질 정체적 개념과 모순된다. 유인의 역할이 세분화되었는데, 정적 유인은 유기체를 흥분시키고 접근하게 하고, 부적 유인은 피하게 할 것이다. 동기는 행동에 수반되는 보상이나 벌을 통한 강화로 설명된다. 특히 유인가(incentive) 개념은 행동주의 동기이론의 핵심적인 부분이다. 유인가는 접근하는 행동을 일으키는 긍정적인 유인가와 회피하는 행동을 일으키는 부정적인 유인가로 구분될 수 있다. 행동주의적 접근은 자율적으로 행동하는 인간보다는 특정 상황에서 주어진 행동의 결과에 따라 수동적으로 행동하는 인간을 상정하고 있다. 그러므로 동기와 행동이 내적인 요소보다는 주어진 환경에 의해 결정된다는 환경적 결정론으로 알려져 있다.

한편, 사회적 학습이론은 본능적 욕구가 아니라, 개인이 환경에 대응하면서 배우게 되는 행동 패턴에 초점을 둔다. 즉, 행동과 환경 사이의 상호작용이 중요하며, 개인이 받게 되는 보상이나 처벌이 행동에 영향을 준다. 사회적 학습이론은 인지 과정을 강조한다. 인간은 상징적으로 생각할 수 있으므로, 개인의 행위에 따른 결과를 예상할 수 있고, 그에 따라 행동을 변경할 수 있다. 또한 대리적 학습, 관찰에 의한 학습의 중요성이 강조된다. 인간은 타인의 행동을 보고, 타인에게 나타난 결과를 관찰함으로써 자신의 행동 패턴을 확립한다. 예를 들면 타인이 고통스럽거나 반대로 유쾌한 경험을 하는 동안 나타나는 정서 반응을 관찰함으로써 정서를 학습할 수 있다. 마지막으로 자기 조절과정이 강조된다. 행동은 외적인 결과를 일으키지만, 자기평가 반응도 일으킨다. 개인은 행위나 실행의 표준을 가지고 있으므로, 어떤 행동이 자기 표준에 맞으면, 자기 만족적으로 반응하고, 그렇지 않으면 자기 비평적으로 반응한다. 외적 강화와 자기 강화가 일치할 때, 즉 개인이 스스로 가치 있게 생각하는 행위를 사회가 인정할 때 행위가 유지될 가능성이 가장 많다. 사회적 학습이론가들은 자기 강화나 자기 처벌을 통해서 개인의 행동을 스스로 조절하는 방법을 개발해 왔다. 이를 통하여 알코올 중독이나 과식을 통제하는 방법들이 적용되고 있다.

(5) 인본주의 이론

인간을 능동적인 성장 잠재력을 지니고 있는 주체로 보는 인본주의 접근에서는 다양한 인간 행동의 동기의 내재적 근원을 자아실현 또는 자아 충만성으로 가정하며, 이러한 인간적 욕구를 충족시키기 위하여 개인은 다양한 행동에 개입한다고 주장한다.

매슬로(Maslow)는 출생 시에 존재하는 기본적인 생물학적 욕구부터 더 기본적 욕구들이 충족된 뒤에만 중요해지는 더 복잡한 심리적 동기로 올라가는 동기의 위계(hierarchy of motives)를 가정했다. 음식과 안전이 보장되지 않을 때, 이 욕구들을 만족시키는 것이 개인의 행동을 지배할 것이고, 고등 동기는 거의 중요하게 다루어지지 않는다. 기본 욕구가 어느 정도 충족될 때만 개인은 미적 · 지적 문제에 관심을 가질 것이다. 나중에 매슬로는 생리적 욕구 및 안정감 · 소속감과 사랑 · 자존감의 욕구를 결핍 욕구라고 하였으며, 인지 · 심미 · 자아실현 욕구를 존재 욕구라고 구분하였다. 결핍 욕구는 일단 만족되면 그것을 달성하려는 동기가 감소하게 된다. 그러나 존재 욕구는 충족되면 충족될수록 더 높은 성취를 위해 증가된다.

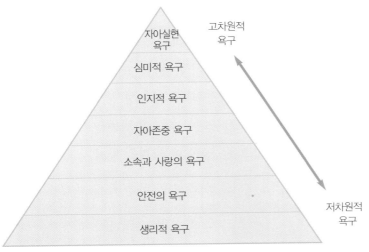

고차원적 욕구

저차원적 욕구

- 자아실현 욕구: 자기 실현을 추구하고 자기의 잠재력을 인식하는 것
- 심미적 욕구: 조화, 질서 및 아름다움을 추구하는 것
- 인지적 욕구: 알고, 이해하고 탐색하는 것
- 자아존중 욕구: 성취하고, 유능하고 승인과 인정을 받는 것
- 소속감과 사랑의 욕구: 타인과 어울리고, 수용되고, 소속되는 것
- 안전의 욕구: 안심과 안전, 위험이 없음을 느끼는 것
- 생리적 욕구: 식욕, 성욕

[그림 7-1] 매슬로의 욕구위계이론

(6) 인지주의 및 사회 인지 이론

개인이 자신이나 타인의 행동에 원인을 돌리는 과정을 귀인과정이라 한다. 귀인에는 세 가지 차원이 있는데, 원인의 소재가 개인의 내부에 있는가 혹은 외부에 있는가를 결정하는 통제의 위치(locus of control), 그 원인이 항상 같은가 아니면 변화하는가에 따른 안정성(stability), 그리고 개인이 그 원인을 통제할 수 있는가 없는가에 따른 통제 가능성(controllability)이다. 귀인의 세 가지 차원은 동기와 관련이 있다. 통제의 위치는 자존심과 연관이 있다. 안정성의 차원은 미래에 대한 기대와 관련이 있다. 마지막으로, 통제 가능성의 차원은 분노나 우울과 관련되어 있다. 이와 같이 동일한 행동이나 결과에 대한 다른 귀인이 다른 감정 상태를 유발하며, 미래 행동의 방향을 결정한다.

한편, 사회 인지란 우리가 자신과 타인을 포함한 사회적 자극들을 지각하고, 알고, 이해하는 방법을 말한다. 사회 인지적 접근에서는 사람을 자신의 감정과 행동에 대한 인식자와 지각자로 간주하고, 동기적 측면에서 인간의 행동을 자기조절 체계 속에서 이해하려고 한다. 자기조절 체계란 개인의 인지적 구조 속에 포함되어 있는 자기 체계로서, 외부의 자극을 상징화하고, 학습하고, 다양한 행동 전략들을 계획하고, 자신의 행위를 조절하고, 자기반성적으로 사고하는 능력을 말한다. 대표적인 사회 인지적 동기로는 자기 효능감이 있다. 자기 효능감이란 개인이 수행을 위해 요구되는 행위를 조직하고 실행해 나가는 자신의 능력에 대한 판단이라고 정의될 수 있다. 즉, 자신이 잘 해 나갈 수 있다는 믿음 혹은 기대를 말한다. 자기 효능감은 개인이 무엇을 하려고 선택할 것인가, 그 과제에 얼마나 많은 노력을 투자할 것인가, 얼마나 오랫동안 그 과제에 매달릴 것인가, 그 과제와 관련하여 얼마나 많은 감정적 스트레스를 경험할 것인가 등에 영향을 미친다. 실제로 학교 상황에서 특정 과목에 대한 학업 성취도가 학생들의 그 과목에 대한 능력이나 기술의 정도보다 동기적 요인인 자기 효능감의 정도에 의해 더 잘 예언된다는 연구가 보고되었다.

2. 정 서

정서란 본래 동물의 생존 가치와 직결되어 있는 심리적 기제다. 두뇌 발전의 역사를 보더라도 정서를 관장하는 기관은 뇌의 원시적 뿌리인 뇌간으로부터 주요 부분이 생성되었다. 즉, 사고를 담당하는 신피질이 발달하기 이전에 정서를 담당하는 대뇌 변연계가 먼저 발달되었다. 원시 동물은 후각엽이라는 후각을 담당하는 세포가 발달하여 정서를 담당하는 기관으로 진화하였다. 원시 시대에는 냄새가 생존을 위한 최우선적 감각이었다. 그러므로 후각엽을 통해 대상을 지각하고 그것에 접근할 것인지 그것과 싸워야 할 것인지 혹은 도망갈 것인지를 결정하였다. 인간에게 정서란 사고보다 훨씬 일찍 시작된 생존과 직결된 기제이며, 행동으로 연결하는 동기적 속성을 지니고 있다.

사람의 삶에서 정서는 중요한 역할을 하고, 정서에 대한 연구는 심리학자들에게 매우 중요하다. 그러나 정서가 무엇을 뜻하는지 정의하기는 쉽지 않다. 왓슨과 클라크(Watson & Clark, 1994)가 제안한 일반적인 정의에 따르면, 정서는 독특하고 통합적인 심리 생리적 반응체계다. 하나의 정서 체계는 ① 원형적 표현 형태(얼굴 표정), ② 일관된 자율 변화 패턴 그리고 ③ 독특한 주관적 감정 상태 등 세 가지의 구별 가능한 반응 체계를 포함한다.

1) 다양한 정서

정서의 종류는 크게 부정적 정서와 긍정적 정서로 구분할 수 있다. 그러나 얼굴 표정을 보더라도 부정적 정서는 긍정적 정서보다 더 분명하게 표현된다. 이는 부정적 정서가 진화적 관점에서 생존 가치와 더 밀접하게 연결되어 있기 때문이다.

에크만(Ekman, 1994)은 정적 정서와 부적 정서를 포함하는 기본 정서의 특징을 다음과 같이 열거하였다. 첫째, 기본 정서에는 자극에 대한 자동적 평가 기제가 작동한다. 둘째, 정서 유발 상황에는 공통적인 요소가 존재한다. 셋째, 정서는 인간뿐만 아니라 다른 영장류에서도 관찰된다. 넷째, 정서는 빠르게 생성된다. 다섯째, 정서는 그 지속시간이 짧다. 여섯째, 정서는 불수의적으로 생성된다. 일곱째, 정서에는 뚜렷한 생리적 반응이 수반된다. 마지막으로 여덟째, 뚜렷한 보편적 신호가 존재한다. 기본 정서를 포함한 다양한 정서들을 크게 정적 정서, 부적 정서 그리고 자의식적 정서로 구분할 수 있다(권석만, 2004, 8장).

(1) 정적 정서

기쁨

행복감과 환희는 인간이 느끼는 대표적인 긍정적 감정이다. 행복감과 환희는 원하는 목표가 달성되었거나 달성되어 가고 있다고 생각될 때 느끼는 감정이다. 일반적으로 행복감은 환희에 비해 좀 더 전반적이고 포괄적인 사건에 대한 지속적인 긍정적 감정이다. 반면 환희는 행복감에 비해 보다 구체적인 사건에 대해 급격하게 느끼는 강한 감정이다. 그 밖에 황홀감, 축복감, 기쁨, 신남, 즐거움, 유쾌함, 만족감, 흡족감, 안락감 등이 있다.

기쁨의 감정을 느끼게 되면 얼굴 표정이 웃는 모습으로 변한다. 몸의 움직임이 많아지고 외현적 행동이 증가한다. 자기의 확장감과 팽창감을 느끼게 되며, 미래에 대해 낙관적이고 희망적인 사고가 증대된다. 반대로 불안과 죄책감을 덜 느끼게 되고, 부정적 감정으로부터의 해방감을 느끼게 된다. 타인에 대해서도 관대해지고 이타적 행동이 늘어난다.

긍정적 감정은 사건에 대한 반응이지만 개인의 성격 특성과 밀접한 관계가 있다. 사소한 사건에서도 긍정적 의미를 찾아내어 기쁨을 느끼는 사람이 있는 반면, 누구나 기뻐할 만한 상황에서도 별다른 기쁨을 느끼지 못하는 사람도 있다. 행복감을 느끼는 능력은 사건의 긍정적인 측면에 주의를 기울이고 사건의 의미를 긍정적인 것으로 해석하는 사고방식과 깊은 관계가 있다.

사랑

사랑은 다른 사람에 대한 긍정적 감정이다. 다른 말로 호감, 친밀감, 좋아함 등으로 사용된다. 타인에게 사랑을 느끼게 되면 그 사람에 대해 호의적인 태도와 관심과 접근적인 행동을 나타낸다. 상대방이 보고 싶다는 그리운 마음이 일어나고, 파격적인 도움을 제공하기도 한다. 초기 단계에서는 상대방에 대해 호감을 느끼게 되고 관계가 지속됨에 따라 좋아함과 친밀감을 느끼게 되며, 관계가 더욱 심화되면 사랑을 느끼게 된다.

안도감

안도감은 고통스러운 상황이 사라졌거나 보다 나은 상태로 변화했다는 인식에 의해 생겨난다. 안도감을 느끼면 근육 긴장이 이완되고 주변에 대한 경계를 풀게 되며 편안함을 수반한다. 신체적으로는 부교감 신경이 활성화되어 안정되고 이완된 상태가 된다. 갈등과 불안이 해소될 때 안도감이 느껴지고 부정적 감정으로부터의 해방감을 수반한다.

(2) 부적 정서

불안과 공포

불안과 공포는 위험에 대한 반응적 감정이다. 불안은 막연하고 모호한 위험에 대한 반응인 반면, 공포는 구체적이고 임박한 강력한 위험에 대한 반응이다. 대인 관계에서 불안은 개인의 능력과 인격이 평가되는 상황에서 경험하게 되며, 상대방의 반응을 예측할 수 없거나 적대적인 태도를 지니고 있다고 판단될 때나 대처 능력에 대한 자신이 없을 때 증대된다. 불안과 공포에 대한 가장 일반적인 대처 행동은 회피와 도피이며, 위험 상황을 기다리며 경계하고 대비하거나, 불안을 감소시키기 위한 행동을 하거나, 불안하게 만드는 대상에 대해서 분노를 느끼고 먼저 공격적 행동을 하는 것 등이 있다. 불안을 많이 느끼는 사람의 특징은 부정적인 결과를 초래할 수 있는 위험 요소에 주의를 기울이고 예민하거나, 위험한 일이 일어날 확률을 과대평가하는 경향성이 있거나, 두려워하는 위험한 일이 실제로 발생할 경우 초래될 부정적 결과를 과대평가하는 경향이 있거나, 부정적 결과가 실제로 발생하는 경우 자신의 대처 능력에 대해서 과소평가하는 경향 등이 있다.

분노

분노는 매우 강력한 부정적 감정이다. 분노는 개인적 가치를 떨어뜨리는 공격적 행동에 대한 반응적 감정이다. 유발 요인은 개인의 신체나 소유물을 손상하는 행위, 비난, 무시, 모욕, 비하, 경멸, 푸대접 등 개인의 인격을 손상하는 비하적 공격 행동, 개인이 추구하는 목표 달성을 방해하고 좌절시키는 행동 등이다. 분노는 공격과 복수의 행동을 유발하고, 제3의 대상에 대한 공격 행동, 상대방을 간접적으로 괴롭히는 우회적 공격, 자신의 가치가 훼손된 이유가 자신이 약하고 잘못했기 때문이라고 문제의 근원을 자기 자신에게 돌리고 자책하는 내향화, 분노 감정을 직접적으로 발산하기보다는 사회적으로 용인된 건설적 방법으로 발산하는 승화, 상대방에 대한 분노 감정과 공격 충동을 스스로 해소하는 용서의 방법 등이 있다. 분노를 조절하기 위해 선악에 대한 유연한 기준을 지녀야 하며, 타인에게 과도한

당위적 계율을 엄격하게 부과하지 않으며, 타인이 계율이나 기대에 어긋나는 행동을 했을 때 이에 대하여 현실적인 평가를 하여야 하며, 처벌보다는 방지에 초점을 맞춘 대응을 해야 한다.

슬픔

슬픔은 기본적으로 상실에 대한 인간의 정서적 반응으로서 흔히 경험되는 고통스러운 감정이다. 사랑하는 사람의 죽음이나 다른 사람으로부터의 긍정적인 관심과 애정을 상실했을 때, 자신의 중요한 가치나 역할을 상실했을 때, 신체의 일부를 크게 손상당하거나 사회적 지위를 잃어버린 경우에 슬픔을 느끼게 된다. 슬픔의 행동적 표현은 애도 행동, 무활동, 과거 기억을 떠올리는 반추 행동, 다른 사람의 도움이나 정서적 지지 추구, 분노와 원망, 상실이 개인의 삶에 매우 중요하여 슬픔이 장기간 지속될 경우는 우울 또는 절망의 상태로 발전하게 된다. 깊은 슬픔이 장기간 지속되어 일상적 생활에 현저한 곤란과 장애를 보일 경우 우울증으로 발전한다.

혐오감

혐오감은 원래 썩거나 상한 음식의 맛에 대한 본능적 거부감에서 파생된 감정이다. 어떤 사람이 왠지 싫고 거부감이 느껴져 멀리하고 싶은 경우가 있는데, 이러한 혐오감의 주된 요소는 '싫다' 고 느끼는 거부감이다. 상한 음식의 맛에 대해 메스꺼움을 느끼고 구역질을 하듯이, 혐오감은 심리적 메스꺼움이며 구역질이라고 할 수 있다. 상한 음식을 맛보게 되면 구역질을 하고 구토를 하여 뱉어 내듯이 혐오스러운 대상을 배척하여 멀리하는 행동을 촉발한다. 공격적인 사람, 지나치게 이질적인 사람, 그리고 심리적으로 소화하기 어려운 것에 대해 혐오감을 느끼게 된다. 심리적인 소화는 대상의 여러 가지 속성이 자신의 가치관과 일치하며 자신의 친분 상대로 수용함을 의미한다.

시기와 질투

시기와 질투는 인간관계를 손상시키는 파괴적이고 해로운 감정으로 여겨졌다. 시기는 자신이 원하지만 갖지 못한 것을 다른 사람이 가지고 있을 때 느끼는 부러움과 시샘의 감정을 의미한다. 시기는 자신보다 나은 상황에 있는 다른 사람과의 비교를 통해 느껴지는 상대적인 결핍감과 실패감에서 비롯되는 것이다. 특히 비교 대상이 나와 유사한 특성과 조건을 가진 사람일수록 시기의 감정은 강해지는 경향이 있다. 시기의 감정에는 상대방의 성공이 부럽다는 선망, 자신은 실패한 열등한 존재라는 좌절감, 그리고 상대방의 성공은 정당하고 온당한 것이 아니라는 분노감이 혼합되어 있다. 따라서 시기를 느끼면 상대방의 성공을 평가절하하려는 행동을 보이게 된다. 이러한 행동은 자신의 상대적 결핍감과 실패감을 감소시키기 위한 노력이다.

질투는 시기와 달리 삼각관계 속에서 느끼는 감정이다. 두 사람 사이의 애정 관계를 위협하는 경쟁 상대에 대해 느끼는 감정이다. 경쟁 상대에 의해 현재의 애정 관계가 약화되거나 종결될지 모르는 위협적인 상황에서 느끼는 감정으로서 불안감과 이러한 위협적인 상황을 초래한 경쟁 상대에 대한 분노 감정이 질투의 주요한 일부를 이룬다.

(3) 자의식적 정서

기본 정서가 주로 외부로부터 일어나는 것이라면 자의적 정서들은 개인 자신의 행동에 대한 반응으로 생성되는 정서다.

자기 긍지감

자기 긍지감은 자신이 가치 있는 존재라고 느낄 때 경험하게 되는 긍정적 감정이다. 다른 사람에 의해 자신의 능력, 성취, 신분 등에 대해 긍정적인 평가와 인정을 받을 때, 자기 자신에 대한 가치감이 향상되고 자기 긍지감이 느껴진다. 자기 긍지감의 근거가 되는 자기 가치의 평가는 크게 두 가지 요인에 근거한다. 첫째,

자신의 성취와 업적에 대한 긍정적인 자기평가다. 둘째, 다른 사람들이 나타내는 애정과 인정이다. 자기 긍지감을 느끼는 사람은 자신 있고 자기주장적이며 당당한 행동을 한다. 그러나 지나치면 자기도취적이고 자기중심적이며 자기과시적인 행동으로 나타나게 되며, 오만함이나 거만함으로 보일 수 있다. 자기 긍지감이 낮으면 불만감과 열등감을 만성적으로 느끼게 된다.

죄책감과 수치감

죄책감과 수치감은 자신이 잘못한 행동에 대해 느끼는 부정적 감정이다. 죄책감은 도덕적 기준에 비추어 잘못한 행동에 대해 느끼는 감정인 반면, 수치감은 이상적인 자기 모습에 비추어 잘못한 행동에 대해 느끼는 감정이다. 인간은 성장 과정에서 부모나 사회의 도덕적 기준을 내면화하여 자신의 부도덕한 행위에 대해 스스로 자신을 비난하는 자기 처벌적 감정을 느끼게 되는데, 이러한 감정이 죄책감이다. 죄책감을 느끼면 나타나게 되는 행동적 반응에는 후회, 속죄, 보상 행동, 자해 행동, 변명과 합리화 등이 있다. 수치감은 유능하고 현명하며 당당한 이상적 자아에 비추어 자신의 행동이 기대에 미치지 못했을 때 느끼는 감정이다. 수치감에 대한 주된 행동적 반응은 초라한 자신의 모습을 숨기거나 자해 행위로 나타날 수 있다. 수치감은 죄책감의 경우처럼 사죄를 통해 불편한 감정을 해소할 대상이 분명하지 않다는 점에서 해소하기 어려운 감정이며, 오래도록 자신을 괴롭힐 수 있다. 수치감을 극복하는 가장 직접적인 방법은 스스로 자신을 인정하고 용서하는 것이다. 또 다른 방법은 자신의 긍정적인 면을 두 배로 강화하여 초라함을 보상하는 것이다.

고독감

고독감은 타인과 단절되어 고립되어 있는 상태에 대한 정서적 반응이다. 고독감은 매우 주관적인 불쾌 감정이다. 고독감은 타인과의 관계에 대한 부정적 평가에서 비롯된다. 특히 타인과의 관계가 원하는 기대에 미치지 못하게 되면 자신이 그들과 의미 있는 관계 속에 있지 못하고 홀로 단절되어 있다는 생각에 의해 고독감이 유발된다. 고독감은 경미한 수준에서는 불안감과 유사하지만 고독감이 심하고 장기화되면 우울감으로 발전하게 된다. 가족적·낭만적·사교적·작업적 동반자 중 한 영역의 동반자가 결여되어 있거나 불만족스러운 관계를 갖게 되면 고독감을 경험하게 된다. 특히 이러한 동반자와의 관계가 개선될 수 없다는 예상을 하게 되면 더욱 심한 고독감을 느끼게 된다. 타인에 대한 의존적 욕구나 친애적 욕구가 강한 사람은 타인과의 관계에 대한 높은 기대를 갖게 되어 쉽게 고독감을 느끼는 경향이 있다.

2) 정서지능

정서지능은 샐로비와 메이어(Salovey & Mayer, 1990)가 처음으로 사용한 개념으로서, "자신과 타인의 정서를 평가하고 표현할 줄 아는 능력, 자신과 타인의 정서를 효과적으로 조절할 줄 아는 능력, 그리고 자신의 삶을 계획하고 성취하기 위해 정서를 활용할 줄 아는 능력" 등을 포함한다.

(1) 정서의 인식과 표현

정서의 인식과 표현 능력은 정서지능의 가장 기본적이면서 중요한 요소다. 자신의 정서를 보다 빠르게 지각하고 반응하는 사람이 자신의 감정에 보다 적절하게 반응하며, 나아가 타인에게 자신의 정서를 보다 잘 표현할 수 있으며, 타인의 감정과 기분을 이해하며 공감할 수 있기 때문이다. 이 능력은 개인 내부에서 정서의 정보 처리를 진행하며, 적절한 사회적 기능을 위해 필요하다.

자아의 정서 인식과 표현 능력

자신의 내부에서 느끼는 감정과 기분을 정확하게 인식하며, 자신의 정서를 왜곡하지 않고 적절한 방식으로 표현하는 능력이다. 언어적인 면에서 자아의 정서 인식과 표현 능력은 자신의 감정과 기분을 언어로 명명할 줄 알고, 변별하며, 언어를 매개로 하여 왜곡 없이 표현할 줄 아는 능력을 말한다. 비언어적인 면에서는 표정, 몸짓, 말투 등의 비언어적인 경로를 통해 일어나는 정서적 의사소통에서 자신의 감정을 타인에게 비언어적인 신호를 이용하여 표현할 줄 아는 능력이다.

타인의 정서 인식과 표현 능력

자신의 주변 인물들의 기분과 감정을 인식할 수 있는 능력은 사람들 간의 협조와 협력을 원활하게 하기 때문에 중요하다. 타인의 정서는 비언어적인 방식을 통하여 파악하고 해석한다. 또한 감정 이입을 통하여 타인의 감정을 이해하고, 그 감정을 자신의 내부에서 재경험하게 된다. 감정 이입은 타인의 관점을 이해하고, 타인의 정서를 정확하게 파악하며, 타인과 같은 정서나 적절한 정서를 경험해 보고, 이 내적 경험에 따라 의사소통하고 행동하는 능력이다.

(2) 정서의 조절

자신과 타인의 정서를 조절하는 능력은 감정이나 기분 상태를 처리하는 과정에 중점을 두어, 처리 과정의 능숙도에 따라 특정 목표에 도달하는 능력을 말한다. 정서 조절 능력은 기분 상태를 보다 적응적으로 이끌어 내며, 가치 있는 목표를 향하여 동기를 부여한다.

자아의 정서 조절 능력

자신의 기분에 대한 경험, 즉 기분에 대한 메타 경험(meta experience of mood)은 자신의 기분을 관찰, 평가 및 변화하게끔 하는 조절 체계를 통하여 나타난다. 인간은 유쾌한 기분을 유지하고 이를 연장하기 위하여 동기화되고 불쾌한 기분의 경험을 조율한다. 직접적인 행동을 취함으로써 긍정적인 상태를 유지하려는 조절, 자신의 긍정적인 관점을 유지하는 데 도움이 되는 정보를 찾음으로써 조절하는 자기평가 유지, 기분 유지와 기분 회복을 이용하는 조절 등이 있다.

타인에 대한 정서 조절 능력

이 능력은 타인의 기분을 향상시켜서 가치 있는 목표에 도달하도록 타인을 동기화시킬 수 있다.

(3) 정서 지능 활용 능력

사고, 추리, 문제 해결, 창의적 과제에서 정서를 적응적으로 활용하는 능력을 말한다. 정서는 특정 문제 해결을 하는 데 보다 적응적이고 적절한 정신 상태를 창출한다.

융통성 있는 계획 세우기

정서와 기분은 다양한 미래의 계획을 세우는 데 도움이 된다. 정서와 기분의 변화를 이용하여 미래의 계획을 세우며, 가능성 있는 결과에 대하여 예언할 수 있도록 한다. 이를 통하여 미래에 생길 수 있는 기회에 충분히 준비하고, 사회적 적응력을 높일 수 있다.

창조적 사고

정서와 기분은 기억을 구조화하고 정보를 활용하는 데 영향을 미치며, 이 영향은 창조적인 문제 해결에 기여한다. 긍정적인 기분은 문제를 범주화하는 데 영향을 미치며, 정보를 명확하게 범주화하는 것은 창조적으로 문제를 해결하는 데 도움이 된다. 행복한 감정은 귀납적 문제 해결과 관련이 있으며, 슬프고 우울한 감정은 연역적 문제 해결과 관련이 있다.

주의 집중의 전환

복잡하고 해결이 어려운 문제에 빠져서 그 문제에 따르는 강력한 정서를 경험할 때, 정서는 이러한 복잡한 체계를 차단하여 하나의 처리과정의 수준에서 갑자기 뛰어올라 보다 절실하게 필요한 처리 과정에 초점을 맞추도록 하는 데 기여한다.

정서는 보다 주의 집중이 필요한 내적 · 외적 요구의 우선순위를 정하는 데 도움이 되며, 그에 따라 주의 집중의 자원을 할당한다.

정서의 동기화

정서와 기분은 지적인 능력이 필요한 복잡한 과제를 수행하고 동기화하는 데 도움이 된다. 예를 들면, 불안은 철저하게 시험을 준비하여 보다 정확한 답을 쓸 수 있도록 한다. 인간은 자신의 능력에 대해 자신감을 증가시키기 위해 좋은 기분을 이용하고, 그에 따라 장애물이나 부정적인 경험에 직면했을 때 끈기를 가질 수 있다. 또한 삶에 대해 긍정적인 태도를 가진 사람은 자신과 타인을 위해 보다 많은 보상과 결과를 이끌어 내는 대인 관계 경험을 고안해 낸다.

표 7-1 정서지능을 측정하는 자기보고식 검사 예

정서 모니터링
- 일터나 학교에서 귀가할 때 나도 모르게 내 기분을 평가하곤 한다.
- 나는 하루 중 어느 때인가 내 기분에 대해 문득 생각하곤 한다.
- 나는 자주 내 기분을 평가한다.
- 나는 내 기분상의 변화에 민감하다.
- 나는 내 기분에 많은 주의를 기울이지 않는다.(−)

정서 명명화
- 나는 내 느낌을 설명하는 데 곤란을 느끼곤 한다.(−)
- 나는 보통 내 감정들에 대해 정확하게 느낀다.
- 나는 내 느낌을 규정짓기가 때로는 힘들다.(−)
- 나는 결코 내가 무엇을 느끼고 있는지, 즉 바로 지금, 내가 어떤 기분을 느끼고 있는지에 대해 확신한 적이 없다.(−)

3) 정서이론

(1) 제임스-랑게 이론

제임스(James)는 정서를 체험할 때 신체적 변화가 먼저 오며, 이러한 신체적 변화를 지각하여 특정한 정서를 느끼게 된다고 주장하였다. 즉, 우리는 슬프기 때문에 우는 것이 아니라 울기 때문에 슬픈 것이며, 무섭기 때문에 도망가는 것이 아니라 도망가기 때문에 무서움을 느낀다는 주장이다. 이 견해는 비슷한 시기에 덴마크의 생리학자 랑게(Lange)에 의해서도 제기되어 제임스-랑게(James-Lange) 이론으로 불린다. 랑게는 외부 자극에 의한 자율신경계의 흥분을 비롯한 신체 변화는 상이한 정서에 따라 다르게 나타나며 이러한 상이한 흥분 패턴의 지각이 상이한 정서의 체험을 가져온다고 주장하였다. 제임스는 정서를 일으키는 신체적 변화란 골격 운동(예: 뛰기, 엎드리기) 또는 내장 기관의 반응의 변화(예: 심장 박동수의 증가)라고 주장하였다.

(2) 캐논-바드 이론

캐논(Canon)과 바드(Bard)는 상이한 두 가지 정서가 동일한 생리적 변화와 연결되어 있음을 근거로 제임스-랑게 이론을 반박하였다. 예를 들면, 공포와 분노는 유사한 유형의 격렬한 교감신경의 흥분이 수반된다. 캐논은 다음과 같은 이유로 제임스-랑게 이론을 반박하였다. 첫째, 신체의 내부 기관들에는 신경이 잘 퍼져 있지 않기 때문에 자율신경계의 변화들이 정서 체험의 원천이 되기에는 너무 느리게 일어난다. 둘째, 자율신경계의 변화를 약물을 통하여 인위적으로 유도하여도 해당 정서를 체험하지 못한다. 예를 들면, 두근거림, 전율, 손바닥의 땀과 같은 반응을 일으키는 아드레날린을 실험 참가자들에게 주사하였을 때, 사람은 공포나 분노 같은 정서 체험을 보고하지 않는다. 셋째, 자율신경계의 흥분 패턴이 상이한 정서들 간에 뚜렷하게 다르지 않다. 캐논-바드(Canon-Bard) 이론으로 불리는 정서이론은 외부 자극에 의한 뇌에 있는 시상의 흥분이 정서 체험과 신체 변화를 동시에 유발한다고 주장하였다. 예를 들면 곰을 보면 두뇌는 자율신경계 각성과 근육 활동은 물론 인지적 활동(정서 경험)도 동시에 자극한다. 즉, 정서는 신체 변화의 산물이라는 제임스의 주장과는 달리 정서는 신체 변화와 동반하는 것으로 간주한다. 그러나 운전을 하다가 급격히 끼어드는 버스를 피해 핸들을 꺾는 경우, 우선은 생리적 각성과 빠른 운전 행동으로 위기를 모면하고 나서야 불안과 공포감이 엄습하는 경우가 있다. 이 경우 정서 경험과 신체 변화가 동시에 일어난다는 주장은 맞지 않다. 그러므로 정서 유발 사건과 신체 변화 그리고 정서 경험이 서로 상호작용하는 이론이 필요하다.

(3) 샥터-싱어 이론

샥터(Schachter)와 싱어(Singer)는, 정서는 생리적 각성 수준과 인지적 평가라는 두 가지 요인에 의해 결정된다고 주장하였다. 일단 정서 경험에는 생리적 각성이 필요하며, 어떤 정서가 경험되는가는 개인이 처한 상황에 대한 인지적 평가에 따라 결정된다. 즉, 개인은 자신의 생리적 각성에 대해 주변 상황에서 이유를 찾음으로써 자신을 이해하게 된다. 예를 들면, 곰이 나타났을 경우 생리적 각성이 일어나며, 이와 같은 상황과 각성 상태를 인지적으로 해석함으로써 공포라는 정서를 경험하게 된다.

(4) 라자루스 이론

라자루스(Lazarus)는 인지 평가가 정서 경험에 중요한 역할을 한다고 주장하였다. 우리가 경험하는 정서는 우리가 현재의 상황을 해석하는 방식에 달려 있다. 평가에는 일차적 평가와 이차적 평가 그리고 재평가라는 세 가지 형태가 있다. 일차적 평가는 현재 상황이 개인의 안녕에 긍정적인지, 스트레스를 주는지 또는 관련이 없는지를 생각한다. 이차적 평가는 자신에게 상황에 대처할 수 있는 자원이 있는지 고려한다. 그리고 재평가는 자극 상황과 대처 방략을 감시하고 필요하다면 일차적·이차적 평가를 수정한다. 라자루스는 일차적 평가 및 이차적 평가 동안에 무엇이 발생하였는가에 기초하여 정서 상태가 구분될 수 있다고 주장하였다 (Banich, 2008; Eysenck, 2005).

4) 정서의 생리적 기제

(1) 파페즈 회로

정서와 관련된 핵심적 뇌의 체계를 파악하기 위한 최초의 체계적 시도 중 하나는 파페즈(Papez, 1937)의 연구였다. 그는 뇌손상 환자들에서 나온 결과들과 조합하여 정서의 기초로서 파페즈 회로를 제안하였다. 이 회로는 해마에서 시상하부로 그리고 시상하부에서 전 시상으로 통하는 폐쇄된 회로를 말한다. 이 회로는 대상회를 거쳐 해마까지 이어진다. 이후 맥린(MacLean)은 정서에서 변연계가 중요하다고 주장하였다. 그리고 클루버와 부시(Kluver & Bucy, 1939)는 편도핵이 중요하다는 연구를 내놓았다. 이 연구들에서 전측두엽이 제거된 원숭이는 덜 공격적이

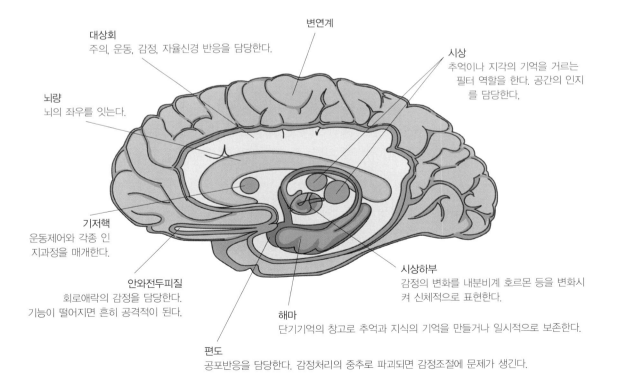

[그림 7-2] 뇌 변연계 구조

고 공포를 거의 보이지 않았고, 물체들을 입으로 가져갔으며, 성 활동이 더 많아졌다. 이러한 행동 패턴을 클루버–부시 증후군이라 한다. 이것은 측두엽에 위치하고 있는 편도핵의 손상에 주로 의존하고 있다. 인간의 경우 편도핵 손상은 종양이나 뇌손상에 의해 발생한다. 정서에 편도핵이 중요한 역할을 담당하는데, 편도핵이 손상된 환자의 경우 특히 공포 표현을 잘 인식하지 못하였고 정서적 어조로 말하는 중성적 단서의 정서를 알아내야 할 때 공포와 분노를 알아내는 데 서툴렀다. 이러한 결과는 편도핵이 위험과 공포 정서의 평가와 관련되어 있음을 반영한다.

(2) 공포 관련 뇌회로

르두(LeDoux)는 불안을 집중적으로 연구했는데, 그는 편도핵의 역할을 강조하였고 편도핵을 자극의 정서적 의미를 파악하는 뇌의 정서 컴퓨터로 간주하였다. 그에 따르면, 정서 자극에 대한 감각 정보는 시상으로부터 편도핵과 피질로 동시에 전달된다. 불안과 관련된 서로 다른 두 개의 정서 회로가 있는데, 감각 정보의 상세한 분석을 포함하는 느리게 작용하는 시상–피질–편도핵 회로와 자극의 강도와 같은 단순한 자극 특징에 기초한 빠르게 작용하는 시상–편도핵 회로로서 이 회로는 피질을 우회한다. 시상–편도핵 회로는 위협적 상황에서 재빨리 반응하게 하고, 따라서 생존에 중요하다. 이와 대조적으로 피질을 경유하는 회로는 상황의 정서적 중요성을 상세하게 평가함으로써 가장 적절한 방식으로 상황에 반응하게 한다.

(3) 반구 전문화

뇌의 두 반구가 정서에서 서로 다른 역할을 한다는 증거가 점점 많아지고 있다. 유쾌한 정서는 주로 좌반구의 전두엽에서 활성화되며, 불쾌한 정서는 우반구 전두엽의 활성화와 관련되어 있다. 좌반구 활성화 편향을 가진 사람이 우반구 활성화 편향을 가진 사람보다 더 긍정적인 정서를 경험하였던 반면, 우반구 활성화 편향을 보이는 사람은 더 부정적인 정서를 경험하였다.

쉬프와 라몬(Schiff & Lamon, 1994)에 따르면, 오른쪽 얼굴 근육이 수축되었을 때 참여자들은 긍정적 정서를 경험하였고, 왼쪽 얼굴 근육의 수축은 부정적 정서를 경험하게 하였다.

(4) 세로토닌의 역할

세로토닌은 신경계에서 억제적 역할을 하며 적절한 수준의 세로토닌은 분노와 우울증을 억제하는 효과를 가진다. 세로토닌의 수준이 낮은 사람들은 부정적 정서 상태를 억제하기 어려운 것으로 알려져 있다. 베른하르트(Bernhardt, 1997)는 공격적인 동물의 시상하부와 편도핵에서 낮은 수준의 세로토닌이 발견되었다. 낮은 수준의 세로토닌이 동물과 인간으로 하여금 좌절을 일으키는 자극에 더 민감하게 만들기 때문에 공격행동이 일어난다고 주장하였다. 우울증 환자의 경우 세로토닌 수준이 낮은 경향이 있다(Banich, 2008; Eysenck, 2005: 86-90).

요약

동기는 세상을 작동하는 기제이고, 정서는 세상과 관계하는 기제라고 표현한다. 동기는 내적 자극에 의해 생기는 경우가 많고, 음식이나 물, 짝짓기 대상 등 대상에 자연적으로 지향되는 반면, 정서는 보통 외적 자극에 의해 생기며, 정서의 표현은 정서를 일으킨 자극으로 향한다. 동기는 대개 목표 지향적 활동에 초점을 두는 반면, 정서는 활동에 수반되는 주관적·감정적 경험에 중점을 둔다. 동기는 본능이론, 추동감소이론, 각성이론, 행동주의 동기이론 및 사회적 학습이론 등으로 설명될 수 있다. 정서는 긍정정서, 부정정서, 자의식 정서로 나뉠 수 있고, 제임스-랑게 이론, 캐논-바드 이론, 각성-해석 이론, 라자루스 이론으로 설명될 수 있다.

학습 개요

심리학의 여러 연구 분야 중에서 성격만큼 사람들의 호기심의 대상이 되어 온 주제도 드물 것이다. 우리는 평생을 살아가면서 자신의 성격은 물론이고 주변 사람의 성격에 대해 알고 싶어 한다. 도대체 우리의 성격은 어떻게 형성되는 것일까? 부모로부터 물려받는 것일까? 아니면 전적으로 환경에 의해 결정되는 것일까? 우리의 성격은 우리의 삶에 어떠한 영향을 미치는 것일까? 성격은 살아가면서 변하는 것일까? 어떤 사람의 성격을 파악한다면 그 사람의 행동을 예측하는 것이 가능할까? 앞으로 이 장을 공부해 가면서 이러한 질문들에 대한 답을 찾아보도록 하자.

1. 성격의 정의

성격의 사전적 정의는 '개인이 가지고 있는 고유의 성질이나 품성'으로 비교적 간단명료하다. 이에 비해 성격에 대한 심리학자들의 정의는 이론적 입장에 따라 무척 다양한데, 기본적으로 독특성(uniqueness)과 행동의 특징적 패턴(characteristic patterns of behavior)이라는 두 가지 요소를 포함하고 있다(Gerric & Zimbardo, 2005). 그중 독특성은 동일한 상황이 주어졌을 때 각기 다르게 반응하는 행동적인 차이 (distinctiveness)에서 비롯된다. 그리고 일관성(consistency)은 행동의 특징적 패턴을 말한다. 이렇게 볼 때, 성격은 한 개인의 특징적 행동 패턴이 여러 상황과 시간에 걸쳐 안정적으로 나타나는 것으로 정의될 수 있다.

우리가 흔히 성격과 혼동하여 쓰는 개념 중 하나로는 기질(temperament)이라는 말이 있다. 일반적으로 십대 후반에 이르러서야 안정적인 틀을 갖추게 되는 성격 과 달리, 기질은 생후 2, 3개월 무렵이면 뚜렷하게 드러난다. 그러한 기질에는 전 형적인 기분상태, 활동수준, 정서적 반응성 등이 포함된다(Thomas & Chess, 1977, 1989). 아동의 기질은 다음과 같이 크게 세 가지로 나뉜다. 첫째, 순한 아동(easy child)은 생리적인 리듬이 규칙적이고 자신과 외부 세계에 대해 편안해하는, 말 그 대로 키우기 쉬운 아동이다. 둘째, 느린 아동(slow-to-warm-up child)은 생리적 리듬 이 덜 규칙적이고 낯선 상황에 적응하는 데 시간이 걸리지만 전반적인 적응에는 별 어려움이 없는 아동이다. 셋째, 까다로운 아동(difficult child)은 생리적 리듬이 불규칙적이고 정서적 반응이 강하며 불안정한 아동으로, 가장 키우기가 어려운 경우다. 이러한 아동의 기질은 부모의 양육방식과 상호작용함으로써 이후에 성격 형성과정에도 영향을 미치게 된다.

여기서는 성격을 이해하기 위한 이론적 접근법 중에서 가장 오래된 것을 먼저 소개한 후에 정신역동적 접근, 행동주의적 접근, 인본주의적 접근, 특성이론, 생물 학적 접근의 순으로 성격에 관한 주요 이론들을 살펴본다.

2. 주요 성격이론

1) 유형론

유형론(type theory)에서는 사람들을 서로 뚜렷이 구별되는 범주로 분류하고자한다. 유형론의 시초는 히포크라테스(Hippocrates, B.C.460~B.C.377)의 체액(humors)에 따른 분류다. 히포크라테스는 혈액, 점액, 흑담즙 및 황담즙이라는 네가지 체액에 따라 행동과 감정이 달라진다고 보았다. 그에 따르면, 체액의 배합상에서 어느 한 체액의 비중이 상대적으로 커지는 불균형 때문에 개인의 기질이 형성된다. 그의 뒤를 이어 서기 2세기경 갈렌(Galen, 130~200)은 히포크라테스의 체액 이론을 기질 이론으로 발전시켰다(〈표 8-1〉 참조). 그는 개인의 기질을 담즙질(Choleric, 황담즙), 다혈질(Sanguine), 우울질(Melancholic, 흑담질) 및 점액질(Phlegmatic)이라는 네 가지 유형으로 분류하였다.

표 8-1 체액형에 따른 기질 및 성격 특징의 분류

체액형	기질	성격 특징
다혈질	다혈질의	쾌활하고 활동적인
점액질	냉정한	정서 반응이 느리고 자제력이 강한
우울질	우울한	슬프고 시무룩한
담즙질	정서적 불안정	화를 잘 내고 흥분하기 쉬운

현대에 와서는 셸던(Sheldon, 1942)이 세 가지 신체 유형에 따른 성격 특징을 기술하였다. 첫째, 외배엽형(ectomorphic type)은 키가 크고 마르고 허약한 체격의 소유자로 내향적이며 예술적이고 머리가 좋다. 둘째, 중배엽형(mesomorphic type)은 튼튼한 근육질 체격의 소유자로 에너지가 넘치고 용기 있으며 자기주장적이다. 셋째, 내배엽형(endomorphic type)은 둥글둥글하고 뚱뚱한 체격의 소유자로 먹는

것을 즐기고 사교적이며 정서적으로 이완되어 있다. 최근에는 설로웨이(Sulloway, 1996)가 출생순서에 따른 성격 유형의 분류를 제안하였다. 예를 들면, 맏이는 경쟁자가 없는 상태에서 부모의 사랑을 독차지하며 쉽게 부모와 동일시하고 순종적인 성격을 형성해 나간다. 반면에 후발주자인 둘째 이하의 아동들은 손위 형제자매가 아직 개척하지 않은 새로운 영역에서 우수성을 증명할 필요가 있기 때문에, 결과적으로 새로운 경험에 대한 개방성과 같은 성격 특징이 형성된다.

2) 정신역동적 이론

프로이트(Freud)의 정신분석학을 필두로 하여 모든 정신역동적 이론들은 정신 내적인 요소들이 내현적 행동(예: 감정, 사고) 및 외현적 행동의 성격 특징 전체를 결정한다고 본다. 다만 정신역동적 이론들 내에서도 각 이론가들에 따라 그 구체적인 정신내적인 힘의 실체와 작용에 대한 견해들은 서로 다르다.

(1) 프로이트의 정신분석

프로이트는 인간의 행동은 유아적 소망, 환상, 초자아(superego)의 금지와 이상 (ideal), 방어기제(defense mechanism), 현실 그리고 이를 중재하고자 하는 자아 (ego)의 현실 기능 등의 요인들이 상호작용한 결과로 나타나게 된다는 정신적 결정론(psychic determinism)을 주장하였다(Freud, 1901, 1924, 1940). 다시 말해서 프로이트는 초기 아동기 경험과 무의식적 동기가 모든 정신적·행동적 반응을 결정짓는 중요 요인이라고 보았다. 그에 따르면, 모든 형태의 쾌감을 추구하게 만드는 심리성적 에너지인 리비도(libido)가 어떻게 억압되고 표출되느냐에 따라 개인의 성향이 달라진다.

프로이트의 이론에서는 긴장 감소(tension reduction)를 행동의 주요한 동인으로 본다. 유기체의 경우, 욕구충족이 결핍됨으로써 긴장 상태에 빠지게 되면, 체내의 상태를 일정 수준으로 유지하고자 하는 항상성(homeostasis)의 원리에 따라 긴장을 감소시키기 위한 특정 행동이 유발된다는 것이다.

1 의식의 수준

　의식(conscious)은 특정 시점에서 인식된 내용들로 구성되며 외부 세계와의 접촉이 일어나는 지점이다. 전의식(preconscious)은 의식의 표면 바로 아래에 존재하는 내용들로서 의지를 갖출 경우 상대적으로 쉽게 생각해 낼 수 있다. 마지막으로 무의식(unconscious)은 의식적 자각의 표면으로부터 훨씬 아래에 있는 소망, 욕구, 환상, 초자아의 금지와 이상, 자아의 방어기제 등으로 구성되어 있다. 무의식에 대해 의식적으로 접근하는 것은 쉽지 않으며 일상생활 속에서는 말실수나 망각, 꿈 등에서 그 흔적을 찾을 수 있을 뿐이다. 프로이트에 따르면, 의식은 빙산의 일각에 불과하며 물속에 잠겨 있는 거대한 나머지 부분에 해당하는 무의식이 우리의 행동에 지대한 영향을 미친다([그림 8-1] 참조). 따라서 정신분석에서는 자유연상(free association)과 꿈 분석(dream analysis) 등을 통해 환자의 무의식을 탐구함으로써 증상의 원인을 밝히고 당면한 문제들을 해결하고자 한다.

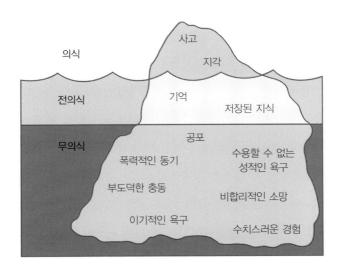

[그림 8-1] 프로이트의 무의식 모형

② 성격의 구조

프로이트는 성격의 세 가지 구조로 원초아(id), 자아(ego) 및 초자아(superego)를 제안했다. 그는 모든 행동은 이 세 가지 행동의 갈등에서 비롯된 결과물이며 이러한 갈등으로부터 자유로운 인간은 존재하지 않는다고 주장했다.

원초아

원초아는 성격의 가장 원시적이고 본능적인 부분으로 모든 심리적 에너지의 저장소다. 원초아는 즉각적인 욕구충족을 추구하는 쾌락원리(pleasure principle)에 따라 작동한다. 또한 원초아는 이미지, 꿈 등 일차 과정적 사고(primary process thinking)를 사용하는데, 이는 긴장의 일시적인 감소를 가져올 뿐 실질적인 욕구를 충족시켜 주지는 못한다. 이렇게 원초아의 욕구충족이 지연되고 좌절되는 경험이 반복되면서 점차 자아가 형성되기 시작한다.

자아

자아는 유기체의 안전을 일차적으로 고려하는 성격구조로서 생후 약 6개월에서 2, 3세 사이에 형성된다. 자아의 형성과정에는 중추신경계의 발달, 유전적 요소, 경험(특히 신체감각)이 중요한 요소로 작용한다. 자아는 즉각적인 욕구충족이 아니라 적절한 대상이나 환경조건이 생길 때까지 쾌락을 지연시키는 현실원리(reality principle)에 따라 작동한다. 현실 판단, 논리적인 사고, 문제 해결을 위한 계획 수립 등 이차 과정적 사고(secondary process thinking)를 사용한다.

초자아

초자아는 5, 6세 무렵에 형성되며 성격의 사회적 · 도덕적 구성 요소로서 도덕원리(morality principle)에 따라 작동한다. 초자아는 개인의 내적 도덕인 양심과 개인이 추구하는 자아 이상으로 이루어져 있다. 양심은 주로 일차적 양육자를 통해 사회의 규율이나 금기 등이 내재화된 것이다. 지나치게 강한 초자아는 결벽증, 강박관념, 지나친 긴장과 부자연스러움, 지나친 억제, 완벽함의 추구를 가져온다. 한편 바람직한 수준의 초자아가 형성되려면 양육자가 일관성을 지키되 지나치게 가혹하지 않은 양육태도를 가져야 한다.

③ 불안과 방어기제

불안

　정신적으로 건강하고 적응적인 사람은 원초아, 자아 그리고 초자아 사이에 적절한 균형을 유지하면서 외부의 요구(예: 사회적 의무)와 내적인 욕구(예: 개인의 욕구) 모두를 최대한 충족시킬 수 있는 사람이다. 즉, 프로이트는 자아가 원초아의 욕구와 초자아 및 현실의 요구를 잘 조정하면서 승화된 방식으로 욕구를 충족할 때 성숙한 성격구조를 갖출 수 있다고 믿었다. 반면에, 자아의 힘이 충분하지 않으면 세 성격구조 간의 갈등을 효율적으로 해결하지 못하고 결국에는 신경증적 불안(neurotic anxiety)이나 도덕적 불안(moral anxiety)을 경험하게 된다. 전자는 사회적으로 용납되지 않는 원초아의 충동이 행동으로 표출되어 심한 처벌을 받을까 봐 두려워하는 것에서, 후자는 초자아가 통제에서 벗어나서 실제든 아니든 심한 죄의식을 느끼게 될까 봐 두려워하는 것에서 비롯된다. 이렇게 자아가 원초아의 추동을 적절히 만족시키거나 지연시키지 못해서 억압되어 있던 추동이 의식의 수면 위로 떠오르게 되면 일종의 위험 신호인 불안이 유발되고 방어기제가 작동하게 된다.

방어기제

　방어기제는 자아가 신경증적 불안과 죄의식에서 벗어나기 위해 무의식적인 수준에서 적응적인 노력을 기울이는 것을 말한다. 방어기제를 부적절하거나 지나치게 사용하면 증상이 형성될 수 있는데, 어떤 의미에서 이러한 증상은 용납되지 않는 무의식적 소망과 그것을 금지하려는 힘이 절충적으로 타협을 이룬 결과물일 수 있다.

자아의 방어기제는 그 작용의 결과가 얼마나 적응적이냐에 따라 네 가지 수준으로 나눌 수 있다(Vaillant, 1993; 〈표 8-2〉 참조). 베일런트(Vaillant)는 성숙한 수준의 방어기제를 주로 사용하면 개인의 행복은 물론이고 주변 사람을 포함하여 넓게는 사회에도 긍정적인 기여를 가져올 수 있는 적응적인 결과를 낳지만 그렇지 못하면 개인이나 사회, 아니면 양자 모두에게 부적응적인 결과를 초래하게 된다고 보았다.

표 8-2 자아의 방어기제

정신병적 수준(Psychotic level)
5세 이전의 건강한 어린이 및 성인의 꿈과 공상에서 나타난다. 현실 속에서 성인이 이러한 방어기제를 사용하면 관찰자에게는 '미친' 것으로 보인다.

1. 망상적 투사(delusional projection): 다른 사람이나 다른 사람의 감정을 문자 그대로 자신의 내부에 지각하는 것 (예: "악마가 내 심장을 갉아 먹는다.")
2. 부정(denial): 현실에서 일어났던 위협적이거나 외상적인 사건을 받아들이지 않고 거부하는 것, 외부 현실의 부정
3. 왜곡(distortion): 비현실적인 과대망상적인 신념, 환각, 소망 충족적 망상과 망상적 우월감, 자기 행동에 대한 개인적인 책임의 전적인 부인 (예: "악마가 시켰다.")

미성숙한 수준(Immature level)
자기 내면의 심리적인 갈등을 해결하기 위해 다른 사람들을 희생양으로 삼기 때문에 관찰자에게는 사회적으로 바람직하지 못한 것으로 보인다.

1. 투사(projection): 사회적으로 용납될 수 없는 생각과 감정을 타인에게 귀속시키는 것
2. 정신분열적 환상(schizoid fantasy): 갈등해결과 만족을 위하여 환상을 사용하고 자폐적인 운둔에 빠지는 경향
3. 건강염려증(hypochondriasis): 사별, 외로움 혹은 수용할 수 없는 공격적인 충동에서 야기된 다른 사람에 대한 비난이 통증에 대한 호소, 신체적 질병 그리고 신경쇠약 등의 변형된 형태로 나타나는 것
4. 소극적·공격적 행동(passive aggressive behavior): 다른 사람에 대한 공격성을 소극적으로 자신에게 향하게 함으로써 간접적으로 그리고 비효과적으로 표현하는 것
5. 행동화(acting out): 무의식적 소망이나 충동을 그것에 수반되는 감정을 의식하는 것을 피하기 위해 충동적으로 직접 표현하는 것

신경증적 수준(Neurotic level)
문제 상황에서 자기를 희생시킴으로써 개인의 사적인 감정이나 본능적 표현을 변경시켜 내면의

갈등 또는 현실적인 문제와 타협하는 것을 말한다. 관찰자에게는 기행을 일삼는 사람이나 '콤플렉스'를 가진 사람으로 보인다.

1. 이지화(intellectualization): 본능적 소망에 대하여 형식적이고 감정이 배제된 용어로 생각하는 것(사고는 의식상에 남지만 감정은 없어지는 것)
2. 억압(repression): 이지화와는 반대로, 감정은 의식상에 남지만 사고는 없어지는 것
3. 전위(displacement): 감정을 유발시키는 사람이나 상황보다 상대적으로 덜 위협적인 대리물에 감정을 쏟는 것
4. 반동형성(reaction formation): 수용할 수 없는 본능적 충동과는 정반대로 행동하는 것
5. 해리(dissociation): 정서적 고통을 피하기 위해 개인의 성격이나 정체감을 일시적이나 극적으로 수정하는 것

성숙한 수준(Mature level)
문제 상황에서 내면의 갈등을 숨기거나 자기 또는 타인을 희생양으로 삼기보다는 문제 상황 자체를 창조적으로 변형시켜, 결과적으로 자신뿐만 아니라 주변 사람에게도 도움이 되는 책략을 사용한다.

1. 이타주의(altruism): 대리적이지만 건설적이며 다른 사람에게 본능적 충동을 만족시키는 봉사를 하는 것
2. 유머(humor): 감정적으로 불편해지지 않으면서 다른 사람에게도 불쾌한 영향을 미치지 않는 형태로 사고나 감정을 재미있게 표현하는 것
3. 억제(suppression): 바람직하지 않은 의식적 충동, 갈등에 대한 관심을 지연시키려는 의식적 혹은 반의식적 노력
4. 예상(anticipation): 미래에 일어날 심리적 불편감에 대하여 현실적으로 예견하거나 계획함으로써 효과적으로 대처하는 것
5. 승화(sublimation): 부정적인 결과나 쾌락의 지나친 손상 없이, 간접적이거나 순화된 형태로 본능을 표현하는 것, 정서적 긴장이나 원시적 에너지를 사회적으로 인정받을 수 있는 행동방식으로 표출하는 것

④ 심리성적 발달이론

심리성적 발달이론(psychosexual development theory)에서는 리비도가 신체의 어느 부위에 집중되느냐에 따라 성격의 발달을 다섯 가지 단계로 구분한다. 아동은 각 단계마다 내재하는 고유한 발달과제를 해결해야 한다(〈표 8-3〉 참조). 이러한 과제들을 어떻게 해결하는지에 따라 특징적인 성격이 형성되며, 성인기의 여러 가지 행동과 의사결정(예: 직업 및 배우자의 선택)에 영향을 미치게 된다. 이 과정에

서 중요한 개념은 고착(fixation)과 퇴행(regression)이다. 고착은 한 단계에서 다음 단계로 이행하지 못하고 제자리에 머무는 현상으로서, 지나친 만족과 심한 좌절 모두 원인이 될 수 있다. 고착이 일어나면 성인이 되어서도 해당 단계의 성격적 특징을 현저하게 보이게 된다. 퇴행은 지나치게 위협적이거나 좌절을 주는 상황에 직면했을 때 이전 단계에서 성공적으로 사용했던 생각이나 감정, 행동에 의지하여 현재의 불안이나 위협을 해소하는 현상이다.

표 8-3 심리성적 발달 단계

단계	연령	성감대	주요 발달과제
구순기	0~1	입, 입술, 혀	이유(離乳)
항문기	2~3	항문	배변 훈련
남근기	4~5	성기	오이디푸스 콤플렉스
잠복기	6~12	없음	방어기제의 발달
성기기	사춘기 이후	성기	성숙한 성적 친밀감

구순기

구순기(oral stage)는 약 생후 1년 반 동안이며 이 단계에서 쾌감의 주 원천은 구강 및 구강과 관련된 행위다. 섭식(feeding)과 이유(weaning)가 어떻게 이루어졌느냐가 차후의 발달에 매우 중요한 영향을 미친다. 구순기의 고착행동으로는 탐식이나 절식, 흡연, 과음, 수다, 알코올 중독 등이 있다.

항문기

항문기(anal stage)는 2, 3세에 해당되며, 항문 및 항문과 관련된 행위가 쾌감의 주 원천이 된다. 즉, 변을 배설(expulsion)하고 보유(retention)하는 행위를 통해 만족감을 경험한다. 이 단계에서는 자아와 환경, 즉 개인의 의지와 사회의 규범 간의 갈등이 배변 훈련(toilet training)이라는 발달과제를 통해 명확하게 드러난다. 양육자가 지나치게 이른 시기에, 혹은 지나치게 엄격하게 처벌적으로 배변 훈련을 시키게 되면 고착이 일어날 수 있다. 항문기 고착행동으로 가장 잘 알려진 것은 결벽

중, 질서정연함, 고집, 인색함 등이지만 정반대의 행동, 즉 지저분하고 무질서한 것, 무책임함, 낭비와 사치 등도 항문기 고착과 관련 있다.

남근기

남근기(Phallic stage)는 4, 5세에 해당되며 성기가 성감대인 시기다. 이 시기의 주요한 발달과제는 오이디푸스 콤플렉스(Oedipus complex)를 어떻게 해결하느냐다. 오이디푸스 콤플렉스는 남아가 어머니에게는 애정을, 아버지에게는 적대감을 가지게 되는 현상이다. 이 과정에서 자신보다 강한 경쟁자(아버지)가 자신의 남성성을 제거해 버릴지도 모른다는 거세불안(castration anxiety)을 느끼게 된다. 남아는 생존의 위협이 되는 이러한 강한 불안을 공격자와의 동일시(identification with an aggressor)를 통해 해결하게 된다. 동일시의 이점은 자신보다 우월한 타인의 가치나 특성을 자기 것인 양 내면화함으로써 자신의 약함을 부인하고 스스로도 강하다고 느낄 수 있게 되며 그 타인의 성취를 통해 대리적 욕구충족을 할 수 있다는 것이다. 동일시를 통해 오이디푸스 콤플렉스를 해결한 남아에게는 ① 거세불안의 해소, ② 어머니에 대한 소망의 간접적 충족, ③ 적절한 성역할의 습득을 통한 건강한 성정체감의 형성 그리고 ④ 초자아 및 자아의 이상의 발달이라는 보상이 주어진다.

여아의 경우에는 엘렉트라 콤플렉스(Electra complex)를 겪게 되는데, 여아 역시 이성의 부모에게는 애정을, 동성의 부모에게는 적대심을 갖게 된다. 프로이트는 여아의 어머니에 대한 적대심이 남근선망(penis envy)에서 비롯된다고 보았다. 즉, 남근이 없다는 열등감을 어머니의 탓으로 돌리고 어머니를 미워한다는 것이다. 여아의 경우에는 어머니와의 의존적 동일시를 통해 갈등을 해결하게 된다.

이 단계에 고착된 남성의 성격 특징으로는 허영, 과시, 방종, 지배성, 공격성 그리고 무모성을 들 수 있다. 여성의 성격 특징으로는 유혹적인 것, 경박함, 지나친 순진함 등이 있다. 따라서 이 단계에 고착된 성격 특징들의 경우, 남성은 남성다움을 그리고 여성은 여성다움을 증명하고자 하는 무의식적 욕구와 관련이 있다고 할 수 있다.

잠복기

잠복기(Latent period)는 6~12세에 이르는 시기로, 심리성적인 관심이 저하되는 한편 사회적·지적 기술의 습득에 치중하게 된다. 이 시기에는 고착이 일어나지 않으며, 이성과의 관계보다 동성과의 우정을 더 중요시하고 사회적 관계를 확장해 나가게 된다.

성기기

성기기(Genital period)는 13세 이후이며, 사춘기가 시작되면서 성적인 추동이 다시 전면에 등장하고 성기에 관심이 모아진다. 이전의 단계들에서 발달과제들을 성공적으로 해결해 왔다면 이 단계 이후에는 다른 사람에 대한 인간적인 관심과 성숙한 이성 관계, 일에서의 성공 등의 사회적 과제들을 무리 없이 수행할 수 있게 된다.

⑤ 프로이트 이론에 대한 평가

프로이트의 이론이 성격의 발달에 대한 이해에 지대한 영향을 미쳤다는 것에 반론을 제기하는 사람은 아마 없을 것이다. 하지만 그 영향력이 큰 만큼 그에 대한 비판도 적지 않은 것 또한 사실이다. 첫째, 정신분석적인 개념들은 조작적 정의가 부족한 관계로 실험적 연구를 통한 증명이 어렵다는 문제점이 있다. 이러한 문제점을 극복하기 위해서, 근래에 와서는 역치하 의식을 대상으로 한 경험적 연구를 통해 무의식 및 자아의 방어기제와 같은 정신분석의 기본적 개념들을 검증하려는 노력이 이루어지고 있다(Baars & McGovern, 1996; Hentschel, Smith, Ehlers, & Draguns, 1993; Singer, 1990; Westen, 1998). 둘째, 프로이트의 이론은 사례연구에 근거했기 때문에 후향적인(retrospective) 해석에 바탕을 두고 있다. 따라서 미래에 대한 예측보다는 과거에 대한 해석을 지나치게 강조한다는 비판을 받고 있다. 셋째, 지금보다 성적인 억압이 훨씬 심했던 19세기의 사회문화적 영향을 받은 프로이트의 이론이 현대에도 보편타당한 설득력을 지니고 있는가에 대한 의문이다. 넷째, 심리성적 발달단계의 핵심 개념이라고 할 수 있는 오이디푸스 콤플렉스와 엘렉트라 콤플렉스에서 드러나듯이, 남성 중심적인 이론이라는 비판이 제기되기도 한다. 다섯째, 발달이론임에도 불구하고 실제 아동을 대상으로 한 경험연구나 관찰연구에 바탕을 두고 있지 않다는 비판을 받는다. 이에 프로이트의 딸인 안나 프로이트(Anna Freud)를 비롯하여 후대의 일부 정신역동이론가들이 아동의 정신분석을 통해 이론을 검증하고자 하는 노력을 기울여 오고 있다.

(2) 융의 분석심리학

융(Jung, 1875~1961)도 프로이트처럼 무의식적인 결정인자들이 성격의 형성에 중요하다고 보았으나 여러 면에서 프로이트와 의견을 달리하였다. 첫째, 융(Jung, 1921, 1933)은 리비도가 여러 본능 중의 하나일 뿐이며 인간은 단순히 본능에 사로잡혀 있는 존재가 아닌 목적 지향적인 삶을 추구하는 존재라고 보았다. 둘째, 프로이트의 이론은 초기 아동기를 강조하는 반면에 융의 이론은 중년기 이후에 초점이 맞추어져 있다. 셋째, 융은 무의식의 개념을 확장시켜 집단무의식(collective unconscious)이라는 개념을 정립하였다(Jung, 1959). 넷째, 프로이트처럼 꿈 분석을 중요시했으나, 꿈의 기능에 대해서는 의견을 달리했다. 융은 꿈이 예언적인 기능을 가지고 있으며 일종의 안내자 역할을 하기 때문에, 꿈의 내용을 파악할 수 있다면 당면한 문제를 해결하고 미래를 파악하는 것이 가능하다고 보았다. 이 밖에도 융은 거의 모든 성격검사에서 주요하게 다루는 개념인 내향성(introversion)-외향성(extraversion) 차원을 최초로 기술하고 개념을 정립하였다.

① 성격구조

개인무의식과 집단무의식

융은 무의식이 개인무의식(personal unconscious)과 집단무의식(collective unconscious)의 두 가지 층으로 되어 있다고 보았다. 개인무의식은 개인이 살아오는 과정에서 억압한 모든 성향과 감정으로 프로이트의 무의식의 개념과 유사하다. 집단무의식은 인류에게 공통적으로 유전되어 온, 개인 내에 잠재되어 있는 기억들이 저장되어 있는 곳이다. 집단무의식은 직접적으로 의식화되지는 않지만 인류 역사의 산물인 신화, 민속, 예술 등에서 보편적으로 나타나는 주제를 통해 간접적으로 확인할 수 있다.

원형

원형(archetype)은 인류 역사를 통해 물려받은 정신적 소인으로서 집단무의식을 구성하고 있다. 원형은 특정한 대상이나 경험에 대한 상징적 표상으로서 보편적인 의미와 정서가를 지니고 있다. 대표적인 예로는 대지의 어머니, 현자, 영웅 등의 이미지 원형이 있다.

페르소나와 그림자

페르소나(persona)는 가면이라는 뜻의 라틴어에서 유래된 말로, 융의 분석심리학에서는 환경의 요구와 조화를 이루려는 적응의 원형을 가리킨다. 즉, 다른 사람들과의 관계에서 드러나는 자기(public self)로서 다양한 역할에 맞는 페르소나가 필요하다. 하지만 지나치면 성격이 통합되지 못하고 공허감이나 해리감을 경험하게 된다.

그림자(shadow)는 우리 자신의 용납하기 어려운 특징과 감정들로 구성되어 있으며 개인무의식에 존재한다. 대개는 페르소나가 긍정적이고 그림자는 부정적이지만 개인에 따라 그 반대의 경우도 가능하다. 그림자는 꿈 분석 등에서 '동성'의 모습으로 등장한다.

아니마와 아니무스

아니마(Anima)는 남성 속의 여성성 원형으로 실제 어머니뿐만 아니라 모든 여성들의 이미지가 집합되어 있다. 아니마를 통해 남성은 이성을 이해할 수 있으며, 예술적이고 영적인 작업에서 영감을 발휘할 수 있다. 아니무스(Animus)는 여성 속의 남성성 원형으로 행동을 취하고 판단과 변별을 하는 능력이다. 아니무스가 지배적인 상태의 여성은 독단적이고 논쟁적이다.

자기

자기(self)는 전체로서 조화와 통합을 위해 노력하는 원형으로서 가장 중요한 원형이라고 할 수 있다. 이러한 자기의 중심성, 전체성, 의미에 대한 무의식적 갈망이 충족되어 자기실현(self-actualization)이 이루어졌을 때의 상징이 바로 만다라(mandala)다(Jung, 1973).

② 발달이론

융은 우리 삶의 전반기는 외부의 환경에 대응하는 과제를 해결하는 데 중점이 두어지기 때문에 심리적 에너지가 외부를 향하는 반면 중년기 이후에는 심리적 에너지가 내부를 향하게 된다고 보았다. 이러한 전환과정에서 중년의 위기(middle life crisis)를 겪게 되는데, 이는 궁극적인 개체화(individuation), 전체성, 균형의 획득을 위한 동기화와 관련 있다. 이런 이유로 중년기에는 자기 원형의 역할이 더욱 중요해진다. 노년기에는 죽음 앞에서 생의 본질을 이해하고 죽음을 실감나게 경험함으로써 사후세계에 대한 원형을 생성하게 된다.

만다라

(3) 아들러의 개인심리학

아들러(Adler, 1870~1937)는 성격발달에 있어 성적인 관심 대신에 사회적 관심,

즉 사회적인 경향에 반응하려는 선천적인 경향성이 중요하다고 보았다. 이런 맥락에서 그는 성격 형성에 미치는 출생순위와 형제자매 간의 경쟁의 영향을 특히 강조하였다. 아들러 역시 자유연상과 꿈 분석을 중요시했지만, 꿈을 무의식적 소망의 충족이라고 본 프로이트와는 달리 꿈은 개인이 직면하고 있는 문제를 해결할 수 있는 단서를 제공해 준다고 믿었다. 아들러의 개인심리학(individual psychology)의 주요 개념으로는 열등감, 우월감의 추구, 생활양식, 인생과제 등이 있다(Adler, 1927).

1 열등감과 우월성에 대한 추구

아들러(Adler, 1917)는 인간은 누구나 열등감을 경험할 수밖에 없으며 이를 극복하기 위한 보상적 노력이 행동의 주요한 동인이 된다고 보았다. 또 그는 삶의 문제들에 도전하고 자기완성, 자기실현을 향해 나아가는 동기인 우월성에 대한 추구(striving for superiority)도 행동의 동인으로 중요한 역할을 한다고 믿었다.

2 생활양식

생활양식(life style)은 4~5세에 형성되며, 인생관, 자기관 및 인간관으로 구성되어 있다. 생활양식은 열등감을 극복하고자 하는 개개인의 방식에 따라 형성된다. 즉, 사회적 관심, 활동수준, 추구하는 우월성, 보상받고자 하는 열등감이 생활양식의 형성에 영향을 미친다.

3 인생과제

아들러는 인생과제(life task)로서 사회적인 관심, 일과 여가활동 그리고 사랑을 꼽았다. 사회적 관심은 개인이 자신이 속한 집단이나 공동체 내에서 소속감을 가지고 협력하는 것을 의미한다. 그에 따르면, 늦어도 청소년기까지는 평생 무엇을 하며 살고 싶은지를 결정해야 사회적인 효율성, 즉 일을 통한 사회에의 기여가 증대될 수 있다. 또 그는 친밀한 관계를 형성하는 것은 모두 사랑이 될 수 있다고 믿었기 때문에 이성애뿐만 아니라 가족애도 사랑에 포함된다고 보았다.

(4) 에릭슨의 심리사회적 발달이론

에릭슨(Erikson, 1902~1994)은 프로이트 이후 분화·발달되어 온 자아심리학(ego psychology), 자기심리학(self psychology), 대상관계이론(object relation theory) 등을 통합하였다. 흔히 그를 '거인의 어깨 위에 올라선 난쟁이'로 칭하는 데서 확인할 수 있듯이, 그의 이론은 프로이트의 이론에 바탕을 두고 있지만 그보다 한 걸음 더 나아갔다고 할 수 있다. 그는 원초아보다는 갈등으로부터 자유로운 건강한 자아를 강조하였고, 성격 형성에 과거뿐 아니라 미래도 중요한 영향을 미친다고 보았다. 또 그는 전체 성격 형성에 미치는 문화, 사회 및 역사의 영향을 인식하고 교차문화적인 연구를 행하기도 했다. 건강한 사람(특히 아동 정신분석)에 대한 연구에 각별한 관심을 갖고 있었던 그는 마틴 루터와 간디의 생애를 분석하기도 했다.

에릭슨의 공헌은 무엇보다도 평생발달(life span development)이라는 개념을 정립한 것이다. 에릭슨(1963)은 심리사회적 발달이론(psychosocial development theory)을 통해 성격을 비롯한 인간의 발달이 평생에 걸쳐 지속되는 것임을 주장하였다(〈표 8-4〉 참조). 또 그는 질적으로 다른 행동 특징을 나타내는 일련의 단계가 불변적인 순서로 진행되며 이러한 단계들이 보편적으로 나타난다고 믿었다. 그에 따르면, 개체는 각 단계마다 심리사회적 위기(psychosocial crisis)를 겪게 되며 이러한 위기를 어떻게 해결하느냐에 따라서 심리사회적 발달이 좌우된다. 그는 각 단계의 발달과제를 잘 해결하고 심리사회적 위기를 극복하게 되면 해당 덕목(virtue)을 지니게 된다고 주장하였다. 에릭슨의 심리사회적 발달이론의 또 다른 특징으로는 개인과 중요한 관계를 맺는 사람과의 관계를 통해 성격발달을 규명한 점, 각 단계마다 아동과 사회 간에 이루어지는 가장 중요하고도 일반적인 접촉을 설명하고자한 점, 그리고 생물학적 성숙과 사회적인 기대 및 압력 간의 상호작용을 강조한 점 등을 들 수 있다.

① 단계 I: 신뢰 대 불신

출생 후부터 약 18개월까지의 기간에 해당되는 단계로 이 단계의 심리사회적 위기를 잘 해결하기 위해서는 양육에서의 일관성, 신뢰성 및 예측성이 매우 중요하다. 유아의 생리적·정서적 욕구가 적절히 충족되면 기본적인 신뢰가 형성되며 희망(hope)이라는 덕목을 가지게 된다. 어머니 그리고 어머니의 양육에 대한 신뢰는 중요한 타인을 비롯하여 외부 세계 전체로 확장되며, 사랑받을 수 있는, 가치 있는 존재로서의 자신에 대한 믿음으로 이어진다. 이러한 믿음은 강한 자아를 바탕으로 욕구충족을 지연시킬 수 있는 토대가 된다. 이 시기의 심리사회적 위기를 잘 해결하지 못하게 되면 살아가면서 남의 말을 잘 못 믿고 또 타인의 동기를 의심하게 되는 불신(mistrust)의 늪에 빠지게 된다.

② 단계 II: 자율성 대 수치심 및 회의

18개월~3세에 해당하는 이 단계는 아동의 욕구와 사회의 욕구, 즉 아동의 자율적 의지와 사회적 규제 사이의 첨예한 대립이 이루어지는 것이 특징이다. 배변 훈련에서 상징적으로 드러나듯이, 아동은 보유(retention)와 배설(expulsion)이라는 상반되는 충동 속에서 어느 하나를 선택하는 것을 연습하게 된다. 아동의 의지와 사회의 요구가 잘 조화된 상태에서 스스로 결정할 수 있는 자유가 주어지면 자율성(autonomy)을 획득하게 되지만, 그렇지 못한 경우 수치심(shame)과 회의(doubt)를 갖게 된다. 수치심은 다른 사람의 눈에 자기가 좋게 보이지 않는다는 느낌을 말하며, 회의는 자신이 충분히 강력하지 못하기 때문에 다른 사람이 자기를 통제할 수 있을 뿐만 아니라 자기보다 더 나은 행동을 수행할 수 있다는 사실을 깨닫는 데서 비롯되는 스스로에 대한 의심을 뜻한다. 이 단계의 덕목은 의지(will)로서, 이것은 자유선택을 하고 자기절제를 발휘할 수 있는 힘을 뜻하며 자신과 환경에 대한 통제감과 관련이 있다.

③ 단계 III: 주도성 대 죄의식

3~6세에 해당하는 시기로 관입(intrusion)이라는 자아양식이 외부세계와 접촉하는 주된 방식이 된다. 이 시기에는 아동이 풍부한 상상력과 더불어 대범하고 활기차고 심지어는 공격적인 활동 양상을 보이는 경향이 있다. 이 시기에 보이는 목표 지향적이고 경쟁적인 노력들에 대해 충분히 인정받게 되면 주도성(initiative)이 잘 발달된다. 반면에 아동의 행동에 대해 처벌적 금지를 하게 되면 자신이 무언가를 계획하고 활동하는 것에 대해 죄의식(guilt)을 가지게 된다. 이 단계의 덕목은 목적성(purpose)으로서 이것은 가치 있는 목표를 조망하고 추구하는 용기의 바탕이 된다.

④ 단계 IV: 근면성 대 열등감

6~12세에 해당되는 시기로 자아성장의 결정적 단계다. 이 시기에는 부모와의 상호작용은 물론 교사, 또래 집단과의 상호작용도 자존감에 중요한 영향을 미친다. 근면성(industry)은 여러 가지 작업에 대해 꾸준한 주의집중과 끈기를 발휘할 수 있는 능력이다. 지적 발달과 신체적 발달을 통해 해당 과제를 잘 해결할 수 있는 능력을 발휘하게 되면 근면성이 발달된다. 반면에 실패와 좌절의 경험이 반복되면 열등감(inferiority)과 부적절감이 형성된다. 이 시기의 덕목은 유능감(competency)으로서, 이것은 지능과 재능을 자유로이 발휘하여 과제를 수행할 수 있도록 해 준다. 이 시기에 과잉보호를 하는 것은 유능감의 발달을 저해할 수 있다.

⑤ 단계 V: 자아정체감 대 역할혼미

청소년기(12~18세)에 해당되는 시기로 자아정체감(ego identity)의 형성이 주요한 발달과제가 된다. 자아정체감은 자신에 대해 느끼고 아는 모든 것을 전체로 융화시킨 개념으로서 과거, 현재 및 미래의 자기개념을 모두 포함한다. 자아정체감은 한편으로는 동일시를 통해, 또 다른 한편으로는 직접적인 성취를 통해 대체로 무의식적으로 형성된다. 자아정체감이 잘 형성되면 충성심(fidelity)이라는 덕목을 얻게 된다. 충성심은 가치 체계의 피할 수 없는 모순에도 불구하고 자신이 선택한 것을 충실하게 지켜 나가는 능력으로서, 과제뿐만이 아니라 타인과의 관계에서의 기본적인 성실함, 의무감, 정직함 그리고 순수함을 포함한다. 에릭슨은 청소년기를 '심리적 유예 기간(psychological moratorium)'으로 표현하였는데, 이러한 유예 기간 동안 자아정체감을 적절히 형성하지 못하게 되면 역할혼미(role confusion)에 빠지게 된다.

⑥ 단계 VI: 친밀감 대 고립감

초기 성인기에 해당하는 단계로서, 이 시기에는 친밀감 대 고립감의 갈등을 해결해야 하는 심리사회적 위기를 겪게 된다. 친밀감(intimacy)은 진정한 의미에서의 상호 관계로서 자기 상실에 대한 두려움 없이 자신의 정체감을 다른 누군가의 정체감과 융합시키는 것을 말한다. 따라서 합리적인 정체감을 형성하는 과정이 없다면, 친밀감을 획득하는 것 역시 불가능해진다. 이 시기에 진정한 상호 관계를 획득하지 못하면 고립감(isolation)에 빠지게 된다. 일반적으로 고립 상태에서는 자기와 다른 것은 '잘못된 것'이라고 지각하는 경향이 있다. 이 단계의 덕목은 사랑(love)이다. 사랑은 두 사람 사이의 어쩔 수 없는 차이점과 괴로움을 극복해 나가는 상호 헌신이며, 이를 통해 서로를 도울 수 있다. 이렇기 때문에 사랑은 갈등과 반목을 극복, 완화시킬 수 있는 요소가 된다.

⑦ 단계 VII: 생산성 대 침체감

중년기에 들어서면 사회적·직업적·가정적으로 후세대를 양성하는 활동을 통해 생산성(generativity)을 획득하게 된다. 여기에는 자녀를 돌보는 것(양육과 지도), 물건을 생산하는 것, 사회적 이상을 수립하는 것 등 정신적인 면과 물질적인 면이 모두 포함된다. 생산적으로 되기 위해서는 사회와 사람에 대한 이해와 지지가 필요하다. 생산성이 결핍된 경우에는 성격이 침체되고 불모화된다. 이 단계의 덕목은 세상과 미래 세대에 대한 관심과 보살핌(care)으로, 사랑이나 필요 혹은 우연에 의해 생겨난 것에까지도 폭넓은 관심을 갖고 후세대의 독립을 격려하고 지도하게 된다. 이 시기에 생산성을 획득하는 데 실패할 경우, 사회적인 관심을 잃어버리고 자신만의 세계에 빠져드는 침체감(stagnation)으로 고통받게 된다.

⑧ 단계 VIII: 자아통정 대 절망감

노년기에 해당하는 마지막 단계에서는 죽음을 앞두고 삶에 대해서 되돌아보게 된다. 자아통정(ego-integrity)은 자신이 살아온 삶을 하나의 주제로 통합하는 끊임없는 노력을 통해 지나왔던 일들을 필연적이라고 생각하고 다른 어떤 것에 의해서도 대치될 수 없는 것으로 받아들이는 것을 의미한다. 반면에 지나온 삶을 수용하지 못한 채 무가치하다고 느끼게 되면 궁극적인 절망감(despair)을 경험하게 된다. 이런 경우에는 죽음에 대해서 불안해질 수밖에 없다. 이 단계의 덕목은 지혜(wisdom)로서, 죽음으로부터 자유로운 상태에서 삶 자체에 대해 관조할 수 있는 상태를 말한다.

표 8-4 심리사회적 발달단계

단계	연령	심리사회적 발달위기	덕목
I	1.5세	신뢰 대 불신	희망
II	1.5~3세	자율성 대 수치심, 회의	의지
III	3~5세	주도성 대 죄의식	목적성
IV	5~12세	근면성 대 열등감	유능감
V	청소년기	자아정체감 대 역할혼미	충성심
VI	초기 성인기	친밀감 대 고립감	사랑
VII	중년기	생산성 대 침체감	보살핌
VIII	노년기	자아통정 대 절망감	지혜

3) 행동주의 이론

행동주의는 심리학의 과학주의를 표방하면서 오로지 관찰 가능한 행동만이 연구의 대상이 될 수 있다고 주장하였다. 따라서 성격이 형성되는 방법과 과정에 대한 연구를 중요시하는 반면, 관찰이 불가능하다고 생각한 개인 내적 구조인 성격 자체에 대해서는 거의 관심을 기울이지 않았다. 그럼에도 불구하고 달라드

(Dollard, 1900~1980)와 밀러(Miller, 1909~2002)가 프로이트 학파의 개념을 행동주의적 관점에서 이해하고 정의하고자 노력한 결과 많은 발전이 이루어졌다. 행동주의에서는 성격을 반응경향성의 총합(sum of response tendency)으로 파악하며, 이러한 반응경향성은 각 개인의 강화의 역사(reinforcement history)에 의해 결정된다고 본다. 그리고 이 강화력에서의 차이가 개인차를 설명할 수 있다고 본다.

(1) 스키너의 조작적 조건형성

스키너(Skinner, 1904~1990)가 조작적 조건형성을 성격이론으로 제시한 것은 아니었지만, 그의 학습이론은 환경의 관점에서 성격을 조망하는 데 중요한 역할을 하고 있다. 프로이트처럼 스키너(1953, 1957) 역시 결정론을 주장했지만, 그는 내적인 역동이 아니라 외적 자극이 행동을 결정짓는 인자라고 주장하였다. 즉, 강화받은 행동은 미래에 반복될 확률이 높아지며 동일한 혹은 유사한 강화 경험이 반복되면 그 행동은 하나의 학습된 반응경향성을 형성하게 된다는 것이다. 이렇게 연합에 의해 형성되는 행동에는 외현적 행동뿐만 아니라 모든 내현적 행동도 포함된다. 스키너는 성격의 발달에 구분되는 단계는 없으며 외부 환경에서 제공하는 강화와 처벌이 어떻게 달라지느냐에 따라 행동이 변한다고 믿었다.

행동주의 전통에 기초하여 조작적 조건형성을 통해 성격을 이해하고자 했던 스키너의 시도는 지나치게 기계적이고 단편적이라는 비판을 받아 왔다. 또 인간 행동의 결정 요소 중에서 절대적으로 중요한 인지적 요소를 간과했다는 비난을 받는다. 이에 반두라(Bandura)와 미셸(Mischel)은 행동주의적 접근에 각각 인지적 요소를 도입하고 개인과 상황의 상호작용을 강조함으로써 성격 이해의 폭을 넓히는 데 기여하였다.

(2) 반두라의 사회학습이론

반두라는 행동주의에 인지적 요소를 도입한 대표적 이론가들 중의 하나로서 공격성의 결정인자를 밝히는 데도 많은 공헌을 하였다. 반두라(1982, 1986, 1999)의

사회학습이론(social learning theory)은 성격이 많은 부분 학습에 의해 결정된다고 보는 한편 이러한 학습이 기계적이고 수동적인 과정이 아니라 좀 더 능동적인 정보처리과정, 즉 인지적 요소를 포함한다고 본다. 따라서 개인의 특징적인 행동 패턴인 성격은 개인적 요소와 환경자극 그리고 행동 사이에서 일어나는 복잡한 상호작용의 결과로 형성된다고 할 수 있는데, 이러한 관점을 상호적 결정주의(reciprocal determinism)라고 한다. 이러한 정보처리과정에서는 관찰학습(observational learning)이 중요한 역할을 하게 된다.

 관찰학습은 다른 사람을 관찰하는 것을 통해 유기체의 특정 반응이 변화함으로써 이루어지는 학습 과정으로서 흔히 모델링(modeling)이라고도 한다. 반두라는 대부분의 행동이 이러한 모델링을 통해서 학습된다고 주장한다. 반두라(Bandura, 1986)는 학습자가 관찰학습의 대상이 되는 사람인 모델과 유사할수록, 학습자가 모델에게 호감이나 존경심을 많이 가질수록, 학습자가 모델을 더 매력적이고 힘이 있다고 지각할수록, 그리고 모델의 행동 결과가 긍정적인 피드백을 가져올수록 관찰학습의 확률이 높아진다고 했다.

대중매체의 폭력성이 아동에게 영향을 더 미칠까 성인에게 영향을 더 미칠까?

최근 연구(Buschman & Huesmann, 2006)에 따르면, 각종 대중매체의 폭력적인 내용은 아동과 성인 모두에게 영향을 미치지만 그 양상은 다소 다르다. 폭력적인 내용의 시청이 성인에게는 단기적인 영향을 미치는 반면에 아동에게는 장기적인 영향을 미치는 것으로 확인되었다. 더구나 이러한 대중매체 폭력성의 영향은 공격성의 증가에만 국한되는 것이 아니라 친사회적 행동까지도 감소시킨다(Anderson & Bushman, 2001).

 반두라의 이론에서 또 다른 중요 개념은 자기효능감(self-efficacy)이다. 자기효능감은 특정한 상황에서 바람직한 결과를 가져올 수 있는 행동을 할 능력이 자신에게 있다고 믿는 것을 말한다(Bandura, 1997). 자기효능감이 스스로에 대한 지각 및 자신감은 물론이고 동기 및 수행 자체에도 영향을 미친다는 사실은 다양한 연구들을 통해 증명되어 왔다. 자기효능감은 살면서 겪는 여러 다양한 상황 속에서 어려움에 처했을 때 그 문제를 해결하는 데 얼마나 많은 노력과 시간을 기울일지에 영향을 미친다(Cervone, 2000). 예를 들면, 자기효능감이 높을수록 금연에 성공할 확률이 높아지고(Boudreaux et al., 1998), 학업에 더 많은 노력과 끈기를 발휘하며(Zimmerman, 1995), 운동경기에서도 더 나은 수행을 보인다(Kane et al., 1996). 반두라는 자기효능감의 판단에 영향을 미치는 요소로 네 가지, 즉 실제 수행, 대리경험(다른 사람이 그 과제를 하는 것을 관찰하는 것), 설득(타인이나 자기 스스로가 잘할 수 있다고 설득하는 것) 그리고 과제를 하려고 할 때 경험하는 정서적 각성의 자기감찰(예: 과제를 생각하기만 해도 불안하고 초조해진다면 자기효능감이 낮은 것)을 들었다.

(3) 미셸의 인지-정서 성격이론

미셸(Mischel, 1973, 1984)은 사회적 학습이론의 지지자로서 상황적 요인이 행동을 결정짓는 정도와 성격의 인지적 요소에 대해 연구해 왔으며, 행동이 상황에 따라 달라지며 낮은 일관성을 보인다고 주장한다. 미셸(1968)은 여러 시간대에 걸친 성격의 평가 결과는 일관적인 반면에 상황에 걸친 행동의 평가 결과는 비일관적인 현상을 일관성의 역설(consistency paradox)이라고 칭하기도 했다. 일견 미셸의 주장은 전통적인 성격의 정의를 부인하는 것처럼 보이기 때문에, 개인 대 상황 논쟁(person-situation controversy)을 불러일으켰다. 하지만 그의 요지는 행동을 예측하기 위해서는 개인뿐만이 아니라 상황적 요소 및 양자 간의 상호작용에 더 많은 주의를 기울여야 한다는 것이지 개인적 요소가 중요하지 않다는 것은 아니다.

예를 들면, 그는 특정한 상황에 대한 반응을 결정짓는 개인 내 변인들을 제안하였다(Mishel, 1973; Mischel & Shoda, 1995). 첫째, 우리가 우리 자신, 타인, 사건 및 상황에 관한 정보를 분류하는 방식인 약호화(encoding)다. 둘째, 외부 세계에 대한, 특정한 결과를 가져올 행동을 할 수 있는 우리의 능력에 대한, 그리고 특정 상황에서 주어진 행위가 가져올 만한 결과에 대한 기대 및 신념이다. 셋째, 생리적 반응을 포함한 정서(기분과 정동)다. 넷째, 목표와 가치다. 다섯째, 유능성이다. 마지막으로 여섯째, 인지적 결과와 행동적 결과를 얻기 위한 계획 및 성취 가능한 행동을 일컫는 자기 조절적 계획이다.

4) 인본주의 이론

심리학의 제3세력이라고도 불리는 인본주의(humanism) 이론은 정신역동적 접근과 행동주의적 접근이 인간을 지나치게 부정적이고 수동적인 존재로 인식한다고 비판하면서 근본적으로 인간의 긍정적인을 면을 강조한다. 인본주의에 따르면, 인간은 자유의지와 통합성, 성장을 향한 잠재력을 갖춘 존재다. 즉, 인간은 환경이나 과거에 의해 결정적인 영향을 받는 것이 아니라 자기결정(self-determination)이 가능하며 자아실현을 향해 나아가는 존재라는 것이다.

(1) 로저스의 개인중심이론

로저스(Rogers, 1902~1987)는 인간잠재력 운동의 주창자 중 한 사람으로서 자기실현(self-actualizaton)을 강조하였다. 로저스(1951, 1961, 1980)의 이론은 프로이트의 이론처럼 임상경험에 바탕을 두고 있지만, 그는 과학적 연구방법의 중요성도 강조하였다. 개인중심이론(person-centered theory)에서는 사람이 선천적으로 선한 존재이며 거의 언제나 적응적이고 자기실현적인 행동을 선택한다고 본다. 또 사람의 행동은 목표 지향적이며 자신의 세계를 어떻게 바라보는가 하는 점이 행동방식을 결정한다고 주장하였다.

① 자기이론

로저스의 이론은 자기이론(self theory)이라고도 하는데, 이는 그가 성격구조로서 자기를 내세웠기 때문이다. 자기 혹은 자기개념(self-concept)은 자신의 전형적인 행동과 내적 특성, 고유한 성질에 대한 개념으로서, 다른 사람 및 삶의 여러 가지 측면과의 관계에 대한 지각도 포함한다. 다시 말해서, 객관적인 실제와는 상관없이 자신이 어떻게 지각하고 평가하느냐가 자기개념에 더 큰 영향을 준다. 이러한 자기개념은 의식할 수 있는 내용들로 구성된다. 로저스는 자기개념과 실제 경험 사이의 차이를 불일치(incongruence)라고 하였다. 이러한 불일치가 클수록 불안이 유발될 가능성이 커지고 방어적 행동이 뒤따르게 된다. 즉, 자기개념을 유지하고 방어하기 위해서 현실을 왜곡, 부인 또는 무시해 버리게 되고, 결과적으로 심리적으로 건강하지 못한 상태를 자초하게 되는 것이다.

② 무조건적이고 긍정적인 존중

자기개념과 실제 경험 사이의 불일치는 초기 아동기 부모의 양육태도와 관련이 있다. 부모가 아동에게 조건부(conditional) 애정이 아닌 무조건적이고 긍정적인 존중(unconditional positive regard)을 보일 경우, 아동의 실제 경험과 자기개념의 일치도가 높아진다. 왜냐하면 아동이 부모의 조건부 사랑을 받기 위해 자신의 진솔한 경험을 부인하거나 왜곡시킬 필요가 없어지기 때문이다. 이렇게 초기 아동기와 청소년기를 거치면서 형성된 자기개념은 두 가지 기능을 하게 된다. 첫째, 자기개념은 일종의 '자기-충족적 예언(self-fulfilling prophecy)'의 기능을 하게 된다. 예를 들면, "난 성실해."라는 자기개념을 가진 사람은 그에 따라 주어진 일에 성실하게 임할 것이고 결과적으로 스스로는 물론이고 타인으로부터도 성실하다는 평가를 받게 될 것이다. 이러한 피드백은 궁극적으로 "그렇지, 난 성실하다니까."라는 결론으로 이어지고 기존의 자기개념("난 성실해.")을 더욱 공고하게 할 것이다. 둘째, 자기개념은 그에 부합되지 않는 정보에 대한 저항성을 높인다.

(2) 매슬로의 자기실현이론

매슬로(Maslow, 1908~1970)는 긍정적인 인간관을 내세우며 자기실현(self-actualization)의 욕구를 강조하였다. 그는 프로이트가 심리학의 병든 반쪽을 우리에게 주었기 때문에 나머지 건강한 반쪽을 채워야 하는 것이 의무로 남아 있다고 주장하기도 하였다(Maslow, 1968, 1970). 매슬로는 욕구위계설(hierarchy of needs, 7장 참조)

과 건강한 성격이라는 개념을 통해 성격이론의 발전에 기여하였다.

매슬로는 역사적 인물(예: Thomas Jefferson, William James)을 포함한 사례연구 및 경험적 연구를 통해 개인적인 성장을 지속시키는 건강한 성격의 특징을 밝히고자 했다. 그는 자아실현자의 특징으로 현실에 대한 명확하고 효율적인 지각, 자발성, 창의성, 사회적 관심, 절정 경험(peak experiences), 깊이 있는 대인관계, 새로움과 도전에 대한 개방성, 철학적이고 적대적이지 않은 유머 등을 제시하였다.

(3) 인본주의 이론의 평가

인본주의 이론의 특징 중 하나인 현상학적(phenomenal) 접근은 성격연구에 새로운 조망을 제공하였다. 행동 및 성격을 이해하는 데는 객관적인 현실이 아니라 개인이 주관적으로 지각한 현실이 중요하다는 것이다. 예를 들면, 로저스의 내적인 참조틀(internal frame of reference)이란 개념 역시 각 개인의 견지에서 현실을 이해하고자 하는 노력을 반영한다. 또 인본주의는 인간에 대한 이해에서 총체적인(holistic) 접근의 중요성을 강조하였으며, 인간을 창의성과 성장을 향해 나아가는 긍정적인 존재로 파악하였다.

인본주의 이론에 대한 비판으로는 많은 구성 개념들이 다소 모호하고 검증이 어려우며 이론을 입증하는 실험적인 증거들이 부족하다는 점을 든다. 또한 프로이트의 이론과는 정반대로 인간의 본성에 대해 지나치게 혹은 비현실적으로 낙관적인 입장을 취한다는 비판도 받는다. 마지막으로, 자기개념을 강조하다 보니 중요한 환경적 변인을 간과했다는 지적도 있다.

5) 특성이론

특성이론(trait theory)은 유형론(type theory)과 더불어 가장 오래된 성격이론이라고 할 수 있다. 특성은 개인으로 하여금 여러 상황에 걸쳐 일관적으로 행동하도록 만드는 지속적인 속성으로 정의된다. 특성이론은 행동과 특성이 동일한 것이라고 주장하며 행동으로부터 특성을 추론한다. 따라서 표면상의 행동에 초점을 맞추고 행동과 관련된 특징들을 규명하고 기술하는 반면에 성격의 발달과정 및 행동의 생성과정, 무의식적 요소는 다루지 않는다.

(1) 올포트의 특성이론

올포트(Allport, 1897~1967)는 프로이트의 이론에 반론을 펴면서 과학적인 심리학을 표방하고 특성이론 학파를 정립하였다. 올포트는 결정론에 반대하였고 인간은 비관적인 존재가 아니라 이성적이고 합리적 존재라고 주장하였다. 다른 특성 이론가들과는 달리, 그는 인간을 이해하기 위해서는 개별적인 접근이 필요하다고 보아 주로 사례분석을 통해 자료를 수집하였다. 또 올포트(1936)는 오드버트(Odbert)와 함께 영어에서 개인차를 기술하는 형용사 18,000개를 확인한 후 200개의 동의어 군집으로 목록화함으로써 차후 특성연구에 큰 공헌을 하기도 했다.

올포트(1937, 1961, 1966)는 성격의 특징을 크게 주 특성, 중심 특성 그리고 이차적 특성으로 나누었다. 주 특성(cardinal trait)은 전 생애를 지배하는 특징으로서 누구에게나 있는 것은 아니다. 그에 따르면, 주 특성을 가진 사람은 삶에서 뚜렷한 목적을 가지게 된다. 히틀러의 가학성, 마더 테레사의 이타주의 등이 그 예다. 중심 특성(central trait)은 개인의 행동을 기술하는 두드러진 특징으로서 주 특성에 비해서는 덜 지배적이다. 정직함, 낙관성 등이 여기에 해당된다. 이차적 특성(secondary trait)은 가장 영향력이 적은 특성으로서 매우 절친한 친구만이 알아챌 수 있을 수준의 특징들을 말한다.

(2) 캐텔의 16PF

캐텔(Cattell, 1905~1998)의 이론은 개인에 초점을 두고 있긴 하지만 환경의 영향도 많이 고려한다. 캐텔(1979, 1995)은 요인분석 결과에 근거하여 성격을 설명할 수 있는 기본적인 특성 16가지를 제시하고 이를 근원특성(source trait)이라고 칭했으며, 이러한 자료에 기초하여 성격검사(16PF 자기보고척도)를 제작하였다([그림 8-2] 참

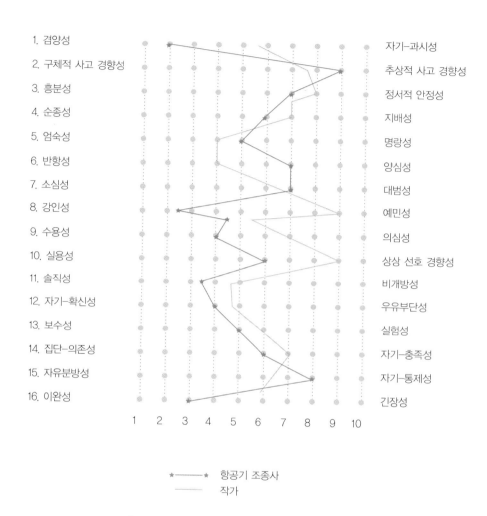

	1	2	3	4	5	6	7	8	9	10	
1. 겸양성											자기-과시성
2. 구체적 사고 경향성											추상적 사고 경향성
3. 흥분성											정서적 안정성
4. 순종성											지배성
5. 엄숙성											명랑성
6. 반항성											양심성
7. 소심성											대범성
8. 강인성											예민성
9. 수용성											의심성
10. 실용성											상상 선호 경향성
11. 솔직성											비개방성
12. 자기-확신성											우유부단성
13. 보수성											실험성
14. 집단-의존성											자기-충족성
15. 자유분방성											자기-통제성
16. 이완성											긴장성

★———★ 항공기 조종사
——— 작가

[그림 8-2] 캐텔의 16PF 자기보고척도

조). 각각의 근원 특성은 일종의 행동 차원 또는 스펙트럼이기 때문에 각 차원의 점수는 해당 특성의 양적인 정도를 나타낸다. 표면 특성(surface trait)은 다른 사람들이 쉽게 알아볼 수 있는 성격 특징들이다. 예를 들어, 외향성이라는 근원 특성은 사교적이고 활동적이고 말하기 좋아하는 것과 같은 표면 특성으로 표출된다.

(3) 아이젱크의 특성이론

아이젱크(Eysenck, 1916~1997)는 세 가지 차원의 특성을 제시하였다(Eysenck, 1973, 1990). 첫 번째 차원은 외향성(extraversion) 대 내향성(introversion) 차원으로 각성수준의 역치에서 차이를 보인다. 외향성이 높으면 자극추구 경향성이 높아서 스릴과 모험을 추구하고 비억제적인 한편 처벌과 권태에 대한 민감성이 높다. 두 번째 차원은 신경증적 경향성(neuroticism) 대 안정성(stability)이다. 세 번째 차원은 정신병적 경향성(psychoticism)이다. 이는 충동성 및 공격성과 관련된 측면으로 반사회적인 특성에 해당된다. 정신병적 경향성이 높으면 정서적으로 냉담하고 자기 중심적이다. 관습에서 벗어나는 요소와 관련해서 높은 창의성과 연관되어 있기도 하지만 적응 측면에서는 부정적으로 해석하는 경우가 더 많다. 아이젱크(1967)는 각 차원이 위계적으로 조직되어 있다고 보았다. 예를 들면, 외향성은 가장 상위의 특성(higher-order trait)이며, 그 아래 위계에는 사교적, 활동적, 주장적, 감각추구적 등의 특성이 있으며, 또 그 아래 위계에는 습관적 반응(habitual response), 구체적 반응(specific response) 등이 있다.

(4) 맥크래와 코스타의 5요인 모델

맥크래(McCrae)와 코스타(Costa)의 성격의 5요인 모델(Five-factor Model; 1987, 1997, 1999)은 근래 가장 많이 언급되고 있는 성격이론이라고 할 수 있을 것이다. 성격의 5요인은 아이젱크가 제시한 신경증적 경향성과 외향성을 비롯하여 경험에 대한 개방성(openness to experience), 우호성(agreeableness) 및 양심성(conscientiousness)을 포함한다(〈표 8-5〉참조). 각 요인은 양극을 지닌 차원들이다. 맥크래와 코스타가 제시한 이 5가지 기본적인 성격 요인들은 영어권뿐 아니라 한국어를 비롯하여 다른 언어권의 연구들에 의해서도 지지되었다(John & Srivastava, 1999; McCrae & Costa, 1997; Ozer & Reise, 1994; Wiggins & Trapnell, 1997). 그러나 다른 한편으로는 각 문화권 내에서 5요인이 가지는 실제적인 의미 혹은 예측적인 의미는 전혀 다를 수 있다는 지적도 존재한다(Markus & Kitayama, 1998). 또 성격의 다양성

표 8-5 성격의 5요인

요인	특징(높은 점수)
신경증적 경향성	불안한, 죄책감을 잘 느끼는, 불안전한, 자의식적인
외향성	수다스러운, 사교적인, 다정한, 즐거움을 추구하는
경험에 대한 개방성	대담한, 비동조적인, 이례적으로 광범위한 관심사, 상상력이 풍부한
우호성	동감의, 따뜻한, 신뢰하는, 협조적인
양심성	윤리적인, 의지할 만한, 생산적인, 목적이 뚜렷한

을 설명하기에는 5요인으로 부족하다고 보는 의견도 있다(Benet & Waller, 1995; Paunonen, 1998).

3. 생물학적 접근

이 절에서는 성격에 대한 생물학적인 접근을 살펴본다. 다른 모든 심리학적 특징들과 마찬가지로 성격의 형성은 후천적 환경뿐만 아니라 선천적 소인에 의해서도 영향을 받는다. 앞서 언급했듯이, 기질도 그러한 선천적인 경향성으로서 부모의 양육방식과 상호작용함으로써 궁극적인 성격의 형성에 영향을 미칠 수 있다.

1) 아이젱크의 성격 차원

아이젱크는 "성격은 상당 부분 유전인자에 의해 결정된다."(1967, p. 20)고 하였다. 그는 외향성 대 내향성 차원을 설명하면서 내향성이 강한 사람은 높은 생리적 각성수준을 보이기 때문에 결국 조건화된 억제를 더 쉽게 획득하고 이는 사회적 상황에서 경험하는 불편감으로 이어진다고 제안하였다. 실제로 외향적인 사람과 내향적인 사람이 생물학적 특성에서 차이를 보인다는 연구들이 많이 있다(예: Polich & Martin, 1992; Stelmack & Houlihan, 1995).

2) 쌍생아 연구

심리적 특성의 유전적 소인을 확인하는 가장 대표적 방법 중의 하나가 쌍생아 연구다. 성격에 관한 쌍생아 연구 분야에서 선구자적 역할을 한 것은 미네소타 (Minnesota) 대학교의 쌍생아 연구다. 1979년에 시작된 미네소타 연구(Tellegen et al., 1988)는 친부모 슬하에서 함께 자란 쌍생아집단과 각기 다른 가정에 입양되어 자란 쌍생아 집단을 대상으로 동일한 성격검사를 실시하였다. 그 결과, 연구에서 평가되었던 세 가지 주요 특성(긍정적 정서성, 부정적 정서성, 억제)에서의 유사성이 함께 자란 일란성 쌍생아, 분리되어 자란 일란성 쌍생아, 그리고 함께 자란 이란성 쌍생아의 순으로 감소하는 것으로 나타났다. 독일과 폴란드에서 행해진 쌍생아 연구(Riemann, Angleitner, & Strelau, 1997)에서도 유사한 결과가 보고되었는데, 이 연구를 바탕으로 5요인의 유전 가능성과 환경적 요소의 설명 변량이 추정되었다 (Plomin & Caspi, 1999)([그림 8-3] 참조).

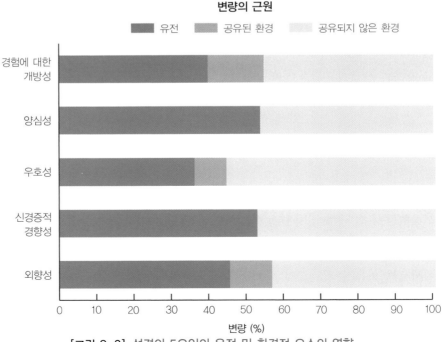

[그림 8-3] 성격의 5요인의 유전 및 환경적 요소의 영향

3) 진화론적 접근

성격에 대한 생물학적 접근의 다른 하나는 진화론(evolutionary theory)적 접근이다. 진화론적 접근은 다양한 성격 특성과 그 성격 특성들을 인식하는 능력이 생존 및 재생산에 어떻게 기여하는지에 관심을 기울인다. 부스(Buss, 1997, 1999)는 성격의 5요인이 교차문화적인 타당성을 가질 수 있는 것은 이러한 적응적인 가치가 높기 때문이라고 주장하였다. 역사적으로 인류는 집단생활을 영위하며 사회적 관계에 의존해 왔기 때문에 이와 관련된 성격 특징을 소유한 자는 적자생존의 정글 속에서 유리한 위치에 설 수 있다는 것이다. 예를 들면, 외향성은 다른 사람들과 관계를 형성하는 능력을, 우호성은 협동과 협조에 대한 자발적인 참여도를, 양심성은 신뢰성과 윤리성을, 경험에 대한 개방성은 창의적인 문제 해결 능력을, 그리고 낮은 신경증적 경향성은 스트레스에 대처하는 능력을 각각 드러내 주며, 사람은 이러한 능력을 매우 민감하게 인식하는 경향이 있다. 따라서 성격의 5요인은 각각 진화론적인 가치를 가지고 있는 것으로 평가될 수 있다(Buss, 1995).

성격에 대한 생물학적 접근은 강력한 경험적 증거를 제시하며 성격발달의 이해에 새로운 장을 열었다. 하지만 아직까지는 성격에 대한 포괄적인 이론을 정립하지는 못한 상태라는 한계점이 있다.

요약

성격은 기본적으로 독특성과 행동의 특징적 패턴이라는 두 가지 요소를 포함하고 있으며, 한 개인의 특징적 행동 패턴이 여러 상황과 시간에 걸쳐 안정적으로 나타나는 것으로 정의될 수 있다. 이러한 행동 또는 특징들이 어떻게 형성되고 습득되는지에 대해서 현대 심리학의 여러 성격이론들은(정신역동적 이론, 행동주의 이론, 인본주의 이론, 특성이론) 각각 다르게 설명하고 있다.

학습과제

1. 성격의 유형론에 관해 설명하시오.

2. 프로이트의 심리성적 발달이론에 관해 설명하시오.

3. 심리사회적 발달단계에 관해 설명하시오.

4. 미셸의 인지−정서 성격이론에 관해 설명하시오.

5. 성격에 대한 쌍생아 연구에 관해 설명하시오.

참고문헌

Adler, A. (1917). *Study of organ inferiority and its psychical compensation*. New York: Nervous and Mental Diseases Publishing Co.

Adler, A. (1927). *Practice and theory of individual psychology*. New York: Harcourt, Brace & World.

Allport, G. W. (1937). *Personality: A psychological interpretation*. New York: Holt, Rinehart & Winston.

Allport, G. W. (1961). *Pattern and growth in personality*. New York: Holt, Rinehart & Winston.

Allport, G. W. (1966). Traits revisited. *American Psychologist, 21*, 1-10.

Allport, G. W., & Odbert, H. S. (1936). Trait-names, a psycholexical study. *Psychological Monographs, 47* (1, Whole No. 211).

Anderson, C. A., & Bushman, B. J. (2001). Effects of violent video games on aggressive behavior, aggressive coginition, aggressive affect, physiological arousal, and prosocial behavior: a meta-analytic review of the scientific literature. *Psychosocial Science, 12*, 353-359.

Baars, B. J., & McGovern, K. (1996). Cognitive views of consciousness: What are the facts? How can we explain them? In M. Velmans (Ed.), *The science of consciousness* (pp. 63-95). London: Routledge.

Bandura, A. (1982). The psychology of chance encounters and life paths. *American Psychologist, 37*, 747-755.

Bandura, A. (1986). *Social foundations of thought and action: A social-cognitive theory*. Englewood Cliffs, NJ: Prentice-Hall.

Bandura, A. (1997). *Self-efficacy: The exercise of control*. New York: Freeman.

Bandura, A. (1999). Social cognitive theory of personality. In L. A. Pervin, & O. P. John (Eds.), *Handbook of personality: Theory and research*. New York: Guilford Press.

Benet, V., & Waller, N. G. (1995). The big seven factor model of personality description: Evidence for its cross-cultural generality in a Spanish sample. *Journal of Personality and social Psychology, 69*, 701-718.

Boudreaux, E., Carmack, C. L., Scarinci, I. C., & Brantley, P. J. (1998). Predicting smoking stage of change among a sample of low socioeconomic status, primary care outpatients: Replication and extension using decisional balance and self-efficacy theories. *International Journal of Behavioral Medicine, 5*, 148-165.

Buschman, B. J., & Huesmann, L. R. (2006). Short-term and long-term effects of violent media on aggression in children and adults. *Archives of Pediatrics and Adolescent Medicine, 160*, 348-352.

Buss, D. M. (1995). Evolutionary psychology: A new paradigm for psychological science. *Psychological Inquiry, 6*, 1-30

Buss, D. M. (1997). Evolutionary foundation of personality. In R. Hogan, J. Johnson, & S. Briggs (Eds.), *Handbook of personalty psychology*. San Diego, CA: Academic Press.

Buss, D. M. (1999). *Evolutionary psychology: The new science of the mind*. Boston: Allyn & Bacon.

Cattell, R. B. (1979). *Personality and learning theory*. New York: Springer.

Cattell, R. B. (1995). Personality structure and the new fifth edition of the 16PF. *Educational & psychological measurements, 55*, 926-937.

Cervone, D. (2000). Thinking about self-efficacy. *Behavior Modification, 24*, 30-56.

Erikson, E. (1963). *Childhood and society*. New York: Norton.

Eysenck, H. J. (1967). *The biological basis of personality*. Springfield, IL: Charles C. Thomas.

Eysenck, H. J. (1973). *The inequality of man*. London: Temple Smith.

Eysenck, H. J. (1990). Biological dimensions of personality. In L. A. Pervin (Ed.), *Handbook of personality theory and research* (pp. 244-276). New York: Guilford Press.

Freud, S. (1901/1960). The psychopathology of everyday life. In J. Strachey (Ed.), *The standard edition of the complete psychological works of Sigmund Freud* (Vol. 6.). London: Hogarth.

Freud, S. (1924). *A general introduction to psychoanalysis*. New York: Boni & Liveright.

Freud, S. (1940). An outline of psychoanalysis. *International Journal of Psychoanalysis, 21*, 27-84.

Gerric, R. J., & Zimbardo, P. G. (2005). *Psychology and life*. MA: Allyn & Bacon.

Hentschel, U., Smith, G., Ehlers, W., & Draguns, J. G. (Eds.). (1993). *The concept of defense mechanisms in contemporary psychology*. New York: Springer-Verlag.

John, O. P., & Srivastava, S. (1999). The big five trait taxonomy: History, measurement, and theoretical perspectives. In L. A. Pervin & O. P. John (Eds.), *Handbook of personality theory and research*. New York: Guilford Press.

Jung, C. (1921/1960). Psychological Types. In H. Read, M. Fordham, & G. Adler (Eds.), *Collected works of C. G. Jung* (Vol. 6). Princeton, NJ: Princeton University Press.

Jung, C. G. (1933). *Modern man in search of a soul*. New York: Harcourt, Brace & World.

Jung, C. G. (1959). The concept of the collective unconscious. In *The archetypes and the collective unconscious, collected works* (Vol. 9. Part 1, pp. 54-74). Princeton, NJ: Princeton University Press. (Original work published 1936).

Jung, C. G. (1973). *Memories, dreams, reflections* (Rev. ed., A. Jaffe, Ed.). New York: Pantheon Books.

Kane, T. D., Marks, M. A., Zaccaro, S. J., & Blair, V. (1996). Self-efficacy, personal goals, and wrestlers' self-regulation. *Journal of Sport & Exercise Psychology, 18*, 36-48.

Markus, H. R., & Kitayama, S. (1998). The cultural psychology of personality. *Journal of Cross-Cultural Psychology, 29*, 63-87.

Maslow, A. H. (1968). *Toward a psychology of being* (2nd ed.). Princeton, NJ: Van Nostrand.

Maslow, A. H. (1970). *Motivation and personality* (Rev. ed.). New York: Harper & Row.

McCrae, R. R., & Costa, P. T., Jr. (1987). Validation of the five-factor model of personality across instruments and observers. *Journal of Personality and Social Psychology, 52*, 81-90.

McCrae, R. R., & Costa, P. T., Jr. (1997). Personality trait structure as a human universal. *America Psychologist, 52*, 509-516.

McCrae, R. R., & Costa, P. T., Jr. (1999). A five-factor theory of personality. In L. A. Pervin & O. P. John (Eds.), *Handbook of personality theory and research*. New York: Guilford Press.

Mischel, W. (1968). *Personality and assessment*. New York: Wiley.

Mischel, W. (1973). Toward a cognitive social learning conceptualization of personality. *Psychological Review, 80*, 252-283.

Mischel, W. (1984). Convergences and challenges in the search for consistency. *American Psychologist, 39*, 351-364.

Mischel, W., & Shoda, Y. (1995). A cognitive-affective system theory of personality: Reconceptualizing situations, dispositions, dynamics, and invariance in personality structure. *Psychological Review, 102,* 246-286.

Ozer, D. J., & Reise, S. P. (1994). Personality assessment. *Annual Review of Psychology, 45,* 357-388.

Paunonen, S. V. (1998). Hierarchical organization of personality and prediction of behavior. *Journal of Personality and social Psychology, 74,* 538-556.

Plomin, R., & Caspi, A. (1999). Behavioral genetics and personality. In L. A. Pervin & O. P. John (Eds.), *Handbook of personality theory and research.* New York: Guilford Press.

Polich, J., & Martin, S. (1992). P300, cognitive capability, and personality: A correlational study of university undergraduates. *Personality and Individual Differences, 13,* 533-543.

Riemann, R., Angleitner, A., & Strelau, J. (1997). Genetic and environmental influences on personality: A study of twins reared together using the self-and peer report NEO-FFI scales. *Journal of personality, 65,* 449-476.

Rogers, C. (1951). *Client-centered therapy: Its current practice, implications, and theory.* Boston: Houghton Mifflin.

Rogers C. (1961). *On becoming a Person.* Cambridge: Houghton Mifflin Co.

Rogers C. (1980). *A way of Being.* Cambridge: Houghton Mifflin Co.

Sheldon, W. (1942). *The varieties of temperament: A psychology of constitutional differences.* New York: Harper.

Singer, J. L. (Ed.). (1990). *Repression and dissociation.* Chicago: University of Chicago Press.

Skinner, B. F. (1953). *Science and human behavior.* New York: Macmillan.

Skinner, B. F. (1957). *Verbal behavior.* New York: Appleton-Century-Crofts.

Stelmack, R. M., & Houlihan, M. (1995). Event-related potentials, personality, and intelligence: Concepts, issues, and evidence. In D. H. Sakolfske & M. Zeidner (Eds.), *International handbook of personality and intelligence* (pp. 349-365). New York: Plenum.

Sulloway, F. J. (1996). *Born to rebel: Birth order, family dynamics, and creative lives.* New York: Pantheon.

Tellegen, A., Lykken, D. T., Bouchard, T. J., Jr., Wilcox, K. J., Segal, N. L., & Rich, S. (1988). Personality similarity in twins reared apart and together. *Journal of Personality and social psychology, 54,* 1031-1039.

Thomas, A., & Chess, S. (1977). *Temperament and development.* New York: Brunner/Mazel.

Thomas, A., & Chess, S. (1989). *Temperament and personality.* In G. A. Kohnstamm, J. E. Bates, & M. K. Rothbart (Eds.), *Temperament in childhood.* New York: Wiley.

Vaillant, G. E. (1993). *The wisdom of the ego.* Cambridge, MA: Harvard University Press.

Weiten, W. (2002). *Psychology: Themes and variations* (5th ed.). Belmont, CA: Wadsworth/Thomson Learning.

Westen, D. (1998). The scientific legacy of Sigmund Freud: Toward a psychodynamically informed psychological science. *Psychological Bulletin, 124,* 333-371.

Wiggins, J. S., & Trapnell, P. D. (1997). Personality structure: The return of the big five. In R. Hogan, J. Johnson, & S. Briggs (Eds.), *Handbook of personalty psychology.* San Diego, CA: Academic Press.

Zimmerman, B. J. (1995). Self-efficacy and educational development. In A. Bandura (Ed.), *Self-efficacy in changing societies.* New York: Cambridge University Press.

chapter
09

개인차의 이해

이순묵

학습 목표

1. 개인차와 그것을 측정하는 방법에 관해 알아본다.
2. 개인지능검사에 관해 알아본다.
3. 투사검사에 관해 알아본다.
4. 심리검사의 표준화에 관해 알아본다.
5. 심리검사의 신뢰도와 타당도에 관해 알아본다.

학습 개요

심리학의 이해를 인간 보편적 부분과 개인적 차이가 있는 부분으로 볼 수 있다. 거의 130년 전에 분트가 심리학 실험실을 개설한 이래로 출발한 현대심리학은 인간의 보편적인 심리적 개념, 요소 또는 기능 등에 대한 실험을 통해 이해의 영역을 넓혀 가는 모습이었다. 그러나 1900년대 초 스피어먼이 지능연구를 하면서부터 심리학의 일부에서는 개인차를 연구 대상으로 하게 되었다. 1937년 아나스타지의 『개인차 심리학』이라는 책이 출간되고 이어서 수십 개의 언어로 번역되면서 개인차 심리학은 본격적으로 심리학의 많은 영역에서 연구되었다. 따라서 개인차의 이해는 심리학을 연구함에 있어서 보편적 이론의 영역을 보다 세부적으로 정교화하는 임무를 가지고 지난 130여 년 역사의 절반 이상을 장식해 왔다. 이 장에서는 그렇게 이미 멀리까지 나아가 있는 개인차의 이해를 위한 아주 기본적 부분을 제시하고자 한다. 즉, 개인차를 나타내는 속성은 무수히 많으나 여기서는 지능, 성취도, 성격, 의견 및 태도를 중심으로 살펴본다. 특히 그러한 속성에서 개인 간 차이를 구분하는 방법으로서의 측정과 검사, 그리고 심리검사의 논리와 몇 가지 검사도구 등을 소개하고자 한다.

1. 개인차와 측정

개인차에 대한 연구는 아나스타지(Anastasi, 1908~2001)가 『개인차 심리학』(1937)
이라는 저서를 내고 그 책이 수십 개 언어로 번역되면서 널리 연구가 시작되었으
며, 시작에서부터 개인차와 집단차가 함께 연구되었다. 예를 들면, 흑인과 백인 간
차이, 남녀 간 차이, 인종 간 차이 등의 집단 차이는 개인차 연구의 연장선에서 심
리학의 큰 연구 대상으로 인식되었다. 이렇게 시작된 개인차 연구는 마음과 행동
에 대한 오래된 질문들에 응답하고자 수행된 심리학적 연구 성과를 상이한 개인
과 집단에 적용하는 노력을 촉발하였고, 또 다른 기초연구와 응용연구를 낳게 되
었다.

많이 접하게 되는 개인차 개념은 인지역량, 동기, 성격, 적성, 직업흥미 등이 있
다. 또한 개인과 조직의 합치(fit), 연령집단 간 발달적 차이, 개인에 따라 다른 자기
회복능력, 교육방식에 대한 학습자들의 상이한 적응 등 수없이 많은 개념들이 개
인차를 묘사하는 데 사용되고 있다.

개인차를 나타내는 여러 가지 개념이나 속성의 차원에서 개인을 구분하기 위해
서는 개인별로 측정을 해야 한다. 개인차 측정의 목적으로 검사(tests)가 사용된다.
검사를 정의하자면, 어떤 속성을 측정할 때 사용하는 "모든 종류의 도구, 기술 및
절차"(Cascio, 1987: 128)를 말한다. 예를 들면, 지능검사, 적성검사, 성격검사, 동
기검사, 대입수학능력시험, 사법시험, 공무원시험, 자격시험, 연수원에서의 졸업
시험, 대학 4학년들이 치르는 졸업시험, 정치여론조사, 사회 분위기에 대한 설문
조사, 수업 시간에 보는 필기·실기 시험, 입사시험의 부분인 실적물(예: 광고 제
작, 연구보고서 제출, 제작물 제출)에 대한 점수화, 주제 발표의 우열을 가리는 채점,
역할 연기에 대한 점수화, 면접 시에 전반적인 태도에 대한 채점 등이 모두 검사
다. 모두가 인간의 속성을 측정하기 위한 도구, 기술 및 절차로서 검사의 정의에
부합된다.

많은 경우 개인차는 궁극적으로 검사 점수에 의해 확인된다고 할 수 있다. 따라서 개인차에 대한 이해는 측정 및 검사와 함께 발전해 왔고, 개인차의 내용들을 정확하게 평가하여 개인이나 집단의 복지, 진로, 선택, 이해관계가 있는 의사결정에 타당하게 사용되는 것에 중점을 두게 되었다. 즉, 개인차의 이해는 개인차를 나타내는 속성들과 그에 대한 측정의 방법으로 구성된다.

그런데 개인차를 나타내는 속성들은 이미 심리학의 여러 분야에서 중심 연구 주제로 자리 잡고 있어서 이 책의 여러 장에서 잘 다루어지고 있다. 예로서 발달심리(제3장), 성격심리(제8장), 적응, 상담, 건강 분야 심리(제10~14장) 등은 모두가 개인차를 나타내는 속성들을 깊이 있게 다룬다. 이 장에서는 개인차 속성 가운데 지능, 성취도, 성격, 의견 및 태도의 측정에 사용되는 검사를 소개하고, 그러한 검사들의 평가, 제작 및 운용에 관련된 측정의 이론을 간단히 살펴본다.

2. 지능의 측정

지적 능력에 대한 검사는 동양에서는 3,000여 년 전 중국에서의 공무원시험에서 시작하였고, 서구에서는 1800년대 말 갈톤(Galton, 1822~1911)이 인류측정학적 연구를 하면서 시작되었다. 현대적 지능검사의 시조라고 할 수 있는 측정은 1900년대 초 프랑스의 비네(Binet, 1857~1911)에 의해 개척이 되었다. 비네는 타당도 있는 지능검사를 개발한 최초의 인물이다. 그는 어떤 제작된 과제에서의 수행이 연령과 함께 향상된다면 인간의 복잡한 지적 기능을 객관적으로 측정할 수 있다고 생각하였다. 나이든 아동들이 어린 아동들보다 주어진 과제를 잘 수행하는데, 그렇다면 자기 또래보다 잘하는 아이는 정신적 연령이 높은 것으로, 즉 지능이 보다 높은 것으로 볼 수 있다고 생각하였다. 이 생각은 오늘날 심리검사 표준서(예: 이순묵, 이봉건, 1995)에서 검사 도구 중 가장 먼저 언급되는 '제작된 과제(constructed performance task)'의 개념 속에 잘 들어 있다.

1905년에 처음으로 개발된 비네의 검사는 이후 3년
간 정상적인 아동들의 학교성적을 예측하는 데 사용
되었다. 아동들에게 그 지능검사 점수에 기초하여
정신연령이 부여되었다. 연령별로 집단의 평균점수
가 있고, 어떤 아동의 점수가 특정 집단의 평균점수
에 해당하면 그 집단의 평균연령이 바로 그 아동의
정신연령으로 부여된 것이다. 비네는 처음에, 정신
연령이 신체연령보다 2년 이상 낮은 아동들을 지체

Alfred Binet(1857~1911)

아동으로 정의하였다. 그러나 신체연령 11세에서 정신연령이 9세인 아동이 신체
연령 6세에서 정신연령이 4세인 아동과 동일한 정도의 정신지체는 아니므로 이
방식을 일괄적으로 적용하는 데 문제가 있었다. 이러한 문제를 해결하기 위해서
독일의 심리학자 스턴(Stern, 1817~1938)이 또래집단과 비교하여 아동들의 지체
(retardation)와 수월을 평가하는 방법을 제시하였다. 그가 제시한 지능지수는 다음
과 같이 계산되었고 한동안 사용되었다.

$$지능지수(IQ) = \frac{정신연령}{신체연령} \times 100$$

그런데 오늘날의 지능검사는 좀 더 다른 방식으로 IQ가 계산된다. 물론 자신의
연령집단에서 IQ가 계산되는데, 평균이 100이고 표준편차가 15인 표준점수로서
표시된다. 이 점수들은 개인의 점수가 자신의 연령집단 평균으로부터 얼마나 큰
편차(deviation)를 가지고 있는가를 알려 주므로 편차점수 IQ라고 하는데, 웩슬러
(Wechsler, 1896~1981)의 검사부터 이 편차점수 IQ가 사용되었다.

오늘날 지능검사에는 여러 가지 형태가 있다. 어떤 지능검사는 개인적으로, 또
는 집단으로 모아 놓고 실시할 수 있다. 또한 하나의 지능검사에는 언어적으로 된
부분과 실제 수행을 보이도록 과제가 주어지는 부분이 있는데, 전자를 언어성 검

사, 후자를 동작성 검사로 부른다.

1) 개인지능검사

임상 및 상담 장면에서는 한 사람의 수검자에게 일대일로 검사를 실시하는 것을 선호하는데, 이런 방식이 개인적인 지능검사다. 개인지능검사는 개인의 지능에 관한 표준적인 정보를 제공할 뿐 아니라 그 개인의 행동에 대한 풍부한 표본을 제공한다. 이러한 행동적 정보는 아동이 처한 어려움을 이해하는 데 또는 적용할 프로그램을 선택하는 데 유용하다. 오늘날 널리 쓰이는 개인용 지능검사 중에는 비네검사계열과 웩슬러검사계열이 있다.

비네의 개인용 지능검사는 여러 나라에서 번역되어 사용되면서 수정을 거쳤다. 그중에서 유명한 것이 미국 스탠퍼드 대학교에서 개발된 스탠퍼드–비네검사다 (Terman, 1916; Terman & Merrill, 1973). 이것이 스턴의 IQ 개념을 적용한 최초의 검사다. 스탠퍼드–비네검사는 계속 개정되어 현재는 5판(2003년)이 나와서 사용되고 있다. 우리나라에서는 1960년판을 전용신(1970)이 번안하여 고대–비네검사를 제작하였고, 2003년에 개정판이 나왔다.

웩슬러검사계열에는 성인용, 아동용 그리고 유아용이 있다. 현재 국내에도 이들에 대한 번안검사가 상용화되어 있다. 1930년대에 웩슬러는 스탠퍼드–비네검사가 주로 언어성 검사로 이루어져 있었으며, 또한 성인용 검사로는 부적절한 것에 불만이었다. 그리하여 그는 언어성 능력과 동작성 능력을 모두 측정할 수 있으며 성인에게 사용할 수 있는 검사를 개발하였다. 성인용으로서 WAIS(Wechsler Adult Intelligence Scale)를 개발하였고, 1981년에 개정(WAIS-R)하였다. 아동용으로 WISC(Wechsler Intelligence Scale for Children)를 제작하였고, 1974년에 개정(WISC-R)하였다. 1960년대에 그는 4~6.5세의 유아를 대상으로 하여 WWPSI(Wechsler Preschool and Primary Scale of Intelligence)를 개발하였다.

웩슬러검사에는 여러 개의 소검사들이 들어 있는데, 이들은 결합되어서 언어성

IQ 점수나 동작성 IQ 점수가 된다(Wechsler, 1955, 1958). 물론 일반지능이라는 하나의 개념을 나타내는 IQ 점수도 제시된다. 동작성 검사를 수행하면서 수검자는 여러 가지 방식으로 반응을 하게 되는데, 이에 대해 검사자가 기록을 하게 되면 나중에 검사 점수의 해석을 질적으로 보완해 줄 수 있다. 성인용 웩슬러검사의 언어성 검사와 동작성 검사에 들어 있는 소검사(문항 수) 및 그에 의해 측정되는 능력개념들은 〈표 9-1〉과 같다.

표 9-1 지능검사의 구성

언어성 검사
기본 지식(29): 개인이 소유한 기본 지식
숫자 외우기(14): 청각적 단기기억, 주의력
어휘 문제(35): 학습 능력과 일반 개념의 지표가 되는 어휘 수준
산수 문제(16): 수 개념의 이해와 주의집중력
이해 문제(16): 일상생활의 응용 능력이나 도덕적 · 윤리적 판단 능력
공통성 문제(14): 유사성의 파악 능력과 추상적 사고 능력
동작성 검사
빠진 곳 찾기(20): 사물의 본질/비본질 구별 능력, 시간적 예민성
차례 맞추기(10): 전체 상황에 대한 이해력과 계획 능력
토막 짜기(9): 지각적 구성 능력, 공간적 표상 능력, 시각-운동 협응 능력
모양 맞추기(4): 지각 및 재구성 능력, 시각-운동 협응 능력
바꿔 쓰기(93): 단기기억 및 민첩성, 시각-운동 협응 능력

2) 집단지능검사

집단지능검사는 한 검사자가 많은 수의 수검자들에게 집단으로 실시하는 지능검사로서 대개는 지필검사 형태다. 임상장면에서는 집단용 검사보다는 개인용 지능검사가 더 선호되고 있으나, 여기에는 숙달된 검사자가 필요하고 한 번에 한 명에게만 실시하게 되는 단점이 있다. 제1차 세계대전 시에, 미육군에서 150만 명의 징집자들을 분류하고자 했을 때 최초의 집단용 지능검사인 미육군 알파검사(1917)가 개발되었다. 이것이 주로 언어성 검사여서 문맹인 지원자들에게는 사용될 수 없었기 때문에 동작성 검사를 포함한 미육군 베타검사(1920)가 개발되었다. 이들은 모두 지필검사 형태로서 그 개정판들이 아직도 사용되고 있다(Bootzin, Bower, Zajonc, & Hall, 1986).

집단용 검사는 보통 다지선다형(多枝選多形)이고 컴퓨터로 채점이 가능하다. 또한 검사를 다수의 사람들에게 적용할 수가 있으므로 대규모의 수검자집단에 기초하여 표준화할 수가 있다. 집단용 검사는 실시에 간편하고 경제적이므로 학교, 기업, 비영리조직, 기타 대량 검사가 필요한 곳에서 사용되고 있다.

이러한 지능검사들은 각 부분별 IQ를 제공하는 경우도 있으나 궁극적으로는 전체로서 '일반지능'이라는 하나의 개념을 나타내는 IQ 점수를 제공한다.

3. 성취도 및 적성의 측정

성취도 검사는 학업 과정에서 개인이 학습을 성취한 정도를 평가하기 위해 제작되었다. 중간고사, 기말고사 등 교사가 출제하는 시험은 물론, 국가수준에서의 성취도를 보기 위하여 외부 기관에서(예: 국립교육과정평가원) 출제하는 시험도 성취도 검사다. 한편 적성검사는 어떤 계통의 활동이나 일에 대한 개인의 역량과 준비도를 알아보고자 만들어졌다.

앞서 언급한 지능검사는 학업장면에서 가장 널리 알려진 적성검사다. 즉, 학습을 얼마나 잘 수행할지의 역량을 알아보는 데 지능검사가 사용된다. 반면, 진로나 직업장면에 대해서는 진로적성검사, 직업적성검사 등이 있다. 적성검사를 통해서 역량을 파악하고자 한다면 주로 인지적 측면을 가리키는데, 그러한 적성검사는 성취도 검사와 구분이 애매해지고 있다. 심리학자들은 처음에 내적인 능력 및 재능을 적성으로 정의하고 측정하고자 하였다. 그러나 이러한 적성검사를 제작하다 보면 여러 가지 경험에 대한 측정이 부분적으로 포함되는 것이 거의 필수적이다. 따라서 인지역량 중심의 적성검사(예: 지능검사, 대입수학능력시험, 노동부 직업적성검사)에는 성취도 검사로서의 측면이 포함된다. 한편 성취도 검사(예: 지능보다는 지식이나 기술을 측정하는 검사)는 여러 가지 직업상 적응에 대한 좋은 예측변수임이 밝혀짐에 따라, 그러한 직업에 대한 적성검사의 성격을 지닌다. 그러므로 성취도 검사와 인지적 측면의 적성검사를 구분한다면 그 내용보다는 목적을 중심으로 판단해야 할 것이다. 현재 학습목표의 달성도를 보기 위한 목적인지, 미래의 활동에 필요한 준비도를 보기 위한 목적인지에 따라 성취도 검사인지 적성검사인지 판단할 수 있다.

그런데 역량이라고 하면 인지적인(cognitive) 부분도 있으나 비인지적인(non-cognitive) 부분도 있다. 예를 들면, 성취동기나 대인관계역량은 인지적 역량이라고 하지는 않고 비인지적 역량이라고 해야 할 것이다. 그리고 적성을 정의할 때 역량 이외에 기타의 준비도로서 성격, 태도, 흥미, 성장 배경, 가치관 등을 이야기할 수 있다. 즉, 적성을 넓게 보면 중심 개념인 인지적 역량 이외에도 많은 내용이 포함될 수 있다. 따라서 넓은 의미의 적성검사라고 하면 동기검사, 성격검사, 흥미검사, 성장 배경에 대한 전기(傳記)검사, 가치관검사 등이 포함될 수 있다. 국내의 대기업에서 입사 시에 사용하는 적성검사는 인지역량뿐 아니라 비인지적 준비도까지 파악하고자 하므로 '넓은 의미의' 적성검사라고 할 수 있다. 학교장면이나 구직장면에서 상담에 사용되는 진로적성검사나 직업적성검사에도 소검사로서 인지적 역량검사, 직업흥미검사 그리고 성격검사 등이 포함되어 있어 '넓은 의미의' 적성검사가 된다.

4. 성격의 측정

지능검사나 성취도 검사를 비롯한 인지적 검사들은 인지역량을 평가하는 데 사용된다. 그러나 인지적 측면만을 측정하는 도구는 인간 행동의 전체가 아닌 일부만을 조명해 준다. 따라서 성격, 정서, 동기, 흥미, 태도 및 가치 등을 알아보는 비인지적 검사도 필요하다. 여기서는 비인지 검사 중 특히 성격의 측정에 대해 알아보기로 한다. 이런 검사들에는 대체로 정답이 없으므로, 그에 대한 명칭으로서 'ㅇㅇ검사'라고 부르기보다는 'ㅇㅇ목록(inventory)'으로 부른다. 국내에서는 넓은 의미에서 'ㅇㅇ검사(test)'라고 부르는 경우도 많이 있다(예: Minnesota Multiphasic Personality Inventory를 미네소타 다면적 인성검사로 부름). 성격을 재는 검사 방법으로는 자기보고목록, 투사검사 및 생리적 측정 등이 있다. 우선 자기보고목록으로 성격을 측정하는 경우(MBTI, 5요인검사, MMPI)를 살펴보고, 그 밖의 다른 검사들을 살펴본다.

1) 성격유형론과 성격특질론

성격에는 옳고 그른 것이 없으므로 자기보고목록에 의해 조사하는 것이 일반적이다. 성격의 연구는 크게 유형론과 특질론으로 나뉘는데, 전자는 성격을 몇 개의 분리된 범주로 보는 관점이고, 후자는 성격을 몇 개의 연속변수 또는 연속적인 차원으로 보는 관점이다. 유형론에서 널리 알려진 검사로는 MBTI(Myer-Briggs Type Indicator; Myers, 1987)가 있다. MBTI는 독일의 심리학자 융(Jung)의 이론을 기초로 제작되었다. MBTI에는 해석을 위한 4개의 축이 있는데, 그중 3개가 융의 이론에 기초한 것이고 나머지 1개는 MBTI 제작자들이 추가한 것이다. 융의 이론에서 온 세 가지 축은 일반적 지향, 합리적 기능 그리고 인식 활동이다. 융은 삶에 대한 일반적 지향으로서 외향성(extraversion)과 내향성(introversion)을 구분하였고, 합리적 기능으로서 사고(thinking)와 감정(feeling), 그리고 인식활동으로서의 감각(sense)과 직관(intuition)을 구분하였다. 이렇게 융이 제시한 세 가지 축에(외향/내향, 사고/감정, 감각/직관) MBTI 개발에서 판단-인식이라는 또 하나의 축이 추가되었다. 외부 세계 대처에서 판단형은 사고-감정이라는 판단기능을 선호하고, 인식형은 감각-직관이라는 인식기능을 선호한다(김정택, 심혜숙, 제석봉, 1995). MBTI에서는 이러한 4개의 축을 가지고 개인의 성격에 대한 16가지 유형을 제시한다. 이 검사는 두 개의 형용사를 주고서 그중에서 자신을 더 잘 묘사하는 것을 선택하게 한다. 두 개의 형용사 모두가 자신에게 크게 해당이 안 되어도 그중 하나는 반드시 선택해야 한다. 따라서 개인 간에 선택의 기준은 자신 내부에서의 상대 비교일 뿐, 타인과 비교할 수 있는 일반적인 기준이 사용되는 것은 아니다.

특질이론에서 널리 알려진 검사로는 성격5요인(Big Five) 검사가 있다. 성격5요인은 외향성(extraversion), 신경증(neuroticism), 원만성(agreeableness), 성실성(con-scientiousness) 그리고 개방성(openness)으로 명명된다(Costa & McCrae, 1992). 이 중에서 신경증은 연구자에 따라서 채점의 방향을 바꾸어 '정서안정성(emotional stability)'으로 부르는 경우도 있다. 5번 요인인 개방성은 지적 개방성으로서 지능과 관련된 성향이다. 성격5요인에 대해 상용화된 검사는 각 요인에 하위 요인이 6개씩 있고, 그 아래 8개씩의 문항이 있다(5점 척도로 된 총 240문항). 따라서 자신을 각 문항의 잣대에 올려놓고 절대평가하게 되어 있어서 검사 결과를 타인과 비교하는 것이 가능하다. 그런데 5요인 아래의 각 6개 하위 요인에 대한 검증은 충분하지 않다. 골드버그(Goldberg, 1999)는 5요인 각각에 대해 10개 문항씩을 제시하여 총 50문항짜리 척도를 인터넷에 공개하여(http://ipip.ori.org) 사용하고 있는데, 국내에서는 신현균과 장재윤(2003)이 이를 번역하였다.

유형론이 범주에 중점을 두고 특질론이 연속 차원에 중점을 둔다고 할 때 어느 하나의 장점은 다른 하나의 단점이 된다(민경환, 2002). 즉, 유형론에서 범주화함으로써 과도한 단순화의 문제가 있다면, 성격을 간명하게 전달하는 매력이 있다. 특질론에서는 연속차원(예: 외향-내향)상에 개인을 위치시킴으로써 범주화를 피하는 반면에 각 차원에서 개인들이 다양한 위치에 있게 되고 개인의 성격을 묘사하는 데 간단한 설명이 되지 않는 점이 있다. 그러나 최근의 성격심리학에서는 특질이론이 상대적으로 널리 연구되고 있고 주요 접근 중 하나로서 성장하는 모습이다(민경환, 2002).

2) 미네소타 다면적 성격검사(MMPI)

MMPI는 임상용 검사이지만 집단으로 실시될 수 있는 성격검사로서 정신적 질환의 진단 및 평가를 보조하는 데 사용되었다. 즉, 정신질환자 집단과 정상인 집단을 구분하는 문항들을 사용해서 개발되었다. 두 집단을 잘 구분해 주는 문항들이 여러 가지 소척도로 정의되었다. 1946년에 1판이 나온 이 검사는 원본 및 국내 표준화 검사가 현재 2판까지 나와 있다.

MMPI-2는 567개의 진위형(예/아니요) 문항을 가지고 만든 큰 목록인데, 이 문항들을 가지고 8개의 타당도 척도와 10개의 임상척도들을 정의하고 있다. [그림 9-1]에서 수평축은 소척도의 명칭이고 수직축은 원점수를 평균 50, 표준편차 10인 점수로 표준화한 점수, 즉 T점수를 나타낸다. 그림에서 꺾은선 그래프는 프로파일이라고 하는데, MMPI 척도를 실시할 경우 나올 수 있는 결과에 대한 윤곽선(profile)이다.

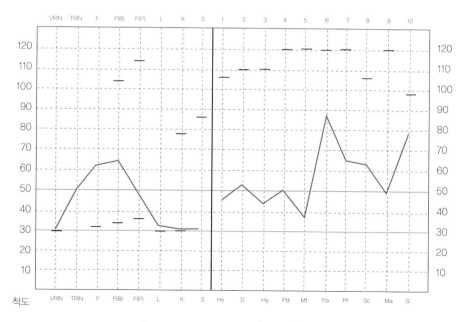

[그림 9-1] MMPI-2의 프로파일 예

8개의 타당도 척도는, 정확하게는 응답의 신뢰도를 보기 위한 것인데, 해석을 하기에 적절한 응답인지를 판단하게 해 준다. 8개의 타당도 척도는 VRIN(Variable Response Inconsistency, 무작위로 반응하는 정도), TRIN(True Response Inconsistency, 내용에 상관없이 '그렇다'고 반응하는 정도), L(lie, 자신을 지나치게 긍정적으로 보이게 하려는 태도), F(infrequency, 대부분의 사람들과 다르게 반응하는 정도), K(defensive-ness, 자신을 노출시키려 하지 않는 방어의 정도), F(B)(검사의 후반부에서 수검태도의 변화 탐지), F(P)(F척도에서 높은 점수의 의미를 명확히 해 줌) 그리고 S(Superlative Self-presentation, 과장된 자기 제시 탐지) 등이다.

10개의 임상척도들에 대해서는 번호 내지 약어를 사용해서 가리키는데, 이는 임상적 프로파일을 제공하는 데 사용된다. 10개의 임상척도는 1번-Hs(건강염려증), 2번-D(우울증), 3번-Hy(히스테리), 4번-Pd(반사회성), 5번-Mf(남성성/여성성), 6번-Pa(편집증), 7번-Pt(강박증), 8번-Sc(정신분열증), 9번-Ma(경조증) 그리고 0번-Si(사회적 내향성) 등이다.

[그림 9-1]에서는 각 소검사 프로파일로 보아 불안과 긴장을 잘 느끼는 경우다. 응답의 신뢰도 정보를 주는 타당도 척도 중 F와 F(B)에서 평균보다 높으나 80점(3 표준편차)을 넘지 않으므로 해석에 문제가 없는 응답으로 간주한다. 임상척도들의 점수는 6번-Pa 척도와 0번-Si 척도에서 두드러지고 있다. 자세한 자료가 있어야겠으나, 이 프로파일은 성격적으로 수동적이고 융통성이 부족하며 강박적인 성향을 시사한다. 내면의 감정들이 조절되지 못하고 갑자기 흥분되어 외부로 표출될 수도 있다.

MMPI-2는 심리적 장애를 식별하고 진단하는 뛰어난 도구다. 그러나 그것은 정상인의 성격을 연구하거나, 정상적인 경쟁집단 내 구성원으로서 성공적 업무수행을 예측하는 것을 목적으로 제작된 것은 아니다. 나아가서, MMPI-2에 대한 해석에는 숙달된 임상가를 필요로 한다. 고도로 훈련받지 않은 사람에 의한 해석은 타당하지 않은 것이며, 심리학자들은 이러한 문제에 대해 우려를 가지고 있다.

3) 투사검사

투사검사는 수검자에게 애매한 자극을 제시하고 반응을 요구함으로써 반응과정에서 수검자의 사고와 감정이 묻어나오도록 하는 검사다. 검사자는 수검자들이 반응하는 가운데 애매한 자료를 해석하는 방식을 관찰하고 기록한 후에 그들의 성격, 태도, 행동 등에 대한 추론을 한다. 이러한 검사에는 정답과 오답이 있는 것이 아니고, 검사에 사용되는 문제나 재료에 잘 정의된 의미가 있는 것도 아니다. 따라서 수검자들이 자신의 해석을 통해 반응하는 것이 바로 검사자가 추론에 사용하는 원자료가 된다. 투사검사의 특징은 반드시 개인적으로 실시되며, 자기보고목록과 달리 엄격한 표준화가 어렵다는 것이다. 물론 이 검사들에도 채점에 객관성을 확보하기 위한 노력이 많이 진행되긴 했으나, 궁극적으로 내용적인 평가를 하려면 전문가에 의한 임상적 해석이 필요하다. 임상가들의 해석에 일관성이 있어야 하지만, 경험과 역량의 차이는 완벽한 일치를 어렵게 할 것이다. 투사검사의 재료는 모두가 애매하지만, 고도로 추상적인 것도 있고 어느 정도 구체적인 것도 있다. 로르샤흐(Rorschach)가 만든 잉크반점(inkblot)검사가 전자의 예이고, 머레이(Murray)가 만든 주제통각검사가 후자의 예다. 여기서는 로르샤흐 검사에 대해서만 소개한다.

일반에게 제일 널리 알려진 투사검사는 로르샤흐 잉크반점검사인데, 영화, 책 또는 연극에서 자주 등장한다. 이 검사는 1921년에 스위스의 정신과 의사인 로르샤흐에 의해 개발되었다. 이 검사를 통해 전문가는 개인의 사고, 지각, 정서 및 대인관계 등 여러 가지 성격적 특성에 관하여 추론한다. 이 검사에서 수검자에게는 10개의 대칭적인 잉크반점카드가 제시된다. 예로서 [그림 9-2]는 저자가 임의로 만들어 본 잉크반점으로, 아무런 구체적 모양이 없는 카드다. 로르샤흐가 제작한 10개의 카드는 이와 유사하게 잉크반점을 종이에 찍어서 만든 것으로 색깔과 복잡성이 점점 증가하는데, 수검자는 자유연상을 통해 그 그림이 무엇과 같다고 이야기한다. 이 검사는 수검자의 상상력을 검사하는 것이 아니라, 그가 그림을 보고

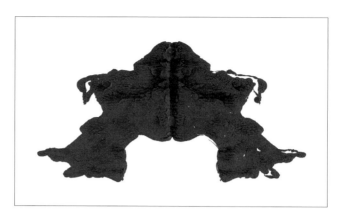

[그림 9-2] 잉크반점카드의 예

'무엇을 떠올리는지'를 알아보는 것이다. 수검자의 반응이 끝난 후 검사자는 어떤 성질이나 형태가 그러한 반응을 유발했는지를 알아내기 위해 질문을 한다 (Exner, 1993). 이는 반응의 의미를 상세화하기 위함이다. 10개 카드에 대해 반응이 끝난 후 다시 1번 카드를 보여 주고, 수검자의 반응을 다시 언급하면서 묻는다. 검사자와 수검자의 대화는 다음과 같을 수 있다.

검사자: 아까 괴물 같다고 했는데요, 나도 그렇게 볼 수 있도록 설명해 주세요. 왜 그렇게 보셨어요?

수검자: 네, 어깨, 손, 발이니까요.

검사자: 어디서 그렇게 보셨나요?

수검자: 네, 여기 맨 윗부분, 양쪽 끝 그리고 아래 양옆인데요.

로르샤흐검사의 해석에는 임상적 지식을 필요로 하므로 상당한 전문적 훈련을 받아야 한다. 해석의 예를 들면, 어떤 잉크반점에 대해 피검자가 "한 발가벗은 남자가 등을 돌리고 있고 여기에 그의 엉덩이가 있다."라고 말했다면 이것은 마음속의 동성애적인 가정을 나타낸다고 해석할 수 있다(박영숙, 1994). 왜냐하면 일반적으로 남자들 간의 동성애에서는 등 뒤로부터의 접근이 선호되며 뒷모습이 관심의 대상이기 때문이다.

전문가는 이와 같은 해석을 교과서적으로 하는 것이 아니다. 교과서는 평균적 지식이므로, 전문가는 내담자의 반응에 대해 자신이 살고 있는 문화권 내에서 축적된 신뢰도와 타당도 있는 경험적 연구를 바탕으로 해석해야 한다. 서구에서는 이런 종류의 작업에 계량화가 추진되어 상당한 정도로 전산화 작업까지 진행되어 있다.

4) 생리적 측정

성격의 기반이 되는 정서는 생리적 기능과 아주 밀접하게 관련되어 있다. 따라서 성격상의 개인차를 알아볼 때 생리적 측정이 종종 쓰인다. 예를 들면, 정서로서의 적대감은 혈압을 높일 수가 있다. 분노정서가 있을 때 생리적으로는 빠른 심장박동, 피부전하(conductance)의 증가 그리고 혈압 상승을 관찰할 수 있다. 불안하면 심장박동과 호흡이 빨라지고, 땀이 나며, 근육이 긴장한다. 각성(arousal)의 개인차를 보기 위해 혈압의 변화, EEG(Electroencephalogram, 뇌파도), GSR(Galvanic skin response, 전기피부반응) 및 EMG(Electromyograph, 근육의 전기적 활동 변화를 기록)를 관찰하는 경우가 있다. 예를 들면, 스트레스에 대한 대처 성향을 보기 위해 개인들에게 설문을 실시할 수도 있지만, 자율신경의 각성수준을 함께 볼 수도 있는 것이다(예: Coyne & Lazarus, 1980). 이와 같이 생리적 측정은 개인의 성격 추론에도 유용하다.

5. 의견 및 태도의 측정

심리측정이나 검사에 대하여 전문적인 경험이 없는 사람도 설문이나 목록에 응답한 경험을 많이 가지고 있다. 그중에서도 성격에 대한 목록은 의견이나 태도에 대한 것들보다 사용 및 해석상의 전문성이 높다. 그런 이유로 성격목록들은 '성격검사' 라는 이름으로 많이 불리고 있다. 여기서는 일반적으로 누구나 접하는 의견, 가치관, 여론, 태도 등의 측정에 많이 쓰이는 이른바 '설문' 들에 대해 살펴본다. 이런 설문들을 통틀어서 '태도검사' 로 부르기로 한다.

태도검사의 용도는 다양하다. 대통령선거, 지방선거 등에서 사용되는 여론조사, 학교에서 강사를 평가하기 위해 학생들에게 묻는 강의평가, 학부형에게 의뢰되는 교사평가(권문한, 1996), 직장인에게 업무동기에 대한 설문 또는 신세대의 가치관 조사 등 무수히 많다. 특히 마케팅, 소비자 및 광고 분야에서 많은 설문들이 사용된다. 영어권에서 사용되는 태도조사용 설문들은 설문 문항들과 함께 검사의 질적 수준에 대한 평가도 제시되고 있다(예: Nebraska의 Buros Institute에서 주기적으로 나오는 『정신측정연감』). 국내에서도 그와 유사하게 태도검사들의 문항과 질적 수준에 대한 정보를 제공하는 책자가 많지는 않으나 종종 발간되고 있다(예: 고려대학교 행동과학연구소, 1998; 서울대학교 교육연구소, 1997).

6. 측정과 검사

1) 측정의 개념

측정(measurement)이란 쉽게 말해서, 우리가 경험하는 사물 또는 그들 간의 관계에 일관성 있게 숫자를 부여하는 것이다. 우리가 어떤 사물을 인식할 때, 키는 크고 작게, 온도는 뜨겁고 차갑게, 성적은 잘하고 못하고, 남녀 모임에서는 누가 남자인지 누가 여자인지 등의 특성(property, trait)을 인식한다. 이렇게 경험적으로 인식하는 질적인(qualitative) 내용이 바로 사물에 대한 경험체계다. 이 경험체계를 숫자로 바꿔 놓으면 정보의 축적과 소통이 쉬워진다. 예를 들면, 몸무게를 잴 때 100kg에서의 '100', 온도를 잴 때 30°C에서의 '30', 달리기 능력의 서열을 잴 때 1등에서의

'1' 또는 남녀 구분을 위해 남자를 0으로 표시할 때의 '0'이 바로 연구자가 부여하는 숫자다. 물론 이렇게 숫자가 부여되는 과정에서 일정한 규칙을 따라야 '일관성' 있는 숫자 부여가 된다. 일관성 있는 숫자 부여, 즉 측정을 위한 도구로서 검사를 사용한다. 검사를 사용해서 수량화된 경험자료를 수집하는 것이다.

2) 경험자료의 수집

경험자료의 수집은 사물 또는 사물 간 관계에 대해 자료를 수집하는 과정인데, 그러한 작업을 위한 도구로서 많은 경우 검사(test)가 사용된다. 카시오(Cascio, 1987: 128)는 어떤 속성을 측정할 때 사용하는 '모든 종류의 도구, 기술 및 절차'를 망라하여 검사라고 한다. 앨런과 옌(Allen & Yen, 1979: 1)은 "개인의 행동에 대한 표본을 얻기 위한 수단"이라고 검사를 정의한다. 이러한 카시오의 정의와 앨런과 옌의 정의를 참조하여 검사에 대한 정의를 내려 보기로 한다.

학술적으로 논의의 대상이 되는 개념 또는 속성은 그러한 속성을 지니는 인간 또는 동물의 여러 가지 행동표본에서 나타난다. 여기서의 행동은 외적으로 보이는 행동뿐 아니라 두뇌에서 이루어지는 느낌, 사고, 의견, 판단, 결정 등의 내적 행동까지 포함한다. 어떤 사람의 '실력'이 어느 정도인지 보려면 국어시험, 수학시험 등에서 그가 보이는 성적을 보고서 판단할 수가 있다. 여기서 각 과목의 시험은 실력이라는 속성을 재는 일종의 검사다. 그런데 어떤 개인의 국어시험 성적을 알기 위해 그 사람에게 국어시험을 무한히 보게 할 수는 없고, 단지 제한된 횟수의 시험만을 부과할 수 있으므로 몇 회에 지나지 않는 '국어시험' 결과는 일종의 행동표본 또는 표본자료가 된다. 따라서 검사는 "개인 또는 개체의 행동에 대한 표본자료를 얻음으로써, 측정의 대상이 되는 개념을 재기 위한 모든 종류의 도구나 절차 또는 논리"(이순묵, 2002: 29)라고 할 수 있다.

그런데 검사를 어떻게 만드는가에 대한 논리와 일단 작성된 검사(이 경우 검사도구라는 말을 많이 씀)는 구분되어야 한다. 검사를 만드는 데에서의 논리는 그에 따라 수집된 숫자가 가지는 수량적 성격을 정의할 것이다. 일정한 검사 논리에 따라 만들어진 도구는 검사도구 또는 척도가 된다. 따라서 검사라고 하면 그것이 추상명사로서의 검사 '논리'를 의미하는지, 아니면 보통명사로서의 검사 '도구'를 의미하는지 맥락에 따라 판단해야 할 것이다.

검사 결과로 수집된 자료, 즉 검사 점수(test score)가 바로 측정자료가 된다. 그런데 검사(test)라는 용어가 맥락에 따라서 여러 가지로 세부적 의미를 달리한다. 즉, 검사 논리, 검사 도구, 검사 점수, 검사 실시 또는 특정의 목적을 위해 검사를 사용하는 전반적 관행을 의미할 수가 있다. 따라서 '검사'라는 용어가 나올 때 그 세부적 의미를 정확히 파악하는 것은 매우 중요하다. 다음은 다섯 가지 사용에 대한 간단한 설명이다(이순묵, 2002: 31 참조).

- 검사 논리: 행동의 표본을 측정하는 논리나 절차라고 하는 추상명사로서의 검사. 지능검사에 관한 토론회, 적성검사의 의미 또는 학력검사의 기능
- 검사 도구: 어떤 논리나 절차에 따라서 제작된 구체적인 도구(예: 고대-비네검사, 노동부 추천의 직업적성검사, 학기말 학력검사지 등)
- 검사 실시: '검사하러 가자, 검사 결과로……' 등의 서술에서 검사는 검사의 실시를 의미
- 검사 점수: 검사의 신뢰도, 검사의 타당도 또는 검사 간의 상관 등의 서술에서의 검사는 '검사 점수'를 의미
- 검사 관행: '심리검사의 전문적 성격'이라고 할 때는 검사의 논리 설정, 그에 따른 검사도구 제작, 검사의 실시, 검사 점수 계산, 검사 점수의 해석 및 의사결정을 위한 사용까지의 전체 과정을 의미[이때의 검사는 검사 관행(testing practice) 전반을 의미함.]

3) 검사의 해석 및 사용 목적에 따른 구분

검사 점수의 사용 또는 해석의 방식에는 규준참조검사(norm-referred testing)와 영역참조검사(domain-referred testing)로 나뉜다. 규준참조검사에서의 규준은 대상 집단에서의 점수분포다. 그 규준은 각 검사 점수별로 몇 사람이 관찰되는지의 빈도분포에 기초하므로, 그것을 참조하여 개인별로 상대적 서열이나 위치를 알려 주는 상대평가를 제공한다. 한편 영역참조검사의 검사 사용에는 여러 가지 유사한 이름이 있다. 준거참조검사, 규준지향검사, 내용참조검사, 목표지향검사 등의 유사한 명칭이 있으나, 영역참조검사가 더 정확하다(Anastasi & Urbina, 1997). 영역참조검사에서는 검사 점수 해석을 영역에 비추어 하게 된다. 즉, 검사에 반영되어 있는 내용 영역이나 분야에서의 척도체계상에서 볼 때 개인의 점수가 어디에 있는지를 알려 주는 절대평가를 제공한다. 영역참조검사에서는 정의상, 어떤 개인의 점수가 다른 개인들의 점수와 비교되지 않는다. 이러한 상대비교는 부산물일 수 있으나 목적이 아니다.

예를 들면, 어떤 인터넷 사용자가 전체 인터넷 사용 인구 중 어디에 위치해 있다는 것은 규준참조적 해석이 되고, 인터넷 중독 전문가들이 설정한 중독수준의 기준점수와 비교할 때 어느 수준의 사용 또는 중독인지를 가려내는 것은 영역참조적인 해석이다. 경쟁 상황에서의 선발이나, 자기 또래의 인구 일반에서 개인의 상대적 위치 제공을 위한 것이 규준참조검사라면(예: 지능검사, 입사시험, 대학수학능력시험), 조직이나 집단에서 정한 기준에 미달인지 아닌지, 훈련소에서의 목표에 비추어 숙달/미달의 분류, 우울증으로 입원 필요/외래진료 요망/주의 요망/건강 등으로 분류할 경우 기준점수(criterion score, cut-off score)를 정하고, 그러한 절대기준에 비추어 의사결정 내지 진단을 내리는 것은 영역참조검사다. 이때 사용되는 기준점수는 경계선 점수(분할점수)라고 한다.

4) 표준화

심리검사는 '표준화된' 측정을 제공하는데, 이때 표준화의 의미는 "실시 및 채점의 일관성"(Anastasi, 1988: 25)이다. 표준화가 필요한 것은 동일한 검사를 여러 사람에게 실시할 때 수검자는 달라도 검사 실시 및 채점의 조건이 같아야 산출된 점수들에 대한 비교 가능성이 확보될 수 있기 때문이다. 그러나 이 조건은 잘 계획된 연구에서 연구 참여자들에 대한 관찰을 할 때 그 조건이 잘 통제되어야 한다는 기본 원칙이 있는 것과 다를 것이 없다. 즉, 검사에만 요구되는 조건은 결코 아니다. 표준화의 구체적 의미는 검사의 사용 및 해석 방식이 규준참조적인지 영역참조적인지에 따라서 다른 점이 있다.

검사가 표준화되기 위해서는 개발자가 먼저 그 검사의 실시 및 채점에 대한 상세한 지시 사항을 교본(manual)에 서술해야 한다. 검사 실시자는 그 교본에서 지정한 검사 자료의 사용, 시간 제한이 있을 경우 그에 대한 엄수, 교본에서 지시한 대로 구두 지시를 수행, 검사의 본문을 시작하기 전에 수검자들에게 예시 또는 연습 기회 부여, 검사 중 질의에 대한 응답 등에 대한 일관성 있는 수행이 요구된다. 검사 중 한두 가지 사항에 일관성이 없어도 수검자의 점수에 영향을 미치고, 경우에 따라서는 검사를 처음부터 다시 실시해야 할 경우도 생긴다. 검사의 의미를 단순히 검사 실시·채점을 넘어 해석 및 그에 따른 의사결정을 포함한 검사의 관행 전체를 가리킨다고 보면, 검사의 표준화를 위한 또 하나의 중요한 절차는 규준참조검사에서의 규준 제작과 영역참조검사에서의 기준점수 설정이다. 규준참조검사에서는 규준이 있어야 산출된 점수들을 그에 비추어 비교할 수 있고, 영역참조검사에서는 기준점수가 있어야 개인점수를 그 기준에 비추어 등급이나 진단을 부여할 수 있기 때문이다.

(1) 규준 설정

어떤 검사의 규준을 쉽게 정의하면, 수검자들의 정상적·전형적인 수행 결과 또는 성적이다(Anastasi, 1988). 규준참조검사는 상대평가의 기능을 가지고 있으므로 수검자를 평가하고자 할 때, 다른 사람들이 어떤 점수를 얻었는지를 모르면 상대 비교 정보를 제공할 수 없다. 만일에 개인이 40점이 최고 점수인 검사에서 20점을 얻었다면 다른 수검자들이 대체로 몇 점 정도(예: 25점)인지에 대한 정보가 없이는 그 20점이 높은 점수인지 낮은 점수인지 판단할 길이 없다. 그러므로 개인의 검사 점수의 상대적 위치를 해석하기 위해서는 검사 개발자가 규범적(normative) 분포, 즉 규준(norm)을 작성해야 한다. 규준은 어떤 검사를 적용받는 모집단이 되는 사람들 가운데 크고 대표적인 집단, 즉 규준집단에게 검사를 실시해서 얻은 점수에 기초한 요약이나 표다. 규준집단점수의 요약인 산술평균과 표준편차만 가지고도 간단한 규준이라고 할 수가 있다. 그 평균에서 어느 정도 아래위로 떨어져 있는 점수가 표준편차의 몇 '배수' 정도의 위치에 있는지를 알려 주면, 수검자는 그 검사를 적용받는 집단에서 자신이 상대적으로 어디에 위치할지를 알 수 있다. 그러나 대체로는 규준에 대한 표를 준비한다.

규준에 대한 표, 즉 규준표에는 원점수, 백분위점수, 표준정규점수 또는 T점수 등이 함께 제시된다. 따라서 원점수는 물론 그 점수가 규준집단에서 차지하는 상대비교의 정보를 가진 점수들이 제공되는 표다. 규준표에 원점수와 함께 가장 자주 보이는 점수는 원점수에 대한 백분위 점수(percentile score) 또는 표준점수(standard score)다.

(2) 기준점수의 설정

영역참조검사에서 대상자에 대하여 특정 범주로 등급을 부여하거나 진단을 내리고자 할 때, 이를 위한 기준점수의 설정은 필수 절차다. 면허시험, 자격시험 또는 임상적 진단검사와 같은 경우 검사 내용에 기초해서 수검자를 분류해야지, 응답자 간의 상대적 위치에 기초해서 분류하는 것은 의미가 없다. 검사 도구의 내용에 기초하여 기준점수를 설정한다면 수검자 집단의 특성에 무관하게 안정된 기준점수가 된다.

진단적 분류 또는 합격/불합격 결정 시 앤고프(Angoff, 1971) 방법을 적용할 수 있는데, 그 방식의 핵심은 우선 최소 수용 가능한 사람(minimally acceptable person: MAP)을 설정하는 것이다. 최소 수용 가능한 사람이란 합격 범주에 분류되는 데 필요한 최소 수준(minimum level)에 있는 사람, 즉 경계선에 있는 합격 가능한 사람이다. 검사 점수에 기초하여 수검자들을 이분결정할 때, 현실적으로는 상위수준의 맨 마지막에 있는 사람의 점수가 기준점수가 된다. 이분결정에는 합격/불합격만이 아니라 중독 여부, 질병 여부 판단 등 다양한 경우가 포함된다.

예를 들면, 검사점수를 기초로 수검자들을 4개의 범주에 분류하려면 3개의 기준점수가 필요하다. 인터넷 중독을 측정하는 검사로서 영역참조방식을 생각해 보자. 이때 4개 범주가 있다고 하면 3개의 기준점수가 필요하다. 이때 기준점수를 설정하는 각 전문가는 범주 간 경계선상에 있는 사람, 즉 두 범주 중 상위범주에서 마지막에 있는 사람이라면 검사 내의 각 문항에서 '예'라고 하거나 '해당'될 가능성을 확률로 표시한다. 전체 전문가들에 대해 이 확률들을 합하거나 평균하면 두 범주 중 상위 범주에 분류되기 위한 기준점수가 된다. 이때 전문가들의 독립적 판단이 중요하고 충분한 수의 전문가들이 필요하다. 이것은 '합의'에 의한 기준점수 설정이기 때문이다.

인터넷의 병리적 사용에 대한 연구에서 이순묵, 반재천, 이형초, 최윤경과 이순영(2005)은 이분문항으로 구성된 검사뿐 아니라 다분문항(4점 척도 사용)으로 구성된 검사의 점수에 기초하여 인터넷 사용자들을 4개 범주로 분류하였다. 그들의 연구에서 사용된 각 범주의 정의 및 전문가들의 워크숍에서 결정된 기준점수는 〈표 9-2〉과 같다. 〈표 9-2〉은 이분문항(채점은 1, 0)으로 된 20점 만점의 검사에서 1점이 안 되면 일반사용군, 1~5점은 주의사용군, 6~15점은 위험사용군, 16~20점은 병적사용군으로 분류됨을 의미한다.

표 9-2 인터넷 사용자의 범주 정의

분류	설명
일반 사용군 (1점 미만)	인터넷을 자신의 흥미와 욕구, 목적에 맞게 사용하는 경우로, 인터넷 사용 시간을 적절하게 조절할 수 있다. 원하는 목적을 이루고 나면 지체하지 않고 인터넷 접속을 종료한다. 인터넷 사용으로 인한 정서, 행동, 직업, 대인관계에 별다른 영향을 받지 않는 건전한 사용자들이 속하는 유형이다.
주의 사용군 (1~5점)	목적 외에 인터넷 사용 시간이 늘어나기 시작하면서 잠재적인 문제가 발생할 수 있는 가능성을 지니고 있기는 하지만, 현재 뚜렷한 문제없이 일상생활을 유지하는 경우다. 그러나 혼자 보내는 시간의 대부분을 인터넷을 통해 해결하려는 경향성을 보이게 된다. 인터넷이 생활의 중요한 부분을 차지하는 단계다.
위험 사용군 (6~15점)	현실의 대인관계가 현저하게 줄어들면서 사이버 세계가 대인관계의 중심이 되며, 이러한 인터넷 과다 사용으로 인해 일상생활에 문제가 발생하고(예: 학교/직장에서 경고를 받거나 지각, 지연) 주변 사람들도 이러한 문제를 인식하기 시작하고 인터넷 사용에 대한 걱정과 염려, 잔소리를 표현한다. 최소한의 사회생활을 하지만 인터넷 사용으로 인해 사용 이전에 비해 뚜렷한 생활의 변화가 생기고 인터넷을 조절하기 위해서 외부의 도움이 필요한 단계다.
병적 사용군 (16~20점)	인터넷 사용을 자기의 의도대로 적절하게 조절할 수 없는 상태에 이른 경우로, 대부분의 시간을 인터넷에서 보낸다. 식음을 전폐하고 씻지도 않고 인터넷에 몰두하고 며칠씩 외박을 하기도 하며, 심지어 현실과 사이버 세상을 구분하지 못하고 혼란을 경험한다. 현실생활보다는 인터넷이 생활의 중심이 되어, 가족이나 주변 사람들을 전혀 고려하지 않고 사회적인 역할을 수행하지 못하며 하루 종일 인터넷에 빠져 있는 상태로 전문적인 치료가 시급한 단계다.

출처: 이순묵 외(2005). 표 19의 요약

5) 검사의 신뢰도

심리검사는 행동의 표본에 대한 객관적 측정을 하기 위한 절차, 방법 또는 도구로서 검사의 전과정에서 일관성이 요구된다. 따라서 여기서는 일관성 있는 검사의 제작, 일관성 있는 실시, 일관성 있는 숫자 부여, 일관성 있는 해석이 무엇인지 살펴본다. 이러한 일관성을 구체적으로는 검사의 신뢰도라고 한다. 신뢰도와 타당도는 검사의 가치·품질·양호도를 판단하기 위한 중요한 기준이다. 검사의 두 가지 사용 방식 중 규준참조와 영역참조에 따라 신뢰도의 정의가 다르므로 각 방식에서의 신뢰도를 살펴본다.

(1) 규준참조검사의 신뢰도

규준참조검사에서 신뢰도가 높다면 한 집단의 사람들이 시점을 달리해서 검사를 치른다 해도 집단 내 사람들 간의 점수의 순서는 대체로 동일하게 유지될 것이다. 규준참조검사에서는 '일관성'의 개념은 개인 간 점수 순서의 유지를 의미한다. 시점에 무관하게 개인 간 차별화가 일관성 있게 제시되면 신뢰도 있는 규준참조검사다.

규준참조검사에서는 세 가지의 신뢰도 측정치가 사용된다. 즉, 검사-재검사 신뢰도, 동형검사 신뢰도 그리고 내적 일관성 신뢰도다. 검사-재검사 신뢰도는 동일 집단 내 사람들에게 검사를 반복적으로 사용했을 때 일관성 있는 결과가 나오는 정도다. 즉, 검사 점수와 재검사 점수 간 상관이다. 동형검사는 동일한 개념을 재는 상이한 형태의 검사 도구나 방식이다. 따라서 동형검사 신뢰도는 하나의 개념을 측정하기 위한 두 개의 상이한 도구나 방식이 동시에 사용될 때 산출된다. 이 때 두 방식으로 얻은 검사 점수의 상관계수가 동형검사 신뢰도다.

마지막으로, 내적 일관성 신뢰도는 검사가 1회 사용된 결과에 기초한 신뢰도다. 이 방식은 검사 내 문항(집단) 간에 서로 일관성 있는 결과를 제시하는 정도에 기초한다. 예를 들면, 어떤 검사가 동기화를 재기 위해 20개 문항으로 구성되어 있을 때 그 검사를 가급적 평행한 두 부분으로 나누면 두 개의 반쪽 검사가 된다. 이 두 개의 반쪽 검사의 점수 간에 상관계수를 구하면 반쪽 검사의 신뢰도가 된다. 이 값을 수정해서 전체 검사의 신뢰도를 추정하면 스피어만-브라운 반분계수(Spearman-Brown split-half reliability coefficient)라는 내적 일관성 신뢰도가 된다. 또는 검사 내 개별 문항들에 대한 응답이 서로 간에 얼마나 일관성 있는지의 정도에 기초해서 계수(Cronbach, 1951; Guttman, 1945)라는 내적 일관성 신뢰도를 구할 수가 있다.

평정자 간 신뢰도(interrater reliability)는 측정 대상에 대하여 복수의 평정자들이 동일하게 숫자를 매기는 정도다. 예를 들면, 입사지원자들을 면접할 때 시험관이 한 명이 아니라 다수이고 그들 간에 일관성이 있으면 신뢰도가 높다고 할 수 있다. 그런데 이때의 평정자 간 신뢰도는 의미상 동형검사 신뢰도와 유사하다. 즉, 각 평정자의 평가는 피면접자의 자격 수준이라는 하나의 개념을 재는 상이한 형태의 검사 양식으로 볼 수 있는 것이다.

(2) 영역참조검사의 신뢰도

영역참조검사의 신뢰도는 규준참조검사에서의 신뢰도 개념인 일관성을 넘어선다. 규준참조검사에서는 수검자 간의 상대적 위치가 유지되는 정도를 일관성이라 한다. 일관성 있는 평가는 수검자의 상대적 위치를 유지시켜 주지만, 영역 내 절대 기준에 비추어 수검자에 대한 분류가 얼마나 정확한지를 알려 주지는 않는다. 절대기준에 비추어 정확한 평가라면, 검사자 간에 일관성을 넘어 분류가 일치하는 결과를 보여야 한다. 따라서 영역참조검사에서는 수검자에게 부여된 등급이나 진단이 검사자 간에 일치하는 정도를 가지고 신뢰도를 정의한다. 분류라고 하면 합격/불합격, 숙달/미달로 이분채점하는 경우뿐만 아니라, 실력을 상/중/하 또는 등급의 정도를 4, 5등급 등으로 다분채점하는 경우도 포함된다. 따라서 이러한 영역참조검사의 신뢰도는 분류의 신뢰도가 되고 코헨(Cohen, 1960)의 카파(Kappa)나 브레난(Brennan, 1984)의 신빙도계수(dependability index)가 그러한 목적으로 사용된다.

6) 검사의 타당도

과거에는 검사가 "재고자 목적한 바를 잴 때 그 검사는 타당도가 있다."(Allen & Yen, 1979: 95)고 하였다. 그러나 요즈음의 타당도 정의는 좀 더 포괄적이다. 1985년의 미국학계에서의 검사표준서(이순묵, 이봉건 공역, 1995)에서 타당도라고 하면 "검사 점수에 기초한 추론의 적절성, 의미성 및 유용성을 가리킨다." 그러나 가장 최근 1999년의 표준서(AERA, APA, & NCME, 1999)에는 "검사의 사용 목적에 수반하는 특정의 점수 해석이 축적된 증거와 이론에 의해 지지받는 정도"(p.184)로 나와 있다. 이 정의는 검사를 잘 만들고, 잘 사용하는 것을 전제로 한다. 그래야 적절하게 사용하여 의미 있고 유용한 추론을 하며, 그러한 추론을 지지하는 증거와 이론을 확보할 수 있기 때문이다. 따라서 검사가 잘 만들어지고, 잘 실시되고, 올바르게 채점 및 해석되고, 그 해석이 수검자나 응답자에게 적절하고, 의미 있고, 유용하게 적용된다는 증거가 있을 때 타당도가 있다고 할 수 있다.

타당도를 지지하는 증거의 종류로서 1985년의 검사표준서에서는 내용 관련 증거, 구성개념 관련 증거 그리고 준거 관련 증거라는 용어를 사용하였다. 그러나 이 세 가지 증거의 종류를 미국 노동법규(예: Uniform Guidelines on Employee Selection Procedures, 1978)에서는 전통적으로 내용타당도, 구성개념타당도, 준거타당도라고 했던 것인데 타당도를 하나의 큰 개념으로 보는 추세 속에서 'ㅇㅇ관련 증거'라는 용어로 바뀐 것이다. 1999년의 검사표준서는 타당도 증거를 다섯 가지로 제시하고 있다(AERA, APA, & NCME, 1999). 즉, ① 검사 내용에 기초한 증거, ② 응답 과정에 기초한 증거, ③ 내부 구조에 기초한 증거, ④ 다른 변수들과의 관계에 기초한 증거 그리고 ⑤ 검사 사용의 결과에 기초한 증거 등이다. 이 중 ①은 내용타당도, ④는 준거타당도 그리고 구성개념타당도에 대한 내용이다. 그리고 ③은 검사의 내부적 차원성, 각 차원 간의 관계에 대한 것이다. 여기서는 전통적으로 사용되어 온 용어인 내용타당도, 구성개념타당도 그리고 준거타당도에 대해서 살펴본다.

(1) 내용타당도

검사가 재고자 하는 구성개념의 영역(domain)을 문항들이 얼마나 잘 대표하는가 하는 정도가 내용타당도다. 이 타당도의 결정은 일반적으로 전문가의 판단에 의존한다. 해당 분야의 전문가에게 검사를 보여서 검사의 내용이 과연 다루고자 하는 전체 내용에서 뽑힌 만족할 만한 정도의 표본인지의 판정에 의해 내용타당도 여부를 결정한다.

1940년대에 내용타당도의 한 예로서 많이 적용된 것이 안면타당도(face validity)다. 검사의 제목, 지시사항, 문항, 용어 사용 또는 외관 등이 겉보기에 응답자나 일반 대중이 보기에 검사답게 보이느냐 하는 것이다. 요즈음도 안면타당도를 내용타당도의 일종으로 분류하는 경우(예: Allen & Yen, 1979)가 있으나 대체로는 내용타당도와 별도로 언급하고 있다. 안면타당도는 다른 타당도들처럼 수량화 내지 깊은 개념적 의미가 있는 것은 아니지만 실제 검사 장면에서 응답자들에게 '검사'로서 받아들여지지 못할 경우 검사로서 기능할 수 없다는 것을 지적해 주는 의미가 있다. 예를 들면, 사법고시의 법학과목 시험에서 미적분에 대한 지식을 묻는 문제가 포함되어 있다면 안면타당도가 떨어질 것이다. 이때 검사 실시를 거부당할 수도 있고 사회적 문제가 될 수도 있다.

(2) 구성개념타당도

검사가 재고자 하는 구성개념을 실제로 재는 정도를 구성개념타당도(construct validity)라고 한다. 심리학적 구성개념이란 지능, 동기, 사랑, 리더십, 피로, 분노 등 수없이 많다. 이들 각 구성개념은 책상, 유리, 돈 등과 같은 물리적 개념이 아니라 인류가 생각하는 가운데 구성되어 온 개념이므로, 그 존재는 물리적으로 입증되는 것이 아니다. 오히려 그것이 무엇인지를 설명하는 이론들에 의해서만이 입증 가능하다. 따라서 구성개념타당도는 구성개념에 대한 이론들이 지지되는 정도를 의미한다.

여러 가지 예를 통해 구성개념타당도를 보이는 방법을 알아보기로 한다. 어느 검사도구가 남북관계에 대한 의견을 조사하는 것이라면 관계 개선에 찬성하는 응답자 집단과 반대적인 집단, 중도적인 집단 간에 뚜렷한 점수의 차이가 나와야 할 것이다. 또한 메식(Messick, 1975)이 주장하는 바와 같이, 어느 두 집단이 어떤 개념(예: 동기, 불안, 상황대처훈련)의 서로 다른 조건(예: 동기의 고저, 불안의 많고 적음, 훈련을 받음과 안 받음)하에서 실험을 거쳤을 때 하나의 검사를 사용해서 잰 결과의 평균 및 분포가 집단 사이에 다르면 그 검사는 주어진 개념을 재는 것으로(구성개

넘타당도가 있는 것으로) 본다.

(3) 준거타당도

어떤 검사를 실시함으로써 알고자 하는 특정의 목표변수를 준거(criterion)라고 한다. 검사와 준거 사이에 기간의 차이가 있으면 검사는 예측변수가 되고 준거는 결과변수가 된다. 취직시험-입사 후 업무수행, 대학입시-입학 후 학과성적, 연수원에서 훈련성적-회사복귀 후 업무수행 등이 검사-준거의 예다. 검사와 준거 간의 상관의 정도를 준거타당도라고 하는데, 이것은 검사 점수가 준거를 예측하거나 가리키는 정도다.

준거타당도에서 언급되는 준거변수는 검사가 실시되는 현시점에서 또는 미래시점에서 발생할 수가 있다. 따라서 준거의 측정 시점에 따라 검사에 대한 공시타당도(동시타당도, 일치타당도(concurrent validity) 또는 예측타당도(predictive validity))를 검토하게 된다. 검사 실시와 유사한 시점에서 준거가 측정되면 검사는 현재의 준거를 대체할 정도의 좋은 측정임을 보여 주어야 하고, 준거가 나중에 측정되면 검사는 미래의 준거를 예측해 줄 수 있어야 한다. 공시타당도가 높으면 대체 가능성이 높은 것이고, 예측타당도가 높으면 예측력이 좋은 것이다.

공시타당도가 중심이 되는 경우를 보자. 문항 수가 많은 긴 검사를 대체하기 위해서 축소형 검사를 만들었다면, 축소형 검사가 바람직한 것인지의 판단을 위한 준거는 원래의 긴 검사다. 두 검사 간 상관은 축소형 검사의 공시타당도가 된다. 예측타당도가 중심이 되는 경우를 보자. 어느 도시에서 소방수 지원자들 중 단지 필기시험의 점수가 높은 사람을 중심으로 채용한다면 과연 그 점수가 높은 사람들이 앞으로 소방수로서 업무수행을 잘할 것인가? 만일에 그 필기시험에서 오히려 낮은 점수를 받은 사람들이 화재장면에서 불 속에 용감히 뛰어 들어가 소방작업을 잘한다면 그 필기시험은 예측타당도가 없는 시험이 되고 소방수 채용에 있어 좋은 검사가 되지 못한다.

(4) 검사 방식별로 중요시되는 타당도

규준참조검사일 때는 내용타당도보다는 준거타당도와 구성개념타당도가 중요하다. 특히 입시에서의 학생 선발, 조직에서의 채용 선발이나 승진 선발의 경우 준거타당도에 중점을 둔다. 즉, 규준참조검사의 결과로 합격된 학생들이 입학 후 수업에 잘 적응할 것인지, 채용 혹은 승진된 사람들이 새로운 환경에서 일정한 수습 기간이 지난 후 일을 잘하는 것으로 나타나는지의 정도가 준거타당도다. 만일에 인적 자원 개발 프로그램이나 업적평가에서 규준참조검사를 쓴다면 측정 대상인 역량, 스킬 또는 업적 점수들이 원래 정의한 대로 평가되고 있는지를 파악하는 것이 중요하다. 이것은 평가 대상 변수들의 구성개념 측정이 어느 정도 타당한가의 문제인데, 피평가자에 대한 상담 또는 개발에서 매우 중요하다. 즉, 피평가자들에게 무엇이 부족한지를 알려 주고자 할 때, 조직으로서는 구성개념타당도가 있는 평가 점수를 가지고 설명해야 하기 때문이다.

영역참조검사일 때는 내용타당도가 중요하다. 평가 절차가 과연 평가 대상인 영역의 명세를 나타내는지를 확보하는 것이 우선되어야 한다. 내용타당도가 높고 측정의 신뢰도가 높으면 영역참조검사는 양호한 질적 수준을 가지고 있다고 할 수 있다. 영역참조검사에서의 영역은 그 자체가 준거이고 목표로 하는 개념이므로 내용상의 타당도가 준거타당도나 구성개념타당도에 비해 상대적으로 우선시된다.

7) 타당도와 신뢰도의 관계

타당도 있는 검사는 어느 정도의 신뢰도, 즉 점수의 반복 가능성을 보여야만 한다. 하나의 검사에 타당도가 있으려면 신뢰도를 필수로 가지고 있어야 한다. 그러나 신뢰도 있는 검사라고 항상 타당도가 있는 것은 아니다. 예를 들면, 서양의 점성술에서 이야기하는 운세도(12궁도)는 아주 신뢰도가 있다. 동일한 사람에게 동일한 이야기를 들려주기 때문이다. 신문이나 주간지에서 개인 생년월일 및 태어난 시(時)를 기초로 그날, 그 주의 운세를 본다고 할 경우 자신이 제공하는 생년월일시가 동일하면 듣는 이야기도 거의 같다. 그러나 점성술에서의 예언들이 개인의 현재를 묘사하거나, 미래를 예측해 주는 것이 아니므로 타당도는 없다. 신뢰도 있는 검사도 현재를 잘 묘사한다든가(공시타당도), 미래를 예측한다든가(예측타당도) 하는 기능은 낮을 수 있으므로 타당도는 낮게 된다. 이와 마찬가지로 1800년대 말에 갈톤이 했던 것처럼 머리의 크기를 재서 그것을 지능에 대한 지표로 삼고자 할 때 신뢰도는 높을 것이다. 즉, 같은 줄자를 같은 방식으로 사용하면 머리의 크기에 대해서 같은 측정치를 제공할 것이다. 그러나 머리의 크기가 학교 성적이나 지능검사 점수와 관계는 없으므로 개인의 현재 지능에 대한 타당한 측정치는 아니다.

요약

개인차를 나타내는 속성은 무수히 많으나 지능, 성취도, 성격, 의견 및 태도를 중심으로 살펴볼 수 있다. 특히 그러한 속성에서 개인 간 차이를 구분하는 방법으로서는 자기보고목록(MBTI, 5요인검사, MMPI), 투사검사 및 생리적 측정 등이 있다. 성격에는 옳고 그른 것이 없으므로 자기보고목록에 의해 조사하는 것이 일반적이다. 일관성 있는 숫자 부여, 즉 측정을 위한 도구로서 검사를 사용하는 것이다. 검사를 사용해서 수량화된 경험자료를 수집하는 것이다. 검사의 가치 · 품질 · 양호도를 판단하기 위한 중요한 기준으로 객관적 측정을 위한 절차 방법 또는 도구로서 검사의 전 과정에서의 일관성 정도인 검사의 신뢰도와 검사의 사용 목적에 수반하는 특정의 점수 해석이 축적된 증거와 이론에 의해 지지받는 정도인 타당도를 들 수 있다.

 학습과제

1. 개인차를 나타내는 속성에 관해 설명하시오.

2. 개인차의 이해에 측정은 어떤 역할을 하는지 설명하시오.

3. 측정과 검사의 관계에 관해 설명하시오.

4. 편차점수 IQ에 관해 설명하시오.

5. 성격검사의 다양한 종류에 관해 설명하시오.

6. 규준참조검사와 영역참조검사의 차이에 관해 설명하시오.

7. 검사의 사용 목적에 따라 다른 신뢰도와 타당도에 관해 설명하시오.

참고문헌

고려대학교 행동과학연구소(1998). 심리척도 핸드북 I, II. 서울: 학지사.
권문한(1996. 8. 10). 교사양성−승진 경쟁원리 도입. 조선일보.
민경환(2002). 성격심리학. 서울: 법문사.
박영숙(1994). 심리평가의 실제. 서울: 하나의학사.
서울대학교 교육연구소(1997). 한국교육심리검사총람. 서울: 프레빌.
신현균, 장재윤(2003). 대학 4학년생의 성격특성과 성별에 따른 취업스트레스 및 건강. 한
　　국심리학회지: 임상, 22(4), 815-827.
이순묵(2002). 사회과학을 위한 측정의 원리. 서울: 학지사.
이순묵, 반재천, 이형초, 최윤경, 이순영(2005). 성인용 인터넷 중독척도 개발. 서울: 정보문

화진홍원.

이순묵, 이봉건 역(1995). 시험 · 설문 · 검사의 제작 및 사용을 위한 표준. 미국심리학회 · 교육학회 · 교육측정학회(1985). *Standards for Educational and Psychological Testing.* 서울: 학지사.

전용신(1970). 고대-비네검사요강. 서울: 고려대학교 행동과학연구소.

AERA, APA, & NCME. (1999). *Standards for educational and psychological testing.* Washington, D. C.: American Educational Research Association.

Allen, M. J., & Yen, W. M. (1979). *Introduction to Measurement Theory.* Monterey, CA: Brooks/Cole Publishing.

Angoff, W. H. (1971). Scales, norms, and equivalent scores. In R. L. Thorndike (Ed.), *Educational Measurement* (2nd ed., pp. 508-600). Washington, D.C.: American Council on Education.

Anastasi, A., & Urbina, S. (1997). *Psychological Testing* (7th ed.). Upper Saddle River, NJ: Prentice Hall.

Anastasi, A. (1988). *Psychological testing* (6th ed.). New York: Macmillan Publishing Company.

Anderson, J. R. (1976). *Language, memory, and thought.* Hillsdale, NJ: Erlbaum.

Bootzin, R. R., Bower, G. H., Zajonc, R. B., & Hall, E. (1986). *Psychology Today: An introduction* (6th ed.). New York: Random House.

Brennan, R. L. (1984). Estimating the dependability of the scores. In R. A. Berk (Ed.), *A Guide to Criterion-Referenced Test Construction* (pp. 292-334). Baltimore: Johns Hopkins University Press.

Cascio, W. F. (1987). *Applied psychology in personnel management* (3rd ed.). NJ: Prentice-Hall.

Cohen, J. (1960). A coefficient of agreement for nominal scales. *Educational and Psychological measurement, 20,* 37-46.

Costa, P. T., Jr., & McCrae, R. R. (1992). *Revised NEO personality inventory and five-factor inventory professional manual.* Odessa, FL: Psychological Assessment Resources.

Coyne, J. C., & Lazarus, R. S. (1980). Cognitive style, stress perception, and coping. In I. L. Kutash & L. B. Schlesinger (Eds.), *Handbook on stress and anxiety.* San Francisco: Jossey-Bass.

Cronbach, L. J. (1951). Coefficient alpha and the internal structure of tests. *Psychometrika, 16*, 297-334.

Exner, J. E. (1993). *The Rorschach: A Comprehensive System, Volume 1* (3rd ed.). NY: Wiley & Sons.

Goldberg, L. R. (1999). A broad-bandwidth, public-domain, personality inventory measuring the lower-level facets of several five-factor models. In I. Mervielde, I. Deary, F. De Fruyt, & F. Ostendorf (Eds.). *Personality Psychology in Europe, Vol. 7.* (pp. 7-28). Tilburg, The Netherlands: Tilburg University Press.

Guttman, L. (1945). A basis for analyzing test-retest reliability. *Psychometrika, 10*, 255-282.

Messick, S. (1975). The Standard Problem: Meaning and Values in Measurement and Evaluation. *American Psychologist, 30*, 955-966.

Myers, I. B. (1987). *Introduction to Type* (4th ed.). Palo Alto, CA: Consulting Psychologist Press.

Myers, I. B., & McCaulley, M. H. (1995). MBTI 개발과 활용. (김정택, 심혜숙, 제석봉 역). 서울: 한국심리검사연구소.

Terman, L. M. (1916). *The measurement of intelligence.* Boston: Houghton Mifflin.

Terman, L. M., & Merrill, M. A. (1973). *Stanford-Binet Intelligence Scale: Manual for the third revision, Form L-M.* Boston: Houghton Mifflin.

Uniform Guidelines on Employee Selection Procedures (1978). *Federal Register, 43*, 38290-38315.

Wechsler, D. (1955). *Wechsler Adult Intelligence Scale manual.* New York: Psychological Corporation.

Wechsler, D. (1958). *The measurement and appraisal of adult intelligence* (14th ed.). Baltimore: William & Wilkins.

chapter 10

사회심리학

류승아

학습 목표

1. 우리가 타인을 지각하는 여러 단계에 관해 알아본다.

2. 사람들과 어울려 살아가면서 맺게 되는 긍정적 관계와 부정적 관계에 관해 알아본다.

3. 사회생활을 통해 받게 되는 타인의 영향, 집단의 영향 그리고 소수의 영향에 관해 알아본다.

4. 사회와 문화의 관계에 관해 알아본다.

학습 개요

2009년 1월 27일 대한민국 언론은 일제히 '연쇄살인범'의 혐의로 검거된 강호순 사건을 특종으로 보도하였다. 뒤이어 강호순의 범행 동기를 파악하기 위해 그를 둘러싼 환경(예: 가족 관계와 성장 배경 등)이 어떻게 그에게 영향을 주었는지에 대해 보도하였다. 이는 개인의 생각, 감정 그리고 행동은 개인을 둘러싼 환경, 즉 사회의 영향을 받고 형성된다는 것을 우리가 알고 있기 때문이다. 반면에 다른 한쪽에서는 강호순 사건이 우리 사회에 미칠 파급에 대한 우려가 쏟아지기 시작했다. 왜냐하면 우리는 강호순이 저질렀던 행동이 모방범죄 등의 형태로 우리 사회에 악영향을 줄 수 있다는 점 또한 잘 알고 있기 때문이다. 마가렛 미드는 사회심리학이란 "사회과정 내에 놓여 있는 개인의 활동과 행동을 연구하는 학문"이라고 정의했다(손장권, 이성식, 전신현, 1994). 여기에서 사회라 함은 사회적 조직이나 제도 등의 일반적 개념 외에도 개인이 생활하며 만나는 사람들까지도 포함한다. 다시 말하면, 사회심리학은 개인이 속해 있는 사회와의 관계 속에서 일어나는 개인의 생각, 감정, 행동을 연구하는 학문이라고 할 수 있다. 많은 사람들이 사회심리학과 사회학을 정확히 구분하지 못하고 있다. 엄밀히 말하면 사회심리학과 사회학은 연구 대상과 관점에서 큰 차이를 보인다. 사회학의 연구 대상이 '사회'를 기본으로 한다면, 사회심리학의 연구 대상은 '개인'을 기본으로 한다. 사회심리학이 '개인'을 연구 대상으로 삼는 점은 성격심리학과 유사하지만, 성격심리학이 개인이 가지는 여러 특질 등에 관심이 있다면, 사회심리학에서의 '개인'은 사회와 상호작용하는 상황이 항상 그 배경에서 중요한 요소로 작용하고 있다.

이 장에서는 우리가 타인과 함께 생활하면서 일어나는 여러 현상들, 즉 다른 사람을 어떻게 지각하고, 타인과 어떻게 관계를 맺으며, 타인이나 사회 집단으로부터 어떤 영향을 주고받는지를 다루고자 한다. 그리고 더 나아가 사회와 문화와의 관계에 대해서도 살펴본다.

1. 사회적 지각(대인지각)

우리는 태어나는 그 순간부터 자동적으로 세상을 지각하게 된다. 어머니의 몸속에서 나오는 순간 시끌시끌한 소리를 듣게 되고, 밝은 빛을 보게 되며, 누군가의 손길을 느끼게 된다. 이러한 감각자극에 의한 지각과 함께 타인에 대한 대인지각도 시작하게 된다.

1) 인상 형성

우리는 일상생활 속에서 많은 새로운 사람들을 만난다. 새 학기를 시작할 때, 새로운 일터에서 일을 할 때, 심지어 시장에서 물건을 살 때도 사람들과 접촉하게 된다. 인상 형성은 몇 단계를 거치는데, [그림 10-1]은 인상 형성의 일련의 과정을 보여 주고 있다. 예를 들면, 우리가 다른 사람을 만났을 때 가장 먼저 상대방을 관찰하여 정보를 수집하고, 이를 토대로 상대방의 특성을 추론하고, 그렇게 추론된 정보 중에서 중요하지 않은 정보는 버리고 중요한 정보를 취하는 선별과정을 거쳐 상대에 대한 인상이 좋은지 나쁜지를 결정하는 통합과정에 이르게 된다. 대상을 관찰하는 단계에서는 외모(Bull & Rumsey, 1988), 행동 그리고 말하는 내용(Berry et al., 1997) 등을 통해 정보를 얻는다. 이외에도 얼굴 표정, 시선, 몸짓 등의 비언어적인 메시지(Krauss, Chen, & Chawla, 1996)나 행동이 발생하는 상황적 단서(Carroll & Russell, 1996)—예를 들면, 슬퍼서 우는지 기뻐서 우는지 등—도 좋은 정보를 제공한다. 특성 추론 단계에서는 고정관념과 내현성격이론(implicit personality theory)이 관여하는데, 고정관념이란 사실 여부와 상관없이 어떤 대상이나 집단이 전형적인 특성이 있다고 믿는 인지적 신념을 말한다. 사람들이 가지는 대표적인 고정관념은 남녀의 성차에 대한 생각들인데, 남자는 감정이 메마르고, 여자는 눈물이 많다 등이 그 예다. 내현성격이론이란 타인의 인상을 형성할 때 자신의 신념에 기초하여 직접 관찰되지 않은 특성까지도 판단하는 것을 말한다. 예를 들면, 같은 부서의 상사가 고집이 세다는 특성을 바탕으로 그 상사는 비사교적일 거라고 단정 지어 생각하는 것이다.

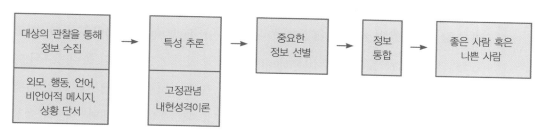

[그림 10-1] 인상 형성의 과정

　타인에 대한 인상을 형성할 때 다른 특성들보다 상대적으로 더 큰 영향을 주는 특성들이 있는데, 이를 중심특성(central trait)이라고 한다. 애쉬(Asch, 1946)는 참가자들에게 '7개의 특성(예: 지적인/온화한/공손한/근면한/현실적인/의지가 굳은/신중한)이 적힌 카드를 보여 주고 7개 특성 모두를 가지고 있는 사람의 전반적인 인상을 평가하도록 하였다. 그런 다음 다른 단어는 그대로 두고 '온화한(warm)'을 '차가운(cool)'이라고 바꾸었을 때 평가 결과에 큰 차이를 보였다. '온화한'이라는 단어가 들어간 카드의 사람은 인간적이며 너그럽다고 평가한 반면, '차가운'이라는 단어로 소개된 사람에게는 비사교적이고 인색한 사람이라는 평가를 내렸다. 다른 예로 '공손한'을 '무례한'으로 바꾸었을 때의 반응의 차이는 극단적으로 나타나지 않았다. 이는 인상 형성에서 '온화한-차가운'이라는 특성이 다른 특성(예: 공손한-무례한)보다 타인에 대한 인상을 형성할 때 중요하게 작용한다는 것을 보여 준다(Widmeyer & Loy, 1988).

　인상을 형성할 때 생길 수 있는 또 다른 현상으로 사람들은 자신이 알고 있는 상대에 대한 정보가 비록 한두 가지밖에 없음에도 불구하고 그것에 대해 긍정적인 인상을 가지고 있다면 자신이 알지 못하는 다른 특성들까지 일관되게 좋게 평가하려는 경향이 있는데, 이를 후광효과(halo effect)라고 한다(Cooper, 1981). 우리 속담에 '하나를 보면 열을 안다.'는 표현이 뜻하는 것과 같은 맥락이다. 내가 알고 있는 상사가 친절하고 예의 바른 사람이라면, 우리는 대부분 "그가 부지런한가?"라는 질문에 '그렇다'라고 평가할 경향이 높아지게 된다. 이는 앞서 설명한 내현성격이론으로 잘 설명된다. 또한 맹목적인 낙관주의의 영향으로 타인에 대한 평가를 긍정적으로만 하려는 경향을 폴리아나 효과(Pollyanna effect)라고 한다. 이는 1913년에 발표된 엘리노 포터(Eleanor Porter)의 소설 속의 주인공인 폴리아나의 이름을 따서 붙여진 것이다. 이와 반대로 평소에 훌륭한 사람으로 생각하고 있던 대상에 대해 어느 날 부정적인 얘기를 듣게 되었을 때, 그 대상에 대한 이전의 긍정적인 인상이 사라지고 완전히 부정적인 인상으로 바뀌어 버릴 수도 있다. 이렇게 긍정적 특성보다 부정적인 특성이 타인의 인상 형성에 더 큰 영향을 미치게 되는 현상을 부정성 효과(negativity effect)라고 한다.

2) 귀인

길을 가다가 넘어져 본 경험이 있는가? 도로가 울퉁불퉁하기 때문에 넘어졌다고 하는 사람도 있고, 조심해서 걷지 않았기 때문에 넘어졌다고 생각하는 사람도 있을 것이다. 이와 같이 사람들이 어떤 행동에 대한 원인을 찾아가는 인지적인 과정을 귀인(attribution)이라고 한다. 헤이더(Heider, 1958)는 귀인을 외부귀인과 내부귀인으로 분류하여 설명하였다. 앞의 예에서 넘어진 이유가 도로 때문이라고 생각하는 것은 외부귀인이며, 조심성이 없어서라고 생각한다면 내부귀인이라고 할 수 있다. 다시 말하면, 외부귀인이란 환경, 운 등의 상황요인으로 그 이유를 돌리는 것이고, 내부귀인은 개인의 성격, 태도, 동기 또는 능력 등의 개인요인으로 그 탓을 돌리는 것이다.

켈리(Kelly, 1967)는 이러한 귀인과정을 보다 심화하여 공변원리(covaraion principle)라는 이론을 제시하였는데, 이는 사람들이 어떤 현상을 추론할 때 세 가지 유형의 정보를 통해 보다 합리적이고 객관적으로 판단할 수 있다는 것이다. [그림 10-2]는 세 가지 유형의 정보를 보여 주고 있는데, 시간의 일관성, 상황의 독특성, 사

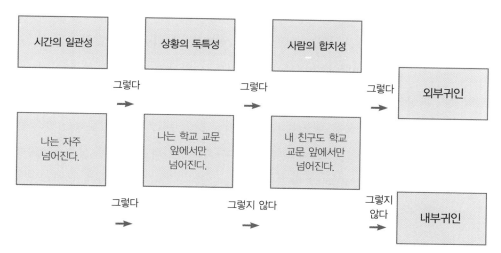

[그림 10-2] 공변원리

일관성이 높고 독특성과 합치성이 낮으면 내부귀인을 하게 되고, 일관성, 독특성 그리고 합치성이 모두 높으면 외부귀인이 나타난다.

출처: Kelly (1967).

람의 합의성으로 분류할 수 있다. 시간의 일관성(consistency)은 행위자의 특정 행동이 다른 때나 다른 맥락에서도 항상 나타나는가의 여부이고, 상황의 독특성(distinctiveness)은 그 행동이 특정 대상이나 특정 업무에서만 나타나는가를 살펴보는 것이고, 사람의 합치성(consensus)은 다른 사람들도 그 상황에서 그렇게 행동하는가를 뜻한다. [그림 10-2]에서 보는 것과 같이 고일관성, 저독특성, 저합치성은 내부귀인을 이끌고, 고일관성, 고독특성 그리고 고합치성은 외부귀인을 발생시킨다.

와이너(Weiner, 1974)는 외부귀인과 내부귀인의 특성에 안정성-불안정성의 차원과 통제가능-통제불가능 차원을 더하여 설명하였다. 즉, 넘어진 행동이 자주 계속해서 일어났다고 생각한다면 안정성 귀인이며, 어쩌다 한 번 넘어진 거라고 생각한다면 불안정성 귀인이라고 할 수 있다. 또한 신경을 써서 조심한 날은 넘어지지 않았다면 통제 가능한 일이지만, 그럼에도 불구하고 또다시 넘어졌다면 통제 불가능한 일로 생각하게 될 것이다.

귀인과정에서도 인상 형성과 마찬가지로 오류가 일어나게 된다. 친구가 시험을 잘 못 본 것 같다고 말한다면 당신은 그 이유를 무엇이라고 생각하는가? 시험 기간 동안 많이 아팠기 때문이라고 생각하는가? 아니면 시험공부를 열심히 하지 않았기 때문이라고 생각하는가? 대부분의 사람들은 친구가 시험공부를 열심히 하지 않았기 때문이라는 그 사람의 잘못으로 평가하려는 경향을 보인다. 이와 같이 다른 사람의 실수나 잘못한 행동에 대한 원인을 찾을 때는 상황의 영향을 과소평가하면서 그 사람의 개인 특성에 대한 영향은 과대평가하려는 경향성을 보이는데, 이러한 현상을 기본적 귀인 오류(fundamental attribution error)라고 한다(Ross, 1977). 이런 귀인 오류를 조심해야 하는 이유는 이러한 인식은 사회 전체가 책임을 져야 하는 부분까지도 개인의 책임으로 전가할 수 있기 때문이다. 예를 들면, 게으르기 때문에 가난하고, 단정하지 않게 다녔기 때문에 강간을 당했다고 여기게 됨으로써 억울한 희생자가 되는 것을 그럴듯하게 만들어 주는 결과를 가져올 수 있다.

귀인 오류의 확장된 형태로 행위자-관찰자 편향이라는 것이 있다. 예를 들어, 토요일 오후 약속시간에 늦은 철수는 한참을 기다린 영희에게 차가 너무 막혔다고 얘기를 할 것이고, 영희는 토요일에 차가 막힌다는 사실에 대비하지 못한 철수의 잘못을 지적하게 될 것이다. 이처럼 행위자인 철수는 잘못한 일에 대한 원인을 상황의 영향으로 돌리려 하고, 관찰자인 영희는 철수의 개인적 특성으로 바라보게 된다. 이는 우리 속담인 '잘되면 내 탓 못되면 조상 탓'이라는 말에 잘 나타나 있다. 이와 비슷한 현상으로 자신의 잘못된 행동은 다른 사람들도 다 그럴 것이라고 평가하는 거짓 합의성 효과(false consensus effect)와 반대로 자신의 좋은 행동이나 특성은 보편적이지 않다고 평가하는 거짓 특이성 효과(false uniqueness effect)도 있다. 상습적으로 끼어들기를 하는 운전자들은 많은 다른 사람들도 그럴 것이라고 생각하여 자신의 잘못을 축소시켜 생각하려 하고, 어떤 대회에서 상을 받은 경험이 있는 사람들은 그 상을 받기가 얼마나 어렵고 훌륭한가를 강조하며 자신의 장점을 부각시키려는 경향이 있다. 이러한 현상들은 자신의 행동을 설명할 때 스스로를 호의적으로 지각하고 표현하려는 이기적 편향 또는 자기기여 편향(self-serving bias) 때문이다(Bradely, 1978).

3) 태도

　사회적 지각을 통해 형성된 정보들을 바탕으로 어떤 사건이나 타인에 대해 가지
는 정서적인 감정이나 인지적인 신념을 태도(attitude)라고 한다. 일반적으로 태도와
행동은 일치하는 경향을 보이며, 대상에 대해 어떤 태도를 가지고 있느냐는 그 대
상을 향한 행동에도 영향을 주게 된다. 평소 호의적인 감정을 가진 사람에게는 친
절한 행동을 하게 되는 것이 일반적인 현상이다. 하지만 태도와 행동이 항상 일치
하는 것은 아니다. 페스팅거(Festinger, 1957)는 인지부조화이론(cognitive dissonance
theory)을 통해 사람은 태도와 행동이 일치하지 않는 상태, 즉 부조화 상태가 되면
심리적인 불편함을 일으키게 되고, 이를 극복하기 위해 태도를 행동과 일관되게
변화시키려는 노력을 한다고 설명한다. [그림 10-3]은 부조화 상태를 극복하기 위
해 사람들이 어떤 노력들을 하는지를 설명하고 있다. 사람들은 자신의 태도를 그

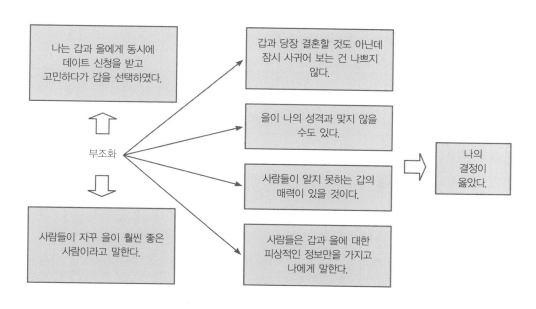

[그림 10-3] 상반된 인지를 극복하기 위한 방법

럴듯한 이유를 들어 바꿈으로써 자신의 행동을 합리화한다. 이런 노력을 통해 부조화된 상태를 극복하고자 노력하는 것이다. 이와 반대로 행동이 선행됨으로써 정서가 변화되는 경우도 있다. 기분이 울적할 때는 재미있는 영화를 보거나 일부러 소리 내어 웃는 행동을 통해 자신의 기분이 달라져 있음을 발견할 수 있다. 이는 행동의 변화가 감정이나 생각의 변화를 가져올 수도 있기 때문이다.

2. 사회적 관계

인간은 태어나는 순간부터 타인과 관계를 맺고 살게 된다. 다른 사람들과의 관계는 크게 긍정적인 관계와 부정적인 관계로 나눌 수 있고, 두 관계 모두 정서적인 측면과 행동적인 측면을 포함하고 있다(〈표 10-1〉 참조). 여기서는 정서적 차원의 긍정적 관계인 호감(attraction)과 사랑(love), 행동적 차원의 긍정적 관계인 도움 행동, 다시 정서적 차원의 부정적 관계인 편견, 그리고 행동적 차원의 부정적 관계인 공격성에 대해 살펴볼 것이다.

표 10-1 다른 사람들과 맺게 되는 사회적 관계

구 분	긍정적 관계	부정적 관계
정서적 측면	호감과 사랑	편견
행동적 측면	도움 행동	공격성

1) 긍정적 관계

(1) 정서적 측면: 호감과 사랑

타인과의 긍정적 관계의 시작은 그 사람에 대해 호감을 느끼게 됨으로써 시작된다. 누군가에게 호감을 느끼게 되는 첫 번째 요소는 근접성이다. 근접성이란 물리적으로 가까운 거리에 있는 사람에게 더 호감을 느낀다는 것이다(Festinger, Schachter,

& Back, 1950; Nahome & Lawton, 1975). "먼 친척보다 이웃사촌이 낫다."는 우리 속담이나 "눈에서 멀어지면 마음에서 멀어진다(out of sight, out of mind)."는 영어 구절도 근접성의 중요성을 얘기하는 것이라고 볼 수 있다. 근접성이 호감을 일으키는 이유는 어떤 자극(예: 무의미 철자, 사진, 음악, 얼굴 등)을 반복적으로 접하게 되면 그 자극에 익숙해지고, 이러한 익숙함이 긍정적인 감정을 갖게 함으로써 호감으로 연결된다는 것이다(Bornstein, 1989). 이러한 현상을 단순 노출 효과(mere exposure effect)라고 한다. 심지어 우리가 그 자극에 노출되고 있다는 것을 인식하지 못하는 상황에서도 이 효과는 발생한다(Zajonc, 1968). 이러한 근접성에 대해 사회 진화론자들은 적응적 현상이라고 주장한다(Zajonc, 1998). 낯익은 대상은 친숙함을 느끼게 하고 안전하다는 느낌을 줄 수 있으며, 그와 반대로 잘 알지 못하는 낯선 대상은 나를 해칠 수도 있는 위험한 것으로 인식되어 경계하게 된다는 것이다.

근접성이 접촉의 기회를 제공했다면 호감을 갖게 하는 다음 요소는 신체적 매력, 즉 외모다. 신체적 매력은 이성 간의 첫인상에 결정적인 요소로 알려져 있고(Berscheid & Walster, 1974), 매력적인 사람은 사회적으로 유능할 것이라고 인식되며(Feingold, 1992), 직업을 구할 때도 도움이 되는 것으로 알려져 있다(Langlois et al., 2000). 랑글로이스 등(Langlois et al., 1987)의 실험은 아주 어린 유아들조차도 매력적인 얼굴을 더 선호한다는 것을 보여 주었다. 이 실험에서 1~8개월의 아기들에게 상반된 두 장의 사진—매력적인 여자의 사진과 매력적이지 않다고 평가된 여자의 사진—을 보여 주자, 아기들은 매력적인 여자의 사진을 더 오래 들여다봄으로써 관심을 보였다. 연구자들은 사회문화적인 영향을 아직 습득하지 못한 어린 유아를 대상으로 한 실험을 통해 미에 대한 반응은 생득적으로 타고나는 것이라고 결론지었다. 하지만 매력적이라는 개념은 상대적인 평가라는 사실 또한 부인할 수 없다. 요즘의 마르고 가냘픈 몸매가 1950년대에는 미인의 조건이 아니었던 것처럼 미의 기준은 문화와 시대마다 다르게 적용된다. 신체적 매력이 가지는 또 다른 한계점은 관계의 초기에는 결정적일 수 있으나 관계가 진전되면 그 효과가 급속히 떨어진다는 것이다.

호감의 세 번째 요소는 유사성으로서, 유유상종, 끼리끼리라는 말에서 알 수 있
듯이 취미, 가치관, 태도나 신념 등이 비슷한 사람에게 호감을 느끼게 되는 것을
말한다(Byrne, 1969). 유사성이 호감의 요소가 되는 이유는 사람들은 자신과 여러
가지로 닮은 사람을 보다 긍정적으로 생각하는 경향이 있을 뿐 아니라, 인생관이
나 취미가 비슷하다면 함께 시간을 보낼 가능성 또한 증가하기 때문이다.

마지막으로 유사성과는 대비되는 개념으로, 자신과 완전히 다른 성격, 다른 취
미, 다른 태도 등을 가진 사람에게 호감을 보인다는 욕구 상보성이 있다(Winch,
1958). 이러한 현상은 내가 가지고 있지 못한 부분을 상대에게 발견함으로써 자신
의 부족한 점을 보완할 수 있다고 믿기 때문에 나타난다.

상대에 대한 호감이 발전하면 사랑의 감정이 생길 수 있다. 하지만 사랑하는 것
과 호감을 갖는 것은 다른 심리적 기제가 작용한다. 〈표 10-2〉는 호감과 사랑의
차이를 보여 준다.

표 10-2 호감과 사랑의 차이

상대방에 대한 현재 자신의 감정이 호감인지 사랑인지 알고 싶은가? 오른쪽 질문에 예라고 대답한다
면 당신은 상대에게 사랑을 느끼는 것이고, 오른쪽 질문에 더 적절하다면 당신은 상대에게 호감을 느
끼는 것이다.

• 나는 거의 모든 것에 대해 ____를 신뢰할 수 있다고 느낀다. • 나는 ____를 위해 어떤 것이라도 할 수 있다. • 나는 ____의 안녕에 책임이 있다고 느낀다.	• 나는 ____가 잘 적응해 가는 사람이라고 생각한다. • 나는 ____가 존경을 받을 만한 사람이라고 생각한다. • ____는 내가 알고 있는 사람 가운데 가장 매력이 있는 사람이다.

출처: Rubin (1973).

스턴버그(Sternberg, 1986)는 사랑은 친밀감(intimacy), 열정(passion), 헌신(commit-
ment)이라는 세 가지 요소로 구성되어 있다는 사랑의 삼각형 이론을 제시하였다.
친밀감은 상대방에게 정서적으로 밀착되어 편안함과 행복함을 느끼며 상대에게
의지할 뿐만 아니라 나의 것을 공유하고 싶은 욕구도 함께 느끼는 상태를 말한다.

친밀감이 정서적 측면이라면, 열정은 동기적 측면을 반영한다. 열정은 관계 초기에 급속히 발전하는 것으로 신체적 매력이나 성적흥분과 연관된 욕구를 말한다. 마지막 요소인 헌신은 인지적 측면에 해당되며, 사랑하는 사람과 어떤 어려움에도 함께할 것을 굳게 다짐하는 것으로 노력이나 책임이 따른다. 이 세 가지 요소는 그 내용뿐 아니라 시간에 따른 변화에도 차이가 있다. 친밀감은 두 사람이 함께한 시간이 길어질수록 그 강도가 점점 세지고, 열정은 초기에 최고조에 이른 후 점점 감소하는 형태이며, 책임감은 서서히 발전한 후 최고조에 이른 후부터 일정 수준을 유지하는 형태가 된다. 완전한 사랑은 이 세 요소들이 정삼각형의 형태로 균형을 이룰 때 완성되는 것이다. 세 요소 중 한 요소나, 두 요소만이 관계가 되는 경우에 각기 다른 형태의 사랑 유형이 나타나게 된다. [그림 10-4]는 스턴버그가 제안

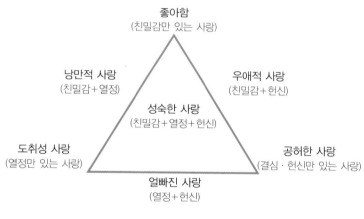

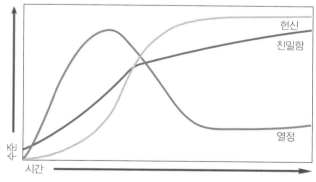

[그림 10-4] 사랑의 삼각형 유형과 변화과정

출처: Sternberg (1986).

한 사랑의 유형과 시간에 따른 변화과정을 보여 주고 있다.

(2) 행동적 측면: 도움 행동

매력과 사랑이 정서적인 측면의 긍정적 관계라고 한다면 도움 행동은 행동적 측면의 긍정적 관계다. 도움 행동이란 보상이나 이득을 기대하지 않고 자발적으로 남을 돕는 행위를 뜻하는 것으로 친사회적 행동이라고 하기도 한다. 사람들이 다른 사람을 돕는 이유에 대해 학자들은 사회교환이론, 사회규범이론, 사회진화론의 입장에서 조금씩 다른 의견을 제시하고 있다(그림 10-7 참조). 첫 번째 관점은 사회교환이론으로 우리가 다른 사람을 도울 때는 그 도움에 대한 잠재적인 득실을 따져서 자신에게 이익이 된다는 판단이 설 때 도움 행동을 한다는 것이다. 즉, 어떠한 보상이나 대가를 받을 수 있는 상황에서 이루어지는 행동이며 이러한 보상은 외적인 보상뿐 아니라 만족이나 죄책감 해소 등의 내적인 보상도 포함된다. 이러한 사회교환이론은 인간의 모든 행동을 경제적인 관점에서 이해하는 것이다. 도움 행동에 대한 두 번째 관점은 사회규범이론으로 의무적 관점에서 설명하고 있다. 인간의 도움 행동은 두 가지 규범을 따르는데, 우리를 도와준 사람을 도와주어야 한다는 상호성 규범(reciprocity norm)과 도움을 필요로 하는 사람은 도와주어야 한다는 사회책임 규범(social-responsibility norm)이 그것이다. 실제로 미국의 어떤 주에서는 곤경에 처한 사람을 도와줄 사람이 자신밖에 없는데 그를 도와주지 않으면 처벌을 받는 강제적인 법이 존재한다. 세 번째 관점은 사회진화론으로 도움 행동을 종족보존의 관점에서 이해하고 있다. 예를 들면, 새끼들을 지키기 위해 독수리와 싸우는 비둘기는 자신이 죽더라도 자신의 새끼들을 통해 개체를 유지할 수 있도록 목숨을 잃을 수도 있는 싸움을 한다는 것이다.

제노비스(Genovese)의 사례는 도움 행동에 관한 사회심리학자들의 크나큰 관심을 불러일으킨 유명한 사건이었다. 1964년 3월 새벽, 미국 뉴욕에서 키티 제노비스라는 28세의 여자가 자신의 아파트 앞에서 강도에게 강간을 당한 후 칼로 살해되는 끔찍한 사건이 발생하였다. 그녀가 칼에 찔려서 강간을 당하는 동안 38명의 이웃 주민이 그녀의 비명소리를 들었지만 그 누구도 그녀를 도와주지 않았고, 심지어 아무도 경찰에 신고조차 하지 않았다.

그렇다면 왜 사람들은 그녀를 도와주지 않았을까? 38명의 주민 모두가 이기심과 세상에 대한 무관심으로 똘똘 뭉친 사람들이기 때문인가? 달리와 라타네(Darley & Latané, 1968)는 이 현상을 방관자 효과([그림10-6] 참조) 또는 구경꾼 효과(bystander effect)라는 개념으로 설명하였다. 방관자 효과란 도움을 주어야 하는 상황에서 나 이외에 도와줄 수 있는 다른 사람들의 수가 많을수록 나의 도움 행동이 감소한다는 것이다. 왜냐하면 다른 사람들이 있을 때는 '굳이 내가 나서지 않아도 누군가 도와주겠지.' 라는 생각에서 내가 느끼는 책임감이 적어지기 때문이다(Latane & Nida 1981). 하지만 이런 상황에서도 다른 사람이 남을 돕는 행동을 본다면 자신도 그 행동을 할 확률이 높아지기도 한다. 예를 들어, 구세군 모금함에 누가 돈을 넣는 것을 보면 모금 행동이 증가하게 된다. 또한 도움 행동은 자신감 있는 성격이거나(Shotland, 1985), 동정심이 많은 사람에게 자주 나타난다(Eisenberg & Fabes, 1991). 또한 기분이 좋을 때 도움 행동은 증가하며, 신앙이 강한 사람들일수

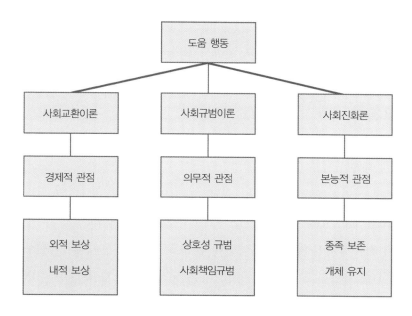

[그림 10-5] 도움 행동을 설명하는 이론들

[그림 10-6] 방관자 효과를 보여 주는 그림

록 더 많은 도움 행동을 하는 것으로 알려져 있다.

2) 부정적 관계

(1) 정서적 측면: 편견

편견(prejudice)이란 어떤 집단이나 집단구성원에 대한 비합리적인 평가를 말한다. 흔히 알고 있는 편견과 고정관념(stereotype), 차별(discrimination)의 차이점은 편견은 감정적·정서적 차원의 개념인데 반해 고정관념은 인지적 차원에서 고정화된 생각이며, 차별은 고정관념과 편견이 행동적 차원으로 확대된 행위로 성차별, 인종차별, 장애우 차별 등의 사회적인 문제를 야기하게 된다. 일반적으로 고정관념, 편견 및 차별은 함께 나타나는 경우가 대부분이다. 예를 들면, 아이는 어머니가 돌보아야 한다는 고정관념을 가지고 있는 고용주를 생각해 보자. 고용주의 이런 고정관념은 일하는 여성은 육아에 신경 써야 하기 때문에 일에 매진하지 못할 것이라는 편견을 갖게 만들기 쉽고, 이런 편견 때문에 아이가 있는 여성을 고용할 때 차별적인 대우를 하게 될 가능성이 크다.

그렇다면 왜 우리는 편견을 가지게 되는가? 편견의 원인은 집단 범주화, 환경적 영향 그리고 사회적 불평등으로 설명될 수 있다. 집단 범주화에 의한 편견은 내가 속한 집단은 '내집단'인 '우리'의 개념으로, 타인이 속한 집단은 '외집단'인 '그들'의 개념으로 분류하기 때문에 나타난다. 집단 범주화의 본래의 의미는 빠른 정보처리를 하기 위해 비슷한 특성들끼리 같은 집단으로 소속시키는 것을 말한다. 사람들은 자신이 속한 집단으로부터 사회적 정체감을 부여받기 때문에 사회적 정체감을 부여해 주는 내집단에 대해 호의적인 반응을, 외집단에 대해서는 편견을 가지게 되는 결과를 낳게 된다. 만약 내집단−외집단 분류에서 경쟁이나 갈등의 요소가 부가될 경우, 편견의 강도는 더욱 강해질 수 있다. 미국의 인종문제나 이스라엘과 팔레스타인의 영토분쟁 등도 이에 해당된다.

또 다른 원인으로는 환경적인 영향을 들 수 있다. 인간은 태어나면서부터 주위 환경의 끊임없는 영향을 받게 된다. 이 과정에서 편견 역시 부모, 또래집단, 학교 및 대중매체를 통해 은연중에 습득되고 학습된다. 성역할 편견의 경우 끊임없이 쏟아지는 TV 광고나 드라마 속 인물들을 통해 은연중에 학습된다.

사회적 불평등으로 인한 편견은 사회적으로 강자의 위치에 있는 이들이 자신들의 행동을 정당화하기 위한 수단으로 사용하기도 한다. 미국의 노예제도에 찬성했던 그 당시의 사람들은 흑인이 게으르고 책임감이 없다는 편견을 사실인 양 내세우며, 노예제도가 당연한 것으로 생각하면서 자신들이 가지는 기득권을 정당화하려고 하였다. 일본 역시 우리 민족의 특징을 타율성, 침체성 및 분열성으로 단정 지어 왜곡된 편견을 사람들에게 심어 줌으로써 일본의 침략을 정당한 것으로 합리화하였다.

그렇다면 한 번 생긴 편견은 없어지지 않는 것인가? 그렇지 않다. 편견을 없애기 위한 방안으로 페티그루와 트롭(Pettigrew & Tropp, 2008)은 편견을 가진 대상과 편견을 받는 대상 간의 직접적인 접촉이 가장 효율적이라고 주장하였다. 편견 해소를 위한 접촉은 지속적으로 유지되고, 공동의 목표를 달성하기 위한 것이며, 두 집단의 만남이 동등한 지위에서 이루어질 때 그 효과가 높아진다(Brewer & Brown, 1997). 접촉 이외에도 편견의 대상이 되는 집단에 대한 정확한 정보는 많은 도움이 된다. 왜냐하면 편견은 부정확성과 왜곡으로 인해 발생할 수 있기 때문이다. 마지막으로 편견이 사회적 학습에 의해 발생할 수 있기 때문에 가정, 학교, 사회 모두가 비합리적이고 불평등한 편견이 생기지 않도록 주의를 기울이는 것이 중요하다.

(2) 행동적 측면: 공격성

우리나라에서 휴대폰이 대중적이지 않았던 1990년대에 공중전화에서 앞사람이 전화를 오래한다는 이유로 폭행을 하여 사람을 죽인 사건이 있었다. 이 사건으로 인해 우리 사회는 사회 전체에 퍼져 있는 충동적 공격성에 대해 생각해 보는 계기가 되었다. 공격성이란 남을 해치려는 의도를 가지고 표출되는 신체적 · 언어적 행위를 의미한다. 그렇다면 다른 사람에게 해가 되는 공격성이 나타나는 이유는 무엇인가? 신경심리학자들은 연구를 통해 폭력 범죄자들은 전두엽이 손상되었거나 덜 성숙하다는 것을 발견하였다(Raine, 2002). 이는 전두엽이 충동을 통제하는 결정적인 역할을 하기 때문이라고 설명한다. 그러므로 전두엽의 이상 때문에 충동을 억제하지 못하고 공격적인 반응을 보인다는 것이다. 또한 호르몬도 영향을 주는 것으로 보고되었는데, 남성호르몬인 테스토스테론의 증가는 일탈행동, 약물 사용 그리고 공격반응과 관계가 있다는 연구도 발표되었다(Dabbs & Morris, 1990). 다른 주장을 펼치는 사회 진화론자들은 공격을 개체를 보존하기 위한 생존적 가치가 있기 때문에 진화되어 온 행동이라고 설명한다. 동물이나 인간 모두 먹이를 찾기 위한 기제로 공격 본능을 생득적으로 회로화하였다는 것이다(Lorenz, 1974). 하지만 사회심리학자들의 견해는 다르다. 학교에서 시험을 망친 후에 집에 가서 가족에게 화를 내거나 물건을 집어 던져 본 적이 있는가? 즉, 자신이 갈망하던 일에 대한 좌절이 공격을 불러일으킨다는 좌절-공격이론으로 설명될 수 있다고 주장한다(Dollard, Doob, Miller, Mowrer, & Sears, 1939). 또 다른 이론가들은 공격은 다른 사람들의 공격행동을 관찰하여 학습된 행동이라고 주장하였다(Bandura et al., 1961). 특히, 대중매체와 공격성에 관한 연구는 공격에 대한 관찰 학습을 잘 설명하고 있다. 에론과 휴스만(Eron & Huesmann, 1984)의 연구는 시청하는 프로그램의 폭력성과 개인의 폭력성 사이에는 높은 상관이 있으며, 8세 때의 TV 시청이 30세 때의 범죄율과 관련이 있다는 것을 조사하였다. 이외에도 신체적 불쾌감이 공격성을 자극하기도 한다. 미국 휴스턴 지역에서 1980년에서 1983년까지 3년간 실시한 조사에서 33°C 이상 올라간 날에 살인과 강간이 급속히 증가하였다.

　이러한 파괴적 행동인 공격을 줄이기 위한 방법은 없는가? 가장 흔하게 사용되는 방법은 처벌이다. 부모가 아이들의 공격성을 줄이기 위해 가장 많이 쓰는 방법이 아마도 처벌일 것이다. 체벌을 포함하여, 타임아웃이나 컴퓨터 게임을 금지시키는 등의 처벌은 행동을 멈추게 하는 즉각적인 효과를 가져올 수 있다. 비록 공격성 감소를 위한 처벌이 폭력을 예방하고 통제하는 수단으로 가장 애용되어 온 방법일지라도 장기적인 효과에 대해서는 많은 의문이 제시되고 있다. 또 다른 방법으로는 공격 모델이 공격행동을 증가시키듯이, 공격을 자제하는 비공격 모델을 접촉하게 되면 공격행동이 감소할 수도 있다. 마지막으로 자신의 잘못을 시인하고 용서를 구함으로써 상대의 공격충동을 해소하는 효과를 가지게 하는 사과의 방법도 효과가 입증되었다.

3. 사회적 영향

우리는 어떤 식으로든 외부 세계의 영향을 받으며 살아가고 있다. 더욱이 무인도에서 혼자 살지 않는 이상 나를 둘러싼 사람들과 내가 속한 집단들의 영향을 받

게 된다. 여기에서는 사회적 영향을 타인의 영향, 집단의 영향 그리고 소수의 영향
으로 나누어 살펴본다.

1) 타인의 영향

(1) 설득

앞서 우리는 사회적 지각의 한 형태로 태도에 관해 학습하였다. 하지만 개인의
태도는 여러 가지 이유로 바뀔 수가 있는데 태도 변화를 위한 방법으로 주로 사용
되는 것이 설득이다. 당신이 누군가를 설득해야 하는 상황을 상상해 보라. 물건을
파는 경우일 수도 있고, 당신의 일을 도와 달라는 상황일 수도 있다. 이런 경우 효
과적인 설득을 위해 고려해야 할 사항은 어떤 것이 있을까? 설득을 통한 태도 변화
의 요인은 설득하는 사람, 설득하는 내용, 설득 당하는 대상 그리고 설득하는 상황
이라는 네 가지 요소가 있다([그림 10-7]). 당신이 누군가를 설득한다고 할 때, 당신
이 전문적인 지식을 가지고 있고, 상대에게 신뢰감과 주며, 매력적인 외모를 지녔
다면 설득의 효과는 높아질 것이다. 설득 내용 면에서는 이성보다는 감성에 호소
하는 방법이나 무조건 당신의 말이 옳다는 식의 일방적 방식보다는 적절한 반박
을 모두 제시하면서 설득하는 양방적 방식이 좋다. 같은 내용을 지나치게 반복하
게 되면 식상할 수 있으므로 유의해야 한다. 다음으로 당신이 설득해야 하는 사람
또한 고려해야 한다. 설득을 당하는 상대방이 얼마나 설득하는 내용에 관여하는
지도 중요하다. 상대방이 설득 내용에 관심이 높다면 설득하기가 쉽겠지만 그렇
지 않은 경우에는 내용보다는 설득하는 사람이나 주변적 요소에 더 많은 영향을
받게 된다. 또한 상대방이 설득 주제에 대해 반대한 경험이 있다면 쉽게 설득되지
않을 것이다. 마지막으로 설득 환경은 주의가 분산되는 분위기가 보다 효과적이
다. 왜냐하면 설득의 내용에 몰입하여 집중할 수 있는 상황에서는 그 내용에 대한
반대 의견을 떠올리게 될 확률이 커지기 때문이다.

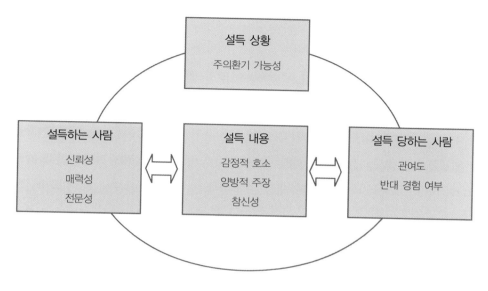

[그림 10-7] 설득을 통한 태도 변화의 요인

(2) 동조와 복종

한 광고 문구 중에 "모든 사람들이 '예'라고 할 때 '아니요'라고 할 수 있는 용기"라는 글이 있다. 당신은 수업 중 모든 학생들이 찬성하는 안건에 반대할 수 있는가?

애쉬(Asch, 1955)는 사람들이 [그림 10-8]의 문제 상황에 놓였을 때 어떤 행동을 하는지를 보여 주는 유명한 실험을 하였다. 참가자에게 [그림 10-8]과 같은 카드를 보여 주고서 똑같은 길이의 선을 보기 중에서 찾으라는 과제를 주었다. 실험에 참여한 사람들은 모두 7명 이였지만 나머지 6명은 가짜 참가자로서 실험 전에 틀린 답인 C를 말하라고 지시를 받은 사람들이었다. 참가자가 답을 말하는 순서는 앞선 6명의 답을 다 들은 후 자신의 의견을 말하도록 설계되었다. 과제는 결코 어려운 것이 아니었음에도 실제 참가자들의 상당수가 가짜 참가자들과 똑같이 C라고 답하였다.

이 연구에서처럼 대부분의 사람들은 공개적으로 반응을 해야 하는 상황에서 자신의 생각과 같지 않더라도 다수의 사람들이 행하는 쪽으로 스스로 수행하려는

[그림 10-8] 애쉬(1955)의 연구에서의 자극과 참가자

왼편의 길이와 같은 것을 오른편 자극 그림 중에서 찾는 실험이다.

경향이 있다. 이러한 현상을 동조(conformity)라고 한다. 사실 이러한 경향성은 의견이나 행동뿐 아니라 타인의 표정, 자세, 목소리 등도 의식하지 못한 채 따라 하거나 닮아 가는 현상을 보이기도 한다. 차트랜드와 바르(Chartrand & Bargh, 1999)는 이를 카멜레온 효과라고도 설명하였다. 동조현상은 그러한 의견이나 행동을 보이는 타인들과 유대가 강할수록 커지게 되고, 반대로 그중 한 명이라도 다른 견해를 보이게 되면 동조율은 크게 감소한다(Moscovici, 1985). 그렇다면 사람들이 동조를 하는 이유는 무엇인가? 동조의 이유에 대한 설명으로는 크게 두 가지를 들 수 있는데, 그 첫 번째가 정보적 영향(informational influence)이다. 왜냐하면 결정을 내리기 모호한 상황에서는 다른 사람들의 판단이 유용한 정보가 되기 때문이다. 대학을 가려고 준비하는 고등학생들이 우수한 성적으로 대학을 입학한 사람들의 수기를 읽으며 따라 하고, 대학교에 처음 입학한 새내기 1학년들이 강의를 결정하거나 강의시간표를 짤 때 주위 친구들이나 선배들이 하는 것과 비슷하게 하려고 하는 예에서 잘 설명될 수 있다. 또 다른 이유는 규범적 영향(normative influence)으로, 다수의 의견과 다를 경우 그들로부터 배척당하거나 인정받지 못할 수도 있다는 두려움 때문이다. 이는 앞서 예로 들었던 광고 문구나 애쉬의 실험에서 잘 보여 주고 있다.

애쉬의 연구가 동조와 관련된 실험이라면 밀그램(Milgram, 1963)의 연구는 복

종현상을 보여 주는 유명한 실험이다. 밀그램은 처벌과 학습이라는 주제로 실험
을 하겠다는 광고를 내어서 참가자를 모았다. 그는 실험실을 두 곳으로 나누고,
한쪽 실험실에는 선생님 역할을 할 참자가가 들어가도록 하고, 다른 실험실에는
학생 역할의 보조 실험자를 배치하였다. 그 후 참가자에게 학생이 단어를 틀리
면 15~450V까지 전기충격을 주라고 하였다. 참가자는 학생 역할을 하는 보조자
의 얼굴은 볼 수 없었고 소리는 들을 수 있었다. 15V에서 시작된 전기충격이
120V에 이르자 학생의 역할을 맡은 보조자는 고통스럽다는 소리를 질렀다. 하지
만 실험자는 선생님 역할의 참가자에게 자신에게 모든 책임이 있으며 자신의 말
만 따르라고 한다. 실험자들은 참가자들이 일정 이상의 전기충격을 주지 않을

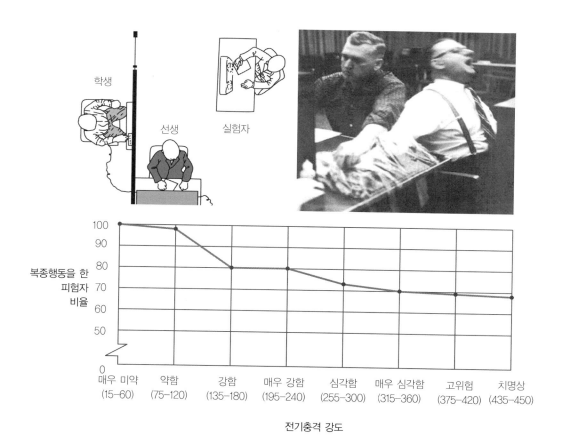

[그림 10-9] 밀그램의 실험과 전기충격 그래프 결과

것이라고 예상했으나, 40명의 참가자들 중 300V까지는 모두 복종하였고 이 중 26명은 괴로워하면서도 가장 높은 450V까지 전기충격을 주는 결과가 나왔다([그림 10-9] 참조).

실험에 참여한 사람들이 보인 복종 행동의 이유는 무엇이었을까? 가장 큰 이유는 책임의 소재가 자신에게 없기 때문이다. 실험자가 모든 책임을 진다는 확신을 참가자에게 강하게 심어 줌으로써 행위에 대한 자신의 책임이 사라지는 것이다. 만약 명령을 하는 사람이 권위 있는 인물이라면 그들의 명령에 더 복종하며, 심지어는 자신의 소신이나 사회적 규범에 어긋나더라도 맹목적으로 복종하는 경향도 있다. 이런 현상이 나타나는 이유는 자신의 행동이 타인에게 끼친 악영향에 대한 평가보다는 자신이 권위 있는 인물의 기대를 얼마나 잘 수행했는지에 대해 평가하기 때문이다. 하지만 권위 있는 인물의 합법성이나 동기가 의문시될 때는 복종 행동이 줄어들게 된다. 또한 동조와 마찬가지로 누군가 복종에 반대하는 것을 보았다면 역시 복종 행위는 줄어들게 된다.

동조와 복종 현상의 부정적 결과는 엄청난 사회적 파장을 가져온다. 사람들에게 진실이 아닌 것에 동조하게 하고 잔혹한 행동을 하는 것에 복종하게 하면서도 자신의 행동이 옳은지 아닌지의 가치판단을 하지 못하게 할 수도 있다는 것이다. 홀로코스터와 같은 학살 행위를 기꺼이 수행한 독일 장교나 일명 '왕따'라고 불리는 학교 내 집단 따돌림에 가담한 학생들은 자신의 행동이 얼마나 엄청난 것인지 알고 있을까?

(3) 사회적 촉진과 사회적 태만

'선의의 경쟁'이라는 말이 있다. 어떤 일을 혼자서 하는 것보다 옆에 누군가 있을 때 일의 능률이 높아지는 것을 말한다. 트리플릿(Triplett, 1989)은 자전거 경기에서 혼자 트랙을 돌면서 기록을 내는 방식보다 여러 명이 한꺼번에 경기에 참가하여 등수를 가리는 방식에서 훨씬 좋은 기록이 나온다는 사실을 발견하였다. 타인의 존재가 개인 수행 능력의 향상을 가져오는 것을 사회적 촉진(social facilitation)

이라고 한다. 하지만 이러한 현상은 복잡하거나 어렵다고 생각되는 과제에 대해서는 반대의 결과로 나타난다. 즉, 높은 난이도의 과제를 수행할 때 다른 사람의 존재는 방해가 된다는 것이다. 과제난이도에 따라 결과가 다르게 나타나는 이유는 무엇인가? 자종크(Zajonc, 1965)의 설명에 따르면, 타인의 존재 여부는 개인의 각성수준을 높여 주고, 이러한 각성수준은 가능성이 높은 행동―잘하는 과제는 더 잘하는 쪽으로, 못하는 과제는 더 못하는 쪽으로―을 이끌어 낸다.

사회적 촉진이 타인의 존재 여부가 개인적인 성과를 내는 일에 영향을 주는 현상이라면, 사회적 태만은 다른 사람들과 함께 일함으로써 집단의 성과를 내는 일에 영향을 주는 현상이다. 잉햄 등(Ingham et al., 1974)은 실험에서 대학생들에게 눈을 가리고 줄을 가장 힘껏 잡아당기라는 지시를 하였다. 그리고 나서 거짓으로 참가자들의 뒤에 세 명의 사람들이 함께 줄을 잡아당긴다고 알려 주었더니 그들은 82% 정도의 힘만을 사용하였다. 이와 같이 사회적 태만(social loafing)은 다른 사람들과 함께 일을 수행할 때 공동의 목표를 위한 업무에 대해서는 개인의 수행이 떨어지는 현상을 말한다. '나 하나 쯤이야.'라고 생각하며 자신에게 책임감을 덜 느껴도 되는 상황에 처하게 되면 사회적 태만이 나타난다. 또한 이러한 현상은 개인의 수행에 대한 결과가 확인될 수 없는 과제나 상황에서도 볼 수 있다(Harkins & Szymanski, 1989). 만일 과제의 난이도가 높고 수행 여부에 따른 보상이 제공되며 집단 구성원들의 응집력이 크면 태만한 현상은 감소한다.

2) 집단의 영향

(1) 사회적 정체감과 몰개인화

우리는 자의 또는 타의로 어떠한 집단에 소속되어 살아간다. 인종, 국가, 혈연 등은 태어나면서 자신의 의사와 관계없이 소속되는 집단이며, 학교, 직장, 정당 등은 살아가면서 자신의 선택에 의해 소속되는 집단이다. 집단에 소속됨으로써 나타날 수 있는 대표적인 현상이 사회적 정체감과 탈개인화다. 사회적 정체감(social identity)

이란 집단에 소속되어 그 집단과 동일시하게 되고 집단의 한 구성원으로 자신을 정의하게 되는 것을 말한다. 대부분의 사람들이 어떠한 형태로든 집단에 소속되려고 하는 이유는 집단을 통해 개인의 중요한 욕구를 충족시킬 수 있고 집단으로부터 보호를 받음으로써 안정감을 느낄 수도 있으며 그에 따라 긍정적 정체감을 확립할 수 있기 때문이다. 하지만 집단에 소속됨으로써 개인의 자주성이 제한되며 자의식을 상실하여 집단 행동을 보이는 단점도 있다. 몰개인화(deindividuation)란 구성원들이 개인적 정체감뿐만 아니라 책임감까지 상실하여 혼자서는 상상도 할 수 없는 극단적인 행동들을 집단 속에 섞여서 함께 행하는 현상을 말한다. 이러한 현상은 자신의 존재가 식별되기 어렵기 때문에 자신의 행동에 대한 책임감을 덜 느끼게 되어 일어난다. 시위 진압을 위한 잔혹한 폭력을 행사하는 경찰이나 경기장에서 벌어지는 관중 폭력 등은 몰개인화 현상을 잘 보여 주는 예다.

(2) 경쟁과 협동

일명 '죄수의 딜레마 게임(Prisoner's Dilemma Game: PDG)'은 경쟁과 협동이 집단 내에서 어떻게 작용하는지를 보여 주는 대표적인 예다.

경찰관은 두 명의 공범에게 자백을 요구하면서 다음과 같은 조건을 제시하였다(〈표 10-3〉 참조). 둘 다 자백하지 않으면 1년 형, 또 둘 다 자백한다면 8년 형, 그리고 둘 중 어느 한 명만 자백한다면 자백한 자는 집행유예로 석방되지만 자백하지 않은 나머지 한 명에게는 16년 형이 주어진다는 것이다. 당신은 친구를 믿고 자백하지 않는 협동을 선택하겠는가? 아니면 친구가 자백하는 경우를 고려하여 당신도 자백하는 경쟁을 선택하겠는가? 어느 한쪽을 선택하였다면 왜 그런 결정을 하였는가?

표 10-3 죄수의 딜레마 게임의 예

범인 을 \ 범인 갑	자백 안 함	자백함
자백 안 함	둘 다 1년 형	갑 집행유예, 을 16년 형
자백함	을 집행유예, 갑 16년 형	둘 다 8년 형

이 연구의 결과는 대부분의 사람들은 집단 내에서 협동과 경쟁이 모두 가능할 때 경쟁을 선택하는 경향이 있다는 것을 보여 주었다. 사람이 경쟁을 선택하는 이유는 친구가 과연 자백할지 혹은 하지 않을지가 불확실하고, 또한 〈표 10-3〉에서 볼 수 있듯이 만약 친구가 나를 배신하고 자백할 경우에도 나 혼자 자백하지 않고 있다가 16년 형을 받는 것보다는 둘 다 자백하여 8년 형을 받는 것이 낫기 때문이다. 하지만 경쟁상황의 문제점은 개인의 이익만을 추구하는 상황이 집단 전체에는 장기적으로 해로운 결과를 초래하는 경우로 확산되기도 한다는 것이다. 이를 사회적 딜레마(social dilemma)라고 하는데, 예를 들면 출퇴근 시간의 자가용 사용, 공공건물의 무분별한 전기 사용, 등산을 가서 쓰레기를 버리는 것 등은 개인의 편의를 위해 사회 전체에 피해를 주는 행동들이다. 이러한 현상을 줄이고 공동의 선을 추구하기 위한 몇 가지 제안으로는 보상을 통해 사회적으로 협동의 분위기를 만들거나, 반대로 법률이나 규제 등을 통해 제지하는 방법들이 있다. 그 밖에 집단 정체감 또는 공동체 의식을 증가시켜 사람들의 이타성을 자극하거나, 활성화된 상호 의사소통을 통해 집단 내 개인들의 이해도를 높이는 것이다.

(3) 집단극화와 집단사고

집단의 영향은 개인이 자신의 의사를 결정할 때도 그 힘을 발휘한다. 메이어와 비숍(Meyers & Bishop, 1970)은 인종 편견이 높은 집단과 낮은 집단을 나누어 토론을 하게 한 후 그들의 편견이 어떻게 변하는지 알아보았다. [그림 10-10]과 같이, 인종 편견이 높은 집단에 속한 고등학생들은 토론 후 편견이 더욱 강화되었고, 낮은 편견 집단의 학생들은 편견이 더 낮아진 것을 발견하였다. 이렇게 집단 구성원들 사이의 상호작용에 의해 집단 전체의 의견이 더 극단적인 방향과 더 주도적인 방향으로 결정되는 현상을 집단극화(group polarization)라고 한다.

왜 이런 현상이 발생하는 것인가? 메이어와 비숍의 연구에서 보면, 인종 편견이 높은 집단에서는 편견의 정당성에 대한 의견이 보다 설득력을 가지게 될 것이고, 이에 따라 구성원들 간의 토론 시간을 통해 편견에 대한 시각이 보다 높아질 것이

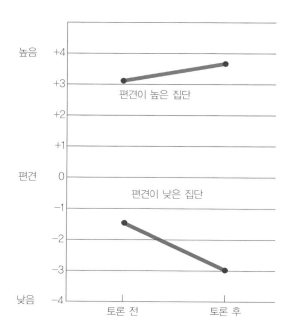

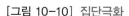

[그림 10-10] 집단극화

인종차별에 대한 편견이 높은 고등학생 집단과 낮은 집단을 나누어 인종문제를 토론한 후의 결과는 편견이 높은 집단은 더 증가된 편견을 낮은 집단은 더 감소된 편견을 가져왔다. 즉, 뜻이 맞는 사람들 간의 토론은 기존의 태도를 강화시키는 경향이 있다.

다. 이러한 설득효과는 결과적으로 집단 전체의 의견을 강화하는 결과를 가져온다(성한기, 1991). 또한 편견이 높은 집단에서는 좀 더 강한 편견의 의견을 제시함으로써 그 집단 사람들에게는 호의적으로 보일 수 있는 자기과시 효과도 집단극화 현상을 일으키는 원인이 될 수 있다(성한기, 1991). 맥코비(Maccoby, 2002)는 남녀의 성별에 따른 차이(예: 여학생들의 친밀한 대화나 남학생들의 공격성)도 동성의 또래들과의 보내는 시간이 많기 때문에 생기는 집단극화 현상이라고 설명하였다.

우리는 "백짓장도 만들면 낫다."는 속담처럼 한 사람의 의견보다 많은 사람들의 의견을 토대로 일을 판단하고 진행하는 것이 보다 나은 결과를 가져온다고 믿고 있다. 하지만 항상 그런 것은 아니다. 1961년 미국의 쿠바 침공은 그 당시 뛰어난 책략을 가진 케네디 대통령의 참모들이 결정하여 시행하였지만 처참한 패배와 전 세계로부터의 비난만 남긴 사건이었다. 재니스(Janis, 1972)는 이 사건을 포함하여 역사적으로 실패한 다른 사례들, 예를 들면 1941년 일본의 진주만 공습, 한국전쟁 시 만주공격 반대, 체르노빌 원자력 방사능 누출 사고 등을 연구하여 집단의 의사결정이나 판단이 항상 합리적이고 생산적인 결론을 도출하는 것은 아님을 보여 주었다. 이와 같이 집단의 높은 응집력 때문에 현실적인 판단을 하지 못할 때 발생하는 현상을 집단사고(group think)라고 한다. 이러한 결정은 외부로부터 단절되어 폐쇄적인 태도를 보이거나 획일성을 추구하려는 경향을 가진 집단에서 자주 나타난다. 또한 구성원들의 집단 융화의 욕구가 필요 이상으로 높고 자신의 집단을 과대평가하거나 지도자가 지시적일 경우에도 흔히 볼 수 있는 현상이다. 그러므로 이러한 집단사고를 예방하기 위해서는 외부 전문가들의 의견에 귀를 기울이고, 일어날 가능성이 있는 문제점들을 면밀히 살피며, 반대 의견에도 귀를 기울일 수 있는 열린 토론의 분위기를 조성해야 한다.

3) 소수의 영향

지금까지 집단이나 다수의 영향에 대한 변화를 알아보았다. 하지만 소수의 사람들이 다수를 변화시키는 경우도 종종 보아 왔다. 마틴 루터 킹 목사의 흑인차별 철폐 운동, 간디의 비폭력 저항, 일제 강점기의 우리나라의 독립운동가들, 1960년 4·19 혁명을 이끌었던 2·28 고등학생들의 시위 등은 자신의 확고한 뜻

4·19 혁명의 도화선이 된 2·28 대구 고등학생 시위(위)와
4·19 혁명 당시 모습(아래)

이 있는 소수의 사람들이 대중을 움직여 새로운 역사를 만들어 낼 수 있음을 보여 주었다. 소수의 의견이 다수의 입장을 변화시키기 위해서는 몇 가지 조건이 필요하다. 소수의 주장은 무엇보다 논리성과 타당성을 갖추어 다수의 주장을 효과적으로 반박할 수 있어야 하고, 행동의 일관성과 제시 방식의 융통성을 통한 신뢰감을 주는 것도 중요하다. 또한 소수의 주장이 당시 사회적인 분위기와 일치한다면 보다 효과적일 것이다. 소수의 영향과 다수의 영향이 단지 양적인 차이를 보인다는 주장도 있지만, 두 영향은 질적으로 다른 과정을 거친다는 의견도 있다. 즉, 다수의 영향이 직접적이고 즉각적이지만 표면적 변화만을 가져온다면, 소수의 영향은 간접적이고 서서히 나타나지만 보다 내면적 변화를 일으킬 수 있다는 것이다.

4. 사회와 문화

미국에 살고 있는 한국인 여성이 잠깐 다른 일을 하는 동안 그녀의 아이가 크게 다쳐 사망한 사고가 발생한 적이 있었다. 아이의 어머니는 이 사건을 경찰에 보고하면서 스스로 아이를 돌보지 못한 죄책감이 너무 큰 나머지 "내가 그 아이를 죽였어요."라고 울부짖었고, 경찰은 그녀를 살인죄로 기소하였다. 그녀의 '죽였다'는 말은 자신이 제대로 돌보지 않았기 때문에 죽인거나 다름없다는 뜻인데, 미국 경찰은 한국 문화에서 통용되는 표현이라는 것을 이해하지 못한 것이다. 이 사건은 인간의 행동을 이해하는 데 문화적 배경을 고려하지 않을 경우에 일어날 수 있는 심각한 결과를 보여 주고 있다. 이렇듯 사회 속의 개인을 연구할 때 문화의 요소를 고려하지 않고서는 제대로 된 이해가 이루어질 수 없다. 문화는 특정 사회의 구성원들이 공유하고 있는 생활양식이므로 그 구성원들의 행동을 이해하기 위한 중요한 열쇠를 제공한다(Berry, Poortinga, Segall, & Dasen, 1992). 에릭슨(Erikson, 1963) 역시 인간의 행동을 이해하기 위해서는 신체적 · 심리적 · 사회문화적 요소를 모두 살펴보아야 한다는 삼중부기(triple bookkeeping) 원칙을 주장하였다.

　우리는 지금까지 인간의 행동은 사회화(socialization)의 산물이라고 학습하였다. 즉, 사회화는 특정 목적을 염두에 두고 가르치는 다양한 형태의 교육을 통해 습득되는 행동이다. 이러한 사회화는 구체적이고 목표 지향적인 과정이라고 볼 수 있다. 이에 반해 문화화(enculturation)는 명시적으로 가르쳐 주지 않는 암묵적인 형태로서 개인의 행동에 영향을 주고 있다. 우리의 일상생활 자체가 문화화되는 과정이며, 그러한 문화화 과정은 자신도 모르는 사이 습득된다.

　최근의 사회심리학 연구에서 문화에 관한 연구가 급증하고 있는 이유는 지구촌 시대를 맞이하여 문화 간의 교류가 증대됨에 따라 부각되는 문화 간의 갈등문제를 해결할 수 있는 방안들을 제시해 주기 때문이다. 우리나라에서도 다문화 가정, 다문화 사회라는 용어가 서서히 자리 잡고 있다. 서로 다른 문화를 배경으로 한 사람들이 같은 공동체 내에서 함께 살아가기 위해서는 상대방의 문화를 이해하고 공감하여 어우러져 생활할 수 있는 사회적 · 국가적 지지가 필요하다.

　마지막으로, 문화와 관련하여 유념해야 할 것은 문화에는 우열이 있는 것이 아니라는 점이다. 문화의 비교는 동등한 입장에서 단지 '다르다'는 개념만 있을 뿐이다. 이를 문화상대론이라고 하는데, 특정 문화를 이해하는 데 다른 문화의 잣대나 기준으로 판단한다는 것은 '문화'라는 개념을 올바로 이해하지 못했음을 의미한다. 그러므로 특정 문화의 이해는 반드시 그 문화를 공유하는 사람들의 입장에서 이루어져야 한다는 것을 잊지 말아야 한다.

요 약

인상 형성은 상대방을 관찰하여 정보를 수집하고 이를 토대로 상대방의 특성을 추론하고, 추론된 정보 중에서 중요한 정보만 선별한 후 통합하는 과정을 통해 이루어진다.

사람들의 행동에 대한 원인을 찾아가는 인지적인 과정을 귀인이라고 하며, 상황요인으로 그 이유를 찾는 것을 외부귀인, 개인의 성격 및 능력 등에서 그 이유를 찾는 것은 내부귀인이라고 한다.

호감은 긍정적인 사회적 관계이며, 근접성, 신체적 매력, 유사성 및 욕구 상보성이라는 요소로 이루어져 있다.

스턴버그는 사랑은 친밀감, 열정 및 헌신이라는 요소로 이루어져 있다고 하였다

도움 행동이란 보상이나 이득을 기대하지 않고 자발적으로 남을 돕는 행위를 뜻한다.

고정관념이란 어떤 대상이나 집단이 전형적인 특성이 있다고 믿는 것이고, 편견이란 그러한 대상에 대한 비합리적인 평가를 뜻하며, 차별은 고정관념과 편견이 행동적 차원으로 확대된 행위를 말한다.

공격성은 부정적인 사회적 관계이며 남을 해치려는 의도를 가지고 표출되는 신체적 또는 언어적 행위를 뜻한다.

동조란 자신의 생각과 같지 않더라도 다수의 사람들이 행하는 쪽으로 스스로 수행하려는 경향을 말하며, 복종은 자신의 소신이나 사회적 규범에 어긋나더라도 맹목적으로 따르는 것이다.

사회적 촉진이란 타인의 존재가 개인의 수행능력에 영향을 주는 것이고, 사회적 태만이란 타인과 함께 공동의 일을 수행할 때 개인의 수행능력이 떨어지는 현상을 말한다.

사회적 정체감이란 자신이 속한 집단과 동일시하여 집단의 한 구성원으로 자신의 정체감을 발전시키는 것이며, 몰개인화란 개인적 정체감을 상실한 채 집단 구성원들과 함께 혼자서는 할 수 없는 극단적인 행동을 행하는 현상이다.

경쟁과 협동이 모두 가능한 상황에서는 대부분의 사람들이 경쟁 상황을 선택하게 되는데, 그 이유는 단기적으로 경쟁이 더 이익이 되기 때문이다.

집단극화란 집단 구성원들의 상호작용으로 인해 집단 전체의 의견이 더 극단적인 방향으로 결정되는 현상이며, 집단사고란 집단의 높은 응집력 때문에 합리적인 판단을 하지 못하는 것을 말한다.

소수의 사람들이 다수의 의견을 변화시킬 수도 있는데, 이때 소수의 주장은 논리성, 타

당성, 일관성 그리고 신뢰성이 보장되어야 한다.

다양한 교육의 형태로 습득되는 사회화와 달리 문화화는 암묵적인 형태로 자신도 모르는 사이에 습득되어 개인의 행동에 영향을 주는 것이다. 문화연구에서 가장 유의해야 하는 것은 문화는 '우열'의 형식이 아니라 '다름'의 개념으로 이해해야 한다는 것이다.

 **학습과제**

1. 우리가 다른 사람들의 인상을 형성하는 과정과 이러한 과정에서 일어날 수 있는 오류에 관해 설명하시오.

2. 켈리의 이론에 따르면 언제 외부귀인을 하게 되며, 어떤 상황에서 내부귀인을 하게 되는지 적절한 예시를 들어 설명하시오.

3. 긍정적 사회관계에는 어떠한 것이 있는지 정서적 측면과 행동적 측면으로 나누어 설명하시오.

4. 편견을 가지게 되는 이유에 관해 설명하시오.

5. 동조와 복종이 위험한 이유에 관해 설명하시오.

6. 문화연구를 할 때 중요한 사항에 관해 설명하시오.

참고문헌

성한기(1991). 집단극화 연구의 개관: 1961-1990. 한국심리학회지: 일반, 10, 20-42.

손장권, 이성식, 전신현(1994). 미드의 사회심리학. 서울: 일신사.

Asch, S. E. (1946). Forming impressions of personality. *Journal of Abnormal and Social Psychology, 41*, 258-290.

Asch, S. E. (1955). Opinions and social pressure. *Scientific American, 19*, 31-35.

Bandura, A., Ross, D., & Ross, S. A. (1961). Transission of aggression through imitation of aggressive models. *Journal of Abnormal and Social Psychology, 66*, 3-11.

Berry, D. S., Pennebaker, J. W., Mueller, J. S., & Hiller, W. S. (1997). Linguistic bases of social perception. *Personality and Social Psychology Bulletin, 23*, 526-537.

Berry, J. W., Poortinga, Y. H., Segall, M. H., & Dasen, P. R. (1992). *Cross-cultural psychology: Research and application.* New York: Cambridge University Press.

Berscheid, E., & Walster, E. (1974). Physical attractiveness. *Advances in Experimental Social Psychology, 7*, 157-215.

Bornstein, R. F. (1989). Exposure and affect: Overview and meta-analysis of research, 1968-1987. *Psychological Bulletin, 106*, 265-289.

Bradely, G. W. (1978). Self-serving biases in attribution process: A reexamination of fact or fiction question. *Journal of Personality and Social Psychology, 36*, 56-71.

Brewer, M. B., & Brown, R. J. (1997). Intergroup relations. In D. T. Gilbert, S. T. Fiske, & G. Lindzey (Eds.), *The handbook of social psychology* (Vol. 2). Boston: McGraw-Hill.

Bull, R., & Rumsey, N. (1988). *The social psychology of facial appearance.* NewYork: Springer-Verlag. Vol. Byrne, D. (1969). *Attitudes and attraction.* In L. Berkowitz (Eds.), *Advance sin experimental social psychology* (vol. 4, pp. 35-89). New York: Academic.

Carroll, J. M., & Russell, J. A. (1996). Do facial expressions signal specific emotions? Judging emotion from the face in context. *Journal of Personality and Social Psychology, 79*, 205-218.

Chartrand, T. L., & Bargh, J. A. (1999). The chameleon effect: The perception-behavior link and social interaction. *Journal of Personality and Social Psychology, 76*, 893-

910.

Cooper, W. H. (1981). Ubiquitous halo. *Psychological Bulletin, 90,* 218-244.

Dabbs, J., & Morris, R. (1990). Testosterone, Social Class, and Antisocial Behavior in a Sample of 4, 462 Men. *Psychological Science, 1,* 209-211.

Darley, J. M., & Latané, B. (1968). Bystander intervention in emergencies: Diffusion of responsibility. *Journal of Personality and Social Psychology, 8,* 377-383.

Dollard, J., Doob, L., Miller, N., Mowrer, O. H., & Sears, R. R. (1939). *Frustration and aggression.* NewHaven, CT: Yale University Press.

Eisenberg, N., & Fabes, R. A. (1991). Prosocial behavior and empathy: A multimethod developmental perspective. In M. S. Clark (Ed.), *Prosocial behavior.* New bury Park, CA: Sage.

Eron, L. D., & Huesmann, L. R. (1984). Television violence and aggressive behavior. In B. Lahey, & A. Kazdin (Eds.), *Advance sin Clinical Child Psychology.* New York: Plenum Press.

Feingold, A. (1992). Good-looking people are not what we think. *Psychological Bulletin, 111,* 304-341.

Festinger, L. (1957). *A theory of cognitive dissonance.* Stanford, CA: Stanford University Press.

Festinger, L., Schachter, S., & Back, K. W. (1950). *Social pressure in formal groups.* New York: Harper.

Harkins, S., & Szymanski, K. (1989). Social loafing and group evaluation. *Journal of Personality and Social Psychology, 56,* 934-941.

Heider, F. (1958). *The psychology of interpersonal relations.* New York: Wiley.

Ingham, A. G., Levinger, G., Graves, J., & Peckham, V. (1974). The ringelmann effect: Studies of group size and group performance. *Journal of Experimental Social Psychology, 10,* 371-384.

Janis, I. L. (1972). *Victims of groupthink.* Boston: Hought on-Mifflin.

Kelly, H. H. (1967). Attribution theory in social psychology. In D. Levine (Ed.), *Nebraska Symposium on Motivation* (Vol. 15). Lincoln, NE: University of Nebraska Press.

Krauss, R. M., Chen, Y., & Chawla, P. (1996). Nonverbal behavior and nonverbal communication: What do conversational hand gestures tell us? *Advances in Experimental Social Psychology, 28,* 389-450.

Langlois, J. H., Kalakanis, L., Rubenstein, A. J., Larson, A., Hallam, M., & Smoot, M. (2000). Maxims or myths of beauty? A meta-analytic and theoretical review. *Psychological Bulletin, 126*, 390-423.

Langlois, J. H., Roggman, L. A., Casey, R. J., Ritter, J. M., Rieser-Danner, L. A., & Jenkins, V. Y. (1987). Infant Preferences for Attractive Faces: Rudiments of a Stereotype? *Developmental Psychology, 23*, 363-369.

Latane, B., & Nida, S. (1981). Ten years of research on group size and helping. *Psychological Bulletin, 89*, 308-324.

Lorenz, K. (1974). *Civilizedman'seightdeadlysins*. New York: Harcourt, Brace, Jovanovich.

Maccoby, E. E. (2002). Gender and social exchange: A developmental perspective. *New directions for child and adolescent development, 95*, 87-105.

Meyers, D. G., & Bishop, G. D. (1970). Discussion effects on racial attitudes. *Science, 169*, 778-779.

Milgram, S. (1963). Behavioral study of obedience. *Journal of Abnormal and Social Psychology, 67*, 371-378.

Moscovici, S. (1985). Social influence and conformity. In G Lindzey & E. Aronson (Eds.), *The handbook of social psychology* (3rd ed.). New York: RandomHouse.

Nahome, L., & Lawton, M. P. (1975). Similarity and prop in quity in friendship formation. *Journal of Personality and Social Psychology, 32*, 205-213.

Pettigrew, T. F., & Tropp, L. R. (2008). How does intergroup contact reduce prejudice? Meta-analytic tests of three mediators. *European Journal of Social Psychology, 38*, 922-934.

Raine, A. (2002). Annotation: The role of prefrontal deficits, low autonomic arousal and early health factors in the development of antisocial and aggressive behavior in children. *Journal of Child Psychology & Psychiatry & Allied Disciplines, 43*, 417-434.

Ross, L. D. (1977). The intuitive psychologist and his shortcomings: Distortions in the attribution process. In L. Berkowitz (Ed.), *Advance sin experimental social psychology* (Vol. 10). New York: Academic Press.

Rubin, Z. (1973). *Liking and loving*. New York: Holt.

Shotland, R. L. (1985). When bystanders just stand by. *Psychology Today, 19*, 50-55.

Sternberg, R. J. (1986). Triangular theory of love. *Psychological Review, 93,* 119-135.

Triplett, N. (1989). The dynamogenic factors in pace-making and competition. *American Journal of Psychology, 9,* 507-533.

Weiner, B. (Ed.). (1974). *Achievement motivation and attribution theory.* Morristown, NJ: General Learning Press.

Widmeyer, W. N., & Loy, J. W. (1988). When you're hot, you're hot! Warm-cold effects in first impression of persons and teaching effectiveness. *Journal of Educational Psychology, 80,* 118-121.

Winch, R. F. (1958). *Mateselection: A study of complementary needs.* New York: Harper & Row.

Zajonc, R. B. (1965). Social facilitation. *Science, 149,* 269-274.

Zajonc, R. B. (1968). The attitudinal effects of mere exposure. *Journal of Personality and Social Psychology, 9,* 1-27.

Zajonc, R. B. (1998). Emotions. In D. T. Gilbert, S. T. Fiske, & G. Lindzey (Eds.), *The handbook of social psychology* (4th ed., pp. 591-632). Boston: McGraw-Hill.

chapter 11

이상심리학: 이상행동의 이해와 치료

최윤경

학습 목표

1. 이상심리학에 관해 알아본다.
2. 정상과 이상의 구분에 관해 알아본다.
3. 정신장애의 분류에 관해 알아본다.
4. 정신장애를 설명하는 이론적 모형에 관해 알아본다.
5. 주요 정신장애의 증상, 원인 및 치료 방법에 관해 알아본다.

학습 개요

이상심리학을 한 마디로 정의하면, 이상행동 혹은 정신장애를 연구하는 학문이라 할 수 있다. 구체적으로, 정신장애는 어떤 증상을 보이는가, 정신장애는 왜 발생하고 어떻게 유지되는가, 정신장애는 인간의 삶에 어떤 영향을 미치는가 하는 문제를 다룬다. 한 조사에 따르면, 평생 동안 한 가지 이상의 정신장애를 경험하는 사람들이 48%나 된다(Kessler et al., 1994). 정신장애가 있는 사람뿐만 아니라 그 가족과 주변 사람들까지 고통을 겪는다는 사실을 고려하면, 정신장애가 상당히 많은 사람들에게 직간접적으로 영향을 끼친다고 볼 수 있다.

이 장에서는 인간의 이상행동과 정신장애에 대한 이론과 연구에 대해 살펴보고자 한다. 구체적으로, 어떠한 기준에 의해 정상과 이상을 구분하고 이러한 구분에 영향을 미치는 요인이 무엇인지 살펴볼 것이다. 그런 다음, 무엇이 정신장애를 유발하고 유지시키는지, 정신장애를 어떻게 치료하는지 살펴보고, 마지막으로 대표적인 정신장애의 특징과 임상 양상을 살펴본다.

1. '정상'과 '이상'의 의미

사례 1

A씨는 자신의 물건이 항상 제자리에 정렬되어 있지 않으면 다른 일에 집중할 수 없고, 가스밸브와 현관문 등이 잠겼는지 반복해서 확인을 한다. 병균에 감염될까 봐 하루에도 수십 번씩 손을 반복해서 씻어야 하고, 밖에서 친구라도 한번 만나려면 최소한 2시간은 샤워를 해야 하기 때문에 외출 자체를 꺼린다.

사례 2

B씨는 3개월 전 애인으로부터 일방적으로 헤어지자는 통고를 받은 후, 슬프고 우울한 감정이 지속되고 있다. 밤에 잠들기 어렵고 식욕도 줄었으며 별로 하는 일이 없는데도 쉽게 피로를 느낀다. 하루 종일 자신이 과거에 잘못한 일을 생각하면서 자기 자신을 탓하게 되고, 이렇게 비관적인 생각을 하면 죽고 싶은 마음이 들기도 한다.

사례 3

C군은 자신이 소속된 동아리 회장인 선배를 보면 가슴이 두근거리고 얼굴이 빨개지면서 말을 잘 하지 못한다. 언제부턴가 자신이 이성이 아닌 동성에게 매력을 느끼고 있다는 사실을 깨닫게 되었는데, 이러한 사실을 알게 되면 가족과 주변 사람들이 실망할까 봐 아무한테도 말하지 못했다.

사례 4

D양은 외모에 관심이 많은 여고생이다. 날씬하고 싶은 마음에 몇 개월째 먹고 싶은 것도 꾹 참고 식사량을 줄이고 있지만 좀처럼 살이 빠지지 않아서 고민이다. 얼마 전에 친구 생일 파티에 갔다가 식욕을 참지 못하고 평소보다 과식을 했고, 이러한 자신을 자책하다가 다이어트에 효과가 있다면서 친구가 건네준 설사약을 먹고 일부러 구토를 했다. 그 후로 과식을 하면 설사약을 먹고 구토를 하는 습관이 생겼다.

이와 같은 사례들은 주변이나 대중매체를 통해 접할 수 있는 사례들이다. 각 사례는 정상인가? 아니면 이상인가? 그렇게 생각한 이유는 무엇인가? 정상과 이상행동에 대한 절대적 기준이 없기 때문에, 그리고 정상과 이상의 구분은 성별, 연령,

인종이나 민족, 문화권, 사회적·정치적 가치관과 같은 요인에 영향을 받기 때문에, 이러한 질문에 답하기가 그리 간단하지 않다. 실제로, 정신건강 분야의 전문가들은 어느 한 가지 기준을 적용하기보다는 몇 가지 기준에 근거하여 면담과 행동관찰, 심리평가, 기타 객관적 정보 등 다양한 출처의 정보를 활용하여 신중하게 판단한다. 여기서는 정상과 이상을 판단할 때 어떤 기준이 사용되고 있는지 그리고 각 기준의 장단점은 무엇인지 살펴본다.

먼저, 정상과 이상을 구분하는 기준은 '4D', 즉 일탈(Deviance), 고통(Distress), 기능 손상(Dysfunction) 및 위험성(Danger)으로 요약된다(Comer, 2008). 각 기준의 기본 개념과 장단점을 살펴보는 것은 무엇이 정상 또는 이상행동인지, 그리고 이것이 특정 심리적 장애와 어떤 관계가 있는지 이해하는 데 도움이 될 것이다.

1) 규범으로부터 일탈

규범이란 인간이 행동하거나 판단할 때에 마땅히 따르고 지켜야 할 가치 판단의 기준으로, 이는 명확하게 진술된 것일 수도 있고 암묵적인 것일 수도 있다. 일반적으로 사회문화적으로 용인된 생각이나 정서, 행동은 정상으로, 사회문화적 규범에서 벗어난 생각이나 정서, 행동은 이상 또는 비정상으로 간주된다. 규범은 대개 인간의 보편적인 가치 판단 기준을 반영하고 있지만 사회와 문화에 따라 상당히 다양하고 시간이 흐름에 따라 변하기도 한다. 예를 들면, 우리 사회에서 동성애는 아직까지 비정상이라는 인식이 많지만, 미국정신의학회의 『정신장애 진단 및 통계편람(*Diagnostic and Statistical Manual of Mental Disorders: DSM*)』에서 동성애라는 진단명은 오래 전에 삭제되었다. 서구 사회에서도 동성애가 정신장애로 간주되었던 시절이 있었으나 지금은 개인의 성적 취향일 뿐, 정신장애가 아니라고 생각한다.

규범으로부터의 일탈을 기준으로 정상과 이상을 판단할 때 한 가지 문제점은 한 사회에서 정상적인 행동이 다른 사회에서는 비정상으로 간주될 수 있다는 것이다. 또한 규범 자체가 바람직하지 못하다면 규범에서 벗어난 것이 비정상일까 하는 의문이 생긴다. 예를 들어, 힘세고 싸움을 잘하는 상급생이 하급생을 괴롭히고 폭력을 행사하는 것을 당연하게 느끼고 이를 묵인할 경우, 이러한 폭력에 저항하고 잘못을 바로잡으려 하는 것이 마땅하다. 규범 자체가 바람직하지 못할 때는 그 규범을 융통성 없이 따르는 것이 오히려 비정상이라고 말할 수 있다. 따라서 규범으로부터 일탈이라는 하나의 기준만 가지고 정상과 이상을 판단하는 것은 한계가 있다.

2) 주관적 고통

개인에게 심한 주관적 고통을 야기하는 행동은 이상 또는 비정상으로 간주된다. 대부분 정신과나 상담센터를 찾아오는 사람들은 공포나 불안, 분노, 우울, 절망 등과 같은 주관적 불편감과 고통을 호소한다. 이들은 대개 심리적 고통을 혼자 힘으로 감당할 수 없기 때문에 전문가의 도움을 청하는 것이다. 그러나 심리적 고통을 전부 비정상이라고 볼 수는 없다. 왜냐하면 사랑하는 사람이 떠나거나 사망한다면 누구나 눈물을 흘리고 슬퍼할 것이고, 이것은 너무나 당연하고 정상적인 반응이기 때문이다. 엄격하게 보자면, 심리적 고통이 어떤 강도로, 얼마나 오랫동안 지속되는가, 그리고 그로 인한 결과는 무엇인가를 고려해야 할 것이다. 또한 문제 행동은 분명하게 존재하지만 당사자는 심리적 고통을 전혀 느끼지 않는 경우도 있다. 예를 들면, 성격장애나 알코올 중독과 같은 문제가 있는 경우, 부적응적 행동을 보이지만 정작 당사자는 주관적 불편감과 고통을 경험하지 않을 수 있다. 이러한 측면들을 고려할 때 주관적 고통만으로 정상과 이상을 판단하는 것 역시 한계가 있다.

3) 심리적 기능의 손상

이상행동의 공통된 특징 가운데 하나는 기능 손상으로, 개인의 인지적·정서적·행동적·신경생리적 기능이 손상되어 적응에 어려움을 경험할 때 이상으로 판단한다. DSM에 수록된 정신장애들은 모두 임상가의 관심을 요할 정도로 '뚜렷한 사회적·직업적 기능의 손상이 있는 경우'라는 기준을 포함하고 있다. 즉, 여러 가지 심리적 증상으로 인해 사회적·직업적 기능이 뚜렷하게 손상된 경우에 한하여 정신장애로 진단한다는 것이다. 그러나 이러한 기준에도 뚜렷한 손상의 정의가 명확하지 않을 뿐만 아니라, 누가 무엇에 근거하여 판단하는가에 따라 결과가 달라질 수 있다는 문제점이 있다. 전문적 교육과 훈련을 받은 임상가가 심리적 기능의 손상에 대한 판단을 하고 있지만, 실제로 증상이 너무 경미해서 임상가의 관심을 요하지 않지만 병리적인 수많은 행동적·심리적 상태가 존재한다. 예를 들면, 카페인 금단이나 비행 시차 증후군, 환경 소음으로 인한 불면증 등은 정신장애에 포함되어 있지 않지만 일상 기능의 문제를 야기한다.

4) 위험성

이상행동은 위험 요소를 포함하고 있다. 지나치게 위험하고 비합리적 생각이나 행동을 통제하지 못하여 자기 자신이나 다른 사람들에게 위해를 초래하는 행동은 비정상으로 간주된다. 우울증이나 정신분열증이 있는 사람이 자살을 시도하거나 반사회적 성격장애를 가진 사람이 범죄를 저지르는 것이 대표적인 예인데, 자기 자신이나 다른 사람의 안녕감을 위협하는 이러한 행동은 뭔가 잘못되고 있음을 시사한다. 모든 이상행동이 위험한 것은 아니지만 해로운 행동을 통제할 수 있는 능력이 결여되어 있는 경우, 대개 비정상인 것으로 간주한다.

지금까지 살펴보았듯이, 어느 한 가지도 이상행동을 판별하는 절대적 기준이 될 수 없다. 각 기준마다 장단점을 지니고 있어서 실제로는 모든 기준을 고려하여 정상과 이상을 판단한다. 이때 시간, 장소 그리고 사회문화적·종교적 요인을 고려하는 것이 중요하다. 대부분의 유능한 심리학자들은 다양성을 인정하면서 가능한

한 다양한 출처로부터 많은 정보를 수집한 후, 여러 가지 기준을 고려하여 판단을 내린다.

2. 이상행동에 대한 역사적 관점

인간의 행동을 체계적으로 연구할 수 있는 첨단 과학기술이 발달하지 않았던 시대에도 이상행동을 나름대로 이해하고 설명하고자 하는 시도가 있었다. 인간의 생각이나 감정, 행동 측면에서 이상 혹은 비정상은 그 심각도와 특성에 따라 가벼운 적응장애부터 성격장애, 신경증, 심한 정신병에 이르기까지 다양한데, 이상행동에 관한 초기 역사는 정신병에 대한 역사라고 해도 과언이 아니다. 고대에서 현대에 이르기까지 이상행동과 그 원인에 대한 관점이 달라졌으며, 그러한 관점이 반영된 치료가 시행되었다.

1) 고대 원시사회

고대 원시사회에서는 정신장애를 초자연적 현상이라 생각하고 초자연적 방법을 사용하여 치료하고자 하였다. 이해할 수 없는 말을 하거나 이상한 행동을 하는 것은 귀신이나 악령, 별자리나 월식 등 초자연적 힘의 영향을 받은 것이라 보고, 귀신을 쫓거나 달래는 의식을 하거나 황홀 상태를 유도하는 등, 초자연적이고 종교적인 방법으로 치료를 했던 것으로 보인다. 라틴 아메리카 지역에서는 두개골에 구멍이 뚫린 유골이 상당수 발견되었는데, 이는 악령에 사로잡혀 이상행동을 하는 사람의 머리에 구멍을 뚫어 악령이 빠져 나가도록 한, 일종의 치료 방법이었던 것으로 추정된다(권석만, 2005).

2) 그리스-로마 시대

그리스-로마 시대에는 정신장애를 종교나 미신과 분리하여 의학적 문제로 보려는 시도가 있었다. 기원전 4세기경 히포크라테스(Hippocrates, B.C. 460~377)는 정신병을 조증(mania), 우울증(melancholia), 광증(phrenitis)으로 분류하였고, 이러한 정신병은 네 가지 체액, 즉 혈액, 흑담즙, 황담즙 및 타액의 불균형에 의해 발생한다고 보았다. 그는 정신장애가 초자연적 원인이 아니라 신체적 원인에 의해 발생하므로, 종교인이 아니라 의료인이 다루어야 한다고 주장하였다. 이후 자연과학이 계속해서 발전하면서 신경계와 뇌에 대한 연구가 시작되었고, 정신장애가 뇌의 결함에 의해 발생한다는 주장이 제기되기도 하였다.

3) 중세와 르네상스 시대

5세기경 로마제국의 몰락과 더불어, 그리스-로마 시대의 학문과 문화가 쇠퇴하고 종교가 절대 권력을 행사하는 암흑기가 시작되었다. 이 시기는 정신장애의 역사에서도 암흑기라고 할 정도로, 그리스-로마 시대에 발달한 의학적 관점을 억압하고 고대의 악마설과 종교적 주술이 다시 등장하였다. 당시 신에 대한 반역이나 모독은 그 어떠한 범죄보다 중죄로 취급되었는데, 정신병은 사탄과 악령에 사로잡힌 결과라고 보았기 때문에, 종교재판을 하여 정신병 환자를 마녀로 몰아 화형하고 다양한 형태의 고문과 감금을 하는 등, 비인간적인 대우를 행하였다. 중세에서 르네상스에 이르기까지 천여 년 동안은 그야말로 정신병자들의 수난시대라고 할 수 있다.

4) 근대

15세기부터 유럽에 정신병원이 설립되기 시작하였으나 그 당시 병원은 감옥이나 수용소와 다를 바 없었다. 의학적 치료와 자문은 거의 없이, 쇠사슬을 사용해서 환자를 구금하고 사회로부터 격리·수용하는 수준이었다. 18세기 계몽사상의 영향으로 정신장애에 대한 종교적·주술적 관점에서 벗어나기 시작하였고, 비인간적인 처우를 받던 정신병 환자들에게도 인도주의적인 처우를 해주어야 한다는 주장이 대두되었다. 대표적으로, 프랑스의 피넬(Pinel)을 비롯하여 영국의 튜크(Tuke)와 미국의 딕스(Dix) 등은 환자의 쇠사슬을 풀어 주고 인도주의적으로 치료할 것을 주장하였다. 실제로 피넬은 치료를 일종의 교육이라 간주하고 환자에 대한 수용적 태도와 이해, 존중과 친절, 설득을 사용하여 치료하였다. 이러한 치료가 성과를 거두면서 이러한 변화는 여러 지역으로 확산되기 시작하였다.

5) 현대

빅토리아 여왕(재위 기간 1837~1901)이 대영제국을 통치하던 60여 년간 금욕주의가 강조되었고, 이러한 금욕주의는 남성에 비해 여성에게 더 엄격하게 적용되었다. 그 당시 유럽의 많은 여성들이 히스테리 증상을 경험하였고, 일부 치료자들은 최면술과 같은 방법을 사용해서 히스테리 환자를 치료하려고 하였다. 대표적인 인물이 파리대학 신경학 교수였던 샤르코(Charcot)였는데, 그는 히스테리와 다양한 정신장애를 연구하면서 심리적 요인이 중요한 원인이라고 주장하였다. 19세기 후반에 프로이트(Freud)가 최면술 대신 자유연상과 꿈 분석을 통해 환자를 치료할 것을 주장하고 정신분석학이라는 독창적인 이론을 체계화하면서 심리적 원인론이 본격화되었다.

19세기 후반부터 현재에 이르기까지 과학의 발전은 정신장애에 대한 이해와 치료적 접근에 막대한 영향을 끼쳤다. 무엇보다 진행성 마비와 같은 몇몇 질환의 원인이 밝혀지고 이러한 질환은 약물치료와 같은 생물학적 방법에 의해 치료될 수 있다는 증거들이 축적되면서 생물학적 원인에 의해 정신장애가 발생할 수 있다는 신체적 원인론이 탄력을 받게 되었다. 최근에는 유전의 영향을 밝히고자 하는 연구, 뇌를 비롯한 신경계의 구조와 기능에 대한 연구, 신경전달물질과 정신장애의 관계를 밝히고자 하는 연구 등이 활발하게 진행되고 있다.

한편, 20세기 초 파블로프(Pavlov), 왓슨(Watson), 손다이크(Thorndike), 스키너(Skinner) 등은 동물 실험을 통하여 기본적인 학습 원리를 규명하였고, 인간의 수많은 행동도 학습 원리에 의해 습득 혹은 제거될 수 있다고 주장하였다. 이들에 따르면 인간의 이상행동 역시 학습의 결과이므로, 학습 원리를 적용하여 수정될 수 있다. 1960년대 이래로 학습이론과 행동치료는 이상행동을 설명하고 치료하는, 하나의 큰 흐름으로 자리 잡게 되었다.

심리학 이론들은 발전을 거듭하여 1940년대에는 매슬로(Maslow)와 로저스(Rogers)의 인본주의 심리학, 1950년대에는 인지심리학의 발전에 힘입어 엘리스(Ellis)의 합리적 정서치료와 벡(Beck)의 인지치료가 개발되었고, 그 밖에 펄스(Perls)의 게슈탈트 치료, 프랭클(Frankl)의 의미치료, 번(Berne)의 교류분석, 글래서(Glasser)의 현실치료 등, 다양한 치료이론이 발달하였다. 현대에는 이러한 심리적 원인론과 신체적 원인론이 공존하면서 정신장애를 상호보완적으로 설명하고 있으며, 다양한 치료적 접근이 행해지고 있다고 볼 수 있다.

3. 정신장애의 원인과 치료

이상행동은 다양한 관점에서 조명될 수 있으며, 이상행동의 원인을 무엇으로 보는가에 따라 치료 방법도 달라질 수 있다. 각각의 이론적 접근은 정신장애의 다른 측면에 대한 정보를 제공한다. 여기서도 정신장애의 주요 원인으로 간주할 수 있는 생물 · 유전학적 요인, 정신역동적 요인, 애착이론과 안전감, 학습, 사고의 왜곡을 차례로 살펴보고, 다양한 원인을 통합적으로 고려하는 스트레스 취약성 모델을 살펴본다.

1) 생물 · 유전학적 원인

생물 · 유전학적 모델은 정신장애는 신체질환과 마찬가지로 의학적 질병이며, 따라서 생물학적 방법으로 치료해야 한다고 주장한다. 즉, 정신장애의 증상들은 뇌의 구조적 결함, 신경전달물질을 포함한 생화학적 불균형 그리고 유전적 소인에 의해 발생한다는 입장이다. 예를 들면, 뇌영상 기법을 통해 정신분열병 환자의 뇌를 촬영하면 정상 통제군에 비해 뇌실이 확장되어 있다거나 전두엽 피질, 해마, 편도핵 등이 위축되어 있음을 발견할 수 있다. 또한 신경전달물질 중 도파민의 과다로 인해 정신분열병의 증상이 생길 수 있음이 밝혀지면서 도파민 과다가 정신분열병의 원인으로 주목받기도 하였다. 또한 가계연구를 통해 유전적 요인과 정신장애 간의 관련성이 밝혀지기도 했는데, 정신분열병의 유병률은 일반인에 비해 정신분열병 환자의 자녀에서 15배, 형제자매에서 10배 그리고 3촌 이내의 친족에서 2.5~4배나 높은 것으로 나타나, 유전적 요인이 정신분열병의 발생에 강한 영향을 미치고 있음을 알 수 있다.

생물 · 유전학적 모델에서는 정신장애의 치료 방법으로 생물학적 방법들을 제안하고 있다. 그중 약물치료는 대표적인 치료 방법으로, 정신장애의 치료에 상당한 기여를 하였다. 또한 약물치료가 효과가 없는 심한 우울증이나 정신분열병 환자에게는 전기충격 치료가 시행되기도 한다. 전기충격 치료는 그 치료적 기제가 명확하게 밝혀지지 않았지만 다른 치료에 반응을 보이지 않던 증상들이 전기충격 치료를 받은 후 호전되는 사례들이 있기 때문에 아직까지 정신과에서 사용되고 있는 방법이다. 그 밖에 다른 치료가 효과가 없을 때 뇌 절제술이 행해지기도 했었는데, 요즘에는 극단적인 경우를 제외하고 거의 사용되지 않는다.

뇌의 구조적 결함이나 생화학적 불균형이 정신장애의 원인이라는 증거들은 대개 상관연구에 기초하고 있다. 이는 정신장애 환자들에서 생물학적 문제가 일어나지만 그것이 실제로 정신장애의 원인인지, 아니면 그 결과인지는 알기 어렵다는 것을 시사한다. 또한 유전적으로 동일한 일란성 쌍둥이에서 정신장애의 공병률이 100%가 아니라는 사실로부터 유전이 정신장애의 단지 일부만을 설명한다고 결론을 내릴 수밖에 없다. 더욱이 뇌는 유연성이 큰 조직이기 때문에, 우리가 어떤 행동과 경험을 하는가에 따라 뇌 기능은 달라질 수 있다. 따라서 정신장애가 선천적인가 아니면 후천적인가를 논쟁하기보다는 이 두 가지가 어떻게 상호작용하는가에 초점을 맞추어야 할 것이다.

2) 정신역동적 원인

프로이트는 정신장애의 발달에서 초기 부모-자녀 관계의 역할을 강조하였다. 프로이트에 따르면, 심리성적발달 단계를 성공적으로 거치지 못하면 정신장애가 발생한다. 그러나 프로이트는 부모-자녀 관계에서 실제로 일어나고 있는 것이 아니라 내면의 무의식적 소망과 동기, 특히 성적·공격적 충동에 초점을 맞추었으며, 자녀가 부모와의 관계에서 그들을 어떻게 충족시키고 타협을 해 나가는가에 관심을 가졌다. 예를 들면, 한 남성이 권위적 인물과의 관계에서 심한 갈등을 경험하는 것은 아버지를 향한 해결되지 않은 공격충동으로 해석될 수 있다. 정신장애라는 것은 정신내적 갈등에서 비롯되며, 이러한 갈등은 무의식의 수준에서 일어나기 때문에 환자는 자신이 경험하는 증상의 '진짜' 원인을 알기 어렵다. 따라서 치료자가 자유연상과 꿈 분석과 같은 기법을 사용해서 환자의 무의식적 갈등에 접근하여 증상의 '진짜' 원인을 밝히고 치료자와의 관계에서 교정적인 정서 경험을 하게 함으로써 전이를 해결하고 변화를 유발하는 것이 정신분석 치료다.

프로이트의 이론이 객관적 연구에 의해 지지받지 못했으나 최근에 상당 부분 입증이 되고 있다. 예를 들면, 인간은 의식하지 못하는 수준에서 사건을 경험하고 처리한다는 증거들이 있으며(Westen, 1998), 초기 대인관계 경험은 이후 성인기 경험에 영향을 미친다. 사실, 이러한 가설은 이상행동에 관한 현대 정신역동적 모델에서 중심 개념이 되었다.

코헛(Kohut)이나 컨버그(Kernberg)와 같은 대상관계이론가들은 초기 부모-자녀

관계가 정신장애의 주요 원인이며 자녀의 마음에서 일어나는 일이 중요하다고 제안하고 있다. 그러나 이러한 모델은 정신내적 갈등보다는 대인관계에 좀 더 초점을 맞추고 있다는 측면에서 프로이트의 이론과 차이가 있다. 또한 자녀와 주 양육자 간에 초기 관계는 전 생애에 걸친 자기 개념, 타인 개념 그리고 관계의 질이 발달하는 데 결정적이라고 보고 있다. 즉, 초기 양육자-자녀의 관계는 그 자녀에게 내재화되어 양육자가 자녀를 대한 대로 자기 자신과 타인에 대한 관점을 가지게 된다는 것이다. 예를 들어, 어린 시절에 부모로부터 충분한 사랑과 관심을 받고 자란 아이는 자신이 사랑을 받을 수 있는 존재라고 여기고 다른 사람들에 대해서도 긍정적인 생각을 가지게 된다. 반면, 신체적·정서적 학대를 받고 자란 아이는 자신은 물론이고 타인에 대해서도 긍정적인 생각을 가지기 어렵다. 이러한 모델은 내재화된 관계와 그것이 자기 및 타인 개념에 미치는 영향을 강조하며, 여기에서 심리적 문제의 취약성이 비롯될 수 있다고 믿는다.

3) 애착이론과 안전감

보울비(Bowlby)의 애착이론은 초기 부모-자녀 관계를 강조하고 그로부터 초래된 자기와 타인에 대한 모델이 발달을 이끈다고 한 측면에서 현대 정신역동적 모델과 유사하다. 그러나 보울비는 초기 경험에 대한 지각보다 실제 관계의 특성에 관심을 가졌다. 그는 어린 시절에 대한 회고가 아닌, 실제 부모와 자녀의 상호작용을 관찰하여 자신의 이론을 정립하였다.

애착이론에 따르면, 아이들은 주 양육자에게 애착을 발달시키며 이는 탐색과 분리를 위한 '안전한 기지(secure base)'가 된다. 즉, 유아는 애착을 통해 양육자와 친밀한 접촉을 유지하는 한편, 이를 토대로 양육자와 떨어져 주변 환경을 탐색할 수 있게 된다. 부모가 안전 기지로서 역할을 제공한다면 아이는 안정 애착을 발달시킨다. 반면 부모가 안전 기지로 사용될 수 없을 때, 다시 말해 아이가 부모의 행동에 안전감을 느끼지 못하고 필요할 때 부모를 의지할 수 없고 부모를 신뢰할 수 없다면, 그 아이는 정서와 욕구를 적응적으로 조절하지 못하고 자기와 타인에 대해 부정적이고 '불안정한' 관점을 발달시키게 된다. 이렇게 불안정한 애착을 발달시킬 경우 정신장애에 취약하게 된다. 수많은 연구들은 안정 애착에 비해 불안정 애착을 발달시킨 사람에게 정신장애가 더 많다는 가설을 지지하고 있다.

4) 학습된 행동

행동주의 모델은 이상행동을 포함해서 인간의 모든 행동은 환경과의 상호작용 속에서 학습된 것이라고 주장한다. 특히 이상행동은 성장 과정에서 잘못된 학습의 결과, 즉 부적절한 학습과 강화에 의해 타인과 만족스럽게 관계 맺는 것을 배우지 못했거나 비효과적이고 부적응적인 습관들을 지니게 된 결과이며, 따라서 다양한 학습 원리를 사용해서 이상행동을 수정할 수 있다고 간주한다.

먼저, 고전적 조건형성의 원리는 중립 자극(종소리)이 무조건 자극(음식)과 연합해서 반복 제시되면 나중에는 조건 자극(종소리)만으로 조건 반응(침 분비)이 유발된다는 것이다. 이상행동을 포함해서 우리의 많은 행동들이 이러한 고전적 조건형성의 원리로 설명된다. 예를 들면, 한 남자가 백화점에서 쇼핑을 하는 동안 흉부의 압박감을 경험한 후 불안을 느꼈다면, 그는 나중에 백화점에 가는 것을 꺼리게 될 것이다. 백화점에는 위험을 느낄 만한 요소가 없음에도 불구하고, 백화점이라는 장소가 심장마비 가능성과 관련된 불안과 연합되어 있기 때문에 백화점에 가기를 두려워한다는 것이다. 이처럼 고전적 조건형성에 의해 공포와 같은 정서도 학습될 수 있음은 일찍이 '꼬마 앨버트(Little Albert)' 실험(Watson & Raynor, 1920)을 통해 입증되었으며, 이로써 고전적 조건형성에 의해 정서장애가 유발될 수 있다는 가능성이 제기되었다.

한편, 조작적 조건형성의 원리를 한 마디로 요약하면, 보상이 뒤따르는 행동은 증가하고 처벌이 주어지는 행동은 감소한다는 것으로, 이 역시 이상행동의 발생과 유지에 기여한다. 예를 들면, 보통 체격의 한 여성이 살이 조금 빠졌을 때 친구와 가족들에게 예뻐졌다는 칭찬을 받았다. 이러한 칭찬에 힘입어 그녀는 계속해서 살을 빼기 시작했고 급기야 날씬한 몸매를 가지기 위해 며칠씩 끼니를 거르고 굶는 행동을 보였다. 이러한 다이어트는 타인의 수용 및 칭찬과 연합되어 있기 때문에, 그녀는 계속해서 굶게 되었다. 이처럼 긍정적이고 바람직한 결과가 뒤따르는 행동은 다시 일어날 가능성이 높아진다.

또한 우리는 사회적 상황에서 다른 사람의 행동을 관찰하고 모방함으로써 새로운 행동을 학습할 수 있다. 즉, 강화나 보상 없이 단지 관찰하는 것만으로도 학습이 일어나며, 이상행동도 예외는 아니다. 예를 들면, 어린 꼬마들은 또래 아이가 공격적으로 행동하는 것을 지켜본 후 똑같은 행동을 따라 하는 모습을 보인다.

이러한 학습모델은 수많은 경험적 연구를 기초로 한다. 지금까지 언급한 학습과정이 이상행동의 발달에 중요한 역할을 담당할 뿐만 아니라 행동 변화에도 기여한다는 연구 결과들이 발표되고 있다. 예를 들면, 초콜릿을 사용해서 토끼를 두려워하는 피터라는 아이의 공포 반응을 제거한 사례(Jones, 1924)가 보고되기도 했다. 행동치료는 바람직하지 않은 부적응적 행동을 약화 또는 제거하고, 바람직한 적응적 행동을 학습하도록 하는 여러 가지 전략과 기법을 포함하고 있으며, 인간의 행동을 객관적으로 측정하고 실험을 통해 행동의 학습과정을 입증함으로써 심리학이 과학으로 자리매김하는 데 크게 기여했다는 평가를 받고 있다.

5) 왜곡된 사고

1950년대 인지혁명(cognitive revolution)과 더불어, 기존의 정신분석적 입장과 행동주의적 입장에 대한 비판으로, 인지적 입장이 발달하게 되었다. 인지적 모델은 자기 자신, 타인 및 세상에 대해 생각하는 방식에 초점을 맞춘다(예: Beck et al., 1979). 어떤 정보에 선택적으로 주의를 기울이거나 무시하는 것, 부정적 감정을 과장하는 것, 최악의 상황을 기대하거나 사건에 대한 부적절한 귀인(attribution)을 하는 것과 같은 왜곡된 인지과정은 다양한 정신장애의 발생과 유지에 중요한 역할을 담당하는 것으로 알려졌다.

예를 들면, 어떤 대학생이 중간고사에서 낙제 점수를 받은 후, 이러한 실패의 원인을 전적으로 자신의 능력 부족이라 생각하면서 '나는 인생의 낙오자야. 뭐 하나 제대로 하는 것이 없어. 내 미래는 암울할 뿐이야.' 라고 생각한다면 계속해서 우울할 수밖에 없다. 혹은 '교수님이 시험문제를 편파적으로 출제했어. 게다가 부정행위가 있었는데도 이를 묵인했어. 시험이 공정하게 치러지지 못했어.' 라고 생각한다면 화가 날 것이다. 아니면 '이번에는 운이 나빴어. 학기말고사에는 더 열심히 해야지.' 또는 '시험문제가 너무 어려워서 다른 학생들도 시험을 못 봤을 거야.' 라고 생각한다면 기분이 풀릴 것이다.

이처럼 생각에 따라 감정이 달라질 수 있으므로, 인지치료에서는 내담자로 하여금 자신의 문제를 유발하는 왜곡된 사고를 찾아내고 이러한 사고가 현실적으로 타당한지를 평가하여 보다 현실적이고 적응적인 대안적 사고로 대체하도록 한다.

6) 통합적 모델

앞서 언급한 이상행동에 대한 이론적 모델은 각기 강점과 한계점을 지니고 있으며, 대부분의 정신장애가 상당히 복잡한 현상이기 때문에, 어느 하나의 이론만으로 모든 정신장애의 발병과 시간에 따른 경과를 설명하지 못한다. 다양한 이론적 모델은 동일한 정신장애를 각기 다른 관점에서 이해할 수 있도록 하기 때문에, 여러 이론을 통합한 모델이 유용할 수 있다.

대표적인 통합적 모델의 하나는 취약성 스트레스 모델(diathesis-stress model)로, 지속적인 취약성을 지닌 사람이 스트레스를 경험할 때 정신장애가 유발될 수 있다는 것이다. 이 모델에 따르면, 취약성과 스트레스 중 어느 한 가지만 있는 경우에는 증상이 발생하지 않고 두 가지가 모두 있는 경우에만 정신장애가 발생하게 된다. 여기서 취약성과 스트레스의 개념은 광범위하게 정의될 수 있다. 예를 들면, 정신장애의 유전적 혹은 생물학적 소인이 취약성 요인이고 부모-자녀 관계의 문제가 스트레스 요인이 될 수 있으며, 세상에 대한 왜곡된 사고가 취약성 요인이고 주요 생활사건이 스트레스 요인이 될 수도 있다.

4. 정신장애의 분류

1) 범주와 차원 논쟁

인간은 정보처리의 효율성을 위해 공통점과 차이점에 근거하여 다양한 행동을 분류하는 경향이 있다. 오래전부터 이상행동을 관찰하여 이를 객관적으로 기술하고 분류하려는 시도가 있었으며, 이러한 분류는 진단체계로 집약되어 진단을 내리는 기준으로 사용되었다.

이상행동의 분류 또는 진단은 체계적 연구를 위한 토대를 제공하고, 원인이나 경과, 치료 효과와 예후에 대한 이해를 돕고, 연구자나 전문가들 사이에 효과적인 의사소통을 가능하게 한다는 측면에서 유용하다. 그러나 분류나 진단을 자칫 잘못 사용하면 환자를 독특하고 고유한 존재가 아닌, 특정 진단명을 가진 대상으로 취급할 우려가 있다. 또한 환자에게 정신장애라는 낙인을 찍음으로써 주변 사람들이 환자에 대해 편견을 가지거나 치료진들이 환자의 치료 효과나 예후에 대해 선입견을 가지게 할 수도 있다. 예를 들면, 정신분열병으로 오랫동안 치료를 받고 있던 한 환자가 갑자기 심한 복통을 호소하면서 병원 응급실을 방문하였다. 응급실 의사가 차트에서 환자의 병력을 보고 환자의 호소에 귀를 기울이지 않은 채 정신과 의사에게 의뢰하는 것은 낙인 효과를 보여 주는 예다.

정상행동과 이상행동에 질적인 차이가 있다고 볼 것인가 아니면 양적인 차이가 있다고 볼 것인가에 따라 이상행동은 범주적 분류와 차원적 분류로 구분된다. 범주적 분류(categorical classification)는 이상행동은 독특한 원인에 의해 발생하며 정상행동과 질적으로 확연하게 구분된다고 가정하고 있는 반면, 차원적 분류(dimensional classification)는 정상행동과 이상행동은 질적으로 구분되는 것이 아니라 동일한 특성의 수준 혹은 정도에 차이가 있을 뿐이라고 가정한다. 예를 들면, 우울감은 누구나 경험할 수 있는 정상적인 감정이지만 그 정도가 심각하면 치료가 필요한 우울장애라고 보는 입장이다.

이상행동을 분류할 때 어느 것이 더 적절한가에 대해 오랫동안 논쟁이 있었고, 그 논쟁은 아직까지 지속되고 있다. 어떤 학자들은 다음과 같은 이유로 범주적 분류를 주장하였다(Hersen, Turner, & Beidel, 2007). 첫째, 임상 현장에서 차원적 분류를 사용하는 것은 너무 복잡하고 혼란스럽다. 둘째, 히포크라테스 이후 정신장애의 진단은 범주적 분류를 따르고 있기 때문에, 정신장애를 정상적인 심리기능의 차원으로 공식화할 경우 전통적인 의학 모델의 혼란을 초래한다. 셋째, 범주적 분류를 적용하여 지금까지 연구된 수많은 자료가 손실될 수 있다. 넷째, 차원적 분류의 유용성과 타당성이 의심스럽다.

반면, 차원적 분류를 지지하는 학자들은 범주적 분류가 오히려 복잡하다고 반박하고 있다. 예를 들면 범주적 분류를 채택하고 있는 진단체계가 개정을 거듭할수록 점점 복잡해지고 있는데, 그 이유는 어떠한 진단범주에도 속하지 않는 애매모호한 사례들이 증가함에 따라 새로운 진단명이 계속 추가되고 있기 때문이다. 또한 정상행동과 이상행동 간에 질적인 차이가 있다는 가정 자체가 잘못된 것이라면 범주적 분류의 타당도와 임상적 유용성은 손상될 것이라고 주장한다. 아울러 동일한 진단범주에 상당히 다양하고 이질적인 특성을 가진 환자들이 포함되어 있을 뿐만 아니라, 실제 치료는 진단범주가 아닌 증상에 기초하여 이루어지고 있다는 사실 또한 차원적 분류를 주장하는 이유이기도 하다.

범주적 분류와 차원적 분류가 별개의 것으로 보이지만 범주와 차원이 반드시 상호 배타적인 것은 아니라는 유용한 모델이 있다(Hersen, Turner, & Beidel, 2007). 그것은 바로 정신지체를 진단할 때 적용되는 모델이다. 지능지수는 양적인 차이로 표현될 수 있는 연속 변수이며, 지능지수에서 정상과 이상을 구분하는 절대적 기준은 없다. 하지만 의미 있는 구분은 가능하다. 대개 지능지수가 70 미만일 때 '정신지체'라고 진단을 내리는데, 이러한 기준은 상황에 따라 융통성 있게 적용할 수 있다. 즉, 지능지수의 개념은 차원적 분류를 적용하면서도 정신지체의 진단은 범주적 분류를 따르고 있다. 이처럼 정신장애의 실제적인 특성은 차원적 분류를 적용하지만 현실에서는 범주적 차원이 유용한 경우가 많다.

2) 정신장애의 진단 및 분류체계: ICD-10, DSM-IV

현재 가장 널리 사용되고 있는 진단 및 분류체계는 세계보건기구(1992)의 『국제질병분류 제10판(*International Classification of Diseases and Health Problems: ICD-10*)』과 미국 정신의학회(1994)의 『정신장애의 진단 및 통계 편람 제4판(*Diagnostic Statistical Manual of Mental Disorders: DSM-IV*)』이며, 두 가지 모두 범주적 분류방식을 따르고 있다. 국내에서 공식적으로 채택한 것은 ICD-10이지만 정신건강전문가들 사이에서는 DSM-IV가 훨씬 많이 통용되고 있다. 1952년에 DSM-I이 처음 소개된 이후, 여러 번의 개정을 거치면서 1994년에 DSM-IV가 출간되었다. 2000년에 DSM-IV-TR(text revision)이 발표되었으나 이는 DSM-IV의 기본 골격을 유지한 채 일부 설명 문안만 바꾼 것이기 때문에, DSM-V가 나오기 전까지는 DSM-IV가 사용되고 있는 셈이다.

DSM-IV-TR은 특정한 이론적 입장에 치우치지 않고 심리적 증상과 증후군을 위주로 정신장애를 분류하고 있다. 즉, 장애의 원인에 대해 어떠한 가정도 하지 않고 증상의 기술적 특징에 근거하여 진단을 내리도록 되어 있다. 예를 들면, 어떤 환자를 우울하게 만드는 원인을 고려하지 않은 채, 겉으로 표현되는 증상이 우울증의 진단기준에 부합하면 우울증으로 진단을 내리도록 되어 있다. 그러나 우울증 환자를 치료하기 위해서는 그 원인이나 증상에 영향을 미치는 요인을 아는 것이 중요하다. 이러한 한계를 보완하기 위한 방편으로 DSM-IV-TR은 다축적 진단 체계를 채택하고 있다. DSM-IV-TR은 다섯 가지 축에서 다양한 정신장애는 물론이고 일반적인 의학적 상태, 심리사회 및 환경 문제 및 전반적인 기능수준을 평가함으로써 환자를 종합적으로 진단하고 진단, 치료 및 예후에 영향을 미치는 요인까지 체계적으로 평가한다. 다축적 진단체계를 좀 더 구체적으로 살펴보면 다음과 같다.

축 I 에서는 성격장애와 정신지체를 제외한 모든 임상적 장애와 임상적 관심의 초점이 될 수 있는 기타 상태를 평가하며, 이는 대개 치료를 받고자 하는 주된 이유나 주 진단에 해당된다. 성격장애와 정신지체는 축 II 에서 평가하는데, 이렇게 분리된 축에서 평가하는 이유는 축 I의 정신장애에 관심이 집중되었을 때 간과하기 쉬운 성격장애 및 정신지체를 고려하도록 하기 위한 것이다. 성격장애와 정신지체는 개인의 생활 전반에 걸쳐 지속적으로 영향을 미칠 뿐만 아니라, 축 I 장애의 예후와 치료에도 중요한 역할을 하기 때문에 중요하다. 축 III 에서는 임상적 증상과 잠재적으로 관련이 있는 신체적 질환이나 신체적 상태를 평가한다. 일반적인 의학적 상태는 정신장애의 발생 및 악화에 직접적인 원인이 되기도 하고, 직접적 관련은 없을지라도 예후나 치료 적용에 중요할 수 있다. 축 IV 에서는 심리사회 및 환경 문제가 평가되는데, 이는 축 I과 축 II 에서의 정신장애의 진단, 치료 및 예후에 영향을 미치는 스트레스 요인을 의미한다. 여기에는 부정적 생활사건이나 가족문제, 대인관계에서의 어려움, 교육문제, 직업문제, 경제문제 등이 포함되며, 스트레스 요인이 결혼이나 직장에서 승진과 같이 긍정적인 것일지라도 새로운 환경이나 변화에 적응하는 데 어려움을 초래한다면 축 IV 에 기록해야 한다. 축 V 에서는 전반적인 기능수준에 대한 임상가의 평가가 포함된다. 전반적인 기능 평가는 환자가 보이는 증상의 심각도와 기능수준을 고려하여 1~100점의 점수로 평가하며, 점수가 높을수록 전반적인 기능이 양호함을 의미한다. 기능을 평가할 수 있는 정보가 불충분하면 0점을 할당한다. 이러한 전반적인 기능 평가는 치료 계획을 세우거나 효과를 측정하고 결과를 예견하는 데 유용하다.

앞서 소개한 사례 2의 B씨에게 DSM-IV-TR의 다축적 진단체계를 적용한다면 〈표 11-1〉과 같이 진단 내릴 수 있다. 애인과 이별할 경우 우울하고 슬픈 감정을 느끼는 것이 당연하겠지만, B씨처럼 그 기간이 3개월 이상 지속되고 죽고 싶은 마음이 들 정도로 심각한 경우에는 축 I 에서 우울증의 진단을 내릴 수 있다.

만일 한두 번의 면담만으로 B씨의 성격 특징을 판단할 수 없다면 축 Ⅱ에는 '보류'라고 기록한 후, 나중에 충분한 정보를 수집한 이후에 성격장애를 진단한다. 또한 축 Ⅲ에는 B씨의 우울증상에 영향을 미칠 수 있는 신체질환이 있으면 그 진단명을 기록하고 신체질환이 없으면 '없음'이라고 기록한다. 축 Ⅳ에는 B씨의 우울증에 직접적인 원인이라 할 수 있는 애인과 이별을 기록하고, 축 Ⅴ에는 현재 B씨의 전반적인 기능 평가 점수를 기록한다. 이와 같이 다축적 진단체계는 개별 환자의 문제를 좀 더 체계적으로 평가함으로써 이를 진단과 치료에 활용할 수 있도록 한다.

표 11-1 DSM-Ⅳ-TR의 다축적 진단체계를 적용한 사례

축 Ⅰ: 주요 우울장애
축 Ⅱ: 보류
축 Ⅲ: 없음
축 Ⅳ: 대인관계에서 상실 경험(애인과 이별)
축 Ⅴ: 45

---

5. 주요 정신장애

정신장애의 종류가 18세기에는 네 가지에 불과했지만 DSM-I에서는 108개로, 그리고 DSM-Ⅳ와 DSM-Ⅳ-TR에 이르러서는 300개 이상으로 증가하였다. DSM-Ⅳ-TR에서는 수많은 정신장애를 크게 17가지 범주로 구분하고 있다(〈표 11-2〉 참조). 그중에서 주요 정신장애의 임상양상과 치료에 대해 간략하게 살펴본다.

표 11-2　DSM-IV-TR의 17가지 정신장애 범주

유아기, 아동기, 청소년기에 흔히 처음으로 진단되는 장애
섬망, 치매, 기억상실장애 및 기타 인지장애
다른 곳에 분류되지 않는 일반적 의학적 상태로 인한 정신장애
물질 관련 장애
정신분열병과 기타 정신증적 장애
기분장애
불안장애
신체형 장애
허위성 장애
해리장애
성 장애 및 성정체감 장애
섭식장애
수면장애
다른 곳에 분류되지 않는 충동조절 장애
적응장애
성격장애
임상적 관심의 초점이 될 수 있는 기타 상태

1) 정신분열병

정신분열병(schizophrenia)은 지각, 사고, 언어, 기억, 정서 및 행동에서 뚜렷한 기능의 손상을 보이는 심각한 정신장애다. 이는 과거 조발성 치매(dementia prae-cox)라고 불리었을 정도로, 한 번 진단을 받으면 평생 정신분열병 증상으로 고통을 받는 경우가 많다. 1994년 노벨 경제학상을 수상한 내쉬(John Nash)의 실화를 바탕으로 제작된 영화 〈뷰티풀 마인드〉에서는 정신분열병의 임상양상을 생생하게 보여 주고 있다. 이 영화는 정신분열병 증상으로 인해 혼란스럽고 불안정한 내면세계, 그리고 정신분열병 환자와 그 가족의 삶을 심도 있게 그리고 있다.

정신분열병 환자가 경험하는 주요 증상은 다음과 같다. 먼저 환각(hallucination)으로, 이는 현실에 존재하지 않는 어떤 감각자극을 지각하는 현상이다. 예를 들면, 정신분열병 환자는 자신을 비난하거나 행동을 지시하는 목소리가 들리거나(환청)

귀신이 보인다는 경험(환시), 혹은 피부 속에 벌레가 기어 다니는 촉각 경험(환촉)을 보고하기도 한다. 어떤 감각 양식에서 환각을 경험하는가에 따라 환청, 환시, 환후, 환미 및 환촉으로 분류되는데, 정신분열병 환자는 환청을 가장 빈번하게 보고한다.

둘째, 비현실적인 잘못된 믿음에 집착하는 망상(delusion)으로, 환자 자신은 사실이라고 믿지만 환자의 사회적·문화적·교육적 배경과 부합되지 않는, 잘못된 생각이다. 망상을 지닌 환자는 합리적인 설명이나 증거에 설득되지 않으며 자신의 믿음과 부합하는 정보만을 선택적으로 지각하기 때문에, 망상은 계속해서 유지된다. 망상은 주제에 따라 피해망상(예: 누군가 자신을 죽이려고 한다는 믿음), 과대망상(예: 자신은 전지전능하고 사람의 마음을 꿰뚫어볼 수 있는 능력이 있다는 믿음), 애정망상(예: 유명 연예인이 자신과 사랑에 빠졌다는 믿음), 질투망상(예: 배우자가 바람을 피운다는 믿음) 등으로 구분된다.

셋째, 와해된 언어로, 정신분열병 환자는 언어를 기이하고 독특하게 사용하기 때문에 다른 사람들이 이해하기 어렵다. 예를 들면, 기존의 단어에 특이한 의미를 부여하거나, 암호와 같은 개인적인 언어를 사용하거나, 자신에게만 특별한 의미가 있는 새로운 단어를 만들어 사용하기도 한다.

넷째, 심하게 와해된 행동이나 긴장증적 행동으로, 정신분열병 환자는 정상인과는 다른, 비정상적인 행동을 보인다. 예를 들면, 기본적인 위생 상태를 유지하지 못하거나, 기이한 얼굴 표정을 짓거나, 아무런 목적이 없는 몸짓이나 동작을 반복하기도 한다. 또한 외부 자극에 아무런 반응을 보이지 않거나, 기이한 자세를 장시간 유지하기도 하는 등이 해당된다.

마지막은 다섯째, 음성증상(negative symptoms)으로, 이는 적절한 정서와 동기, 양호한 대인관계기술이나 생활기술처럼 정상적인 어떤 것이 결여되는 증상을 의미한다. 예를 들면, 정신분열병 환자들은 정서가 둔마되고, 그 결과 얼굴 표정이 사라지고 정서가가 없는, 단조로운 말투를 보인다. 또한 뭔가 하고자 하는 동기와 의욕이 없고(무욕증), 논리적인 사고도 불가능하다(무논리증).

　정신분열병의 증상들을 크게 두 가지, 즉 양성증상과 음성증상으로 범주화하기도 한다. 음성증상은 앞서 설명하였고, 양성증상(positive symptoms)은 정상인에게는 없는 어떤 것이 정신분열병에서 존재하는 것을 의미한다. 예를 들면, 환각이나 망상, 와해된 언어와 행동은 모두 양성증상에 해당한다.

　정신분열병은 주로 후기 청소년기 또는 초기 성인기에 발병해서 만성화되는 경우가 많다. 정신분열병은 급작스럽게 또는 점진적으로 발병할 수 있지만 전형적인 경과는 다음과 같다. 대부분의 경우 뚜렷한 원인 없이 전반적인 기능이 서서히 점진적으로 쇠퇴하면서 음성증상과 기이한 행동이 존재하는 전구기를 거쳐서 몇몇 양성증상이 출현하게 되며(이 기간을 활성기라고 함), 이때 정신분열병의 진단을 받는다. 양성증상은 약물치료에 잘 반응하기 때문에 곧 호전되지만 음성증상은 지속되는 경우가 많다. 정신분열병 환자집단은 매우 이질적이기 때문에 증상의 양상이나 경과에 상당한 개인차가 존재한다. 병전 기능 수준으로 완전히 회복되는 사례는 흔치 않다.

　정신분열병의 원인이 아직까지 명확하게 밝혀지지 않았으나 정신분열병의 발생과 경과에 영향을 미치는 요인을 크게 두 가지, 즉 생물·유전학적 요인과 심리사회적 요인으로 구분하여 설명하고자 한다. 먼저, 유전적 요인, 뇌의 구조적 또는 기능적 결함 및 신경전달물질의 이상은 정신분열병에 영향을 미치는 생물·유전학적 요인으로 간주된다. 유전적 영향을 밝히고자 한 연구는 주로 쌍생아, 입양아 또는 정신분열병 가계를 대상으로 이루어졌다. 지금까지의 연구 결과를 종합해 보면, 유전적 소인이 더 많이 공유되는 관계일수록 정신분열병의 공병률이 높으며, 이는 정신분열병의 취약성이 유전되는 경향이 있음을 시사한다. 예를 들면, 이란성 쌍생아나 형제자매보다 일란성 쌍생아에서 정신분열병의 공병률이 더 높다. 그러나 일란성 쌍생아에서 공병률이 57%라는 것은 유전 이외의 다른 요인들이 정신분열병의 발생에 영향을 미친다는 것을 의미한다.

　정신분열병의 발생은 뇌의 구조적 또는 기능적 결함과 관련이 있는 것으로 알려져 있다. 첨단 뇌영상 기법을 사용해서 정신분열병 환자와 정상인의 뇌 구조와 기능을 비교한 결과, 정신분열병 환자는 정상인에 비해 뇌실이 확장되어 있고 전두엽의 혈류가 감소되어 있다는 것을 비롯해서 다양한 결과가 보고되었다. 그러나 이러한 결과에 대한 일관성이 부족하고, 이러한 결함이 정신분열병의 원인인지 아니면 결과인지는 아직까지 확실하지 않다.

신경전달물질의 이상 또한 정신분열병의 발생에 영향을 미치는 중요한 생물학적 요인이다. 그중 도파민이 주목을 받고 있는데, 도파민은 정서적 각성, 주의집중, 쾌감각, 수의적 운동과 관련이 있는 물질이다. 뇌에서 도파민 생성을 자극하는 물질을 복용할 경우 정신분열병의 증상이 유발되고, 정신분열병에 효과적인 약물들이 도파민에 영향을 미치며, 정신분열병 환자의 뇌를 부검한 결과 도파민 수용기가 증가되어 있다는 등의 연구 결과에 근거하여 뇌에서 도파민의 활동 과다가 정신분열병의 원인이라는 도파민 가설이 주장되었다. 최근에는 도파민 외에 세로토닌(serotonin) 또한 정신분열병의 증상과 관련이 있다는 세로토닌-도파민 가설이 제기되기도 하였다.

초기에는 자녀에게 차갑고 지배적인 특성을 가진, '정신분열병을 유발하는 어머니(schizophrenogenic mother)'가 정신분열병의 원인이라는 주장이 제기되었지만 이를 뒷받침하는 증거가 발견되지 않았고, 심리사회적 요인이 정신분열병을 유발한다는 주장도 입증되지 못했다. 오히려 취약성-스트레스 모델이 대두되면서 심리사회적 요인은 정신분열병의 증상 악화 또는 재발 가능성과 같은 경과에 영향을 주는 것으로 알려졌다. 그중에서 정신분열병 가족의 특성에 대한 많은 연구들이 이루어졌으며, 특히 '표현된 정서(expressed emotion)'에 대한 연구 결과는 매우 흥미롭다(Brown, 1959). 가족이 환자에게 비판적이고 분노와 같은 부정적 정서와 과도한 간섭을 나타낼 때 증상의 재발이 많았으며, 정신분열병뿐만 아니라 다른 정신장애에서도 유사한 결과가 보고되었다.

정신분열병의 일차적인 치료 방법은 약물치료이며, 약물치료를 지속적으로 받지 않을 경우 재발의 위험이 높아진다. 따라서 약물치료를 기본으로 하면서 일상생활 재적응과 재발 방지를 위한 다양한 심리치료가 병행될 수 있다. 특히 정신병원에 장기간 입원하여 사회로부터 격리되는 것이 아니라 지역사회로 복귀할 수 있도록 돕는 정신재활치료는 환자와 그 가족들에게 희망을 주고 있다.

2) 기분장애

기분장애(mood disorder)는 우울하거나 매우 고양된 기분이 현저한 고통이나 일상기능의 손상을 일으킬 정도로 심각할 때 진단할 수 있는 장애로, 크게 단극성 우울증과 조울증으로 구분된다. 단극성 우울증은 슬프고 우울한 기분을 주로 나타내는 경우로, DSM-IV-TR은 심각한 우울증인 주요 우울장애(major depressive disorder)와 만성적인 우울증이라 할 수 있는 기분부전장애(dysthymic disorder)로 구분하고 있다. 조울증은 조증과 우울증이 주기적으로 나타나는 경우로, DSM-IV-TR에서의 공식적인 진단명은 양극성 장애(bipolar disorder)다.

(1) 주요 우울장애

우울증은 마음의 독감이라고 할 정도로 흔한 장애이지만 치료를 제대로 받지 않으면 자살로 귀한 생명을 잃을 수 있다는 측면에서 치명적인 장애이기도 하다. 주요 우울장애는 심각한 형태의 우울증으로, 2주일 이상 우울증상이 지속되고, 이로 인해 뚜렷한 심리적 고통과 사회적·직업적 기능손상이 일어나는 경우에 진단된다. 우울증상에는 지속적으로 슬프고 우울한 정서나 이전에 즐거웠던 활동에서 흥미나 즐거움을 상실하는 것과 같은 기분증상뿐만 아니라 신체증상과 인지증상이 모두 포함된다. 신체증상에는 수면 습관의 변화(불면증 또는 과다 수면), 피로감이나 활력 상실, 식욕의 변화(상실 또는 증가), 정신운동성 지연이나 초조가 포함되며, 인지증상에는 자기 자신이나 세상, 미래에 대한 부정적 생각, 무가치감이나 과도하고 부적절한 죄책감, 집중, 사고 및 의사결정의 어려움, 죽음이나 자살에 대한 반복적인 생각이 포함된다.

주요 우울장애는 재발하는 경향이 있으며, 우울증의 삽화를 반복해서 경험할수록 재발의 위험은 점점 높아진다. 또한 우울증은 정신분열병과 마찬가지로, 유전의 영향을 받는 경향이 있으나, 단극성 우울증에 비해 양극성 우울증이 유전의 영향을 더 많이 받는 것으로 알려져 있다. 어떤 단일 신경전달물질이 아니라 기분을 조절하는 다양한 신경전달물질의 불균형이 주요 우울장애의 발생과 관련된 것으로 알려져 있으며, 스트레스 호르몬으로 알려진 코티졸이나 생체리듬의 이상 역시 생물학적 요인으로 주목받고 있다.

또 정신분열병과 달리, 심리사회적 요인이 주요 우울장애를 유발할 수 있다고 보기도 한다. 특히, 상실이나 실패와 같은 부정적인 생활사건이나 만성적으로 스트레스를 야기하는 환경이 주요 심리사회적 요인으로 간주된다. 물론, 스트레스를 경험했다고 해서 모두 주요 우울장애를 경험하는 것이 아니라는 사실은 취약성-스트레스 모델을 지지하는 증거이기도 하다. 인지적 모델(Beck, 1967)에서는 생활사건 그 자체도 중요하지만 그것을 비관적으로 해석하는 것이 우울증의 발생에 더 중요하다고 본다. 우울증 환자들은 자기 자신, 세상 및 미래에 대한 부정적인 생각을 가지고 있으며, 흑백논리나 과잉 일반화와 같은 인지적 오류를 범하고 있다. 이러한 인지적 왜곡은 우울증을 유발하고 지속시킨다. 따라서 환자들이 보이는 인지적 왜곡을 교정하여 보다 합리적이고 객관적인 사고와 신념을 가지도록 하는 것이 인지치료의 핵심이다.

대인관계 모델에서는 대인관계 문제가 우울증의 발생과 유지, 악화에 중요한 역할을 한다고 본다. 우울증 환자들이 경험하는 주요 대인관계 문제를 네 가지, 즉 상실, 역할 갈등, 역할 전환 및 대인관계 결핍으로 정의하고 있다.

우울증의 대표적인 치료 방법은 약물치료와 심리치료다. 특히 인지치료와 대인관계 치료는 우울증 치료와 재발 방지에 효과적인 것으로 평가받고 있다.

(2) 양극성 장애

양극성 장애는 우울증 외에 조증 삽화가 있을 때 진단된다. 단순히 행복감을 느끼는 것이 아니라 여러 가지 증상을 복합적으로 나타낼 때 조증이라 할 수 있다.

예를 들면, 팽창된 자존감이나 심하게 과장된 자신감, 뒷일을 생각지 않고 엄청나게 물건을 사들이고 무분별한 성행위를 하거나 사업투자를 하는 등 평소보다 많은 활동에 참여하는 것, 수면 욕구의 감소, 주의산만, 사고 비약 또는 사고가 빠르게 진행되는 주관적 경험, 말이 많아지거나 계속 말을 해야 할 것 같은 압박감 등을 보인다.

이와 같은 증상들이 1주일 이상 지속되면서 일상기능에 뚜렷한 손상을 초래하거나 입원이 필요할 정도로 심각할 때 조증 삽화라고 한다. 이에 비해 일상기능에 뚜렷한 손상을 초래하거나 입원이 필요할 정도로 심각하지 않지만 이러한 증상들이 적어도 4일간 지속되는 경우 경조증 삽화라고 한다. 또한 우울증과 조증이 뒤섞여 1주일 이상 지속되고 이러한 증상이 뚜렷한 손상을 초래하거나 입원이 필요할 정도로 심각할 때를 혼재성 삽화라고 정의한다. DSM-IV-TR에서는 한 번 이상의 조증이나 혼재성 삽화가 주요 우울증 삽화와 주기적으로 반복될 때 양극성장애 제 I 형, 한 번 이상의 주요 우울증 삽화와 적어도 한 번의 경조증 삽화를 경험할 때 양극성 장애 제 II 형으로 진단 내린다.

양극성 장애는 대개 초기 성인기에 발병하며, 재발하는 경우가 많다. 단일 조증 삽화를 경험한 개인의 90% 이상이 장래에 또 다른 삽화를 경험한다. 양극성 장애는 주요 우울장애에 비해 유전의 영향을 많이 받는 것으로 알려져 있다(Gershon et al., 1996). 양극성 장애에서 세로토닌, 도파민, 노르피네프린을 포함한 다양한 신경전달물질의 이상이 발견되었는데, 이때 신경전달물질의 수준이 아니라 나트륨 이온과 관련된 뉴런의 발화(firing) 패턴이 중요한 역할을 하는 것으로 밝혀졌다. 양극성 장애의 대표적인 치료제인 리튬은 나트륨과 화학적으로 유사하며, 뉴런의 역기능적 발화를 조절하는 작용을 한다(Goodwin & Jamison, 1990).

심리사회적 요인이 양극성 장애의 원인이라는 증거는 없지만 경과에는 영향을 미치는 것으로 알려져 있다. 스트레스 생활사건, 특히 사회적 · 생물학적 리듬을 붕괴시키는 사건이나 부정적인 대인관계는 양극성 장애의 재발과 관련이 있다. 리튬과 같은 약물치료가 양극성 장애의 주된 치료 방법이고, 재발과 관련된 사회적

리듬을 안정화시키거나 부정적인 대인관계를 적절하게 다룰 수 있도록 하는 심리
사회적 치료가 보조적으로 사용된다.

3) 불안장애

누구나 위험이나 위협을 지각하면 불안을 경험하고 자신을 보호하기 위한 경계
태세를 취하게 된다. 불안은 우울과 마찬가지로, 정상적인 정서이지만 현실적인
위험이 없는데도 불안을 느끼거나 현실적인 위험에 비해 과도하게 그리고 지속적
으로 불안을 느낀다면 이를 병적인 불안이라고 한다. 이러한 병적인 불안으로 인
해 뚜렷한 심리적 고통을 느끼거나 심각한 부적응을 겪는 경우 불안장애로 진단
내릴 수 있다. 불안장애는 무엇을 두려워하는가에 따라 특정 공포증, 사회공포증,
공황장애, 강박장애, 외상 후 스트레스 장애 및 범불안장애로 세분된다.

(1) 특정 공포증

특정 공포증(simple phobia)은 특정 대상이나 상황(예: 뱀, 높은 곳, 비행)에 대한
공포와 회피를 특징으로 한다. 특정 공포증에서의 불안은 매우 제한적이기 때문
에, 공포 대상이나 상황에 직면했을 때만 불안을 느끼고 특정 영역에서만 기능 손
상을 경험한다. 예를 들면, 비행공포증을 가진 사람은 평상시에는 별 문제없이 생
활하지만 해외출장이나 휴가를 떠날 때 어려움을 겪을 수 있다.

(2) 사회공포증

다른 사람과의 상호작용이나 사회적 상황을 두려워하고 이를 회피하며, 특히 부
정적인 평가를 받거나 타인에게 거부당하는 것을 두려워하는 것이 사회공포증
(social phobia)의 주된 특징이다. 사회공포증은 사회적 고립을 초래하기 때문에 좀 더
심각한 형태의 공포증이라 할 수 있다. 경미하게는 대중 연설이나 발표를 두려워할
수 있고, 심한 경우는 가족 이외의 모든 상호작용을 두려워하고 회피할 수도 있다.

(3) 공황장애

공황장애(panic disorder)는 예상치 못한 상황에서 갑자기 엄습하는 강렬한 불안(즉, 공황발작)이 예기불안과 더불어 나타날 때 진단된다. 공황발작에는 죽거나 미칠지도 모른다는 강렬한 불안 및 공포와 더불어, 다양한 신체적 증상들—예를 들면 심박증가, 호흡곤란, 가슴통증이나 메스꺼움, 어지러움, 발한, 떨림, 오한 등—이 경험된다. 공황발작을 경험하는 동안 도움을 받기 어려운 공공장소를 두려워하고 회피하는 광장공포증이 흔히 동반되며, 아예 집밖에 외출을 하지 못하는 심각한 사례도 있다.

(4) 강박장애

강박장애(obsessive-compulsive disorder)는 불안을 유발하는 강박사고와 불안을 통제하기 위한 강박행동을 반복적으로 나타내면서 자신의 강박사고나 강박행동이 지나치고 비합리적이라는 것을 인식하는 경우에 진단된다. 강박사고는 반복해서 의식에 침투하는, 원치 않는 생각이나 충동, 이미지를 말한다. 강박사고는 종교적으로 불경한 생각, 오염에 대한 생각, 누군가를 해칠지도 모른다는 두려움, 중요한 것을 잃을지도 모른다는 두려움, 부적절하거나 위험한 행동을 하거나 그런 말을 할지도 모른다는 두려움 등, 다양한 내용을 포함하고 있다. 강박행동은 불안을 감소시키기 위한 의례적이고 반복적인 행동으로, 반복해서 손 씻기, 확인하기, 숫자 세기, 정돈하기와 같은 행동이 전형적이다.

(5) 외상 후 스트레스 장애

외상 후 스트레스 장애(post-traumatic stress disorder: PTSD)는 전쟁, 화재, 지진, 폭행, 성폭행과 같은 충격적인 외상 사건을 직간접적으로 경험하거나 목격하고 난 후, 그 당시의 불안과 공포가 1개월 이상 지속될 때 진단을 내린다. PTSD 환자는 외상적 사건과 관련된 내적·외적 단서에 노출되었을 때 외상적 사건을 재경험하고, 외상과 관련된 자극을 계속해서 회피하거나 정서적 마비를 보인다. 또한 지나치게 경계하고 사소한 자극에도 쉽게 놀라고 과민하며 잠을 못 자고 집중을 못하는 등 과잉 각성을 경험한다.

(6) 범불안장애

범불안장애(generalized anxiety disorder)는 다양한 사건이나 활동에 대한 과도한 걱정과 불안이 6개월 이상 지속되는 장애로, 이러한 걱정을 통제할 수 없는 것이 특징이다. 범불안장애 환자는 늘 새로운 걱정거리를 만들어 내고, 걱정하는 데 상당한 시간을 허비한다. 실제로 걱정한다고 해서 어떤 효과가 있는 것이 아닌데, 이들은 걱정을 하지 않으면 완전히 통제력을 상실할 것 같은 두려움을 느끼고 그나마 걱정을 해서 우려했던 일이 일어나지 않았다고 믿기 때문에 걱정을 멈추지 못한다. 이들에게 걱정은 불안이라는 정서를 회피하기 위한 수단이 된다.

불안장애라는 같은 범주에 묶일지라도, 유전의 영향은 장애에 따라 차이가 있다. 예를 들면, 공황장애는 유전의 영향이 상대적으로 높지만 범불안장애는 낮은 것으로 밝혀졌다. 또한 수줍음을 타고 겁이 많고 조용하며 사회적으로 회피적이고 높은 수준의 생리적 각성을 보이는 등, 아동기에 행동억제 경향이 나타난다면 이후에 불안장애를 발달시킬 가능성이 높다(Hirshfeld et al., 1992). 그 밖에 변연계의 이상이나 신경전달물질의 역기능(예: 낮은 수준의 GABA)과 같은 생물학적 요인이 불안장애의 원인으로 거론되고 있다.

심리사회적 스트레스는 불안장애의 위험요인이다. 특히 외상 후 스트레스 장애는 스트레스, 엄밀히 말하면 충격적인 외상적 사건에 의해 유발된다. 인지행동 모델은 불안장애를 가장 설득력 있게 설명하는 것이며, 인지행동치료는 다양한 불안장애에 효과적인 것으로 알려져 있다. 공포는 다양한 경로를 통해 습득되고, 일단 공포가 학습되면 공포 대상을 회피하게 된다. 이러한 회피반응은 부적 강화의 효과를 지니는 동시에, 공포 대상이 해롭지 않다는 것을 새로이 학습할 기회를 빼앗는다. 이러한 과정은 모우러(Mowrer, 1939, 1950)의 2요인 이론(two-factor theory)으로 잘 설명된다. 즉, 공포는 고전적 조건형성에 의해 습득되고, 일단 학습된 공포는 조작적 조건형성에 의해 유지되고 강화된다는 것이다. 이러한 원리를 치료적으로 활용할 수 있는데, 예를 들면 공포 대상을 회피하지 않고 반복적으로 노출하도록 하거나 불안 상황에서 불안과 공존할 수 없는 신체적 이완상태를 경험하도록 하는 것이 불안을 감소시키는 데 효과적이다.

4) 섭식장애

가난으로 굶주렸던 시절만 해도 일부러 굶는다는 것은 상상하기조차 힘든 일이었다. 그러나 먹을 것이 풍족하고 생활이 윤택해지면서 새로운 장애가 등장하게 되었다. 섭식장애(eating disorder)는 비정상적인 섭식행동이 체중의 증가 또는 비만에 대한 강박적인 걱정 및 신체상의 왜곡과 더불어 나타날 때 진단된다. 섭식장애는 신경성 식욕부진증과 신경성 폭식증으로 구분된다.

신경성 식욕부진증(anorexia nervosa)에서는 정상 체중을 유지하기를 거부하는 것이 주된 특징으로, 무리한 다이어트나 과도한 운동에 참여하고, 정상적인 신체 기능(예: 월경)이 중단될 정도로 심각한 저체중을 보인다. 신경성 식욕부진증 환자들은 높은 기준을 설정하고 자신을 지나치게 통제하는 완벽주의 경향을 지니고 있으며, 폭식을 한 후 구토를 하거나 이뇨제나 하제를 사용하는 행동이 동반되기도 한다.

신경성 폭식증(bulimia nervosa)은 반복적인 폭식 행동과 부적절한 보상행동을 특징으로 한다. 보상행동이란 스스로 유도한 구토, 하제나 이뇨제, 기타 약물의 남용, 단식이나 지나친 운동 등을 말한다. 신경성 폭식증 환자들은 짧은 시간에 엄청난 양의 칼로리를 섭취하고 그런 다음에는 통제감의 상실 및 후회와 더불어, 보상행동이 뒤따른다. 신경성 식욕부진증 환자가 심한 저체중인데 비해, 신경성 폭식증 환자는 정상 체중이거나 과체중인 경우가 많으며, 정서적으로 불안정하고 충동적이며 관심을 얻고자 하는 욕구가 강하고 거부에 민감한 경향이 있다. 우울증이나 물질남용에도 취약한 것으로 알려져 있다.

섭식장애는 대개 청소년기에 시작되며 남성에 비해 여성의 유병률이 높다. 섭식장애는 건강상의 문제를 유발할 가능성이 높은데, 특히 신경성 식욕부진증 환자는 심각한 영양실조와 합병증으로 목숨이 위태로울 수도 있다. 이렇게 심각한 상태에서 치료 장면에 오는 경우가 많으며, 따라서 치료 목표는 우선 생명을 구한 다음에 체중을 늘리는 것이다. 이때 행동치료 기법들이 효과적이다.

섭식장애의 생물학적 원인 가운데 시상하부의 역기능과 세로토닌의 역기능에 관심이 기울여졌으나, 이러한 역기능은 섭식장애의 원인이라기보다 경과에 영향을 미치는 요인이라 할 수 있다. 한편, 마르고 날씬한 체형을 강요하는 사회문화적 압력과 가족 문제도 섭식장애의 경과와 관련이 있다. 예를 들면, 신경성 식욕부진증의 경우, 가족 간에 경계가 없이 밀착되었거나 지나치게 과잉 보호적이고 경직되고 갈등 회피적인 특징이 있으며, 이들의 비정상적인 섭식행동은 자신의 독립성과 자율성에 대한 주장 또는 가족 갈등을 은폐하기 위한 시도일 수 있다. 따라서 신경성 식욕부진증은 가족치료가 수반되어야 한다.

5) 물질사용장애

알코올이나 마약류와 같이 중추신경계에 작용하는 물질은 대개 중독성이 있으며, 건강과 기능에 부정적인 영향을 미친다. 긍정적인 효과를 얻기 위해 물질을 사용하기 시작하지만 나중에는 부정적인 결과를 피하기 위해 어쩔 수 없이 물질을 중단하지 못하게 되는 불행한 상황에 놓이게 된다. DSM-IV-TR는 물질을 11가지로 분류하고, 물질의존과 물질남용으로 물질사용장애를 구분하고 있다. 물질사용장애를 이해하려면 신체적 의존과 심리적 의존의 개념을 알아두는 것이 유용하다.

먼저, 신체적 의존은 우리의 몸이 물질에 의존하게 되는 것으로, 내성과 금단을 포함한다. 내성(tolerance)이란, 어떤 물질을 계속해서 같은 양으로 사용할 때 그 효과가 현저하게 감소하거나, 원하는 효과를 얻기 위해 물질의 양이 계속해서 증가하는 것을 의미한다. 금단(withdrawal)이란, 장기간 사용하던 물질을 중단했을 때

물질 특유의 금단증후군을 경험하고, 이러한 금단증상을 없애기 위해 같은 물질이나 유사한 물질이 필요한 경우를 의미한다. 이러한 신체적 의존은 우리 몸이 항상성을 유지하도록 되어 있는 것과 관련이 있다. 어떤 물질이 인체에 들어오면 그 물질이 들어온 상태에 몸이 적응하고 항상성을 유지하려고 하기 때문에 내성과 금단증상을 경험하게 되는 것이다.

심리적 의존이란 물질에 대한 통제 불능의 상태가 되는 것을 의미한다. 즉, 의도했던 것보다 더 많은 양 혹은 더 긴 시간 동안에 물질을 사용하게 되거나, 물질을 끊거나 조절하려는 노력이 성공적이지 못하고 지속적인 욕구를 지니게 되는 것, 물질을 얻거나 사용하기 위해 또는 물질로부터 회복되는 데 상당한 시간을 허비하게 되는 것, 중요한 활동을 포기하게 되는 것, 그리고 물질에 의해 문제가 악화된다는 것을 알고 있음에도 불구하고 계속해서 사용하는 것 등이 포함된다.

이러한 신체적 혹은 심리적 의존의 증상들이 12개월 이상 존재할 때 물질의존(substance dependence)의 진단을 내릴 수 있다. 이에 비해 물질남용(substance abuse)은 반복적인 물질 사용으로 삶의 한 가지 이상의 영역에서 유의미한 손상이 일어날 때 진단을 내린다. 예를 들면, 중요한 역할 의무를 수행하지 못하거나 위험한 상황임에도 불구하고 반복적으로 물질을 사용하는 것(예: 음주 운전), 물질과 관련해서 법적인 문제를 빈번하게 일으키는 것, 물질 사용과 관련해서 사회적 문제나 대인관계 갈등을 일으키는 것 등이 포함된다.

물질 의존·남용은 대개 점차 악화되고 만성화되어 심각한 부정적인 결과를 초래하며, 회복되더라도 대인관계 갈등이나 사회적 압력, 부정적인 정서와 같은 고위험 상황에 노출되면 빈번하게 재발하는 것으로 알려져 있다. 물질 의존·남용에 대한 생물학적 원인에 대해 아직까지 명확하게 밝혀지지 않았으나 알코올을 비롯한 물질에 대한 연구들은 유전의 역할을 지지한다. 예를 들면, 알코올에 대한 신체반응, 특히 알코올에 대한 신진대사 기능이 유전되는 것으로 알려졌으나, 그것이 알코올 의존의 원인인지 아니면 결과인지는 명확하지 않다.

물질사용장애의 심리사회적 원인으로는 강화, 관찰 및 인지적 요인을 들 수 있다. 물질이 유쾌한 기분을 느끼고 불쾌한 기분을 회피하도록 하기 때문에 물질을 지속적으로 사용한다는 설명도 있다. 물질사용자들은 물질을 사용함으로써 긴장을 완화하고 불안감이나 우울감을 일시적으로 제거하는, 일종의 자가 처방을 하고 있다는 것이다. 이러한 과정에서 강화(reinforcement)가 중요한 역할을 하는 셈이다. 또한 관찰을 통해서 물질 사용을 학습할 수도 있다. 가족이나 동료가 물질을 사용할 경우 물질사용장애의 위험이 높기 마련이고, 치료를 받은 후 자신의 환경으로 돌아가도 물질을 다시 접할 위험이 높을 수밖에 없다. 인지적 요인 또한 중요하다. 특히 알코올 의존에서 인지적 요인은 중요한 역할을 담당하는데, 술을 마시면 대인관계가 좋아질 것이라는 긍정적인 기대는 술을 마시고 알코올 문제를 일으킬 가능성을 증가시킨다(Marlatt, 1987). 그 밖에 중독에 빠지기 쉬운 충동적이고 반사회적인 성격 특성이나 사회문화적 환경과 같은 다양한 요인이 물질사용장애의 발달과 경과에 영향을 준다.

6) 성격장애

지금까지 다룬 심리장애들은 일종의 증후군으로 간주되며, 증후군은 성격 구조의 문제는 아니기 때문에 적절한 치료를 받으면 회복되어 일정 기간 동안이라도 정상적인 기능을 할 수 있게 한다. 그러나 성격장애는 조금 다르다. 성격장애는 그 자체가 오랫동안 나름대로 적응해 온 방식이라 쉽게 변하기 어렵고, 적절한 치료라는 것은 완전히 새로운 존재의 방식을 배운다는 것을 의미하기 때문이다.

모든 성격장애는 공통적으로 '3P'를 특징으로 한다. 먼저, 생각이나 감정, 대인관계, 충동조절의 어떤 특징이 부적응이나 기능 손상을 유발할 정도로 병적이고 (pathological), 이러한 병적인 특징은 청소년기나 초기 성인기에 시작되어 시간에 걸쳐 지속적이며(persistent), 다양한 상황에서 광범위하게(pervasive) 나타나야 성격장애라고 할 수 있다. 성격장애가 있는 경우 정작 본인은 이를 깨닫지 못하고 자신은 정상인데 주변 사람들이 문제라고 느낀다. DSM-IV-TR에서는 10가지 성격장

애가 포함되어 있으며, 핵심 특성에 따라 크게 세 가지 군집(cluster)으로 분류된다
(〈표 11-3〉 참조).

표 11-3 군집 A, B, C와 10가지 성격장애의 특징

군집	성격장애	특징
A 이상하고 특이한 군집	편집성(paranoid)	의심, 불신, 적대적 귀인
	분열성(schizoid)	대인관계 고립, 정서적 제한, 무반응
	분열형(schizotypal)	기이한 생각, 행동, 및 경험, 빈약한 대인관계
B 극적이고 감정적으로 변덕스러운 군집	연기성(histrionic)	극적, 관심 끌기, 피상적인 정서
	자기애성(narcissistic)	팽창된 자기감, 특권의식, 공감 결여, 숨겨진 취약성
	반사회성(antisocial)	법과 규범, 타인의 권리 무시, 공감 결여
	경계성(borderline)	불안정한 생각, 감정, 행동 및 자기감, 충동성
C 불안하고 걱정이 많은 군집	강박성(obsessive-compulsive)	경직성, 과도한 통제, 완벽주의
	회피성(avoidant)	부정적 평가, 거부 및 유기에 대한 두려움
	의존성(dependent)	복종, 자존감을 위해 타인에 의존, 유기에 대한 공포

성격장애의 원인을 단적으로 말하기는 어렵지만, 몇몇 성격장애는 생물학적 기
질의 영향을 받는 것으로 알려져 있다. 특히 반사회성 성격장애는 어느 정도 유전
되는 경향이 있으며(Cadoret et al., 1995), 생물학적으로 생리적 각성 수준이 낮은
것으로 알려져 있다(Raine, Venables, & Williams, 1990). 이는 사람들이 대개 불안을
느끼는 일에 반사회성 성격장애자들이 쉽게 참여하는 것을 설명한다.

어린 시절 가족과의 관계에서의 부정적인 초기 경험이 성격장애의 발달에 영향
을 미치는 것으로 알려져 있다. 부정적인 초기 경험이 내재화되어 자기, 타인 및
세상에 대해 매우 경직되고 역기능적인 생각을 형성하고, 그 결과 융통성 없는 행
동 패턴을 발달시키게 된다. 물론, 초기 경험은 유아의 기질과 부모의 양육방식의
상호작용에 의해 결정된다.

성격장애가 있는 사람들이 자발적으로 치료를 받으러 오는 경우는 흔치 않다.
치료를 받으러 온 경우는 대개 주변 사람들의 강한 권유, 예를 들면 치료를 받지

않으며 이혼을 하겠다고 하여 할 수 없이 치료를 받게 되거나, 다른 축 I 의 임상적 증후군으로 인해 치료를 받게 되는 경우다. 어떤 증상을 경험하는가에 따라 약물 치료를 하기도 하지만 대개 심리치료가 적용되는데, 치료 효과가 있으려면 장기간의 치료 기간이 필요하다.

요약

이상심리학 또는 정신병리학은 삶에서 주관적 고통이나 기능 손상을 초래하는 일련의 행동이나 증상들을 다루는 학문이다.

정상과 이상을 구분하는 기준은 '4D', 즉 규범으로부터 일탈, 주관적 고통, 심리적 기능의 손상 및 위험성으로 요약되는데, 이 기준들은 각각 장단점을 지니고 있어서 다양한 출처로부터 정보를 수집하고 다양한 기준을 고려하여 정상과 이상을 판단하는 것이 바람직하다.

사회, 문화 및 역사에 따라 이상행동은 다양한 관점에서 기술된다. 고대 원시사회에서 정신장애를 초자연적 현상으로 이해하였으나, 그리스-로마 시대에는 정신장애를 의학적 문제로 보고 신체적 원인을 탐구하려는 시도가 있었다. 중세는 고대의 악마설과 종교적 주술이 다시 등장하였고, 정신병 환자를 비인간적으로 대우하였다. 18세기에야 비로소 정신병 환자들에게도 인도주의적인 처우를 해주어야 한다는 주장이 대두되었다. 현대에는 심리적 원인론과 신체적 원인론이 공존하면서 정신장애를 상호보완적으로 설명하고 있고, 다양한 치료적 접근이 행해지고 있다.

정신장애에 관한 다양한 관점이 존재한다. 생물·유전학적 모델은 뇌의 구조적 결함, 생화학적 불균형, 유전적 소인이 정신장애의 원인이라고 보는 반면, 정신역동적 모델과 애착이론은 초기 부모-자녀 경험의 영향을 강조하였다. 행동주의 모델이 학습 경험을 강조하는 반면, 인지모델은 왜곡된 사고 과정이 정신장애의 발달에 중요한 역할을 한다고 보았다. 통합적 모델은 여러 이론들에서 확인된 요인들이 서로 상호작용하여 정신장애가 유발된다고 가정하며, 대표적인 통합적 모델인 취약성 스트레스 모델은 지속적인 취약성을 지닌 사람이 스트레스를 경험할 때 정신장애가 유발될 수 있다고 제안한다.

이상행동을 범주 혹은 차원으로 분류할 것인가에 관한 오랜 논쟁이 있었다. 현재 가장 널리 사용되고 있는 진단 및 분류체계인 ICD-10(WHO, 1992)와 DSM-IV-TR(2000)

은 범주적 분류방식을 따르고 있다.

DSM-IV-TR(2000)은 특정한 이론적 입장에 치우치지 않고 심리적 증상과 증후군을 위주로 정신장애를 분류하며, 다축적 진단체계를 채택하고 있다. 다축적 진단체계에서는 관심의 초점이 되는 임상적 증후군, 정신지체와 성격장애, 일반적인 의학적 상태, 심리사회 및 환경 문제, 및 전반적인 기능수준을 평가함으로써 환자를 종합적으로 진단하고 진단, 치료 및 예후에 영향을 미치는 요인까지 체계적으로 평가한다.

 학습과제

1. 정상과 이상의 의미에 관해 설명하시오.

2. 정신장애의 분류에서 범주와 차원 논쟁에 관해 설명하시오.

3. 정신분열병의 진단준거에 관해 설명하시오.

4. 기분장애의 종류에 관해 설명하시오.

5. 성격장애의 주요 군집과 특징에 관해 설명하시오.

참고문헌

권석만(2005). 현대이상심리학. 서울: 학지사.

American Psychiatric Association (1994). *Diagnostic and statistical manual of mental disorders* (4th ed.). Washington, DC: Author.

American Psychiatric Association (2000). *Diagnostic and statistical manual of mental disorders, Fourth Edition, Text Revision.* Washington, DC: Author.

Beck, A. T. (1967). *Depression: Clinical, experimental and theoretical aspects.* New York: Harper & Row.

Beck, A. T., Rush, A. J., Shaw, B. F., & Emery, G. (1979). *Cognitive therapy of depression.* New York: Guilford.

Brown, G. W. (1959). Experiences of discharged chronic schizophrenic mental hospital patients in various types of living group. *Milbank Memorial Fund Quarterley, 37,* 105.

Cadoret, R. J., Yates, W. R., Troughton, E., Woodworth, G., & Stewart, M. A. S. (1995). Genetic environmental interaction in the genesis of aggressivity and conduct disorders. *Archives of General Psychiatry, 52,* 916-924.

Comer, R. J. (2008). *Fundamentals of Abnormal Psychology* (5th ed.). New York: Worth Publishers.

Gershon, E. S., Badner, J. A., Detera-Wadleigh, S. D., Ferraro, T. N., Berrettini, W. H. (1996). Maternal inheritance and chromosome 18 allele sharing in unilineal bipolar illness pedigrees. *American Journal of Medical Genetics, 67,* 202-207.

Goodwin, F. K., & Jamison K. R. (1990). *Manic-Depressive Illness.* New York: Oxford University Press.

Hersen, M., Turner, S. M., & Beidel, D. C. (2007). *Adult Psychopathology and Diagnosis* (5th ed.). Hoboken, NJ: John Wiley & Sons.

Hirshfeld, D. R., Rosenbaum, J., Biederman, J., Bolduc, E. A., Faraone, S. V., Snidman, N., Reznick, J. S., & Kagan, J. (1992). Stable behavioral inhibition and its association with anxiety disorder. *Journal of the American Academy of Child and Adolescent Psychiatry, 31,* 103-111.

Jones, M. C. (1924). The elimination of children's fear. *Journal of Experimental*

Psychology, 7, 382-390.

Kessler, R. C., McGonagle, K. A., Zhao, S., Nelson, C. B., Hughes, M., Eshleman, S., Wittchen, H. U., & Kendler, K. S. (1994). "Lifetime and 12-month Prevalence of DSM-III-R Psychiatric Disorders in the United States: Results from the National Comorbidity Survey". *Archives of General Psychiatry, 51*, 8-19.

Marlatt, G. A. (1987). Alcohol, the magic elixir: Stress, expectancy, and the transformation of emotional states. In E. Gottheil, K. A. Druley, S. Pashko, & S. P. Weinstein (Eds.), *Stress and Addiction* (pp. 302-322). New York: Brunner/Mazel.

Mowrer, O. H. (1939). A stimulus-response analysis of anxiety and its role as a reinforcing agent. *Psychological Review, 46*, 553-565.

Mowrer, O. H. (1950). *Learning theory and personality dynamics.* New York: Ronald.

Raine, A., Venables, P. H., & Williams, M. (1990). Autonomic orienting responses in 15-year-old male subjects and criminal behavior at age 24. *American Journal of Psychiatry, 147*, 933-937.

Watson, J. B., & Raynor, R. (1920). Conditioned emotional reactions. *Journal of Experimental Psychology, 3*, 1-14.

Westen, D. (1998). The scientific legacy of Sigmund Freud: Toward a psychodynamically informed psychological science. *Psychological Bulletin, 124*, 333-371.

chapter 12

심리장애의 치료

이정흠

학습 목표

1. 심리장애 치료법의 역사와 종류에 관해 알아본다.
2. 정신역동적 치료법에 관해 알아본다.
3. 행동치료에 관해 알아본다.
4. 인지치료에 관해 알아본다.
5. 인간중심치료에 관해 알아본다.

학습 개요

인간이 겪는 심리적 문제를 해결하려는 노력은 오랜 역사를 가지고 있으며, 그동안 많은 치료법들이 제안되었다. 그중에는 그 시대의 지식수준에서는 나름대로 받아들여졌는지 모르지만 현재 우리가 보기에는 도저히 납득하기 어려운 방법들도 있고, 어떤 것들은 잔인하기까지 한 것들도 있다. 하지만 19세기 후반 이후 제안된 치료법 중에는 타당성과 효과성이 인정되어 현대의 중요 치료법으로 자리 잡은 것들도 있다. 역사적으로 이제까지 제안되었던 치료법들을 살펴보면, 그 치료법이 타당하건 그렇지 않건 간에 결국 어떤 치료법이란 심리적 문제의 원인을 무엇으로 보는가에 기초하여 결정되고 도출된다는 점을 알 수 있다. 따라서 각 심리치료에 대한 올바른 이해를 위해서는 먼저 그 치료법이 심리적 문제의 원인에 대하여 어떤 가정들을 가지고 있는지 명료하게 이해하고, 그에 따라 치료과정과 기법들이 어떤 논리로 도출되었는지 파악하는 것이 도움이 될 것이다.

이 장에서는 심리장애의 원인 및 이에 따른 치료법에 대한 견해들이 역사적으로 어떻게 변화되어 왔는지를 개관하고, 생물학적 치료에 대하여 살펴보고자 한다. 그리고 마지막으로, 현재 널리 인정되고 있는 주요 심리치료적 접근법에 대하여 자세히 살펴본다.

1. 역사적 개관

19세기 이전에 인류가 심리장애와 치료법에 대하여 어떤 생각을 가지고 있었는지를 아는 것이 실제적으로 치료에 큰 도움이 되지는 않는다. 현재의 입장에서 보면 이러한 주장들은 대부분 무지와 오해의 결과이거나 편견과 두려움을 반영하는 것으로 여겨지기 때문이다. 하지만 역사적 개관은 무지와 편견이 얼마나 부정적인 결과를 만드는지를 보여 주며, 다른 한편으로는 심리장애의 원인에 대한 가정과 치료법 도출의 연관성을 예시하여 준다(제11장의 '2. 이상행동에 대한 역사적 관점' 참조).

역사적으로 정확한 자료가 남은 것은 적지만, 추정하자면 선사시대의 사람들은 사람이 비정상적인 행동을 보이는 것은 사악한 기운이 몸속에 들어갔기 때문이라고 생각했다. 일단 심리장애의 원인을 '사악한 기운'으로 보게 되면, 그 치료법은 당연히 사악한 기운을 몸 밖으로 뽑아내는 것이 될 것이며, 따라서 주술사들의 주문이나 마법은 당시의 권위 있는 치료법이었을 것이다. 그리고 때로는 신체에 고통을 가하여 더 이상 사악한 기운이 머물 수 없게 하거나 머리에 구멍을 뚫어서 사악한 기운을 뽑아내는 가혹한 방법을 사용하기도 하였다.

한편 그리스의 의사 히포크라테스는 요즈음의 입장에서 보기에도 어느 정도 일리가 있어 보이는 주장을 하였다. 그는 심리장애의 원인을 체액의 불균형으로 보았고 이러한 불균형을 해결하기 위하여 좋은 환경, 운동, 마사지, 식이 요법 등을 제안하였는데, 이는 이전의 치료법들에 비해 매우 인도주의적인 것이었다. 하지만 히포크라테스의 이러한 입장이 당시의 일반적으로 받아들여진 견해였는지는 불분명하다.

종교가 세상을 이해하는 틀이었던 중세 유럽에서 심리장애는 '마귀 혹은 악령의 소행'으로 이해되었다. 따라서 악령을 몰아내는 것은 치료의 핵심이며, 온건한 입장에서는 기도와 묵상이 치료의 방법으로 고려되었지만, 보다 극단적인 경우에는 굶기고 때리고 고문하는 것이 불가피한 방법으로 여겨지기도 하였다. 심한 경우 화형으로 이어지는 '마녀 사냥'은 인간을 향한 것이라기보다는 악령을 징벌하는 것으로 여겨졌으며, 따라서 육신을 태워서라도 영혼을 살리는 것에 대하여 별다른 죄책감을 느끼지는 않았다.

이후에도 화형과 같은 극단적인 방법은 줄어들었지만 심리장애에 대한 태도는 그다지 달라지지 않았다. 17~18세기에도 심리장애자들은 두려움과 혐오의 대상이었고, 괴롭히거나 방치되는 것이 일반적이었다. 유럽 도시에는 이들에 대한 보호소(asylum)가 만들어지기도 하였지만, 실제 이것은 보호소라기보다는 수용소에 가까웠다. 환자는 쇠사슬에 묶이거나 더러운 감옥에 갇혀 지내는 수준이었으며, 때로는 일반인의 관광 대상이기도 하였다. 18세기 후반 피넬(Pinel)이 이들의 처우를 개선하고 보다 인도주의적 대우를 하여 희망적인 결과를 보였지만, 심리장애에 대한 부정적인 태도는 여전하였다.

19세기 말과 20세기 초반에 들어서면서 의학과 심리학 분야에서의 발전은 심리장애에 대한 이해와 태도에 큰 변화를 가져왔다. 심리장애는 치료되어야 할 일종의 질병이며, 그 원인은 생리적 혹은 심리적일 수 있다는 생각이 받아들여지기 시작하였다. 그리고 이는 진정한 의미에서의 치료적 시도들이 등장하는 바탕이 되었다. 1905년 진행성 마비(general paresis)의 원인이 매독균이라는 사실이 밝혀진 것은 심리장애에 대한 생리적 원인을 보여 준 중요한 사건이다. 정신기능의 퇴화, 성격의 변화, 망상, 환청 등을 수반하는 진행성 마비 환자들이 발병 수년 전에 매독에 감염되었었고, 진행성 마비는 잠복 중이던 매독균이 뇌에 침입하여 생기는 문제라는 점이 밝혀졌다. 한편 프로이트의 정신분석은 심리장애의 원인이 억압된 정서일 수 있음을 보여 주었고, 이를 치료하는 심리적 방법을 제시하였다. 이후 심리장애의 생리적 혹은 심리적 원인을 강조하는 여러 치료적 접근들이 발전하였고, 보다 인도주의적인 치료 환경들이 만들어졌으며, 심리장애는 더 이상 악령의 소행이 아니며 관심과 치료가 필요한 문제라는 인식이 확산되었다.

그러나 심리장애에 대한 이해와 지식이 상당히 축적된 오늘날에도 과거의 무지와 편견은 어느 정도는 여전히 남아 있기도 하며, 이는 비교적 타당하고 효과적인 치료법이 제안되었음에도 불구하고 적절한 치료적 도움을 받지 못하게 하기도 한다.

한편 심리장애와 치료법에 대한 역사적 개관을 읽은 독자는 그 내용들이 정신병과 같은 심한 심리장애에 치우쳐 있음을 느낄 것이다. 이는 20세기 이전에는 불안, 우울, 대인관계 부적응 등의 문제는 치료를 요하는 심리장애로 여기지 않았던 상황을 반영한다. 이러한 문제들은 단순히 무시되거나 아니면 약하거나 성숙하지 못한 인격의 문제로 여겨졌으며, 이는 치료받을 문제가 아니라 교육이나 수양을 통하여 성숙해짐으로써 해결되는 것 혹은 단지 나쁜 품성의 하나라고 간주되었다.

하지만 정신병은 물론이고, 상대적으로 덜 심한 심리장애의 해결 및 치료 역시 우리의 행복한 삶을 위해서는 반드시 필요한 것이다. 더욱이 사회가 발전하고 복잡해지면서 스트레스의 종류와 양은 점점 더 많아지고, 인간관계에서 생기는 갈등과 긴장도 늘어나고 있는 현실에서 상담과 심리치료의 필요성도 더욱 증가된다.

2. 생물학적 치료

심리장애란 심리적 기능에 문제가 있는 것을 말하며, 여기서 심리적 기능이란 생각, 감정 및 행동의 기능을 말한다. 따라서 심리장애란 드러난 증상(현상)의 측면에서 이름을 붙인 것이지 문제의 원인이 무엇인지를 말하는 것은 아니다. 그런데 흔히 심리장애라는 말이, 원인이 심리적인 것을 의미하는 것으로 혼동되기도 한다.

심리장애의 원인은 크게 생물학적(생리적)인 것과 심리적인 것으로 구분될 수 있다. 물론 이때의 구분은 절대적인 것은 아니다. 우리가 심리적 기능이라 부르는 것도 궁극적으로는 뇌의 전기화학적 작용의 결과이며, 따라서 모든 인간의 문제는 생물학적 원인이라고 볼 수 있다는 주장도 가능하기는 하다. 하지만 이러한 극단적인 환원주의식 설명은 실제 인간의 문제를 설명하는 데 도움이 되지는 않는 것 같다. 과연 인간의 심리적 기능을 뇌의 전기생리적 현상으로 설명할 수 있는가?

물(H₂O)의 특징을 산소와 수소의 특징으로 이해하기 어려운 것처럼, 적어도 현재의 지식수준에서 모든 인간의 심리적 현상을 전기생리적 수준에서 적절히 설명하기는 어렵다. 결국 어떤 심리장애의 원인이 생리적 혹은 심리적이라고 말하는 것은 현재의 지식 수준에서 볼 때 그러한 설명이 더 경제적이고 실제적인 치료적 방법을 제공하기 때문이지, 궁극적인 원인이 무엇인지를 의미하는 것은 아니다.

생물학적 치료는 심리장애의 원인이 뇌의 생화학적 또는 전기생리적 불균형 때문이라고 가정하며, 이러한 불균형을 바로잡기 위해 약물치료, 전기경련치료 등의 치료법이 개발되었다.

약물치료는 기분과 행동을 조절하기 위하여 약물을 사용하는 치료로 생물학적 치료법 중 가장 성공적이고 많이 사용되는 치료다. 1950년대 초반 사고장애와 망상, 환청 등 정신분열증 환자들의 주요 증상을 감소시키는 향정신병 약물(antipsychotics)이 발견되었고, 이는 이제까지 가족과 사회로부터 격리된 폐쇄 병동에서 환각과 기괴한 행동으로 많은 시간을 보내야 했던 환자들의 증상을 현저하게 개선시켰다. 통제할 수 없는 환자에게 사용되던 신체적 구속은 뚜렷하게 줄어들었고, 많은 수의 정신병 환자가 퇴원하여 외래 통원치료를 받을 수 있게 되었다.

아쉽게도 약물치료의 놀라운 효과는 분명한 것이었지만 완벽한 것은 아니었다. 할돌(Haldol), 소라진(Thorazine) 등의 향정신병 약물이 정신분열증 증상을 뚜렷하게 감소시키기는 하지만 질병을 치료하는 것은 아니며, 약물을 중단할 경우 다시 재발된다는 점이 드러났다. 또한 이러한 약물이 망상이나 환청 등 양성(positive) 증상에는 효과적이었지만, 무감동·정서적 둔화·사회적 철수 등 음성(negative) 증상에는 별다른 효과가 없다는 점도 실망스러운 결과였다. 더욱이 약물이 가져오는 부작용도 적지 않아 환자들이 약물치료를 기피하는 현상이 생기기도 하였고, 장기 복용의 부작용 중에는 영구적인 운동장애와 같은 심각한 것도 있었다. 하지만 이러한 몇 가지 실망스러운 측면에도 불구하고 약물치료가 정신분열증과 같은 심각한 심리장애의 치료에 다른 치료법과는 비교될 수 없는 공헌을 하였음은 분명하다.

향정신병 약물이 발견되고 얼마 후, 우울증의 치료에 효과적인 항우울제(삼환계 항우울제, MAO 억제제), 양극성 장애의 치료제인 리튬(lithum carbonate), 흔히 신경안정제라고 불리는 항불안제(anxiolytics) 등이 차례로 개발되면서 약물치료는 심리장애 치료의 주요한 치료법으로 정착되었다. 이후 부작용을 최소화하면서 동시에 목표 증상의 치료에는 강력한 효과가 있는 약물의 개발을 위하여 많은 연구들이 이루어졌다.

전기경련치료(electroconvulsive therapy: ECT)는 환자의 이마에 전극을 부착하고 일정한 방식으로 전류를 흘려보내서 경련을 유발시키는 치료법이다. 처음에는 정신분열증의 치료를 위해 사용되었으나 이후 연구를 통해 우울증 치료에 효과가 있음이 입증되었다. 주로 항우울제 치료에 반응하지 않거나 약물치료를 할 수 없는 환자들에게 사용되며, 특히 자살 가능성이 높아 빠른 치료 효과가 요구되는 경우 선택되는 방법이다. 그러나 시술 방법이 개선되어 초기의 여러 부작용이 개선되었지만, 여전히 부분적인 기억 상실 등의 부작용이 있고, 아직 그 치료적 효과의 정확한 기제에 대해 모르고 있다. 따라서 다른 치료적 대안들이 여의치 않을 경우 최종적으로 고려되는 치료법이다.

지금까지 설명의 편의상 생물학적 치료와 심리치료를 구분하여 설명하지만, 실제 치료적 상황에서는 두 가지 치료법이 통합적으로 활용되는 경우가 많다. 어떤 심리장애의 원인을 심리적인 것과 생리적인 것으로 구분하는 것은 동일한 현상에 대한 분석 수준의 차이를 보여 줄 뿐이다. 어떤 한 치료법이 다른 치료법을 배제하는 것은 아니며, 최선의 치료적 효과를 위해서는 가능한 모든 수준의 치료적 개입을 종합적으로 고려해야 한다.

3. 심리치료적 접근

심리치료에도 여러 가지 접근법이 있으며, 이러한 다양성은 각 이론이 심리장애를 설명하기 위해 제안한 이론적 틀과 개념의 차이를 반영한다. 어떤 치료법은 무의식과 억압된 감정을 강조하고, 다른 치료법은 실험심리학에서 발견된 학습의 원리를 이용하여 잘못된 학습을 재학습시키는 것을 강조한다. 각 치료법은 각기 자신들의 치료법이 우수함을 강조하지만 경험적 연구들은 어떤 한 치료법의 일방적인 우수성을 지지하지는 않는 것 같다. 심리장애의 종류에 따라 상대적으로 좀 더 적합하고 효과적인 치료법이 있을 수는 있지만, 모든 문제에서 가장 좋은 치료법이 무엇인가라는 질문에는 아직 일치된 답이 없다.

1) 정신역동적 치료

정신역동적 치료는 프로이트(Freud)의 고전적 정신분석과 그의 이론에 기초하였지만 나름대로의 변화와 수정이 가해진 일군의 치료법을 부르는 통칭이다. 이 치료법들의 공통점은 인간의 행동을 개인 내부에 있는 심리적 힘들의 표현으로 설명한다는 점이다. 정상적인 행동은 이러한 내적 힘들이 사회적으로 용인되는 방식으로 표현된 것이고, 비정상적인 행동은 성격발달상의 문제로 인하여 신경증적인 형태로 그 힘들이 표현되는 것으로 설명한다. 따라서 정신역동치료에서는 신경증적 형태로 표현되는 심리적 힘(동기)들을 인식하고, 통찰하여 보다 건강한 방식으로 표현될 수 있도록 도와주는 작업이다.

(1) 고전적 정신분석

프로이트는 감각 및 운동 마비 등의 히스테리 증상을 보이는 환자들을 치료하면서 얻은 임상적 경험을 토대로 자신의 이론을 발전시켰다. 당시의 유명한 신경학자 샤르코(Charcot)와 함께 최면을 통한 치료를 연구하던 중, 프로이트는 환자들이 최면 상태에서 매우 괴롭고 위협적인 기억이나 감정들을 토로한 후 증상이 완화되는 것을 발견하였다. 그리고 이러한 기억과 감정들이 주로 어린 시절에 경험한 것들이며, 평소에는 의식하지 못하던 것이라는 점에 주의하게 되었다. 이러한 임상적 경험들을 기초하여 그는 어린 시절 경험한 위협적이고 강한 정서적 사건들이 억압되어 무의식 갈등이 되며, 이러한 갈등이 신경증적 증상의 원인이라고 가정하였다. 그리고 이러한 무의식적 갈등이 의식화되어 표현되면 증상이 치료된다는 추론을 하였다.

치료와 연구를 진행하면서 무의식적 갈등에 접근하는 방법으로서의 최면법이 가지는 한계를 인식한 그는 '자유연상'이라는 방법을 고안하였다. 자유연상을 통하여 환자는 의식적 상태에서 자신의 증상의 기저에 있는 기억과 감정에 접근할 수 있으며, 치료의 핵심은 이렇게 찾아낸 아동기의 경험을 재구성하고, 해석하고, 분석하여 궁극적으로 자신의 숨겨진 동기에 대한 통찰을 얻는 것이다.

이후 그는 이러한 정신분석 과정이 보다 원활하게 이루어지기 위하여 필요한 여러 조건과 기법들에 대하여 연구하였다. 어떠한 위협이나 비난도 받을 위험이 없는 치료적 분위기에서 환자는 이전에는 떠올리거나 표현할 수 없었던 감정과 충동들을 다시 경험하게 되며, 보다 성숙한 방식으로 자신의 갈등을 이해하고, 다루어 나감으로써 내적 갈등을 해결할 수 있게 되는 것이다.

1 성격의 구조

프로이트는 성격의 구조로 세 가지의 심리 내적인 힘을 가정하였고, 이들의 역동적 관계를 통하여 인간 행동을 설명하였다. 원초아(id), 자아(ego) 및 초자아(super-ego)의 힘은 실재하는 어떤 것이라기보다는 현상을 설명하기 위한 구성 개념이다.

- 원초아: 태어날 때부터 존재하는 인간의 본능들로 이루어져 있으며, 생존에 필수적인 욕구와 충동들을 포함한다. 원초아는 맹목적이며 강력한 욕망의 덩

어리로 즉각적인 만족을 원하며, 도덕이나 논리에 구애받지 않고 단지 쾌락원리에 따라 작용한다. 그리고 원초아의 대부분은 무의식적이어서 쉽게 인식될 수 없는 특징을 갖는다.

- 자아: 원초아와 초자아의 힘들을 조절하고 통제하는 실행자의 기능을 한다. 현실원리에 입각하여 현실적이고 논리적인 사고를 하며, 욕구충족을 위한 활동계획을 수립한다. 즉각적인 만족을 추구하는 원초아와 엄격하고 도덕적인 초자아 사이에서 균형을 찾아내고, 현실 세계의 조건을 고려하여 가장 최선의 해결책을 모색하는 지성과 의지의 영역이다.

- 초자아: 성격의 도덕적인 부분과 양심에 해당된다. 초자아는 사람의 도덕적 규범으로 행동의 선악과 옳고 그름에 관해 판단하며 질책한다. 현실보다는 이상을 추구하고, 쾌락보다는 완성을 위해 노력한다. 이는 부모로부터 더 크게는 사회로부터 전해진 가치관에 의해 형성된다.

이러한 세 가지 힘들의 균형이 적절히 이루어질 경우, 즉 자아가 현실 세계의 조건을 고려하여 원초아와 초자아의 힘을 적절히 조절하고 억제할 수 있으면 심리적으로 건강할 수 있으며, 반대로 이러한 균형이 깨질 경우 불안이 커지고 심리장애적 증상들이 나타나게 된다.

② 주요 개념 및 기법

- 자유연상: 환자가 자신의 머리에 떠오르는 생각, 심상, 느낌 등을 무엇이든지 말로 표현하도록 하는 것이다. 그 내용이 무엇이든지 판단하거나 검열하지 말고, 있는 그대로 표현하도록 요구하며, 그것이 사소하고 무의미하게 느껴지더라도 때로는 옳지 않은 것처럼 생각되더라도 어떤 제한이나 억제 없이 흘러가는 대로 말하게 하는 것이다. 고전적인 정신분석에서는 보통 환자를 카우치(couch)에 눕히고, 치료자는 환자가 자신을 볼 수 없도록 그의 머리맡에 앉으며, 환자의 자유연상을 방해할 수 있는 일체의 개입을 조심하면서 무비판적인

태도를 유지한다. 이처럼 안전한 치료적 상황에서 어떠한 검열도 없이 자유롭게 연상을 진행하게 되면, 점차 그동안 의식하지 못했던 숨겨진 정서적 갈등과 충동들이 드러나며, 치료자와 환자는 이러한 자료를 해석하고 분석하는 과정을 통해 무의식적 갈등을 해소하고 증상을 극복하게 된다.

• 꿈의 분석: 무의식의 갈등에 접근하는 다른 한 가지 통로는 꿈이다. 프로이트는 잠을 자는 동안 우리의 방어가 느슨해지기 때문에 무의식적 갈등은 꿈을 통해 드러날 수 있다고 생각하였다. 치료자는 환자가 치료 중에 꾸게 된 꿈을 기억하고 보고하게 하며, 이것이 가지는 상징적 의미를 찾는 해석과정을 통하여 환자의 무의식적 갈등을 이해해 나간다.

• 저항: 환자가 무의식적 갈등을 알아가는 것은 기본적으로 두렵고 불안을 야기하는 과정이다. 따라서 치료 중에 환자는 무의식적으로 치료적 진행을 방해하는 태도와 행동을 보일 수 있는데, 이를 저항이라고 한다. 저항은 여러 형태로 나타날 수 있는데, 치료에 늦거나 빠지는 것, 자유연상을 거부하거나 침묵을 유지하는 것 등이 그 예일 수 있다. 저항은 정신분석에서 당연한 현상이며, 이에 대해 환자와 논의하고 명료화하는 것이 필요하다. 그리고 저항의 무의식적 동기를 해석해 주어야 한다.

• 전이: 전이란 환자가 과거의 중요한 인물에게 느꼈던 감정을 치료자에게 느끼는 것으로, 전이 관계 속에서 치료자에 대한 환자의 반응은 실제 치료자에 대한 반응이라기보다는 이전에 자신이 경험했던 경험을 재연하는 것이다. 환자는 치료자에 대하여 지나친 애정과 친밀감을 느끼기도 하고, 상황에 맞지 않는 분노감을 표현하기도 하는데, 이러한 현상이 가지는 의미를 해석해 주고 훈습을 통하여 전이 관계를 극복하는 것은 정신분석치료의 핵심이다.

(2) 다른 정신역동적 치료

프로이트의 정신분석이론은 최초의 체계적인 심리치료이론으로 심리장애는 물론 인간 행동 전반을 이해하는 새로운 조망을 제공하였다. 이후 많은 치료자들이 그의 이론을 더욱 정교화하고 발전시켰는데, 대표적인 인물로는 융, 아들러, 에릭슨, 설리반, 호나이, 말러 등을 들 수 있다. 이들 중에는 프로이트의 이론을 충실히 따른 경우도 있고, 다른 경우에는 이론의 중요한 측면에서 다른 입장을 가지고 나름의 독자적인 치료법을 개발한 사람도 있다.

신정신분석학파로 불리는 치료자들은 프로이트의 심리성적(psychosexual) 발달에 대한 강조에 반발하여 심리사회적(psychosocial) 발달의 측면을 강조하였다. 즉, 리비도(libido)로 대변되는 성적 추동보다 대인관계 맥락에서의 욕구에 강조점을 두었다. 또한 자아심리학(ego psychology)으로 불리는 학파는 원초아와 독립적으로 자아의 자율적인 기능을 강조하였으며, 비교적 최근의 대상관계이론은 아동기 대인관계 경험의 중요성과 그 결과로 생기는 대인관계에 대한 내적 표상이 이후 성격과 정신건강의 핵심임을 주장하였다.

이러한 강조점의 차이와 변화에도 불구하고, 정신역동치료로 함께 불릴 수 있는 치료들은 기본적으로 아동기 경험의 중요성, 무의식적 과정, 심리내적인 힘들의 역동적 관계 등에 대한 정신분석적 가정을 받아들인다.

2) 행동치료

행동치료(behavior therapy)는 20세기 초반의 학습심리학 발전에서 그 뿌리를 찾을 수 있다. 20세기 전반에 파블로프, 왓슨, 손다이크, 스키너 등의 실험실 연구는 고전적 조건형성과 조작적 조건형성이란 기본적인 학습원리들을 밝혀냈다. 그리고 이를 심리적 문제 혹은 부적 행동의 치료에 활용하는 다양한 시도들이 있었으며, 1960년대에 이르러 행동치료는 심리치료법의 한 가지 주요 흐름으로 등장하였다(Kazdin, 1982). 이후 지난 40년간 행동치료는 이론적 측면과 기법적 측면 모두에서 정교화되고 다양화되었으며, 그 적용 범위 또한 엄청나게 확장되었다. 그 결과 현재 시점에서 행동치료에 대한 단일한 정의를 내리거나 기법들을 모두 망라한다는 것은 매우 어려운 일이 되었으며(Fishman, Rotgers, & Franks, 1988; Mahoney,

1993), 따라서 행동치료란 학습과 조건형성 원리에 기초한 수많은 치료 방법을 포괄하는 이름이다.

행동치료는 심리적 문제와 부적응 행동의 원인이 잘못된 학습이라고 가정하며, 따라서 당연히 치료법은 잘못된 학습을 바로 잡는 것이 된다. 즉, 새로운 학습 기회를 제공함으로써 보다 적응적인 행동을 다시 학습시키는 것이다. 물론 인간에게 어떤 것을 학습시킨다는 것이 쉽지 않을 수 있다. 행동치료자들은 어떻게 하면 효과적으로 재학습을 시킬 수 있는지 알 필요가 있었고, 이에 대한 해답을 학습심리학에서 찾았다. 어떤 조건들이 충족되어야 쉽게, 빠르게 그리고 오래 유지되는 학습이 일어나는지를 알 수 있다면 치료자는 환자의 문제 행동을 효과적으로 치료할 수 있는 셈이 된다. 행동치료에서는 심리적 문제와 치료 목표를 구체적이고 측정 가능한 행동으로 정의하고, 문제 행동을 일으키고 유지시키는 환경적 요인들에 대한 주의 깊은 분석, 즉 기능적 분석(functional analysis)을 필수적으로 간주한다. 또한 동물실험실의 체계적 연구를 통하여 도출된 학습이론의 원리를 체계적으로 적용하며, 치료적 효과를 객관적인 평가 방법을 통하여 측정하고 그 결과에 따라 치료법을 지속적으로 개선해 나간다.

행동치료는 심리적 문제나 부적응 행동의 기저에 무의식적 사고나 추동이 있다는 정신역동이론의 설명에 반대하는 입장을 취하는데, 이러한 설명은 애매하고 관찰할 수 없는 개념이며 치료효과도 의심스럽다고 주장한다. 행동치료는 보다 직접적으로 문제 행동의 수정에 초점을 맞춘다.

(1) 행동치료의 주요 특징

흔히 행동치료를 특정한 한 가지 형태의 치료로 생각하지만, 실제 행동치료는 무척이나 다양한 형태의 치료들을 포괄하는 단어다(Wilson, 1978). 행동치료에 포함되는 각 치료들은 기저에 가정하는 학습원리(고전적 조건화, 조작적 조건화 등)면에서 강조점이 다르고, 구체적인 기법과 절차(체계적 둔감화, 혐오치료, 토큰 경제 등) 면에서는 더욱 다양하다. 하지만 이들 치료들 모두는 다음과 같은 특징들에서 그 공통점을 찾을 수 있다(Kazdin, 1989).

☐1 행동치료는 문제를 측정 가능한 행동으로 정의한다

행동치료에서 문제는 구체적이고 측정 가능한 행동 단위로 분석되고 정의된다. 그리고 치료의 효과도 이러한 구체적인 행동들의 변화 여부로 판단된다. 예를 들면, 소극적이고 무뚝뚝한 태도로 주변 사람들로부터 무례하고 무성의하다는 오해를 자주 받는 회사원을 가정해 보자. 흔히 우리는 그 사람의 문제를 기술할 때 내성적, 비사교적이라는 등의 성격 특성 개념을 사용한다. 그리고 때로 이러한 개념의 사용이 그 사람에 대하여 무엇인가를 이해하고 있다는 착각을 가지게도 한다. 하지만 이 경우 우리가 한 일은 단지 그의 여러 가지 행동을 관찰하고 이를 요약하는 명칭을 붙인 것에 불과하다. 또한 실제 그 사람을 보다 적응적으로 변화하도록 도우려 할 때 직접적인 도움이 되지 못한다.

만약 행동치료자가 이 회사원의 문제를 재정의한다면 ① 다른 사람의 말을 들을 때 미간을 찡그리는 행동, ② 말을 할 때 고개를 숙이고 말끝을 흐리는 행동 등의 구체적인 그리고 측정 가능한 행동으로 조작적 정의를 할 것이다. 그리고 치료의 목표는 이러한 행동의 증가(또는 감소)가 될 것이다.

☐2 행동치료는 심리학에서 연구된 학습의 원리에 기초하여 이루어진다

행동치료는 인간의 문제는 모두 행동의 문제로 볼 수 있고, 이러한 행동은 기본적으로 학습된 것으로 가정한다. 따라서 우리가 이러한 학습의 원리를 파악하고 이해할 수 있다면, 새로운 학습 경험을 제공함으로써 문제 행동을 변화시킬 수 있다고 가정한다. 동물을 대상으로 한 정교한 실험실 연구를 통하여 조건형성의 학습이론들이 인간 행동의 이해에도 동일하게 적용됨을 입증한 후, 행동치료자들은 이러한 학습의 이론을 기초로 문제 행동을 재학습시킬 수 있다고 가정한다.

물론 행동치료자들이 일체의 모든 행동이 학습된 것이며, 학습 경험을 통하여 언제나 그리고 쉽게 행동이 변화될 수 있다는 극단적인 주장을 하는 것은 아니다.

다양한 생물학적·행동적·사회적·문화적 요인들이 행동에 영향을 미치며, 따라서 어떤 행동들은 한 번의 경험으로도 완벽하게 학습되고, 반면 어떤 행동들은 많은 경험에도 잘 변화되지 않는다. 행동치료에서 주장하는 것은 우리가 학습의 원리를 활용하여 체계적인 학습경험을 제공한다면 많은 경우 행동이 변화될 수 있다는 가능성을 주장하는 것이다.

③ 행동치료는 치료의 기법과 절차를 상세히 기술하고, 체계적 평가를 강조한다

행동치료에서는 변화될 행동을 조작적으로 정의하고 이를 체계적으로 측정 평가한다. 이는 치료 계획을 세울 때 문제의 본질과 정도를 파악하기 위해서뿐만 아니라 치료가 진행되면서 그 효과를 평가하는 측면에서도 항상 강조된다. 그리고 치료의 최종 목표점과 이에 도달하기 위한 방법 및 절차에 대해서도 구체적인 기술을 한다. 이러한 치료과정에 대한 명백한 공식화는 행동치료의 가장 분명한 특징이기도 하다.

이러한 강조점은 향후 치료의 효과가 미진하거나 없을 때 지체 없이 그 효과 여부를 파악하고 이에 대응하여 치료 계획을 수정할 수 있는 발판을 제공한다. 행동치료의 장점의 하나는 단 한 번의 시도로 문제를 해결하는 효과성에 있다기보다는 오히려 치료의 원리와 절차, 효과를 객관적으로 명시함으로써 이를 수정 및 보완하여 최선의 치료 전략을 만들어 나갈 수 있다는 점이다.

(2) 행동치료의 기법과 절차

① 고전적 조건화의 원리에 근거한 기법 및 절차

고전적 조건형성의 치료 장면 활용은 역조건형성(counterconditioning)으로 불린다. 역조건형성이란 자극(S)에 대한 반응(R1)을 없애기 위해 그 자극에 다른 반응(R2)을 짝짓는 것을 말한다. 고소공포증 환자의 경우, 높은 장소(S)는 강한 두려움과 불안(R1)을 야기한다. 치료자는 환자가 높은 장소에 있도록 하고 동시에 불안과 양립할 수 없는 편안한 반응(R2)을 하도록 유도한다. 물론 이때 불안(R1)보다 편안

한 반응(R2)이 더 힘을 가질 수 있도록 적절한 조건을 제공해야 한다. 이러한 절차는 기존의 S-R1 결합에 S-R2의 새로운 결합을 부가하며, 여러 차례 이러한 절차를 반복함에 따라 점차 기존의 결합이 약화된다. 여기서는 역조건형성의 대표적인 예로 체계적 둔감화와 혐오치료에 대하여 자세히 살펴보겠다.

체계적 둔감화(systematic desensitization)

볼페(Wolpe, 1958)는 30여 년 전 존스(Jones)가 사용했던 방식과 유사한 절차를 사용하는 치료법을 개발하였다. 그는 주로 공포증을 가진 성인을 대상으로 연구하였는데, 환자들이 불안을 억제할 수 있는 '다른 행동'을 하면서 자신이 두려워하던 상황이나 자극에 있는 경험을 반복적으로 하면 불안을 극복할 수 있음을 발견하였다. 물론 이때 다음과 같은 조건이 충족되어야 한다.

첫째, 불안과 양립할 수 없는, 그래서 불안을 억제하는 효과가 큰 소위 '다른 행동'을 잘 선택하여야 한다. 볼페는 자기주장, 성적인 반응, 이완 등 다양한 행동들을 가능한 대안으로 고려하였으며, 최종적으로 근육이완이 가장 효과적임을 확인하였다. 불안은 다양한 신체적 반응(예: 심장박동 증가, 호흡 증가, 동공 확대, 근육 긴장 등)을 동반하며, 근육이완은 훈련을 통하여 수의적으로 조절이 비교적 쉬울 뿐만 아니라 불안의 신체적 반응을 억제하는 효과가 큰 반응이다. 즉, 근육이 이완되어 있는 상태로 불안해질 수는 없으며 따라서 근육이완을 충분히 유도할 수 있다면 불안은 감소할 수밖에 없는 것이다.

둘째, 이완반응이 불안반응을 억제하기 위해서는 이완이 불안보다 더 강한 힘을 가져야 한다. 따라서 처음에는 낮은 불안 상태에서 이를 충분히 억제할 수 있는 정도의 이완반응을 유도해야 한다. 만약 불안이 너무 강할 경우 환자는 이완 상태를 유지하기 어려울 것이다. 따라서 치료의 초기에는 가장 낮은 불안 유발 상황에서 시작하여 점진적으로 불안의 정도를 높이는 전략이 요구된다. 치료자는 환자의 문제를 자세히 평가하여 불안위계를 정하고 단계적으로 둔감화를 실시해야 한다.

셋째, 볼페의 환자들 중에는 특정 물리적 대상이 아니라 다른 사람들의 비난, 실패에 대한 두려움 등 추상적인 경우가 매우 많았으며, 때로는 물리적 상황이라 하더라도 치료를 위해 그 상황을 반복적으로 만들어 내기 어려운 경우도 있었다(예: 비행기 타기). 따라서 이러한 경우 실제 상황을 직면하도록 하는 것은 무리였다. 그는 솔터(Salter, 1949)가 주장하였듯이, 환자가 자신의 두려워하는 상황을 상상하도록 하는 것이 대안일 수 있다고 생각하였다. 결국 근육이완훈련으로 이끌어 낸 깊은 이완 상태와 자신이 두려워하는 상황을 상상으로 경험하는 것을 짝지음으로써 이 문제를 해결하였다.

물론 환자에 따라서는 상상을 통한 체계적 둔감화만으로 부족한 경우가 있으며, 이 경우 실제 상황에서의 둔감화가 뒤따라야 한다. 실제로 볼페는 치료 회기와 회기 사이에 환자들에게 실제 생활에서도 불안을 유발하는 상황에 자신을 노출시켜 볼 것을 권장하였으며, 이러한 과제 부과는 환자들이 상상에서 실제로의 전이에 도움이 된다.

혐오치료(aversion therapy)

혐오치료는 체계적 둔감화와 유사한 면이 있지만 목적에서는 반대다. 체계적 둔감화에서는 불안이나 공포 등의 반응을 유발하는 자극이 보다 긍정적인 자극으로 변화되도록 조건형성 절차를 실시하는 반면 혐오치료에서는 오히려 특정 자극 상황이 더 혐오적으로 되도록 조건형성 절차를 실시한다. 주로 과식, 과음, 흡연, 의상도착증, 노출증 등의 문제에 활용되며 부적응적이고 지나친 탐닉이나 선호를 제거하는 데 사용된다(McConaghy, 1994; Miller, 1995).

예를 들면, 금주를 원하는 사람에게 술을 보거나 냄새 맡거나 맛보게 하고, 동시에 혐오적인 경험을 하게 한다. 혐오적 경험으로는 불쾌하지만 해롭지는 않은 정도의 전기쇼크를 사용하거나 술과 함께 섭취하면 구토를 일으키는 약물을 사용하기도 한다. 이러한 절차는 점차 술에 대한 혐오적 반응이 조건화되도록 한다.

혐오치료는 윤리적인 측면에서 다소 논쟁이 있어 왔다. 비록 환자가 원한다고 하더라도 고통과 불쾌감을 가하는 것이 옳지 않다는 주장이 있었고, 그보다 더 논란이 되었던 것은 동성애와 같은 성적 선호에 대한 치료에 대한 것이다. 행동치료자가 혐오치료를 사용한다고 하더라도 실제로 이것만을 사용하는 경우는 드물다. 혐오치료와 동시에 부적응적인 행동을 대체할 수 있는, 보다 긍정적인 행동을 가르치는 절차를 병행하는 것이 보통이다. 가령 스트레스로 인한 불쾌감을 잊으려고 술을 먹는 환자에게는 이러한 스트레스를 다른 방식으로 대응할 수 있는 새로운 기술을 가르치는 동시에 혐오치료를 사용한다. 혐오치료는 치료의 선택에서 가장 마지막에 고려하는 것이 보통이다. 혐오치료의 효과가 단기적이라는 지적이 있기는 하다. 하지만 일시적인 부적응적 행동의 감소라 할지라도 이것이 적응적인 행동을 배울 기회를 제공하고 촉진한다는 면에서 기여할 수도 있다.

② 조작적 조건화의 원리에 근거한 기법 및 절차

조작적 조건형성에 대한 연구와 실험적 적용이 확대되면서 1950년대 후반에는 이러한 절차가 단순한 수준의 행동뿐만 아니라 복잡한 인간 행동에도 적용될 수 있음이 주장되었다(Skinner, 1953). 초기에는 정신분열증, 정신지체, 자폐아 등 심한 기능장애를 보이는 환자들의 문제 행동 제거나 자조기술 습득을 위하여 주로 사용되었으나, 점차 그 활용 범위가 확대되어 학교에서의 문제 행동 수정 및 학업 효율 증진, 정신과 외래 환자의 치료, 의학 및 건강관리, 공장이나 기업체의 생산성 향상, 운동선수의 기술 향상 등 다양한 영역에 적용되었다(Rutherford, 1984).

토큰 경제(token economy)

조작적 절차의 대표적인 초기 예의 하나가 토큰 경제다. 이 절차에서는 토큰(동전 형태이거나 스티커 형태)을 바람직한 행동에 대한 보상으로 주고 이를 나중에 실제 생활에서의 어떤 강화물(예: 음식, 영화 관람)과 교환할 수 있도록 한다. 아일런과 아즈린(Ayllon & Azrin, 1968)은 정신병원 전체 병동에 조직적 조건형성의 원리를 적용한 토큰 경제를 실시하였다. 평균 입원기간이 16년인 45명의 여성 환자들을 대상으로 실시되었는데, 예를 들어 침대를 정리하거나 머리를 빗는 등의 행동에는 보상으로 토큰이 주어졌고, 혼자 위축되어 지내거나 기이한 행동을 하는 경우에는 주지 않았다. 이렇게 모인 토큰은 음악을 듣거나 극장에 가거나 또는 매점에 갈 수 있는 등의 권리와 교환되었다. 이에 따라 환자의 행동은 극적으로 변화되었고 행동 문제도 현저히 줄어들었다. 이 연구의 시사점은 심한 기능저하를 보이는 정신병 환자들에게도 잘 짜인 강화 수반성의 체계적인 적용은 매우 효과적이었다는 점이다.

아동에 대한 조작적 조건형성의 원리 응용

아동의 행동은 기본적으로 다른 사람 즉, 부모나 교사의 관찰과 통제의 대상이 될 수 있기 때문에 조작적 절차들은 아동을 대상으로 많은 성과를 거두었다. 치료자는 아동의 중요한 주변 인물과 협조하여 그들이 적절한 강화와 벌을 부과하게 가르치고 돕는다. 아동의 행동에 대한 강화의 수반성을 바꾸어 줌으로써 아동의 행동이 변화될 수 있음을 강조한다. 조작적 절차를 통하여 다루어진 아동 문제의 영역은 매우 광범위한데, 야뇨증, 손가락 빨기, 손톱 물어뜯기, 공격적 행동, 과잉 활동, 교실에서의 문제 행동, 학업 부진, 친구 관계(Nemeroff & Karoly, 1991) 등의 문제를 다루어 왔다. 자폐 아동이나 정신지체 아동의 자해행동도 손이나 발에 전기쇼크를 주는 벌을 통하여 효과적으로 조절되었다. 하지만 이러한 혐오적인 자극을 사용하는 절차들은 다른 절차들이 효과가 적고, 문제 행동이 생명이나 건강에 위협적일 경우에 한정되어 사용되어 왔다(Sandler, 1991).

3) 인지치료

좁은 의미의 인지치료(cognitive therapy)는 1960년대 초에 벡(Beck)에 의해 만들어진 치료이론 및 기법을 말하지만, 넓은 의미의 인지치료는 심리적 문제의 원인은 비합리적이고 왜곡된 생각(인지)이라는 가정을 가지고, 잘못된 생각을 찾아 바로잡아 주는 것을 치료 목표로 삼는 일군의 치료법을 통칭하는 이름이다.

넓은 의미로서의 인지치료는 다음과 같은 세 가지 기본 가정을 가진다. 첫째, 사람의 행동이나 감정은 어떤 사건이나 상황 자체가 아니라 그것에 대한 자신의 해석(지각, 생각, 인지)에 의해 영향을 받는다. 우리는 어떤 객관적인 사건에 수동적으로 반응하기보다는 능동적으로 해석하고 그 사건에 의미를 부여하며 그에 따라 반응한다는 것이 인지치료의 기본 가정이다. 둘째, 인지는 탐지 가능하며 변화시킬 수 있다. 물론 자신의 인지를 탐지하고 인식하는 것이 항시 쉬운 일은 아니지만 기본적으로 우리는 사건에 대한 자신의 해석을 탐지해 낼 수 있다고 가정한다. 셋째, 정서적 · 행동적 장애는 왜곡된 인지(비합리적 신념, 잘못된 생각)에 의해 생긴다. 따라서 치료란 환자의 왜곡된 인지를 찾아내서 보다 합리적인 인지로 변화시키는 것이다.

인지치료가 외현적인 강화수반성이 행동의 변화를 가져온다는 행동치료의 주장을 부인하지는 않지만, 다른 대안적인 방식이 있으며 그것이 보다 효과적일 수 있음을 주장한다. 문제를 해결하기 위해 행동 자체를 변화시키기보다는 환자의 사고방식, 믿음, 태도, 의견 등을 수정하는 것이 바로 그것이다.

(1) 엘리스의 합리적 정서치료

정신분석적 치료자였던 엘리스(Ellis)는 자신의 분석적 치료에 대하여 의문을 가졌다. 자신이 치료한 많은 환자들이 어린 시절의 중요한 경험을 기억해 내고 그것에 대하여 이야기하면서 통찰을 얻었음에도 불구하고, 실제 생활에서 이러한 통찰이 문제를 해결하는 데는 별다른 도움이 안 된다는 점을 인식하게 되었다. 그는 임상 관찰을 통하여 환자가 내적으로 자기 자신에게 말하는 것과 느끼는 것 사이에 밀접한 연관이 있음을 발견하고, 이것이 실제 환자가 겪는 문제의 원인이 된다는 결론을 얻었다.

합리적 정서치료(rational-emotive therapy: RET)는 인간의 정서적 문제가 사람들이 자기 자신에게 반복적으로 말하는 자기 진술(self-statement)로 인한 것이라고 가정한다. 환자는 자신의 삶에서 어떤 일이 자신이 기대하는 데로 되지 않을 때 자신에게 매우 비합리적인 자기 진술을 하며, 이는 상황을 재앙화하게 만든다. 예를 들면, 업무 중에 실수를 한 회사원이 '이런 실수를 하다니. 나는 쓸모없는 놈이야.'라는 자기 진술을 한다면, 그의 기분은 우울해지고 위축된 행동을 보일 것이다. 만약 그가 이러한 비합리적인 자기 진술을 반복한다면 정서적 문제를 일으킬 것이라 생각했고, 실제 환자들에게서 이러한 모습을 발견하였다.

엘리스(1993)는 환자의 비합리적인 자기 진술의 이면에는 비합리적인 신념(irrational belief)이 있다고 생각했다. 인간은 행복하고 의미 있는 삶을 위해 무엇이 필요한가에 대한 암묵적 가정을 가지고 있으며, 이러한 가정이 비합리적일 경우 이는 비합리적인 자기 진술의 형태로 나타나 우리에게 정서적 문제를 야기한다고 주장했다. 예를 들면 '나는 모든 사람의 사랑을 받아야만 한다.'는 비합리적인 신념을 가지고 이를 주변 사람에게서 충족하려고 하는 사람은 불가피하게 불안해질 수밖에 없다는 것이다. 마찬가지로 '조금의 실수도 하지 않아야 한다.'는 비합리적인 신념을 가진 사람은 하루에도 여러 번 '이런 실수를 하다니. 나는 쓸모없는 인간이야.'라는 자기 진술을 하게 될 것이다. 따라서 치료의 목적은 비합리적인 자기 진술과 그 기저의 비합리적인 신념들을 찾아서 적극적이고 직접적으로 이를 검토하고 수정하는 것이다(Ellis, 1993, 1995).

엘리스는 사람들이 흔히 가지고 있는 비합리적 신념들을 나열하고 이를 논박하였다. 그리고 보다 최근에는 '요구(demandingness)'라는 보다 일반적인 개념을 제안하였다. 이 개념에서 그는 사람들이 자신과 다른 사람에게 '반드시 ○○해야만 한다(should or must).'는 식의 불합리한 요구를 한다는 점을 강조하였다. 결국 사람들은 '이러이러 했으면 좋겠다 또는 원한다.' 대신 '반드시 그래야만 한다.'는 요구를 인생에 부과함으로써 정서적 스트레스와 행동적 문제를 가지게 된다는 것이다.

치료자는 환자의 문제를 충분히 파악한 후, 합리적 정서치료의 기본 원리를 환자에게 설명하고 이를 이해하고 받아들이도록 돕는다. 그리고 환자가 자신의 비합리적 자기 진술을 보다 합리적인 것으로 대체할 수 있도록 가르치고 설득한다. 이때 어떤 방식으로 설득을 하는가는 치료자에 따라 다를 수 있다. 어떤 치료자는 보다 적극적이고 직접적으로, 때로는 다소 거칠게 설득해 나갈 수도 있고, 다른 치료자는 새로운 시각과 자기 진술을 찾아 나가도록 부드럽게 유도해 나갈 수도 있다(Goldfried & Davison, 1994).

한편 엘리스는 인지치료가로서 인지적 기법을 강조하기는 하였지만, 동시에 다양한 행동적 기법을 함께 사용하였다. 예를 들면, 그는 환자에게 실제 생활에서 자극이 두려워하는 상황에 직면하고 이를 극복해 보도록 하는 과제(homework)를 많이 사용하였으며, 이를 통해 환자가 자신의 행동적 문제들에 어떻게 대처할 것인가를 배우도록 유도하였다.

(2) 벡의 인지치료

인지치료는 벡에 의해 처음에는 우울증의 치료법으로 개발되었으며, 그 치료 효과는 경험적 연구를 통하여 충분히 입증되었다(Shaw, 1977; Wilson, Goldin, & Charbonneau-Powis, 1983). 이후 인지치료는 범불안장애, 강박장애, 공포증, 정신신체 장애, 부부문제 등 다양한 심리적 문제에 그 적용이 확대되었으며 성공적인 결과를 보였다(Freeman & Dattilio, 1992).

벡에 따르면, 정서적 문제를 가진 사람의 사고는 사건이나 상황을 부정적으로 해석하는 편향을 가지며, 이렇게 왜곡되고 역기능적인 사고가 정서장애의 원인이 된다. 우울한 환자들의 역기능적 사고에서 흔히 나타나는 인지적 왜곡(오류)은 다음과 같다. ① 임의적 추론(arbitrary inference)은 결론을 지지하는 증거가 없거나 결론과 반대되는 증거가 있음에도 불구하고 어떤 결론을 무리하게 내리는 오류다. ② 선택적 추상화(selective abstraction)는 맥락에서 벗어나는 한 가지 작은 특징에 매달려 더 분명한 특징들은 무시한 채 부분만으로 전체를 설명하는 오류다. ③ 과잉일반화(over-generalization)는 한두 차례의 경험이나 증거에 비추어 결론을 내리고 이를 모든 상황이 그러할 것이라고 과도하게 일반화하는 오류다. ④ 흑백논리 혹은 이

분법적 사고(dichotomous thinking)는 모든 경험을 양극단의 어느 하나로 결론짓는 오류다. 예를 들면, 완벽하지 않으면 결점투성이, 100% 성공이 아니면 100% 실패라는 식으로 문제를 극단적으로 보는 경향을 말한다. ⑤ 과장(magnification)과 축소(minimization)는 어떤 사건의 중요성이나 심각성을 심하게 왜곡하여 결론짓는 오류를 말한다.

또한 환자의 이러한 역기능적 사고는 그들이 가지고 있는 역기능적 믿음의 산물이다. 즉, 사람은 경험을 통하여 자신, 세상 그리고 미래에 대한 기본적인 믿음(태도)을 형성하며, 이러한 믿음은 그 사람이 이후 자신의 경험을 이해하고 세상을 바라보는 해석틀의 역할을 한다. 예를 들면, 자신이 무능하고 보잘 것 없다는 믿음(태도)을 형성한 사람은 사소한 실수도 자신의 무능함이 드러난 것으로 생각할 것이며, 다른 사람의 우연한 시선에도 무언가 자신이 잘못한 것은 아닌가 하는 근거 없는 생각을 할 수 있다는 것이다.

따라서 인지치료의 목표는 환자의 역기능적인 사고와 믿음을 찾아내어 평가하고 수정하는 것이다. 치료의 첫 단계는 환자가 문제 상황에서 순간순간 스치고 지나가는 자동적 사고에 주의를 기울이고, 이를 포착하여 '식별(identify)' 할 수 있도록 가르치는 것이다. 그리고 환자가 인지치료의 기본 원리를 이해하도록 하는 것도 필요하다.

일단 자동적 사고를 식별하고 나면 환자는 치료자의 도움을 받아 자신의 자동적 사고에 인지적 오류가 있지는 않은가에 대하여 검토하고 평가하게 된다. 자동적 사고를 '사실' 로서가 아니라 하나의 '가설' 로 간주하고, 이에 대한 가설 검증을 해야 한다. 자동적 사고에 대한 가설 검증은 소크라테스식 문답법을 사용한 인지적 논박을 통하여 진행되기도 하고(인지적 기법), 일련의 계획된 행동을 해 봄으로써 환자의 사고나 가정의 타당성을 직접 경험적으로 검증해 보는 행동 실험(행동적 기법)을 통하여 진행되기도 한다.

환자의 역기능적인 사고와 믿음을 평가하고 수정할 때, 치료자는 실험적인 자세를 일관적으로 견지할 필요가 있다. 환자의 생각이 치료자가 보기에는 비합리적이고 비현실적인 것으로 보일지라도, 환자 본인에게는 합리적이고 현실적인 사고로 받아들여진다는 것을 명심해야 한다. 치료자가 할 일은 내담자가 가진 사고의 비합리성을 지적하고 긍정적인 대안적 사고의 타당성을 '강의'하는 데 있는 것이 아니라, 내담자가 스스로의 경험과 이성에 의해 사고의 타당성과 유용성을 평가하고 수정할 수 있도록 돕는 데 있다. 흔히 협력적 경험주의(collaborative empiricism)라 불리는 이러한 치료자–환자 관계는 인지치료의 중요한 특징 중 하나다.

4) 인간 중심 치료

로저스(Rogers)에 의해 개발된 인간 중심 치료(person–centered therapy)는 인본주의 치료 중 가장 잘 알려진 치료다. 처음에는 '내담자 중심 치료(client-centered therapy)'라고 불리던 인간 중심 치료는 다른 인본주의 치료들과 마찬가지로 매우 긍정적이고 희망적인 인간관에 기초한다.

인간 중심 치료에서는 인간은 내부에 긍정적이고 건설적인 방향으로 자신을 발전시키려는 힘 또는 경향성을 가지고 있다고 가정된다. 이러한 경향성은 생래적인 것이고, 적당한 조건만 주어지면 스스로 방향성을 가지고 그 잠재력을 발휘할 수 있으며, 효율적이고 생산적인 삶을 가능하게 한다. 인본주의 인간관에 따르면, 인간은 더 이상 무의식적 충동과 갈등의 소용돌이에서 힘들게 균형을 이루어 내야 하는 존재가 아니며, 환경적 자극이나 강화의 원리에 의해 행동이 좌우되는 수동적인 존재가 아니다. 인간은 내부에 건강하고 힘찬 자기실현의 힘을 가지고 있으며, 스스로 선택하고 결정하여 자신의 삶과 행동을 만들어 나갈 수 있는 존재다.

인간 중심 치료에서 심리적 문제는 이러한 긍정적인 자기실현의 경향성이 좌절되거나 방해받아서 생기는 것이다. 따라서 치료는 인간이면 누구나 가지고 있는 건강한 내부의 힘이 스스로 그 잠재력을 발휘할 수 있도록 도와주는 것이며, 치료 혹은 변화의 원동력은 기본적으로 내담자(환자)에게 있는 것이지 치료자가 가지고 있는 것은 아니라고 주장한다. 인간은 자신의 문제를 이해하고 해결할 수 있는 능력을 가지고 있으며, 그 누구도 본인을 대신해서 그 일을 해 줄 수는 없다고 주장한다.

로저스는 심리적 부적응이 생기는 과정을 다음과 같이 설명한다. 기본적으로 인간은 중요한 타인이나 환경으로부터 긍정적인 평가나 인정을 받고자 하는 욕구를 지닌다. 때문에 발달과정에서 자신의 내적 경험(유기체적 경험)이 중요한 타인이 기대하는 기준과 어긋날 경우 자신의 경험을 위협적인 것으로 받아들이고 불안을 경험한다. 그리고 자신의 경험을 왜곡하고 부인함으로써 불안을 줄이려 한다. 이러한 과정을 거치면서 환자의 자아인식은 자신의 경험을 온전히 반영하는 것이 아니라 중요한 타인(환경)의 기대에 어긋나지 않는 부분만을 반영하는 것으로 구성된다. 그리고 이렇게 만들어진 자아와 자신의 내적 경험(유기체적 경험)의 괴리가 커지면 심리적 부적응이 야기된다. 따라서 치료자는 환자가 자신의 경험을 온전히 인식하고 이를 수용하도록 해야 하며, 이를 통해 환자는 내부의 성장 잠재력을 실현할 수 있게 된다.

(1) 치료자 태도: 변화와 성장의 필요충분조건

로저스는 치료적 변화를 위해서 필요한 것은 치료 지식이나 기법이라기보다 치료자의 태도와 철학이라고 보았다. 환자가 허용적이고 안전한 '치료적 상황'에서 두려움 없이 자신의 내적 경험을 탐색할 수 있다면 환자는 스스로 자신의 문제를 이해하고 자신의 잠재력을 발휘할 수 있다고 주장한다. 그리고 이러한 '치료적 상황'을 위해서는 무조건적 존중(unconditional positive regard), 공감적 이해(empathic understanding) 및 진솔성(genuineness)의 치료자 태도가 전제되어야 한다고 주장한다.

무조건적 존중

내담자들을 있는 그대로 존중하고, 그들의 감정, 생각, 행동에 대하여 옳고 그름을 평가하거나 판단하지 않는 것을 말한다. 이러한 존중이 있을 때 내담자들은 자유로이 자신의 경험을 받아들이고 탐색할 수 있게 된다. 치료자의 이러한 태도가 전제되지 않을 경우 내담자는 자신이 관심받거나 배려받고 있다고 느끼지 못하며 방어적으로 되기 쉽고, 따라서 자신의 내면적 경험에 개방적인 태도를 보일 수 없다. 치료자가 언제나 무조건적인 수용이나 관심을 보이는 것이 불가능한 것도 사실이지만, 적어도 이러한 태도가 가장 효과적이고 도움이 된다는 점은 분명하다.

공감적 이해

치료자는 순간순간의 상호작용에서 내담자의 감정과 경험을 민감하고 정확하게 이해해야 한다. 공감적 이해란 치료자 자신의 틀이 아니라 내담자가 세상과 자신을 바라보는 틀에 따라 내담자를 이해하는 것을 말하며, 내담자의 감정에 빠져들지 않으면서 그들의 감정을 자신의 감정인 것처럼 느끼는 것을 의미한다. 또한 치료자는 내담자의 경험에 대한 치료자 자신의 이해를 전달할 수 있어야 하며, 내담자가 미처 인식하지 못하고 있는 경험의 의미를 말해 줄 수 있어야 한다. 로저스는 치료자가 자신의 주체성을 잃지 않고 내담자가 보고 느끼는 사적 세계에서 경험하는 것들을 공감할 수 있을 때 건설적인 치료적 변화가 일어난다고 믿는다.

진솔성

치료자는 치료적 상호작용에서 느끼는 자신의 감정이나 태도를 개방적으로 수용하고 이를 진실하게 표현하여야 한다. 자신의 감정이나 태도를 숨기지도 포장하지도 않아야 하며, 내적 경험과 이를 외적으로 표현하는 것이 일치하는 진실한 모습을 보여야 한다. 이러한 치료자의 태도는 치료자에 대한 내담자의 신뢰를 높이며, 바람직한 모델로 작용하여 내담자 자신의 진실성을 증가시키는 힘이 된다. 치료자가 자신의 감정이나 태도를 진솔하게 표현해야 한다는 것이 모든 감정을 사려 깊지 못하게 충동적으로 드러내야 한다는 것을 의미하지는 않는다. 치료자는 자신의 감정에 책임을 져야 한다.

이와 같은 치료자 태도가 전제될 때 내담자는 전에는 인식하지 못하거나 수용할 수 없었던 많은 감정들을 탐색할 수 있게 된다. 자신이 이해받고 수용받고 있다는 느낌은 내담자의 안정감을 증진시키고 더 개방적일 수 있도록 한다. 너무 부정적이고 위협적이어서 자아에 통합될 수 없었던 공포, 불안, 죄책감, 분노 등을 경험하고 표현할 수 있게 되며, 타인에 대해서도 더 정확하게 지각하고 이해할 수 있는 힘이 생긴다. 과거에 덜 얽매이고, 다른 사람의 기대나 평가보다 자신의 내적 경험을 더 신뢰할 수 있게 되며, 스스로 선택하고 결정하며, 내재된 자아실현의 경향성을 온전히 드러낼 수 있게 된다. 이런 의미에서 인간 중심 치료의 목표는 단지 심리적 문제나 부적응의 해결이 아니라 한 걸음 더 나아가 심리적인 성숙과 성장을 촉진하는 것이다.

(2) 제3세력 심리학과 인간 중심 치료

실제로 그렇게 부르는 경우는 적지만, 정신역동적인 접근을 제1세력, 행동적 접근을 제2세력이라고 한다면, 인본주의적이고 현상학적인 접근의 심리학은 흔히 '제3세력 심리학'이라고 불린다. 이러한 제3세력 심리학 안에는 인간 중심 치료, 실존주의 심리치료, 그리고 펄스(Perls)가 개발한 게슈탈트 치료 등이 포함된다. 이들이 '제3세력'이라는 이름으로 묶일 수 있는 공통점은 인간의 긍정적이고 건설적인 잠재력을 인정하고, 개인의 주관적인 내적 경험세계를 강조하며, 자유·선택·개인의 책임감·자율성·목적·의미 등을 강조한다는 점이다.

하지만 이들 간에도 차이점은 있다. 실존주의 심리치료는 인간이란 의미가 없는 세상 속에서 각자에게 의미 있는 '정체감'을 찾아가야 하는 존재이며, 이러한 과정에서 인간은 스스로 선택할 수밖에 없으며 자신의 선택에 책임을 질 수밖에 없다고 주장한다. 그리고 이는 불가피하게 실존적 불안을 야기한다고 본다. 이에 반해 인본주의자들은 인간의 내부에 자기를 실현하고자 하는 긍정적인 욕구와 잠재력이 있으며, 적당한 양육환경이 주어지면 자기실현의 잠재력은 자발적으로 드러나고 발휘되며, 따라서 불안을 불가피한 것으로 간주하지는 않는다. 다만 부적응이 야기되는 경우 내부의 힘이 다시 방향을 찾고 발휘될 수 있도록 자기 탐색을 촉진할 뿐이다.

요약

심리장애는 시대적 배경에 따라 다양한 관점으로 받아들여졌다. 초기에는 사악한 기운이나 영적인 존재에 의한 것이라고 생각하기도 했고, 이후 의학과 심리학 분야가 발전함에 따라 심리장애가 치료되어야 할 일종의 질병이며 그 원인이 생리적 혹은 심리적인 것에서 기인할 수도 있다는 생각이 받아들여지면서 심리장애 치료에 관한 인식과 치료방법들이 발달하기 시작했다. 심리장애는 크게 생물학적 치료와 심리치료적 접근으로 나누어 볼 수 있다. 생물학적 치료법에는 약물치료와 전기경련 치료 등이 있으며, 심리치료적 방법에는 정신역동적 치료, 행동치료, 인지치료, 인간 중심 치료 등이 있다. 하지만 이러한 치료법의 분류는 동일한 현상에 대한 분석 수준의 차이를 보여 주는 것뿐이기 때문에 실제 치료 상황에서는 두 가지 치료법이 통합적으로 활용되는 경우가 많다.

학습과제

1. 심리장애에 대한 생물학적 치료법에 관해 설명하시오.

2. 정신역동이론에서의 주요 치료법에 관해 설명하시오.

3. 행동치료의 주요 기법과 절차들에 관해 설명하시오.

4. 합리적 정서치료에 관해 설명하시오.

5. 인간 중심 치료에서의 변화와 성장을 위한 필요충분조건에 관해 설명하시오.

참고문헌

Ayllon, T., & Azrin, N. H. (1968). *The token economy: A motivational system for therapy and rehabilitation.* New York: Appleton-Century Crofts.

Bandura, A. (1969). *Principles of behavior modification.* New York: Holt, Rinehart, & Winston.

Bandura, A. (1986). *Social foundations of thought and action: A social cognitive theory.* Englewood Cliffs, NJ: Prentice-Hall.

Bandura, A., Blanchard, E. B., & Ritter, B. (1969). Relative efficacy of desensitization and modeling approaches for inducing behavioral, affective, and attitude changes. *Journal of Personality and Social Psychology, 13,* 173-199.

Ellis, A. (1993). Fundamentals of rational-emotive therapy for the 1990s. In W. Dryden & L. Hill (Eds.), *Innovations in rational-emotive therapy.* Newbury Park, CA: Sage.

Ellis, H. (1995). Changing rational-emotive therapy(RET) to rational emotive behavior therapy(REBT). *Journal of Rational-Emotive and Cognitive Behavior Therapy, 13,* 85-89.

Fishman, D. B., Rotgers, F., & Franks, C. M. (Eds.). (1988). *Paradigm in behavior therapy: Present and promise* (pp. 254-293). New York: Springer.

Freeman, A., & Dattilio, F. M. (1992). *Comprehensive casebook of cognitive therapy.* New York: Plenum Press.

Goldfried, M.R., & Davison, G. C. (1994). *Clinical behavior therapy* (Expanded edition). New York: Wiley.

Kazdin, A. E. (1982). History of behavior modification. In A. S. Bellack, M. Hersen, & A. E. Kazdin (Eds.), *International Handbook of Behavior Modification and Therapy* (pp. 3-32). New York: Plenum Publishing.

Kazdin, A. E. (1989). *Behavior Modification in Applied Settings.* Pacific Grove, CA: Brooks/Cole Publishing Company.

Mahoney, M. J. (1993). Theoretical developments in the cognitive psychotherapies. *Journal of Consulting and Clinical Psychology, 7,* 138-157.

McConaghy, N. (1994). Paraphilia and gender identity disorders. In M. Hersen & R.T. Ammerman (Eds.), *Handbook of prescriptive treatments for adults* (pp. 317-346). New York: Plenum.

Miller, N. S. (1995). History and review of contemporary addiction treatment. *Alcoholism Treatment Quarterly, 12,* 1-22.

Nemeroff, C. J., & Karoly, P. (1991). Operant methods. In F. H. Kanfer & A. P. Goldstein (Eds.), *Helping people change: A textbook of methods* (4th ed.). Elmsford, NY: Pergamon.

Rutherford, R. B. (1984). *Books in behavior modification and behavior therapy.* Scottsdale, AZ: Robert B. Rutherford.

Salter, A. (1949). *Conditioned reflex therapy.* New York: Farrar, starus and Giroux.

Sandler, J. (1991). Aversion method. In F. H. Kanfer & A. P. Goldstein (Eds.), *Helping people change: A textbook of methods.* Elmsford, NY: Pergamon.

Shaw, B. F. (1977). Comparison of cognitive therapy and behavior therapy in the treatment of depression. *Journal of Consulting and Clinical Psychology, 45,* 543-551.

Skinner, B. F. (1953). *Science and human behavior.* New York: Macmillan.

Wilson, G. T. (1978). On the much discussed nature of the term "behavior therapy". *Behavior Therapy, 9,* 89-98.

Wilson, T. D., Goldin, J. C., & Charbonneau-Powis, M. (1983). Comparative efficacy of behavioral and cognitive treatment of depression. *Cognitive Therapy and Research, 7,* 111-124.

Wolpe, J. (1958). *Psychotherapy by reciprocal inhibition.* Stanford, CA: Stanford University Press.

chapter
13

스트레스와 건강

박기환

학습 목표

1. 스트레스의 정의와 스트레스에 대한 반응에 관해 알아본다.
2. 여러 가지 스트레스 유발 요인들에 관해 알아본다.
3. 스트레스와 건강 간의 관련성에 관해 알아보고 건강에 영향을 미치는 성격적 특성들에 관해 알아본다.
4. 스트레스 대처 방식에 관해 알아보고 다양한 스트레스 조절전략들에 관해 알아본다.

학습 개요

현대 사회는 스트레스의 사회라고 할 정도로 우리는 수많은 스트레스 속에서 살아가고 있다. 현대 사회는 너무나 빠른 속도로 변화가 일어나고 있기 때문에 이러한 변화에 적응하는 과정이 다 스트레스라고 할 수 있을 것이다. 이 세상에서 벌어지는 모든 일들을 완전히 무시할 수 있다면 모르지만, 그렇지 않다면 스트레스 없는 세상에서 살 방법은 없다고 볼 수 있다.

스트레스는 다양한 신체적 · 정신적 질병들을 촉발하기 때문에, 스트레스에 대해 정확하게 이해하고 스트레스를 적절히 조절해 나가는 방법을 배워서 적용하는 것은 개인의 건강뿐만 아니라 사회 및 인류 전체의 건강과 복지를 위해서도 매우 중요하다.

우리의 뇌는 어떤 변화를 감지하면 그 변화에 대처하여 안정 상태를 유지하기 위해 끊임없이 노력한다. 결국 자신을 보호하려는 목적에서 생기는 여러 가지 스트레스 반응들이 어떤 경우에 문제가 될 수 있는지 이해할 필요가 있다. 이를 위해 이 장에서는 스트레스 반응, 스트레스 유발 요인, 스트레스를 더 받게 하는 혹은 스트레스에도 견디게 하는 성격적 요인들, 여러 가지 대처 방식 등을 학습하고자 한다. 또한 스트레스를 조절하는 데 실제 적용해 볼 수 있는 여러 가지 방법들에 대해서도 살펴볼 것이다.

스트레스를 받고 있는지, 어느 정도의 스트레스를 받고 있는지를 인식할 수 있는 것이 우선 중요하고, 자신의 스트레스를 효과적인 방법으로 적절히 조절해 나감으로써 건강한 생활을 영위해 나가야 할 것이다.

1. 스트레스의 정의

스트레스란 무엇인가? 스트레스라는 말은 일상생활에서 우리가 가장 많이 사용하는 단어 중 하나로 이미 자리 잡았고, 그 정의와 특징에 대해서도 다양한 대중매체들을 통해 일반 대중에게 비교적 널리 알려져 있다. 그럼에도 불구하고, 스트레스에 대한 정확하면서도 객관적 지식은 잘 전달되지 않은 측면이 있다. 간단히 말해서, 스트레스란 걱정, 근심이나 일에 대한 불만족 또는 지나친 과로 등으로 인해 생기는 모든 행동적 · 신체적 변화를 말한다.

스트레스라는 용어는 라틴어 'stringer' 혹은 'strictus' 에서 유래된 것으로 알려져 있는데, 이는 '팽팽하게 조이다.' 라는 뜻을 가지고 있다. 17세기에는 스트레스라는 말이 어려움, 곤란, 역경, 또는 고생을 의미하였다. 그리고 18~19세기에는 힘, 압력, 긴장, 물리적 압박 등을 뜻하는 물리학과 공학의 용어로 사용되었는데, 물리적 대상이나 인간에게 영향을 주는 외적 힘에 의한 변형에 저항하여 원래 상태로 되돌아가게 하고 통합을 유지하는 것을 의미하였다. 이후 20세기에 들어와 스트레스라는 용어는 셀리에(Selye)에 의해 의학 및 심리학의 용어로 자리 잡게 되고, 수많은 연구들이 쏟아져 나오게 된다.

사람들은 흔히 스트레스란 나쁜 것이기 때문에 없어야 하는 것이라고 생각한다. 그러나 스트레스는 우리의 인생에서 없을 수도 없고 없어서도 안 되는 것이라고 할 수 있다. 왜냐하면 어떤 변화에 대한 우리의 재적응 상태가 모두 스트레스라고 할 수 있기 때문이다. 따라서 전혀 변화 없는 세상에서 살지 않는 한 스트레스는 어쩔 수 없이 있을 수밖에 없다. 오히려 스트레스가 전혀 없다면 심리적 · 신체적 긴장이 없음으로 인해 삶이 나태해지고 무력해지면서 또 다른 문제를 일으킬 수 있다. 실제로 전문가들은 적당한 스트레스가 우리의 삶에 변화의 계기와 활력을 주는 유익한 기능을 담당한다고 말한다.

스트레스는 우리 몸이 더 나은 상태로 유지될 수 있도록 도움을 주는 긍정적인 스트레스인 유스트레스(eustress), 그리고 우리의 신체와 정신에 혼란을 야기함으로써 병들게 하는 부정적인 스트레스인 디스트레스(distress)로 나눌 수 있다. 따라서 우리는 디스트레스는 감소시키고 유스트레스는 적정 수준에서 유지함으로써 신체와 정신의 건강을 도모해 나가야 한다.

그러면 스트레스는 왜 경험하게 되는 것인가? 스트레스를 유발하는 원인을 스트레스원(stressor)이라고 하는데, 스트레스원은 크게 외적 요인과 내적 요인으로 나누어 볼 수 있다. 외적 요인으로는 물리적 환경(소음, 강력한 빛, 열, 한정된 공간 등), 사회적 환경(무례함, 지나친 요구, 다른 사람과의 갈등 등), 업무 환경(규칙, 규정, 형식, 절차, 마감 시간 등), 일상생활에서의 큰 사건(가족의 죽음, 실직, 승진, 출산 등), 사소한 일상 사건(물건의 분실, 지각 등) 등이 있다. 내적 요인으로는 생활양식(카페인, 수면 부족, 과로 등), 사고방식(비관, 비현실적 기대, 경직된 사고 등), 개인 특성(완벽주의 성향, 성취 지향적 성향 등) 등이 있다.

스트레스는 매우 다양한 원인들에서 발생되므로 일상생활에서 스트레스를 완벽하게 제거하거나 피하는 것은 사실상 불가능하다. 그렇기 때문에 스트레스를 조절하는 방법이 중요하다.

2. 스트레스에 대한 반응

1) 투쟁-도피 반응

앞서 설명하였듯이 스트레스는 일상생활에서 자연스럽게 발생하며 반드시 필요한 것이다. 스트레스의 기본적인 원리를 이해하기 위해 동굴생활을 했던 원시인을 예로 들어보자. 선사시대의 어느 깊은 밤, 원시인 한 사람이 그의 동굴 입구에 피워 놓은 모닥불 옆에 앉아 있다가 갑자기 어디에선가 덩치 큰 곰이 불빛 속에 나타난 것을 보게 되었다고 해 보자. 원시인은 몹시 긴장하게 되고 동시에 그의 몸은 자동적으로 어떤 반응을 하게 된다. 그는 이 상황에서 살기 위해 어떠한 방식으로든 반응을 해야 한다. 달아날 수도 있고 또는 맞붙어 싸울 수도 있지만 머뭇거릴 시간적 여유가 없다. 이 상황에서 그의 신체는 자연히 스트레스를 경험하게 되고, 생명을 구하기 위해 곰과 맞붙어 싸우거나 혹은 신속히 달아나는 데 필요한 에너지를 발생시키게 된다.

곰이 접근해 왔을 때 원시인에게는 어떠한 반응이 일어났을까? 먼저 그는 스트레스를 일으키는 신체적 변화를 경험하였을 것이다. 곰 자체는 스트레스가 아니라 스트레스의 원인, 즉 스트레스원이다. 스트레스는 곰에 대하여 원시인의 신체 내부에서 발생한 신경계통의 반응이라고 할 수 있다. 원시인의 신경계통은 다음과 같은 변화들을 일으키게 된다.

1. 원시인이 곰을 보았을 때, 그의 눈은 즉시 '곰이 나타났다. 위험한 상황이다'라는 메시지를 뇌로 보낸다. 뇌는 신속하게 시상하부로 '경보!' 신호를 보낸다. 곧이어 시상하부는 여러 가지 자율적인 신체기능들을 작동시킨다. 그러면 체내의 여러 호르몬들은 시상하부에서 전달된 명령의 수행을 돕는다.

2. 소화기능은 일시적으로 저하된다. 곰이 나타나기 전에 원시인의 혈액은 대부분 신체의 중심부로 집중되어, 얼마 전에 먹은 음식의 소화를 돕고 있었을 것이다. 그러나 그가 곰을 보는 순간, 혈액은 즉시 팔과 다리의 대근육으로 집중되어 신속한 동작을 준비하게 된다. 또한 판단을 잘하도록 대뇌로도 혈액공급이 늘어나게 된다.

3. 동시에 호흡은 더 빨라질 것이다. 원시인의 신체는 호흡을 통해 산소를 많이 확보하여 근육으로 더 많은 산소를 보냄으로써 그가 곰과 싸우거나 또는 도망갈 수 있도록 돕는다.

4. 심장의 박동은 더 빨라지고 혈압은 증가한다. 팔다리의 대근육과 대뇌로 신속히 혈액 공급을 하기 위해 심장은 빨리 펌프질을 한다. 이러한 반응으로 인해 원시인은 처음 곰을 보았을 때 가슴이 조마조마하게 되었을 것이다. 즉

각적인 행동을 하기 위해 원시인의 신체는 근육과 뇌로 혈액을 더 빠르게 공급한다.

5. 근육은 긴장상태가 된다. 원시인이 처했을 상황을 마음속으로 상상해 보자. 원시인의 몸이 경직되고 굳어지는 것을 어렵지 않게 상상할 수 있을 것이다. 이는 혈액과 산소가 근육으로 집중되기 때문이다.

6. 땀의 분비도 증가한다. 신체의 활동 증가로 상승된 체온을 식혀 주어야 하기 때문이다. 땀의 분비는 체내에 설치된 자동 온도 조절 기능이라 할 수 있다. 또한 이러한 상황에서는 머리카락 끝이 쭈뼛 서게 되는데 이 역시 상승된 체온의 감소를 돕는다.

7. 눈동자가 팽창하고 눈꺼풀도 확대된다. 이러한 반응은 스트레스를 받은 개인의 시야를 넓혀서 적의 동태를 잘 살필 수 있도록 해 준다.

8. 혈액은 더 빠르게 응고한다. 스트레스를 받게 되면, 체내에서는 혈액을 응고시켜 주는 특정한 화학물질이 혈류 속으로 분비된다. 만약 원시인이 곰에게 상처를 입게 되었다면, 그의 출혈은 평상시보다 더 빠르게 지혈될 것이다.

이 원시인에게 나타났던 반응 태세를 '투쟁-도피 반응(fight-flight response)'이라고 한다. 이를 현대의 상황에 적용시켜 보자. 업무를 마친 뒤 집으로 가기 위해 당신은 길을 막 건너려 하고 있다. 그런데 갑자기 당신을 향해 경적을 울리며 곧바로 질주해 오는 자동차를 발견한다. 당신은 황급히 한 발짝 물러서면서 겨우 위험을 모면하게 된다. 순간 당신은 등골이 오싹해지고 아주 위험한 상황에 처해 있음을 알게 된다. 그 순간에 무슨 일이 발생할까?

이러한 상황과 원시인이 경험한 상황과는 많은 차이가 있지만 스트레스를 주는 상황이라는 점에서 동일하다고 할 수 있다. 여기서 스트레스는 달려오는 자동차에 의해 유발된 위험이다. 그렇지만 사실 스트레스에 대한 생각이 없어도 당신은 늘 스트레스를 경험해 왔고 또한 이에 반응해 왔다고 할 수 있으며, 이런 경우 당신의 신체도 앞에서 기술했던 모든 변화를 경험하고 있는 것이다.

표 13-1 사회재적응 평정척도

생활변화사건	스트레스치	생활변화사건	스트레스치
배우자의 죽음	100	직책의 변화	29
이혼	73	자녀의 출가	29
별거	65	인척 간의 싸움	29
교도소 복역	63	큰일의 성취	28
가까운 가족의 죽음	63	아내의 취업이나 퇴직	26
부상이나 질병	53	입학이나 졸업	26
결혼	50	생활조건의 변화	25
해고	47	습관을 바꿈	24
부부 화해	45	상사와의 불화	23
은퇴	45	취업 시간이나 조건의 변화	20
가족의 건강 변화	44	주거의 변동	20
임신	40	학교의 변동	20
성 문제	39	오락의 변동	19
새 가족의 탄생	39	교회활동의 변동	19
사업재적응	39	사회활동의 변동	18
경제 사정의 악화	38	수면 습관의 변화	16
가까운 친구의 죽음	37	가족 수의 변동	15
직업 전환	36	식사습관의 변화	15
부부싸움 횟수의 변화	35	휴가	13
1000만 원 이상의 저당	31	명절	12
저당물의 권리 상실이나 대부	30	가벼운 범법 행위	11

오늘날의 많은 스트레스 상황들은 과거와는 달리 생명을 위협하는 상황은 아니지만, 불행하게도 신체는 그러한 상황들을 생명에 위협을 주는 상황으로 지각하며 반응하므로 스트레스를 받을 때마다 투쟁-도피 반응이 나타나는 것이다.

사회재적응 평정척도(Holmes & Rahe, 1967; 〈표 13-1〉 참조)를 사용한 연구를 보면 스트레스를 야기하는 사건과 개인의 정서적·신체적 건강은 깊은 관련이 있다. 스트레스치 합계가 1년에 300을 넘으면 그러한 사람들의 약 79% 이상이 다음 해에 질병을 앓았다고 보고되었다. 스트레스치 합계가 150~199이면 비교적 가벼운 스트레스 상태에 있다고 볼 수 있고, 200~299이면 중간 정도, 그리고 300 이상이면 심각한 스트레스 상태라고 볼 수 있다. 따라서 스트레스치가 증가할수록 질병 취약성도 높아지는 경향이 있다.

지난 12개월 동안 당신의 스트레스치는 몇 점이나 되는가? 점수가 높을수록 신체적·정신적 질병에 대한 취약성이 증가하므로 이에 대한 대책으로 스트레스를 조절하고 관리해야 할 필요성이 있다.

2) 스트레스의 징후

스트레스가 오랫동안 지속되면 신체는 지치게 되며 원활한 기능을 수행할 수 없다. 이러한 징후는 신체적·심리적·행동적으로 나타날 수 있다. 더욱이 이 징후들은 서로 영향을 미치면서 악순환에 빠지도록 만든다. 예를 들어, 스트레스로 인해 잠을 자지 못해 충분한 휴식을 취하지 못하면 많은 피로감을 느낄 것이다. 결국 이러한 신체적 피로로 인해 어떤 일을 하고자 할 때 제대로 집중할 수 없게 된다. 또한 불면도 나타날 수 있으며, 그렇게 되면 스트레스는 더욱 가중되고, 심리적으로는 우울 상태에 빠질 수 있으며, 신경질적인 반응을 보일 수 있다.

이미 설명했듯이, 스트레스가 신체적 반응인 투쟁-도피 반응을 유발하므로, 장기적인 스트레스는 신체적 징후들을 일으키게 된다는 것을 쉽게 짐작할 수 있다. 예를 들면, 스트레스는 소화 과정에 영향을 주기 때문에 소화불량과 위궤양을 일으킬 수 있다. 기타 다른 신체기관들도 스트레스의 표적이 될 수 있으며, 여러 징후들이 다양하게 결합되어 일어날 수 있다. 그러나 심각한 질병들이 발병하기 전에 여러 차례에 걸쳐 징후가 나타나므로 이러한 징후에 주의를 기울임으로써 심각한 질병을 피할 수 있다.

정서 또한 스트레스에서 중요한 역할을 한다. 불안, 우울, 과민성, 공포, 죄책감 그리고 권태감 등은 스트레스를 유발할 뿐만 아니라 스트레스에 대한 심리적인 징후일 수도 있다. 예를 들면, 배우자와의 다툼으로 인해 불안과 분노 상태에 놓여 있다면, 조그만 자극에도 과도하게 불안해하거나 화를 낼 수 있을 것이다. 만약 어떤 사람이 평상시에 늘 걱정이 많고 유쾌하지 못하다면 그 사람은 많은 스트레스를 받고 있다고 할 수 있으며, 이러한 상태는 삶의 많은 영역들에 부정적인 영향을 끼치게 된다.

스트레스가 발생하면 신체는 많은 에너지가 필요한 투쟁-도피 반응을 준비한다. 그러나 이 과정에서 생기는 에너지가 항상 모두 소모되는 것은 아니다. 신체 내부에 너무 많은 에너지가 발생하면, 다양한 형태의 문제행동이 나타날 수 있다.

다음과 같은 비정상적인 행동은 스트레스의 징후일 수 있다. 예를 들면, 너무 빠르거나 크게 말하는 행동, 머리카락을 쥐어뜯는 행동, 다리를 떠는 행동, 이를 가는 행동 등을 들 수 있다. 대부분의 사람들은 이런 경험을 해 보았을 것이다. 또한 주변에서 손톱을 물어뜯거나 갑작스러운 말썽을 일으키는 사람들을 볼 수 있다. 만일 어떤 사람이 평상시와 다른 행동을 한다면, 그것은 문제가 있음을 알리는 경고일 수 있다. 그렇지만 만일 어떤 사람이 평상시에 항상 손톱을 물어뜯는 사람이었다면, 이 행동이 크게 문제시되지는 않을 것이다. 건강 전문가들은 누적된 스트레스를 해소하기 위한 방법으로 신체적인 활동을 권하는데, 이러한 신체적인 활동은 스트레스를 경험하는 동안 발생한 에너지의 일부를 방출시키는 기능을 한다.

이러한 신체적·정서적·행동적 증상들이 많으면 많을수록 현재 받고 있는 스트레스의 강도가 세다고 생각해 볼 수 있다. 이러한 증상들은 어떤 경우에는 스트레스를 일으킨 상황이 정리되면서 자연스럽게 사라지기도 하지만, 많은 경우 지속적으로 유지되거나 심지어 악화되면서 개인의 사회적·직업적 기능을 떨어뜨리고 건강을 손상시키는 작용을 한다. 만일 이러한 징후들을 무시하게 되면, 더욱 심각한 상태로 발전할 가능성이 있다. 따라서 이러한 스트레스 반응에 대한 조절과 관리가 매우 중요하다.

3) 나쁜 습관의 형성

사람들은 때로 스트레스를 풀기 위해 음주, 흡연, 과식, 도박 혹은 약물에 의존한다. 의존하는 이유가 어떠하든지 간에, 그 사용량 혹은 집착 정도의 변화는 스트레스의 또 다른 신호일 수 있다.

예를 들면, 김 부장은 퇴근 후에 가끔씩 소주를 마시는데, 얼마 전 회사에서 인원 감축이 실시되자 많은 스트레스를 받았다. 김 부장은 하루 저녁에 소주 몇 잔을 마시는 것이 아니라 한 병을 마시더니, 한 병이 두 병이 되고, 이제는 한꺼번에 세 병까지 마시는 상황이 되었다.

이러한 상황은 다음 두 가지 측면에서 살펴볼 수 있는데, 우선 김 부장은 긴장을 풀기 위해 애쓰고 있다고 할 수 있다. 또 다른 설명은 김 부장이 증가된 스트레스에 반응하고 있다고 보는 것이다. 김 부장의 체내에 있는 신경 에너지는 머리카락을 쥐어뜯는 행동 또는 다리를 떠는 행동 대신에 술을 마시는 행동을 하도록 만든 것이다. 소주는 일시적으로 김 부장의 긴장을 풀어 주는데, 그 이유는 알코올이 일종의 진정제로서 신체와 정신을 이완시켜 주기 때문이다. 그러나 이러한 알코올 섭취가 문제 해결책이 되지 않는다는 것은 자명한 일이고, 이러한 행동이 지속되어 습관화된다면, 건강을 해치게 되고 직장과 가정에서 문제를 일으킬 가능성이 더 높아질 것이라고 쉽게 예상할 수 있다.

처음에는 스트레스를 줄이기 위해 술을 마셨지만, 이러한 반응이 지속될 때 스트레스가 오히려 늘어나는 역설적 현상이 생긴다.

4) 일반 적응 증후군

캐나다의 과학자 셀리에(Selye)는 우연히 스트레스의 생리적 기제를 발견하였다. 셀리에(1936, 1976)는 새로운 성호르몬으로 생각되는 물질로 실험을 하였는데, 그 효과를 확인하기 위해 성호르몬을 쥐에게 주입하였다. 이 실험을 통해 그가 결국 발견한 것은, 성호르몬을 포함한 다양한 물질들의 주입부터 피로나 감기에 이르기까지 여러 가지 스트레스 사건들이 몇 단계에 걸친 신체적 반응들을 이끌어 낸다는 것이었다. 그는 경고, 저항 및 소진이라는 세 가지 단계로 이루어진 일반 적응 증후군(general adaptation syndrome)이라는 스트레스 반응 단계 이론을 내놓았다.

첫 단계인 경고 단계(alarm stage)는 아드레날린과 코티졸 등의 방출과 관련 있으며, 교감 신경계 활성화와도 관련된다. 이는 투쟁-도피 반응에서 생물학적으로 생기는 현상이다. 싸우거나 도망가기 위한 상황에서 응급반응이 나타나게 되는데, 그러한 반응에 필요한 신체기관, 즉 위장계통보다는 근육과 신체의 다른 부분들로 혈액을 보내기 위해 혈압, 심장박동, 호흡, 혈당 등이 증가하게 된다.

그러나 경고 단계가 끝없이 이어지지는 않는다. 우리의 몸은 두 번째 단계인 저항 단계(resistance stage)로 들어간다. 부교감 신경계는 호흡과 심장박동을 정상으로 되돌아오게 해 준다. 그러나 에너지를 만들기 위한 혈당 수준은 여전히 높고, 아드레날린이나 코티졸과 같은 스트레스 관련 호르몬들도 계속 높은 수준에서 분비된다. 따라서 유기체는 공습경보 상태로 계속 높은 에너지와 각성 상태에 있게 되지만, 이러한 높은 스트레스 수준에 또한 적응하게 된다.

공습경보가 지속되는 데 따르는 피해로서, 유기체는 특히 질병에 취약하게 된다. 예를 들면, 저항 단계에서 과로하는 학생은 감기나 독감을 비롯한 질병에 걸리기 쉽다. 이러한 상황은 외적의 침입을 막기 위해 모든 군대를 국경의 한 지역에다 배치하다 보니 다른 국경 지역은 무방비 상태로 있는 나라와 유사하다고 할 수 있다.

저항 단계가 너무 오래 지속되면, 결국 신체는 지치게 되어, 유기체는 세 번째 단계인 소진 단계(exhaustion stage)로 들어가게 된다. 생리적 방어가 깨지게 되면서 생명을 위협할 수 있을 정도의 심각한 질병에 취약하게 만들 수도 있다. 이 단계에서 유전적으로 혹은 환경적으로(흡연, 지속적으로 너무 많은 콜레스테롤 섭취 한 경우 등) 취약한 신체기관에 우선적으로 이상이 나타날 수 있다.

3. 스트레스 유발 요인

앞서 언급한 대로, 스트레스는 인생에서 피할 수 없는 현상이다. 스트레스로 이 끄는 사건들을 스트레스원이라고 한다. 스트레스원은 부모의 사망과 같이 드물게 일어나는 것부터 배차 시간 지연이나 시끄러운 소리와 같이 비교적 흔하게 일어 나는 것까지 다양하다. 여기서는 주로 많이 연구되어 온 스트레스원으로서, 주요 생활사건, 재난, 사소한 일상적 문제를 살펴보기로 한다.

1) 주요 생활사건

스트레스의 가장 중요한 원천은 변화다. 사실상 재적응을 필요로 하는 모든 사 건들을 스트레스원이라고 할 수 있다. 홈스와 라헤(Holmes & Rahe, 1967)는 적응과 변화를 필요로 하는 주요 생활사건의 스트레스를 측정할 수 있는 척도를 제시하 였다(〈표 13-1〉 참조). 이 척도에서는 배우자의 사망과 같은 부정적인 사건뿐 아니 라 결혼과 같은 긍정적인 사건도 스트레스가 될 수 있는 것으로 보았다.

홈스-라헤의 사회재적응 평정척도는 지난 12개월 동안 경험한 모든 생활의 변 화 점수들을 합산함으로써 한 개인이 맞닥뜨리게 되는 스트레스의 양을 대략적으 로 추정할 수 있는 도구이긴 하지만, 사람들마다 자신의 경험에 부여하는 주관적 의미나 가치가 다를 수 있는 부분은 고려하지 않고 있다. 그래서 일부 학자들은 지 각된 스트레스, 즉 자신의 경험을 얼마나 스트레스로 받아들이는지를 측정하려고 하였다(Blascovich & Mendes, 2000).

한 개인이 경험할 수 있는 스트레스로 가장 심한 것은 배우자나 자녀의 사망으 로, 오랜 기간 충격을 줄 수 있는 스트레스다. 예를 들면, 자동차 사고로 배우자나 자녀를 잃은 사람들은 갑작스러운 사별 이후 4~7년 정도 그 스트레스가 지속된다 는 연구가 있다(Lehman et al., 1987). 이 연구에서는 지속되는 스트레스 증상으로 우울, 불면, 피로, 공황발작, 외로움 등이 있었고, 사망률도 증가하였다. 또한 예기치 못하게 자녀를 잃은 부모는 이혼할 위험이 더 큰 것으로 나타났다.

핀란드에서 100만 명 이상의 사람들을 대상으로 사별 경험과 사망률 간의 관계를 연구한 결과 놀라운 사실이 드러났다(Martikainen & Valkonen, 1996). 연구자들은 최근 5년 동안 배우자와 사별한 사람들의 사망률을 조사하였는데, 배우자를 사별한 사람들은 사고, 폭행, 알코올 등으로 사망할 위험이 상당히 높은 것으로 나타났다. 심장병으로 사망할 위험도 매우 높았는데, 사람이 상심(傷心)해서 죽을 수도 있다는 통속적인 얘기를 입증하는 결과다. 사망의 위험성은 배우자가 사망한 후 6개월까지가 특히 높았다.

다른 주요 스트레스원으로 실직을 꼽을 수 있는데, 실직은 배우자의 사망처럼 극단적인 영향을 미치는 것은 아니지만, 신체적 건강과 정신건강을 해칠 수 있다. 예를 들어, 공장에서 해고당한 근로자들을 몇 개월 동안 추적 조사한 결과, 계속 실직 상태로 있는 사람들은 시간이 지남에 따라 우울, 스트레스 관련 질병, 주관적인 고통이 증가하는 것으로 드러났다(Viinamaeki et al., 1996).

사랑하는 사람과의 사별이나 실직과 같은 주요 스트레스원은 또 다른 스트레스를 야기할 가능성이 많다. 이러한 스트레스에 대한 개인의 취약성 여부에 따라 개인이 반응하는 양상은 달라질 것이다. 예를 들어, 실직은 실직자와 그 가족에게 경제적으로 압박을 주기 때문에 충격이 될 수 있다. 또한 부부불화, 원치 않는 이사, 직장동료와 만나지 않는 등의 결과를 낳을 수 있다(Kessler et al., 1989). 따라서 실직수당이나 저축과 같은 다른 수입원이 있는 사람이라고 하더라도 실직 후에는 자기효능감 상실, 외로움, 불안 등을 경험할 수 있다.

최근 지구상에서 점차 늘고 있는 심각한 스트레스원은 문화적응 스트레스다(Berry, 1989; Berry et al., 1997; Rogler et al., 1991). 문화적응이란 새로운 문화이자 적응해야 할 지배적인 문화와의 접촉을 의미한다. 따라서 문화적응 스트레스는 새로운 문화에 적응하려고 노력하는 사람들이 겪는 스트레스를 말한다. 문화적응 스트레스는 더 나은 기회를 얻기 위해 이민을 가거나 망명을 하는 경우 생길 수 있으며, 이로 인해 불안, 우울, 민족 정체성에 대한 불확실성과 갈등, 알코올 남용 등의 문제가 나타날 수 있다.

다른 주요 생활 스트레스들처럼, 문화적응 스트레스는 또 다른 스트레스를 야기할 수 있다. 새로운 문화에 들어간 사람들은 언어 문제, 민족이나 인종 차별, 낮은 사회경제적 지위, 가족과의 이별 등을 빈번히 경험하게 된다. 또한 이민자는 예전에 갖고 있던 가치와 믿음을 유지하면서도 새로운 문화의 관습에 적응해야 하는데 따르는 갈등에 직면하게 된다. 이러한 갈등은 자녀가 부모의 구시대적 가치나 태도를 경원시함으로써 종종 세대 간 갈등으로 나타난다.

2) 재난

재난(catastrophes)은 지진이나 스나미처럼 자연에 의해 생길 수도 있고, 전쟁이나 고문처럼 인간에 의해 생길 수도 있는 엄청난 스트레스원이다. 이런 재난은 가족의 생명을 앗아 가거나 재산을 한순간에 잃게 할 수 있고, 경우에 따라서는 정든 삶의 터전을 황폐화하거나 아예 다른 곳으로 이주하게끔 만들기도 한다.

이런 재난을 당한 사람들은 대개 다양한 스트레스 반응들을 보인다. 먼저 재난 발생 직후에는 극도의 각성상태와 심한 공포 및 무력감을 경험하게 된다. 그리고는 버려진 느낌과 구조받고 싶은 강한 열망을 갖게 된다. 구조된 후에는 구토나 두통과 같은 정신 신체 증상을 호소하며, 시간이 경과하면서 불안증이나 우울증을 보이기도 하고, 자신만 생존한 것에 대한 심한 죄책감에 시달리기도 한다. 이와 같은 재난은 대부분 많은 사람들이 함께 경험하게 되는 것들이지만, 교통사고나 강간과 같이 개인적인 재난을 경험하게 되는 경우도 있다.

3) 사소한 일상적 문제

스트레스 사건이라고 하면 죽음, 실직, 재난과 같은 큰 일들을 떠올리기 쉽지만,

일상생활 속의 일들도 중요한 스트레스 사건이 될 수 있으며, 신체 질병이나 우울증과 더 직접적인 관계가 있는 것으로 밝혀졌다(DeLongis et al., 1982; Lazarus et al., 1985). 사소한 일상적 문제(daily hassles)란 '매일매일 환경과의 상호작용에서 생기는 짜증나고, 절망스럽고, 괴로운 일들' 을 말한다. 사소한 일상적 문제는 대인관계 갈등부터 출퇴근 교통·체증까지 다양하다. 흔히 볼 수 있는 일상적 문제는 체중에 대한 걱정, 가족의 병, 생필품의 가격인상, 집안 보수, 해야 할 일이 너무 많은 것, 물건을 잃어버리는 것 등이 있다.

라자루스 등(Lazarus et al., 1985)이 여덟 가지 범주로 제시한 사소한 일상적 문제를 살펴보면 다음과 같다.

- 집안일: 식사 준비, 장보기, 집안 가꾸기 등
- 건강 문제: 가족의 병이나 약 복용 등에서 비롯되는 불편함 등
- 시간 압박: 집안일로 시간 압박을 받는다거나 할 일이 많고 시간이 부족한 경우 등
- 내적 삶의 문제: 고독이나 일상생활의 무의미함 또는 사회적 교제의 부담 등
- 환경문제: 소음이나 탁한 공기, 먼지가 많은 것, 이웃에 도둑이 드는 것 등
- 경제문제: 사소한 빚이나 월급날 전에 돈이 떨어지는 것 등
- 일에서 생기는 문제: 일에서 만족을 못 얻음, 동료나 상급자 또는 부하직원과의 마찰, 일의 능률이 안 오르는 경우 등
- 미래에 대한 걱정: 직장이 안정성이 없다거나 장래 보장이 안 되는 것 등

우리나라 기혼 여성들의 경우에는 남편이 늦게 귀가하는 것, 자녀가 공부를 제대로 못하는 것, 하루가 단조롭고 지루한 것 등을 호소하는 경우가 많았다(원호택, 1997: 137).

4. 스트레스와 건강

1) 건강에 미치는 스트레스의 영향

스트레스 사건들은 분명히 심리적 안녕감에 실질적인 영향을 줄 수 있다. 이러한 사건들은 기억과 같은 기능에도 영향을 미칠 수 있다. 끔찍한 교통사고를 경험하면서 너무나 당황스러웠던 적이 있거나, 기말시험 준비로 밤을 새면서 체력이 바닥이 난 경험을 해 본 사람이라면 스트레스로 인해 집중하고 기억하는 능력이 저해받을 수 있음을 잘 알 것이다. 최근 들어 연구자들은 스트레스 사건이 기억에 어떻게 영향을 줄 수 있는지를 해명하기 시작했다.

전전두피질이 작업기억(예: 일시적으로 전화번호를 외우는 것)에서 중요한 역할을 하고, 해마는 장기기억(예: 몇 주 후 혹은 몇 년 후 전화번호를 기억하는 것)과 관련된다. 스트레스는 이 둘의 기능을 모두 방해한다(Arnsten, 1998; McEwan, 1999). 실제로 만성적 스트레스는 영구적인 세포 손상을 야기하고 해마의 크기를 줄인다(Bremner, 1999).

따라서 스트레스는 뇌의 구조와 기능을 변화시킬 수 있다. 또한 신체 건강과 사망률에도 영향을 미칠 수 있다(Kemeny & Laudenslager, 1999; Watkins & Maier, 2000). 스트레스를 받는 사람은 우울, 불안, 심장병, 고혈압, 궤양, 두통, 독감, 인후염, 요통 등을 앓기 쉽다(Cohen et al., 1991; DeLongis et al., 1988). 여러 연구들은 스트레스를 암에 대한 취약성과 관련 있는 것으로 보았고, 현실적이면서도 긍정적으로 암을 직면하고 사회적 지지를 극대화하는 것을 목표로 하는 심리치료가 일부 암 환자들의 수명을 연장시킬 수 있음을 발견하였다(Jacobs & Charles, 1980; Levenson & Bemis, 1991; Spiegel, 1999).

그렇다면 스트레스가 어떻게 건강에 영향을 미치는가? 스트레스는 질병과 싸우는 신체의 능력을 감소시킴으로써 직접적으로 영향을 미칠 수 있다. 또한 신체의 방어를 약화시키거나, 신체 질병을 일으킬 수 있는 병원균, 중독성 물질에 노출시키는 행동들을 촉발함으로써 간접적으로 건강에 영향을 미칠 수도 있다. 스트레스를 받는 사람들은 그렇지 않은 사람들에 비해 술을 더 많이 마시고, 담배를 더 많이 피며, 잠을 덜 자고, 운동을 덜 하는 경향이 있다(Cohen & Williamson, 1991; O'Leary, 1992).

또 다른 변인들이 건강에 미치는 스트레스의 영향력을 증가시키거나 감소시킬 수 있다. 예를 들면, 적절한 사회적 지지가 없다면 스트레스는 건강에 더 많은 영향을 미치게 된다(Baron et al., 1990; Cohen & Williamson, 1991). 운동도 건강에 미치는 스트레스의 영향력을 줄일 수 있다. 한 연구는 신체건강 상태가 좋은 대학생과 나쁜 대학생이 건강클리닉을 방문한 횟수를 비교하였다(Brown, 1991). 연구 결과, 신체적으로 건강한 사람은 부정적인 일상사가 많을 때조차도 건강클리닉 방문을 적게 하는 반면, 신체적으로 건강하지 못한 사람은 스트레스가 있을 때 질병에 걸려 건강클리닉을 더 많이 방문하는 경향이 있었다.

2) 스트레스와 건강 – 추구 행동

스트레스는 사람들이 신체증상을 해석하는 방식에 영향을 미침으로써 보다 미묘한 방식으로 건강에 영향을 줄 수 있다(Cameron et al., 1998; Leventhal & Leventhal, 1993). 증상이 혈변을 동반한 심한 복통과 같은 분명하면서도 불길한 것이라면, 사람들은 바로 진료를 받으러 가려 할 것이다. 그러나 많은 증상들은 분명하지가 않은데, 이러한 불분명함이 서로 다른 대처반응을 만들어 낼 수 있다.

예를 들면, 어떤 중년 남성은 흉통이 있어도 무시하거나 좀 더 두고 보자는 태도를 보일 수 있다. 이러한 전략은 증상을 심각하게 받아들일 때 느끼게 될 정서, 즉 두려움에 대처하려는 노력을 나타낸다. '별 일 아닐 거야.'라고 받아들임으로써 이 사람은 단기적으로는 안심을 하겠지만, 장기적으로는 위험에 빠질 수 있다.

한편, 어떤 사람은 정반대로 행동할 수 있는데, 약간의 증상에도 심각한 질병이 아닌지 걱정하여 병원을 수시로 찾아갈 수 있다. 실제로 우울하거나, 불안하거나, 실직과 같은 경험으로 최근 스트레스를 받고 있는 사람은 신체적 질병을 더 보일 뿐만 아니라 자신의 질병을 더 심각하게 받아들여 고통을 더 많이 경험하는 경향이 있다(Leventhal & Leventhal, 1993). 따라서 스트레스는 사람들로 하여금 자신의 건강을 너무 심각하게 받아들이게 하거나, 지나칠 정도로 심각하지 않게 받아들이도록 할 수 있다.

3) 스트레스와 건강 및 성격

스트레스를 받는 사람이 건강할지 질병에 걸릴지는 그 사람의 성격 특성과도 관련이 있다(O'Brien & Delongis, 1996; Suls et al., 1996). 성격은 상황을 평가하는 방식(예: 쉽게 화를 내거나 슬퍼짐)이나 스트레스에 대처하는 방식(예: 음주, 흡연, 화를 참기)을 통해 스트레스와 건강에 영향을 미칠 수 있다.

예를 들어, 설스 등(Suls et al., 1998)의 연구에서는 피험자들이 매일 있었던 일들과 자신의 기분을 기록지에 계속 기록했다. 결과적으로 신경증적 경향이 높은 피험자일수록, 즉 우울이나 불안과 같은 부정적 정서를 경험할 경향성이 더 높은 사람일수록 더 많은 문제들을 보고했고, 스트레스 사건에 더 반응했으며, 자신에게 일어난 좋지 않은 일로 더 괴로워했다.

유전적 요인도 두 가지 방식으로 스트레스에 영향을 준다. 자신을 스트레스 상황으로 몰고 갈 가능성에 영향을 줄 수 있고, 스트레스 사건에 대한 취약성에 영향을 줄 수 있다(Kendler, 1995). 예를 들면, 일란성 쌍둥이와 이란성 쌍둥이를 비교한 연구들은 강도질과 폭행을 당하고 재정곤란에 처할 가능성을 살펴볼 때, 30~40%의 유전 성향이 있음을 추정할 수 있다고 보고했다. 재정곤란을 보고한 일란성 쌍둥이들의 상관은 .44인 반면, 이란성 쌍둥이들의 상관은 .12였다. 위험을 무릅쓰는 경향도 유전적인 영향을 받는데, 겁이 많은 사람들은 위험을 피하는 반면, 쾌락 추구적인 사람은 보다 모험을 추구한다. 일단 스트레스 사건을 경험하게 되면, 또 다른 유전적 요인인 부정적 정서를 경험하는 경향이 그 개인의 괴로움을 증폭시키는 역할을 할 수 있다.

(1) A 유형 행동패턴과 적대감

성격과 건강 간의 관련성에 대해 가장 많이 연구된 주제 중 하나는 심장병과 A 유형 행동패턴(Type A behavior pattern) 간의 관계다. A 유형 행동패턴이란 조급함, 야심, 경쟁심, 적대감, 인생에 대해 물불 가리지 않는 태도로 특징지어지는 성격 유형을 말하며(Friedman & Rosenman, 1959), 프리드만(Friedman)과 로젠만(Rosenman)이라는 두 명의 심장학자에 의해 처음 관찰된 후 심리학적 연구를 통해 확인되었다. 반면 B 유형 사람들은 보다 이완되고, 태평스러우며, 쉽게 화를 내지 않는다.

A 유형 행동패턴을 지닌 사람들은 말이 빠르고 격정적이며, 일이 조금이라도 뜻대로 안 되면 쉽게 짜증과 화를 내고, 늘 시간에 쫓기듯 살면서 두세 가지 일을 동시에 시도하며, 음식을 빨리 먹고, 대인관계에서 경쟁적이고 적대적인 경향을 드러낸다. 이들은 직장에서도 마감시간에 쫓기면서 장시간 일하고, 때로는 주말이나 휴가도 없이 일에 몰두하는 등 휴식을 모르고 일하는 일중독(workaholic)의 특성을 가지고 있다.

A 유형 행동을 보이는 버스 기사들은 B 유형 행동을 보이는 버스 기사들보다 직무 스트레스를 더 호소하고, 교통사고도 더 많이 내며, 결근도 더 많이 했다. 또한 A 유형 버스 기사들은 브레이크도 더 많이 밟고, 경적도 더 많이 울리며, 추월도 더 자주 했다(Evans et al., 1987). 재미있는 사실은 A 유형 행동패턴을 보이는 사람들이 노력을 쏟고 경쟁적인 성격인데도 회사의 최고 경영층이 되는 경우는 별로 없다는 것이다. 이들은 세일즈맨이나 중간 관리자로는 우수하지만, 실제로 회사의 최고경영자가 될 가능성이 높은 사람은 오히려 자기성찰적이고 참을성이 있으며 행동이나 일에서 서두르지 않는 B 유형 행동패턴을 지닌 사람들이라고 할 수 있다.

1970년대 이후 A 유형 행동패턴과 관상동맥성 심장병과의 관련성을 밝히려는 연구들이 시도되었으나, 밀접한 관련성을 보고한 초기 연구들에 비해 1980년대 이후에는 그 상관관계가 높지 않다고 보고하는 연구들이 나오는 등 연구 결과들이 일관되지 못하였다.

최근의 일부 연구들은 A 유형 행동패턴의 몇 가지 하위 구성 요소들이 심장병에 영향을 미치는 정도가 다를 수 있다고 제안했다(Dembroski & Costa, 1987). 특히 적대감은 심장으로 가는 동맥을 좁히는 결과를 나을 수 있다. 실제로 화를 많이 내는 사람들은 약간 일찍 죽는 경향이 있었다(Miller et al., 1996).

(2) 강인성

강인성(hardiness)이란 스트레스에 잘 견디는 성격 특성을 이르는 용어로서, 코바사(Kobassa)에 의해 제시되었다. 코바사(1979)는 스트레스로 인해서 질병에 걸리는 사람과 질병에 걸리지 않는 사람은 어떤 특성에서 차이가 있는지를 확인하기 위해 중간 관리자와 상급 관리자를 대상으로 연구하였다. 지난 3년 동안 스트레스를 많이 경험한 관리자 집단과 스트레스를 적게 경험한 관리자 집단을 구분한 후, 스트레스를 많이 경험한 관리자 집단에서 질병을 많이 보인 사람들과 그렇지 않은 사람들을 비교하였다. 그 결과, 스트레스가 많지만 건강한 관리자들은 소위 강인성이라고 명명되는 성격특성을 지니고 있는 것으로 밝혀졌다.

강인성은 몇 가지 특징들로 이루어져 있다. 첫째는 헌신(commitment)으로, 명확한 삶의 목표와 가치관을 가지고 자신에게 일어나는 일들에 몰입하는 경향성이다. 둘째는 통제감(control)으로, 자신의 삶에서 일어나는 일들을 스스로 선택하고 통제할 수 있다고 믿는 경향성이다. 셋째는 도전 정신(challenge)으로, 변화를 기꺼이 받아들이고 성장을 위한 새로운 기회들을 회피하지 않는 경향성이다.

많은 연구들이 강인성은 신체건강 및 정신건강과 정적으로 관련이 있다는 것을 보고하였다. 그렇다면 왜 강인성이 있는 사람들은 신체적으로나 정신적으로 더 건강한가? 강인성이 있는 사람은 몰입감, 통제감 및 도전이라는 특성 때문에 강인성이 적은 사람보다 스트레스 사건을 보다 호의적으로 평가하는 것 같다. 그래서 이들은 스트레스 사건을 해결할 수 있는 보다 직접적인 대안을 찾고, 스트레스 사건에서 미래를 위한 교훈을 배울 수 있게 된다. 이들은 문제 중심적 대처나 사회적 지지를 구하는 것과 같은 효과적이고, 적극적인 대처전략을 사용하며, 회피적 전략은 별로 사용하지 않는 경향이 있다. 결론적으로 강인성이 있는 사람이 스트레스 사건들에 의해 생길 수 있는 질병을 피하게 되는 중요한 전략은, 첫째 이러한 사건들을 덜 괴로운 것으로 받아들이고, 둘째 스트레스를 다루는 성공적인 대처 전략들을 사용한다는 것이다.

(3) 낙관주의/비관주의

면역 기능 및 건강과 관련된 또 다른 성격 차원은 낙관주의/비관주의(optimism/pessimism)다(Carver, 1998). 낙관주의란 일반적으로 일이 잘될 것이라고 기대하는 것이고, 비관주의는 일이 잘 안될 것이라고 기대하는 것을 말한다. 낙관적인 특성은 스트레스에 보다 효율적으로 대처하도록 이끌고, 따라서 질병에 걸릴 위험을 줄여 준다. 이러한 결과는 낙관주의와 관련된 대처전략이 비관주의와 관련된 대처전략과 차이가 있다는 것으로 설명할 수 있을 것이다. 낙관적인 사람은 보다 문제 중심적 대처를 사용하고, 사회적 지지를 구하며, 스트레스 상황의 긍정적 측면을 강조한다. 반면, 비관적인 사람은 스트레스 사건 자체를 부인하고, 고통스러운 감정에 휩싸이며, 목표를 포기하는 등의 특징을 보인다.

관상동맥 측관 형성 수술(coronary artery bypass)을 한 환자에 대한 연구에서, 낙관주의 수준이 더 높은 사람은 비관적인 사람보다 더 빨리 회복되고 더 쉽게 정상생활로 돌아왔다(Scheier et al., 1989). 또 다른 연구에서는 나쁜 일을 부정적이고 자기 비난적인 방식으로 받아들이는 경향, 즉 비관적인 유형의 대학생들이 그렇지 않은 대학생들에 비해 병을 앓은 날들이 더 많았고, 병원을 방문한 빈도도 더 많았다는 것을 보여 주었다(Peterson, 1988).

보다 충격적인 결과는 하버드 대학교의 졸업생 99명을 대상으로 한 35년간의 연구에서 나왔다. 25세 때 비관적인 유형의 사람은 45~50세 때 보다 나쁜 건강 상태에 있거나 사망하는 경향을 보였다. 이러한 결과는 25세 때의 신체적·정신적 건강상태를 통계적으로 통제한 후에도 마찬가지였다(Peterson et al., 1988). 비관적인 사람은 제대로 자신을 돌보지 않고, 적절히 대처하지도 못하며, 면역기능이 더 저하되는데, 이러한 모든 것들이 더 많은 질병을 갖도록 만든다(Kamen & Seligman, 1987).

5. 스트레스와 대처

스트레스를 받으면서 힘들어하거나 아프기도 하지만, 또한 스트레스를 받는 많은 사람들이 건강하게 살아 나간다. 이를 스트레스에 대한 탄력성(resiliency)이 있다고 말하는데, 이는 사람들이 스트레스 상황을 다루는 방식, 즉 대처 방식(혹은 대처 기제)과 관련이 있다.

1) 대처 방식

여러 연구들은 보통 두세 가지 정도의 기본적인 대처전략 유형을 제시한다(Folkman & Lazarus, 1980; Folkman & Moskowitz, 2000; Moos & Billings, 1982). 스트레스를 야기하는 상황 자체를 변화시키고자 하는 전략 유형은, 스트레스원 그 자체를 다루려고 하는 것이기 때문에 문제 중심적(problem focused) 대처라고 불린다. 다른 두 유형의 전략, 즉 상황에 대한 생각을 변화시키려는 전략과 스트레스의 불쾌한 정서적 결과를 변화시키려는 전략은 정서 중심적(emotion focused) 대처라고 불린다. 이들 대처는 스트레스 경험에서 파생되는 정서를 조절하는 것이 목적이 된다. 따라서 어떤 사람이 스트레스 상황을 직접 변화시킬 수 없다면, 그 사람은 그 상황에 대한 자신의 지각이나 그 상황에서 느끼는 정서를 변화시키려고 할 수 있다.

상황을 변화시킴으로써 대처하고자 하는 노력은 문제 해결로 이어질 수 있다. 스트레스원을 없애려고 할 수도 있고, 상황을 해소하려는 방법을 미리 계획할 수 도 있고, 상황을 변화시키기 위해 다른 사람의 조언이나 지원을 요청할 수도 있고, 아예 스트레스원을 피하려고 할 수도 있다. 문제 중심적 대처 방식을 지닌 어머니 의 자녀는 다른 또래 친구들보다 더 잘 적응하는 경향이 있었고, 사회적 기술도 더 뛰어났다(Eisenberg et al., 1996).

수많은 연구들은 종교적 믿음이 종종 불치병에 걸리거나 자녀를 잃는 것과 같은 극심한 스트레스 사건에 대처하는 것을 돕는다고 제안한다. 이러한 믿음은 그 사 건에 어떤 의미를 부여하도록 하거나 신과의 친밀감을 강화시킨다(Pargament & Park, 1995). 예를 들면, 신장이식과 같은 주요 생활 스트레스에 종교적으로 대처하 는 사람은 3개월 및 1년 후 더 좋은 상태를 유지하는 경향이 있었다(Tix & Frazier, 1998).

2) 대처 방식에 미치는 문화의 영향

스트레스라고 받아들이는 상황이나 스트레스에 반응하는 방식은 부분적으로 문화의 영향을 받는다. 멕시코와 같이 과학기술이 덜 발달된 국가의 아동에 비해, 미국이나 캐나다와 같은 나라의 아동은 더 적극적인 대처 방식을 지니고 있어 목 표를 방해하는 장애물을 없애고자 하는 경향이 더 있었다. 이러한 차이는 고도로 과학기술이 발달된 사회의 특징인, 환경을 지배하는 데 가치를 두는 것이 인간의 역사에서 비교적 최근에 나타난 현상이라는 점을 감안한다면 이해할 수 있는 결 과다. 역사적으로 대부분의 문화들은 인간이 자연에 맞춰 적응해야 한다고 믿어 왔다(Kluckhohn & Strodtbeck, 1961).

이러한 결과는 숙달감, 자기효능감, 통제감 등과 같이 적극적인 대처 방식을 강 조하는 서구의 이론들과 연구에 한계점이 있을 수 있음을 시사한다. 기업가 정신 과 개인의 주도성에 토대를 두는 자본주의 사회에서 적극적인 대처 방식과 자신의 능력에 대한 확신은 매우 적응적인 특성이다. 그러나 가족, 공동체 및 종족의 유대를 토대로 구성된 사회에서는 이러한 특성들이 정신건강이나 신체건강과 관련이 없을 수 있다. 따라서 대처 방식의 적응성이라는 것은 항상 문화적 맥락 속에서 상대적일 수 있다. 예를 들어, 장례식장에서 통곡하는 것과 같은 대처 행동이 어떤 사회에서는 적응적이지만, 다른 사회에서는 수용되지 못하여 스트레스를 야기할 수 있다.

대처 기제가 문화에 따라 상대적일 수 있는 예는 미국과 같은 다문화 사회에서 나타나는 청소년들의 학업 수행 차이에서 살펴볼 수 있다. 많은 교육학자, 사회과학자, 정책 입안자들은 미국에서 아프리카계 미국인이나 라틴계 미국인과 같은 일부 소수 민족들과 백인 간에는 학업 수행에 큰 차이가 나타나는 반면, 아랍이나 동아시아에서 온 이민 집단과 백인 간에는 학업 수행 차이가 나타나지 않는 이유를 이해하고자 노력하였다.

오그부(Ogbu, 1991)는 전 세계적으로, 여러 세대에 걸친 고용 차별 때문에 더 나은 상태로 갈 수 없다는 경험을 한 소수 집단들은, 더 나은 삶을 위해 자발적으로 이민한 사람들에게서는 볼 수 없는 최소 노력 증후군(low-effort syndrome)을 발달시키게 된다고 주장했다. 최소 노력 증후군이란 스트레스를 주는 사회적·경제적 상황을 회피하기 위하여 최소한의 노력만 하는 경향성을 말하는데, 이는 사회적 장벽 때문에 자신의 노력이나 성취가 별 소용이 없어지고, 열심히 노력하거나 학업적으로 성공하는 것이 오히려 좌절과 분노를 더 야기할 때 적응적인 대처전략이 된다.

최소 노력 증후군은 어떤 문제를 해결하는 대처전략(인종차별과 성공을 막는 장벽에 부딪혀 경험하는 좌절을 최소화하기)의 한 가지 예이지만, 인종에 따른 기회 차별과 사회적 편견 현상이 여러 세대에 걸쳐 발달된 이러한 대처 방식보다 더 빨리 변화해 나간다면 또 다른 문제를 만들어 낼 수 있다. 아프리카계 미국인들은 여러 해 동안 사회적 상승을 가로막는 넘을 수 없는 장벽에 부딪혀 왔기 때문에, 학교에서의 성취는 많은 흑인들에게 '백인'의 행동으로 간주되었다. 따라서 오늘날 많은 흑인 청소년들에게 있어 성취에 대한 바람이 있음에도 불구하고 '백인처럼 군다.'고 손가락질 받을까 봐 두려워하는 마음이 학교에서의 성취를 방해하는 것 같다.

자신이 이루고자 하는 것에 대해 지속적으로 외부의 제한을 받아 온 사람들에게서 최소 노력 증후군은 노력에 대한 보상을 박탈하는 사회적·정치적 체제에 대한 적응이라고 할 수 있다. 최근의 연구들은 아프리카계 미국인들에게서 보이는 최소 노력 증후군의 적응적인 의미를 역설적으로 보여 주는 상반된 대처 기제를 제안하고 있다. 한 마디로 말해, 더 열심히 노력하는 사람들은 더 빨리 죽는 경향이 있었다.

미국의 흑인 민속 음악에 등장하는 존 헨리라는 흑인 영웅이 있다. 그는 19세기 말엽의 철도 노동자로서 힘이 엄청난 것으로 유명했다고 한다. 그는 철로 공사 때 증기 드릴을 거부하고 재래식 망치만 가지고도 더 많은 바위를 부수었다고 한다. 증기 드릴과의 시합이라는 색다른 경연대회에서 그는 자신의 9파운드 망치로 증기 드릴을 이길 수 있었으나, 잠시 후 극도의 기력 소진으로 사망하였다.

일군의 의사들은 아프리카계 미국인들에게서 고혈압 비율이 증가하고, 또 이는 왜 더 많은 뇌졸중 비율과 연관되는지에 대해 여러 해 동안 고민해 왔다. 유전적 소인과 식습관이 백인과 흑인의 차이를 일부 설명해 줄 수 있으나, 연구자들은 최근 이러한 현상을 설명할 수 있는 일부 아프리카계 미국인들의 대처 방식을 찾아 냈고, 이를 존 헨리 현상(John Henryism)이라고 불렀다(Sherman, 1994; Wright et al., 1996).

존 헨리 현상이란 소수 집단원들이 어려운 환경 속에서도 열심히 일하고 적극적으로 대처하는 경향성을 말한다. 이러한 대처 방식을 보이는 사람은 낮은 확률에도 불구하고 성공하기 위해 전념한다. 여러 연구들은 존 헨리 현상을 많이 보이는 사람이 고혈압에 취약함을 보여 주는데, 특히 흑인이고, 사회경제적 지위가 낮을 때 더 그러한 것으로 나타났다. 어떤 의미에서는, 최소 노력 증후군이 자신을 더 나은 상태로 만들기 위해 노력하는 사람들을 심리적으로 자승자박하게 만드는 체제에서는 실제로 적응적인 해결책이 될 수 있을지도 모른다.

3) 사회적 지지

사회적 지지란 신뢰할 수 있고, 도움이나 관심을 받을 수 있는 사람들이 있느냐를 말하는 것으로서, 스트레스에 대처하는 데 중요한 자원이 된다. 사회적 지지는 정신건강뿐 아니라 신체건강을 유지하는 데에도 중요하다. 사회적 지지가 많은 경우 고혈압과 포진(herpes)부터 암과 심장병까지 다양한 질병들을 예방하는 효과가 있다(Cohen & Herbert, 1996; Spiegel & Kato, 1996).

사회적 지지의 긍정적 효과는 인간뿐 아니라 사회적 생활을 하는 다른 동물들에서도 볼 수 있다. 레서스 원숭이들을 관찰해 보면, 성인 원숭이가 자신의 집단과 떨어져 있을 때는 면역기능이 억제되지만, 동료가 하나라도 있을 때에는 면역기능이 회복된다(Gust et al., 1994). 인간에 있어서는, 맺고 있는 사회적 관계의 수, 다른 사람들을 친밀하게 느끼는 정도가 사망률의 강력한 예언인자가 된다(House et al., 1988; Johnson et al., 1996). 사실상 사회적 지지와 건강 간의 관계를 입증하는 증거들은 흡연과 건강 간의 관계를 지지하는 자료만큼 강력하다.

사회적 지지의 긍정적 효과를 설명하는 두 가지 가설이 제시되었는데, 모두 경험적 지지를 받았다(Cohen & Wills, 1985; Taylor, 1991). 첫 번째 가설은 사회적 지지가 스트레스를 경험하는 동안 스트레스의 해로운 효과를 완충시키거나 보호하는 요인의 역할을 한다는 것이다. 예를 들면, 스트레스를 경험하는 도시 여성들은 남자친구나 남편과 친밀하고 신뢰 관계를 맺고 있으면 덜 우울해지는 경향을 보였다(Brown & Harris, 1978).

다른 대안적 가설로는 사회적 지지가 스트레스에 덜 민감하도록 만드는 긍정적 힘으로 작용한다는 견해가 있다. 이 견해에 따르면, 지지적인 관계가 있는 사람들은 스트레스 상황의 스트레스 정도를 낮게 평가하는 경향이 있고, 스스로에게 대처 능력이 있는 것으로 더 지각하는 경향이 있다. 예를 들어, 직장을 새로 얻었을 때 신뢰할 만한 사람이 없고, "걱정 마. 넌 잘 해낼 거야."라는 말을 해 줄 사람이 곁에 없는 경우에는 훨씬 더 불안해질 것이다. 사회적 지지의 또 다른 주요 역할은 감정을 해소할 기회를 준다는 것인데, 이는 면역체계를 강화해 준다.

　사회적 지지가 없을 때 느끼게 되는 외로움은 인간에게 있어 스트레스의 주요 원천이다. 외로움은 부정적인 신체적·심리적 결과를 동반하는데, 스트레스가 있을 때 자율신경계를 더 각성시키고, 부정적 정서 상태에서의 회복을 더디게 만든다.

　그러나 사회적 지지와 스트레스의 관계는 앞서 언급한 것과 같은 단순한 인과관계로만 얘기할 수 있는 것은 아니다. 예를 들면, 스트레스를 받는 사람이 주위 사람들에게 주로 화를 내거나 무기력하게 은둔하는 반응을 한다면, 스트레스가 사회적 지지를 약화시킬 수 있고, 이러한 약화는 스트레스를 더 가중시키는 악순환을 야기할 수 있다.

6. 스트레스 조절 전략

　어차피 스트레스 자체를 완전히 피할 수 없는 것으로 본다면 효과적으로 스트레스를 조절하고 대처하는 방법을 알고 실천하는 것이 매우 중요하다. 스트레스를 조절하는 다양한 방법들이 있는데, 스트레스원의 변화를 통해 스트레스를 해결하는 방법, 생각을 변화시키는 방법, 상황을 수용하는 방법, 운동 및 이완 등의 보다 적극적인 스트레스 해결 방법 등을 들 수 있다. 중요한 것은 이러한 방법을 알고 있다는 것이 아니라, 이러한 방법을 실천해야 한다는 것이다. 정말로 자신에게 도움이 되는 방법을 찾기 위해서는 여러 가지 방법들을 실생활에 적용해 보면서, 어떤 방법이 자신에게 더 효과가 있는지 살펴보아야 한다. 여기서는 실제적으로 적용할 수 있는 스트레스 조절 방법들을 살펴본다.

1) 스트레스원의 변화를 통한 스트레스 해결 방법

　이미 설명한 것처럼, 스트레스원이란 스트레스 반응을 일으키는 원인이 되는 사건이나 상황을 말한다. 그러면 이 스트레스 해결 방법은 어떻게 하는 것일까? 스트레스원의 변화를 통한 스트레스 해결 방법은 예상할 수 있고, 회피할 수 있는 스트레스원일 때 적용될 수 있다. 다음은 이와 관련된 사례다.

사 례

주부 A씨는 얼마 전 옛 친구의 연락을 받았다. 오랜만에 만나는 친구가 반가워서 그 뒤로도 자주 연락을 하게 되었다. 그런데 그 친구는 얼마 지나지 않아 A씨에게 외국에서 수입한 좋은 상품들을 싸게 주겠다는 이야기를 꺼내기 시작했다. 처음에는 친구의 호의인 줄 알고 선뜻 구입을 하였으나 점차로 많은 구매를 강요하기 시작했고 어느 때인가부터 친구가 속해 있는 회사를 소개시켜 주면서 더 싸게 구입할 수 있다며 회원 가입까지 권유하였다. 그때서야 A씨는 그게 불법적인 다단계 회사라는 것을 알게 되었다. A씨는 물건 구입을 그만두고자 하였으나 친구와의 관계도 끊어질 것 같고 그동안 많은 물건들을 구매하며 쌓은 포인트가 아깝다는 생각에 고민을 하게 되었다. 이런 갈등 중에 필요 없이 잔뜩 구입한 물건들로 인해 남편과도 싸움이 시작되었다. 결국 A씨는 친구와 회사와의 관계를 모두 정리하는 것으로 결정을 지었고, 문제들은 차츰 해결되기 시작했다.

변화를 통한 해결 방법은 많은 스트레스원에 대해 효과적으로 적용할 수 있다. 그러나 어떤 스트레스원들에 대해서는 별로 효과가 없을 수도 있다. 스트레스원을 예측할 수는 있지만 이를 피하기 어려운 상황이라면, 이 방법은 적용될 수 없을 것이다.

다음은 흔히 사용할 수 있는 스트레스 회피 책략들의 목록을 보여 준다. 이 내용을 작은 종이에 복사하여 가지고 다니면서 필요할 때마다 꺼내서 읽어 볼 수도 있을 것이다. 이를 대처 카드라고도 하는데, 스트레스 회피 책략의 내용이 익숙하지 않은 사람에게는 이러한 대처카드가 도움이 될 수 있다.

1. 가능한 한 미리 계획을 세워라. 미리 예상을 한다면 스트레스를 제거하는 데 도움이 된다. 당신의 시간과 생활을 체계화하라. 그렇게 한다면 스트레스원

을 보다 더 손쉽고 체계적으로 처리할 수 있을 것이고, 따라서 스트레스를 더 적게 받게 될 것이다.

2. 적절한 판단을 하라. 주어진 여러 일들에 대해 우선순위를 세워라.

3. 스트레스원들이 한꺼번에 발생하지 않도록, 해야 할 일들의 완급을 조절하라. 한꺼번에 여러 가지의 스트레스원들이 동시에 발생하지 않는다면, 스트레스원으로 인해 겪게 되는 스트레스는 보다 적어질 것이다. 예를 들면, 만일 어떤 사람이 다음 한 달 동안 회사에서의 중요한 업무를 처리해야 하는 상황이라면, 다음 달은 새로운 취미생활을 갖거나 혹은 시간과 노력이 많이 드는 일을 시작하기에는 적절하지 않은 기간이라고 할 수 있다.

4. 자신의 능력을 벗어나는 일을 하려고 하지 마라. 자신 및 자신의 한계에 대하여 알도록 하라. 또 '아니요'라고 말하는 것을 두려워하지 마라.

5. 어떤 일들이 너무 벅차다고 느껴지면 이에 대해 적절한 조치를 취해야만 한다. 자신이 지금 너무 많은 일들에 관여하고 있다면 몇 가지 계획을 축소하거나 취소함으로써 스트레스를 줄일 수 있을 것이다. 현명한 사람은 자신에게 문제가 있을 때 이를 알고 즉각적으로 수정할 수 있는 사람이다.

2) 생각의 변화를 통한 스트레스 해결 방법

앞서 설명한 '스트레스원의 변화를 통한 스트레스 해결 방법'은 스트레스원을 제거하는 방법이다. 그러나 스트레스원을 피할 수 없거나 혹은 스트레스원을 받아들여야 할 경우에는 '생각의 변화를 통한 스트레스 해결 방법'을 사용하는 것이 효과적일 수 있다.

우리는 예상치 못했거나 불쾌한 상황에 처하게 되면 기분이 우울해지거나 불안해진다. 시험에 떨어졌다거나, 친구와 언짢은 일이 있었다거나, 배우자와 다툼이 있었다면 하루 종일 혹은 며칠 동안 기분이 나쁘고 계속해서 그 일이 떠올라 마음이 불편해지곤 한다. 그러나 자신과 똑같은 일을 겪었는데 나보다 상황을 잘 극복하고 감정을 잘 추스르는 사람이 있다. 즉, 똑같이 힘든 상황을 겪었다고 해서 모든 사람이 다 똑같은 감정 상태나 똑같은 행동을 보이는 것은 아니다.

이성 친구와 다툼이 있었던 경우를 생각해 보자. 똑같은 상황인데도 무엇 때문에 다툼이 일어났는지 생각해 보고, 앞으로 자신이 어떻게 해야 하는지를 따져봄으로써 오히려 다툼을 슬기롭게 잘 극복해 나가는 사람이 있는가 하면, 이성 친구를 계속 비난만 하거나, 자신의 신세를 한탄하고 자신을 형편없이 못난 사람으로 받아들여 우울에 빠져 있는 사람도 있다. 이 두 사람의 차이는 무엇인가? 두 사람모두 이성 친구와 다투게 된 상황은 같았지만 그 상황을 받아들이고 다루는 마음, 즉 사건이나 상황에 대한 생각이 달랐다. 다시 말해, 우리가 살아가는 이 세상에서, 많은 경우 사건이나 상황 자체가 감정을 유발하는 것이 아니라, 그에 대한 우리의 생각이나 해석이 감정을 유발한다는 것이다.

"만사가 마음먹기 달렸다."는 말이 있다. 우리는 생각을 변화시킴으로써 우리의 감정과 행동을 변화시킬 수 있다. 어떻게 상황을 받아들이느냐, 어떻게 사건을 바라보느냐 하는 것이 곧 우리의 생각이고, 그 생각의 방향에 따라 우리의 감정상태, 나아가서는 정신건강에까지 커다란 영향을 미치게 된다. 물론 경우에 따라서는 생각을 바꾸는 것만으로는 부족하고, 실제 상황에서의 문제점을 보다 적극적으로 해결해 나가야 하는 경우도 있지만, 대부분의 경우 우리가 상황 그 자체 혹은 다른 사람의 생각이나 행동을 변화시키는 것은 어렵기 때문에, 우리가 할 수 있는 최선은 내 생각을 보다 합리적·현실적·긍정적으로 가짐으로써 자신을 불편하지 않은 상태로 만드는 것이다.

내가 가진 생각들 중 자신을 괴롭히는 지나치게 과장되거나 부정적인 부분들을 찾아내어 그것을 검토하고 이를 보다 타당하면서도 긍정적인 생각으로 바꾸어 나가는 것이 스트레스를 조절하는 매우 중요한 방법이 된다.

3) 변화시키기 어려운 일은 수용하기

갑작스러운 사고나 질병 등은 한 개인을 매우 힘들게 할 수 있다. 이러한 우발적인 사고는 있는 그대로 인정하고 그로 인한 스트레스를 어떻게 해결할 것인가를 생각해야 한다. 살다 보면 스스로 통제하기 어렵거나 조절할 수 없는 상황들이 생기게 된다. 이럴 때 상황을 변화시키기 위해 지나치게 노력하는 것은 오히려 스트레스를 높이면서 개인의 신체적·정신적 건강을 해칠 수 있다. 다음의 문구는 수용과 관련된 좋은 교훈으로서 어려운 상황들을 극복해 나가는 데 도움이 될 수 있는 내용이다.

평온의 기도

신이시여!
나에게 내가 변화시킬 수 없는 것을 인정할 수 있게 하시고, 내가 변화시킬 수 있는 것은 바꾸는 용기를 주시고, 이러한 차이를 알 수 있는 지혜를 주셔서 저를 평온케 하소서.
  −신학자 라인홀드 니버(Reinhold Niebuhr)의 기도 중에서−

4) 적극적인 스트레스 해결 방법

(1) 운동

신체적인 활동은 심장을 튼튼하게 만들며 신체를 더욱 건강하게 하여 질병에 대한 저항력을 향상시켜 준다. 운동을 통해 얻을 수 있는 장점은 다음과 같다.

- 운동을 하면 우리의 몸에서 생산되어 사용할 기회가 없었던 스트레스 에너지를 소모시킬 수 있다.
- 운동을 하면 스트레스로 인해 긴장되어 있는 신체의 근육을 이완시킬 수 있다.
- 운동을 하면 정신에도 영향을 준다. 즉, 운동은 인간의 기분 상태를 결정하는

뇌의 특정 부위에 영향을 미친다. 또한 운동에 열중하는 동안만큼은 골치 아픈 문제들을 잊어버릴 수 있을 것이다.

- 운동을 하면 더 좋은 신체 조건을 유지할 수 있고, 따라서 스트레스 및 긴장에 보다 잘 저항할 수 있는 준비 상태를 갖추게 된다.
- 운동은 다른 사람들과 함께 참여하게 되는 경우가 많은데, 이를 통해 타인과의 상호작용이 증가되며, 이것 자체만으로도 스트레스 감소 효과를 갖는다.

이와 같은 운동의 장점들을 생각해 볼 때, 최소한 일주일에 두세 번씩 자신에게 가장 적합한 운동을 찾아 규칙적으로 실행하는 것이 바람직하다.

(2) 타인의 지원

스트레스를 다루는 또 다른 효과적인 방법은 다른 사람들에게 도움을 요청하는 것이다. 이미 앞에서 스트레스에 미치는 사회적 지지의 영향을 설명하였다. 여러 연구 결과를 보면, 혼자 사는 사람들은 스트레스 수준이 더 높은 경향이 있다. 우리 인간은 타인과 어떤 형태로든 관계를 맺고 싶어 한다. 우리에게는 정서적인 지원과 피드백을 해 주는 사람들이 필요하다. 더욱이 우리는 다른 사람들에게 도움을 주고, 스스로 필요한 존재라는 느낌을 가질 필요가 있다. 전문가들은 이러한 사회적인 상호작용이 부족한 사람들이 몸과 정신의 병에 걸리기 쉽다고 한다.

어떻게 하면 타인의 지원을 받을 수 있는가? 첫째, 자신이 가지고 있는 문제들을 다른 사람에게 말하여 함께 나눈다. 자신의 감정을 억누르는 것은 스트레스를 증가시키는 원인이 된다. 따라서 가능한 한 자신의 감정을 다른 사람에게 말하는 것이 중요하다. 심지어 타인이 당신의 문제를 해결해 줄 수 없는 경우라고 해도 자신의 고민을 줄이는 데 도움이 된다.

둘째, 가족 및 친구들과 건강한 관계를 지속하도록 노력한다. 만일 서로에게 애정과 관심을 갖고 있는 집단의 한 성원이 될 수 있다면, 스스로 중요한 존재라는 느낌을 갖게 될 것이다. 그러나 인간관계는 우연히 형성되지 않는다. 타인과의 관계를 위해 사랑을 주고 주의를 기울여야 한다. 그렇게 하지 않는다면, 관계는 유지되지 않는다. 만약 상대방과 일방적인 관계를 유지해 왔다면, 즉 자신은 항상 주기만 하고 상대방은 항상 받기만 하는 관계였다면 혹은 그 반대의 관계였다면, 결코 건강한 상호적인 관계라고 보기 어렵다. 친구나 가족 중의 한 사람이 스트레스 상황에 있을 때, 자신도 타인에게 지원과 조언을 줄 수 있어야 한다. 이러한 행동은 그들과의 관계를 강화하고, 나아가 자신이 문제를 가지고 있을 때 상대방이 자신을 도와주게 만들 것이다.

셋째, 스트레스를 줄이기 위한 또 다른 방법은 자신에 대해서만 생각하지 말고, 타인들을 위해 좋은 일을 한다. 누군가에게 선물을 주었던 경우나 혹은 특별한 이유나 대가 없이 도움을 주었던 경우를 기억해 보자. 그러한 행동은 자신에 대해 아주 좋은 감정을 갖도록 만들었을 것이다. 타인을 위해 좋은 일을 하는 것은 스스로에게 좋은 치료 방법이 된다.

(3) 이완 계획 세우기

자신을 이완시키는 방법에 대해 모든 사람들이 동일할 수는 없다. 어떠한 방법을 통해 이완상태가 되느냐 하는 것은 중요한 문제가 아니다. 중요한 것은 빨리 편안한 이완상태가 되는 것이다. 스트레스를 전혀 유발하지 않는 일은 없으며, 또한 스트레스를 완전히 해소해 주는 활동도 없다. 자신의 일상계획에 이완할 수 있는 활동들을 포함하는 습관을 갖는 것이 중요하다. 다음은 이완할 수 있는 몇 가지 방법들이다.

- 음악을 듣는다.
- 아이들이나 동물과 함께 논다.
- 목욕탕 혹은 사우나에서 휴식을 취한다.
- 가벼운 책이나 잡지를 읽는다.
- 자연을 즐기면서 공원 혹은 야외에서 시간을 보낸다.

- 요리를 한다.

- 낮잠을 자거나 일광욕을 한다.

- 악기를 연주한다.

- TV를 본다.

- 마당 혹은 정원에서 일을 한다.

- 공책에 글을 쓴다.

- 영화, 연주회 혹은 쇼 프로를 관람한다.

- 자전거를 탄다.

- 스포츠 경기를 구경한다.

- 요가나 명상을 한다.

- 호흡 훈련을 한다.

5) 잘못된 스트레스 관리

　다음은 스트레스를 잘못 관리하는 방법들을 보여 주고 있다. 이 항목들을 살펴 보면 이 방법들이 한결같이 건강에 해를 줄 뿐이며, 스트레스에 대처하는 데는 아무런 도움이 되지 않는 것들이라는 것을 알 수 있다. 따라서 이러한 비효율적인 방식으로 행동하지 않도록 주의하여야 할 것이다.

- 긴장을 풀기 위해 각종 약물, 알코올 혹은 담배를 이용하는 것

- 자신의 스트레스를 타인의 탓으로 돌려 그들을 욕하는 것

- 스트레스를 피하기 위해 타인과의 접촉을 회피하는 것

- 과로하는 것

- 자신에 대해 지나칠 정도로 진지하게 생각하는 것

- 휴식과 좋은 영양 섭취를 하지 않는 것

- 자신의 문제를 가슴속에 품고 있는 것

• 스트레스 징후들을 무시하는 것
• 타인의 도움을 필요로 하는 상황에서 도움을 청하지 않는 것

요약

스트레스란 걱정, 근심이나 일에 대한 불만족 또는 지나친 과로 등으로 인해 생기는 모든 행동적·신체적 변화를 말한다.

스트레스는 긍정적인 스트레스인 유스트레스와 부정적인 스트레스인 디스트레스로 나눌 수 있다.

스트레스를 받으면 우리의 몸은 위협 상황에 대처하기 위해 투쟁–도피 반응을 나타낸다.

스트레스에 대한 반응은 신체적·정서적·행동적 증상으로 나타날 수 있다.

여러 가지 스트레스 사건들이 몇 단계에 걸쳐 스트레스 반응들을 이끌어 내는 과정을 일반 적응 증후군이라고 부르며, 일반 적응 증후군은 경고, 저항 및 소진의 단계로 이루어져 있다.

스트레스 유발 요인으로는 주요 생활사건, 재난, 사소한 일상적 문제 등이 있다.

스트레스는 직간접적으로 건강에 영향을 미친다.

스트레스를 받을 때 건강에 영향을 미치는 개인적 특성으로 A 유형 행동패턴, 강인성, 낙관주의/비관주의 등이 있다.

한 개인이 스트레스에 어떻게 대처하느냐는 그 개인의 대처 방식과 사회적 지지가 영향을 미친다. 또한 문화적 영향도 있을 수 있는데, 그 예로서 최소 노력 증후군과 존 헨리 현상을 들 수 있다.

스트레스를 조절하는 전략으로는 스트레스원의 변화를 통한 스트레스 해결 방법, 생각의 변화를 통한 스트레스 해결 방법, 변화시키기 어려운 일은 수용하기, 보다 적극적으로 스트레스 해결하기 등이 있다.

 **학습과제**

1. 스트레스와 스트레스원을 구분하여 설명하시오.

2. 스트레스에 대한 반응으로서 투쟁-도피 반응, 신체적 · 정서적 · 행동적 징후들, 일반
   적응 증후군에 관해 설명하시오.

3. 스트레스 유발 요인에 관해 설명하시오.

4. 건강에 영향을 주는 성격 및 사회적 요인에 관해 설명하시오.

5. 대처 방식에 미칠 수 있는 문화적 영향의 예에 관해 설명하시오.

6. 자신에게 효과적으로 적용할 수 있는 스트레스 조절 전략을 찾아보시오.

참고문헌

원호택(1997). 이상심리학. 서울: 법문사.

Arnsten, A. F. T. (1998). Catecholamine modulation of prefrontal cortical cognitive function. *Trends in Cognitive Sciences, 2,* 436-447.

Baron, R. S., Cutrona, C. E., Hicklin, D., Russel, D. W., & Lubaroff, D. M. (1990). Social support and immune function among spouses of cancer patients. *Journal of Personality and Social Psychology, 59,* 344-352.

Berry, J. W. (1989). Psychology of acculturation. In J. Berman (Eds.), *Nebraska Symposium on Motivation* (Vol. 37, pp. 201-234). Lincoln: University of Nebraska Press.

Berry J. W., Dasen, P. R., & Saraswathi, T. S. (Eds.). (1997). *Handbook of cross-cultural psychology: Vol. 2. Basic processes and human development* (2nd ed.). Boston: Allyn & Bacon.

Blascovich, J., & Mendes, W. B. (2000). Feeling and thinking: The role of affect in social cognition. In J. P. Forges et al. (Eds.), *Challenge and threat appraisals: The role of affective cues.* New York: Cambridge University Press.

Bremner, J. D. (1999). Does stress damage the brain? *Biological Psychiatry, 45,* 797- 805.

Brown, G. W., & Harris, T. O. (1978). *Social origins of depression: A study of psychiatric disorder in women.* New York: Free Press.

Brown, J. B. (1991). Staying fit and staying well: Physical fitness as a moderator of life stress. *Journal of Personality and Social Psychology, 61,* 555-561.

Cameron, L. D., Leventhal, H., & Love, R. R. (1998). Trait anxiety, symptom perceptions, and illness-related responses among women with breast cancer in remission during a tamoxifen clinical trial. *Health Psychology, 15,* 459-469.

Carver, C. S. (1998). Resilience and thriving: Issues, models, and linkages. *Journal of Social Issues, 54,* 245-266.

Cohen, S., & Herbert, T. B. (1996). Health psychology: Psychological factors and physical disease from the perspective of human psychoneuroimmunology. *Annual Review of Psychology, 47,* 113-142.

Cohen, S., Tyrrell, D. A., & Smith, A. P. (1991). Psychological stress and susceptibility to the common cold. *New England Journal of Medicine, 325,* 606-612.

Cohen, S., & Williamson, G. M. (1991). Stress and infectious disease in humans. *Psychological Bulletin, 109,* 5-24.

Cohen, S., & Wills, T. A. (1985). Stress, social support, and the buffering hypothesis. *Psychological Bulletin, 98,* 310-357.

DeLongis, A., Coune, J. C., Dakof, G., Folkman, S., & Lazarus, R. S. (1982). Relationships of daily hassles, uplifts, and major life events to health status. *Health Psychology, 1,* 119-136.

DeLongis, A., Folkman, S., & Lazarus, R. S. (1988). The impact of daily stress on health and mood: Psychological and social resources as mediators. *Journal of Personality and Social Psychology, 54,* 486-495.

Dembroski, T. M., & Costa, P. T. (1987). Coronary prone behavior: Components of the Type A pattern and hostility. *Journal of Personality, 55,* 211-235.

Eisenberg, N., Fabes, R. A., & Murphy, B. C. (1996). Parent's reactions to children's negative emotions: Relations to children's social competence and comforting behavior. *Child Development, 67,* 2227-2247.

Evans, G. W., Palsane, M. N., & Carrere, S. (1987). Type A behavior and occupational stress: A cross-cultural study of blue-collar workers. *Journal of Personality and Social Psychology, 52,* 1002-1007.

Folkman, S., & Lazarus, R. S. (1980). An analysis of coping in a middle-aged community sample. *Journal of Health and Social Behavior, 21,* 219-239.

Folkman, S., & Moskowitz, J. T. (2000). Positive affect and the other side of coping. *American Psychologist, 55,* 647-654.

Friedman, M., & Rosenman, R. H. (1959). Association of specific overt behavior pattern with blood and cardiovascular findings-blood cholesterol level, blood clotting time, incidence of arcus senilis, and clinical coronary heart disease. *Journal of the American Medical Association, 162,* 1286-1296.

Gust, D., Gordon, T., Brodie, A., & McClure, H. (1994). Effects of preferred companion in modulating stress in adult female rhesus monkeys. *Physiology and Behavior, 4,* 681-684.

Holmes, T. H., & Rahe, R. H. (1967). The social readjustment rating scale. *Journal of Psychosomatic Research, 11,* 213-218.

House, J. S., Landis, K. R., & Umberson, D. (1988). Social relationships and health. *Science, 241*, 540-545.

Jacobs, T. J., & Charles, E. (1980). Life events and the occurrence of cancer in children. *Psychosomatic Medicine, 42*, 11-24.

Johnson, J. V., Stewart, W., Hall, E. M., Fredlund, P., et al. (1996). Long-term psychosocial work environment and cardiovascular mortality among Swedish men. *American Journal of Public Health, 86*, 324-331.

Kamen, L. P., & Seligman, M. E. P. (1987). Explanatory style and health. *Current Psychological Research & Reviews, 6*, 207-218.

Kemeny, M. E., & Laudenslager, M. L. (1999). Beyond stress: The role of individual difference factors in psychoneuroimmunology. *Brain, Behavior and Immunity, 13*, 73-75.

Kendler, K. S. (1995). Adversity, stress and psychopathology: A psychiatric genetic perspective. *International Journal of Methods in Psychiatric Research, 5*, 163-170.

Kessler, R. C., Turner, J. B., & House, J. S. (1989). Unemployment, reemployment, and emotional functioning in a community sample. *American Sociological Review, 54*, 648-657.

Kluckhohn, F., & Strodtbeck, F. (1961). *Variations in value orientations.* Evanston, IL: Row, Peterson.

Kobassa, S. C. (1979). Stressful life events, personality, and health: An inquiry into hardiness. *Journal of Personality and Social Psychology, 37*, 1-11.

Lazarus, R. S., DeLongis, A., Folkman, S., & Gruen, R. (1985). Stress and adaptational outcomes: The problems of confounded measures. *American Psychologist, 40*, 770-779.

Lehman, D. R., Wortman, C. B., & Williams, A. F. (1987). Long-term effects of losing a spouse or child in a motor vehicle crash. *Journal of Personality and Social Psychology, 52*, 218-231.

Levenson, J. L., & Bemis, C. (1991). The role of psychological factors in cancer onset and progression. *Psychosomatics, 32*, 124-132.

Leventhal, H., & Leventhal, E. A. (1993). Affect, cognition, and symptom perception. In C. R. Chapman & K. M. Foley, (Eds.), *Current and emerging issues in cancer pain: Research and practice. Bristol-Myers Squibb Symposium on Pain Research series.*(pp. 153-173). New York: Raven Press.

Martikainen, P., & Valkonen, T. (1996). Mortality after the death of a spouse: Rates and causes of death in a large Finnish cohort. *American Journal of Public Health, 86,* 1087-1093.

McEwan, B. S. (1999). Stress and hippocampal plasticity. *Annual Review of Neuroscience, 22,* 105-122.

Miller, P. A., Eisenberg, N., Fabes, R., & Shell, R. (1996). Relations of moral reasoning and vicarious emotion to young children's prosocial behavior toward peers and adults. *Developmental Psychology, 32,* 210-219.

Moos, R. H., & Billings, A. G. (1982). Conceptualizing and measuring coping resources and processes. In L. Goldberger & S. Breznitz (Eds.), *Handbook of stress.* New York: Macmillan.

O'Brien, T. B., & Delongis, A. (1996). The international context of problem-, emotion-, and relationship-focused coping: The role of the Big Five personality factors. *Journal of Personality, 64,* 775-813.

Ogbu, J. (1991). Minority coping responses and school experience. *Journal of Psychohistory, 18,* 434-456.

O'Leary, A. (1992). Self-efficacy and health: Behavioral and stress-physiological mediation. *Cognitive Therapy and Research, 16,* 229-245.

Pargament, K. I., & Park, C. L. (1995). Merely a defense? The variety of religious means and ends. *Journal of Social Issues, 51,* 13-32.

Peterson, C. (1988). Explanatory style as a risk factor for illness. *Cognitive Therapy and Research, 12,* 119-132.

Peterson, C., Seligman, M., & Vaillant, G. (1988). Pessimistic explanatory style is a risk factor for physical illness: A thirty-five-year longitudinal study. *Journal of Personality and Social Psychology, 55,* 23-27.

Rogler, L. H., Cortes, D. E., & Malgady, R. G. (1991). Acculturation and mental health status among hispanics: Convergence and new directions for research. *American Psychologist, 46,* 585-592.

Scheier, M. F., Matthews, K. A., Owens, J., Magovern, G. J., Lefebvre, R. C., Abbott, R., & Carver, C. S. (1989). Dispositional optimism and recovery from coronary artery bypass surgery: The beneficial effects on physical and psychological well-being.

Journal of Personality and Social Psychology, 57, 1024-1040.

Selye, H. (1936). A syndrome produced by diverse nocuous agents. *Nature, 138,* 32.

Selye, H. (1976). *The stress of life.* New York: McGraw-Hill.

Sherman, R. L. (1994). The rock ceiling: A study of African-American women managers experiences and perceptions of barriers restricting advancement in the corporation. Dissertation Abstracts International Section A. *Humanistic and Social Sciences, 54,* 3226.

Spiegel, D. (1999). Healing words-Emotional expression and disease outcome. *Journal of the American Medical Association, 281,* 1328-1329.

Spiegel, D., & Kato, P. M. (1996). Psychological influences on cancer incidence and progression. *Harvard Review of Psychiatry, 4,* 10-26.

Suls, J., David, J. P., & Harvey, J. H. (1996). Personality and coping: Three generations of research. *Journal of Personality, 64,* 711-735.

Suls, J., Green, P., & Hillis, S. (1998). Emotional reactivity to everyday problems, affective inertia, and neuroticism. *Personality and Social Psychology Bulletin, 24,* 127-136.

Taylor, S. (1991). *Health psychology* (2nd ed.). New York: McGraw-Hill.

Tix, A. P., & Frazier, P. A. (1998). The Use of Religious Coping During Stressful Life Events: Main Effects, Moderation, and Mediation. *Journal of consulting and clinical psychology, 66,* 411-422.

Viinamaeki, H., Koskela, K., & Niskanen, L. (1996). Rapidly declining mental well being during unemployment. *European Journal of Psychiatry, 10,* 215-221.

Watkins, L. R., & Maier, S. F. (2000). The pain of being sick: Implications of immune-to-brain communication for understanding pain. *Annual Review of Psychology, 51,* 29-57.

Wright, L. B., Treiber, F. A., Davis, H., & Strong, W. B. (1996). Relationship of John Henryism to cardiovascular functioning at rest and during stress in youth. *Annals of Behavioral Medicine, 18,* 146-150.

여성심리학

김미리혜

학습 목표

1. 여성심리학의 주요 개념과 역사에 관해 알아본다.

2. 성차연구의 쟁점에 관해 알아본다.

3. 여성호르몬의 영향에 관해 알아본다.

4. 여성의 성반응과 남성의 성반응 간 유사점에 관해 알아본다.

5. 여성에게 가해지는 폭력에 관해 알아본다.

학습 개요

지금도 심리학은 남성 중심적인 학문이다. 심리학은 남성 중심적 조망으로 심리학 연구의 주제를 설정하고 수행하고, 그 연구 결과를 해석하고 적용하면서 편파를 초래하였고, 그 파급효과가 상당하다. 여성 관련 문제가 심리학의 연구 대상이 될 때조차도 남성에 의해, 남성의 견지에서 연구되기 일쑤다.

1970년대에 이르러 미국 여성심리학자들이 여성과 관련된 고정관념을 탈피하려는 움직임을 주도했고, 새로운 시각으로 여성의 특성과 여성 관련 주제를 연구하고 가르치기 시작했다. 그 결과 1990년대를 거치고 2000년대에 들어서 미국에서는 여성에 관한 책과 연구가 쏟아져 나와 미처 따라잡지 못할 지경이 되었다. 요즘에는 북아메리카의 많은 대학에서 여성심리학이나 성(gender) 심리학 강의를 개설하고 있으며, 우리나라에서도 그런 움직임이 보인다. 심리학 개론서에 여성심리학이 하나의 장으로 포함된 것도 우리나라에서는 아마 이 책이 처음인 것 같다.

이 장에서 기술하는 여성심리학은 '성차심리학'에서처럼 남성과 여성 간 집단 차이를 다루기도 하지만 남녀 간 유사성과 개인차를 중요시한다. 또한 페미니스트 심리학처럼 페미니즘적 관점에서 사회와 문화 그리고 그 영향을 분석하기도 하지만, 사회정치적 변화나 개인적 변화 자체에 초점을 맞추지는 않는다.

여기서는 심리학적인 관점에서 여성의 삶과 관련된 주제들을 몇 가지 다룰 것이다. 여성심리학의 주요 개념들을 선별해서 설명하고 어떤 것이 여성심리학에서 다루어지고 있는지 살펴보고자 한다. 이 주제와 주요 개념의 선정은 저자의 기호가 십분 반영된 것으로, 여성심리학이나 성행동에 관심이 있는 이들에게는 보다 포괄적이고 심도 깊은 내용을 담은 책이나 강의를 권한다.

1. 여성심리학의 주요 개념

1) 섹스와 젠더

　'섹스(sex)'는 성관계를 뜻하기도 하지만, 원래는 '해부학적인 성'이라는 비교적 좁은 뜻을 지닌다. 따라서 '성염색체(sex chromosome)' '성 기관(sex organ)'처럼 생산과 관련된, 타고난 생리적 특징만을 말한다(Howard & Hollander, 1997). 반면 '젠더(gender)'라는 용어는 심리적 특징과 사회적 범주를 일컫는다. 성(남성과 여성) 간의 비교(gender comparison), 성역할(gender roles), 성고정관념(gender stereotype)처럼 젠더라는 용어가 활용된다. '여성심리학'에서의 '여성'도 젠더의 여성 범주를 뜻한다. 그러나 심리학 연구 논문이나 책을 보면서 섹스와 젠더를 제대로 구분하지 않은 경우들에 부딪히게 된다. 다시 말해 '젠더'를 의미하면서 '섹스'라는 용어를 사용하는 것을 흔히 볼 수 있다.

　해부학적으로 '중성' '양성'이라는 용어가 있고, 독자는 대강 그 뜻을 알 것이다. 심리적 양성성을 의미하는 개념도 있는데, 심리적 안드로지니(androgyny)가 바로 그것이다. 이 용어는 그리스어의 남성(andro-)과 여성(-gyny)에서 따온 말로서, 전통적인 여성성과 남성성을 모두 높게 갖춘 사람을 일컫는다. 1970~1980년대의 분위기는 심리적 안드로지니를 이상적 인간성으로 여기고 그것을 조장하는 것이었다. 전통적 여성성과 전통적 남성성을 두루 갖춘 사람들이 한쪽 성의 특성만을 지닌 사람들보다 다양한 상황에서 적응을 잘하리라는 기대에서였다. 가령 상냥하면서도 공격적이고 직장 일을 열심히 하면서도 가정을 잘 돌보는 사람들이 현대 사회가 필요로 하는 융통성을 갖춘 사람이라는 것이다. 그러나 이후 수행된 연구들을 보면 양성성이 높은 사람들보다 남성성이 높은 사람들이 적응을 잘한다는 결과들이 있다. 아직도 우리 사회에서는 남성적인 사람들, 남성적 특성에 더 큰 보상과 가치를 부여하기 때문일 것이다. 또한 심리적 양성성의 개념이나 정의 자체에 대한 문제가 끊임없이 제기되고 있는데, 가령 슈퍼우먼, 슈퍼맨을 지향하는 비현실적인 기준이 비판을 받았다. 보통 사람이 자기주장을 잘하면서 타인을 배려하고, 독립적이면서 다른 사람들과의 관계에 신경을 쓸 수 있겠는가? 그러므로 양극단의 전통적 여성성과 남성성을 단순히 더하는 것이 아니라 전통적 성을 초월하는 개념이 필요하다는 주장이 받아들여지고 있다.

2) 여성심리학의 역사

젠더에 관한 초기 연구(1900~1910년대)는 성별 비교에 초점이 맞추어져 있고 종종 성차별적 편견의 영향을 받았다. 다시 말해, 남성학자들에 의한, 다방면에서 여성이 열등하다는 것을 증명하고자 하는 연구가 판을 쳤다.

1930년대에 들어서 여성이 미국심리학회원 수의 1/3을 차지했어도 교수인 경우가 드물었기 때문에 여성심리학이나 여성심리학자의 위상은 높아지지 않았다. 1969년 미국의 여성심리학자협회(Association for Women Psychologists) 회원들은 미국심리학회(American Psychological Association)가 여성과 관련된 문제에 무관심하고 남성 중심적이며, 학회 내 여성 회원의 지위가 낮다는 것을 지적하고 대책을 세울 것을 촉구하는 안들을 제출하였다. 드디어 1973년 미국심리학회 내 제35분과로 여성심리학분과가 설립되어 오늘날까지도 여성 관련 이슈를 제기하고 연구하는 선봉 역할을 담당하고 있다. 1970년대는 페미니즘과 여성운동이 대학 캠퍼스에서 힘을 얻는 때였다. 여성학에 대한 학생들의 관심이 급격하게 커짐에 따라 여성학 강의가 여기저기에 개설되었다. 미국심리학회의 여성심리학분과 내의 연구가 가열됨은 물론, 다른 분과에서도 여성과 관련된 주제를 많이 다루게 되었다.

우리나라에서는 1997년에야 한국심리학회의 산하학회로서 한국여성심리학회가 등록되었고 『한국심리학회지: 여성』이라는 학술지를 간행하고 있다.

이와 같이 여성심리학의 역사는 짧지만 여성심리학 분야의 연구가 축적되면서 결론이 난 문제들도 생겨났으며, 간단한 줄 알았는데 실은 복잡하다는 것이 밝혀진 주제들도 많아졌다. 또한 여성들 자체가 동질집단이 아니라는 것을 상기시켜 주는 연구 결과들도 쌓였다. 사실 젠더 관련 문제들은 사회문화, 계층, 제도 등 여러 요인들과 복잡하게 얽혀 있고, 그러다 보니 다학제적인 연구가 많이 이루어지고 있다.

3) 성과 관련된 고정관념

성과 관련된 고정관념(gender stereotype) 역시 인지 편향(cognitive bias)의 한 형태로, 여성과 남성의 특징이나 역할에 관한 믿음체계다. 여기서 강조하고 싶은 것은 고정관념은 '믿음' '생각' 이지 사실과 일치하는 것은 아니라는 점이다. 또한 어떤 집단에 대한 고정관념이 설사 일부 정확하더라도 모든 개인에게 다 통용될 수 있는 것은 아니다. 왜냐하면 심리적 특성들의 개인차는 엄청나기 때문이다. 여성 일반의 특징에 대한 고정관념으로는 '잘 웃고 잘 우는' '다른 사람의 감정에 예민한', 남성 일반의 특징에 대한 고정관념으로는 '감정을 숨기는' '강한' 등을 들 수 있다(Deaux,1995).

어떻게 이러한 고정관념이 유지되고 강화되는가? 우선 사회화(socialization)로 설명할 수 있다. 사회화란 개인이 성장하는 동안 그 사회에서 수용되는 태도나 행동방법 등을 학습하는 과정을 말하며, 최근에는 특히 대중매체가 미치는 영향이 지대하다. 유아가 보는 그림책부터 신문, 잡지, 영화 등은 성과 관련된 고정관념을 '주입' 하고 강화하여 개인이 그에 의한 틀로 모든 것을 바라보고 재단하게 된다. 공주님은 '예쁘며', 왕자님은 '용감하다.' 이런 식으로 사람들은 (남성보다도) 여성을 외모에 의해 평가하게 된다. 광고에서 아내들은 새 냉장고를 보며 행복에 겨워하고 에어컨을 사기 위해 맛난 음식을 준비하는 등 남편에게 지극 정성을 바친다. 드라마 속 의사는 대부분 남성이고 간호사는 여성이다. 사회적 구성주의자(social constructionist)의 관점에서 따르면 우리 각자가 젠더나 여성/남성의 역할 등을 독립적으로 이해하고 그 개념을 알아서 구성하는 것이 아니라 우리 사회가 이런 식으로 제공해 주는 도식이나 지식을 마치 안경처럼 사용해서 구성한다.

또한 다른 인지 도식(schema)과 마찬가지로 사람들은 고정관념과 일치되는 정보를 더 잘 받아들이고 기억한다. 가령 어떤 여성이 '강한' 모습을 보인다면 그것은 '뭔가 잘못되었거나' '예외적'인 경우라고 여기고 고정관념을 바꾸려고 하지 않는다.

고정관념은 자가충족 예언(self-fulfilling prophecies)을 통해 다른 사람의 행동에 영향을 줄 수 있고 지속되기도 한다. 자가충족 예언에 따르면, 누군가에 관해 어떤 예측을 하면 그 사람이 그 예측대로 행동을 하는 수가 많고 결국 그 예측이 맞게 되어 그 예측과 관련되는 기대나 생각이 지속된다. 가령 '여학생들은 발표를 못해.'라고 생각하는 교수가 발표하는 여학생에게 그런 말을 한다면 그 여학생은 더 긴장한 나머지 정말 발표를 망치게 되고 교수의 고정관념대로 이루어진다. 교수의 고정관념은 더 굳어질 것이다.

고정관념은 우리의 평가에 영향을 준다. 가령 사람은 같은 정도의 수행 능력을 보여도 남성이 평가 대상인 경우에 더 잘했다고 평가하는 경향이 있다. 남성이 성공한 경우 그 사람이 능력이 있어서라고 생각하지만 여성의 경우에는 '애교' 등 능력 이외의 요인을 생각하는 경향이 있다.

같은 시대, 같은 문화 속의 사람들은 사회화가 유사하게 진행됨으로써 유사한 고정관념을 공유하므로 고정관념의 존재 자체를 인식하지 못하는 경우가 많으며 당연시된다. 따라서 그러한 고정관념이 정확하지 못하다거나 부당하다는 것을 생각지도 못하고 계속 유지하게 된다.

성고정관념이 부정확하다는 것을 일깨워 주는 연구들이 있다. 한 연구(Martin, 1987)에서 남녀학생들에게 자신의 성격 특성을 평가하게 했다. 자기보고한 성격은 남녀 간에 차이가 나지 않았다. 다시 말해, 남성들이 보고한 '자기성격'은 여성들의 '자기성격'과 유사했다. 그런데 연구자가 그들에게 동일한 성격 특성에 있어서 '전형적인 남성' '전형적인 여성'이 어떨지를 점수 매기게 했더니 고정관념이 반영되었다. 가령 학생들은 전형적 남성이 전형적 여성보다 훨씬 독립적인 것으로 점수 매겼다. 자기보고에서는 성차가 없었으나 두 성 모두 남녀가 다

똑같이 직장에서 일하더라도 여성들은 양육과 집안일에 많은 노력을 쏟는데, 남성들은 자신의 커리어 개발과 레저 활동에 더 많은 시간을 보낸다(Perrone, Webb, & Blalock, 2005).

르다고 믿고 있다는 것이다. 사실 고정관념과는 달리 성차는 거의 없는데도 말이다.

4) 차별과 성차별주의

편견(prejudice)은 특정 집단에 대한 부정적 태도이다. 차별(discrimination)은 특정인이나 특정집단에 대한 부정적인(혹은 불이익을 주는) 행위를 말한다. 가령 어떤 회사에서 여자를 임원으로 승진시켜 주지 않는다면 여성에 대한 차별 행위를 한 것이다.

"여자들은 시집만 잘 가면 되지. 공부는 뭐 하러 하니?" 누가 이렇게 말한다면 명백한 성차별주의(sexism)적 발언을 한 것이며 '성차별주의자(sexist)'라는 비난을 받아 마땅하다. 요즘 사람들은 교육을 받아서인지 보다 미묘하고 복잡한 방식으로 성차별적인 행동을 한다. 가령 여자들이 배석한 회의에서 어떤 결정을 내리지 않고 회의 전후에 남자들끼리 담배를 피우면서 '비공식적인' 회의를 진행한다. 예를 들면, 여성들은 외국 근무가 힘들 것이라면서 외국지사로의 승진 기회를 남성에게만 부여한다.

대인관계, 상호작용에서 성차별이 일어나는 것을 입증한 연구들이 있다. 가령 서로 잘 모르는 학생들을 짝지어 주고 함께 블록쌓기를 하라고 시켰다(Lott, 1987). 그들이 작업하는 동안 일방향 거울로 그들의 언행을 관찰했고 녹화했다. 여자들은 상대방이 남자건 여자건 부정적 언행(상대방을 향한 부정적인 말, 몸짓 등)을 거의 보이지 않은 반면, 남자들은 상대방이 남자일 때와 여자일 때가 달랐다. 남자들은 상대방이 남자일 때보다 여자일 때 부정적인 반응을 보였다. 이와 유사한 연구에서 남자들은 다양한 과업에서 여자들보다는 남자들과 함께 일하고 싶다고 보고했다. 이는 확실히 현실을 반영한다고 하겠다.

또한 앞에서도 언급했듯이, 과제의 특성과 상관없이 남성에 의해 수행되는 과제가 여성의 과제보다 높은 평가를 받는 경우가 많다. 그 결과 포상, 승진 등에서 여성이 불이익을 받는다.

성적 고정관념이 기회 차별(access discrimination)에도 작용한다. 기회 차별이란 자질이 충분한데도 여성을 고용하지 않거나 덜 매력적인 지위를 제안하는 것이다. 고용하는 쪽에서 여성의 능력에 대해 부정적인 고정관념을 가졌다면 웬만하면 남성을 고용한다. 또한 가령 팀 리더로서의 업무를 성공적으로 수행하기 위해서는 고정관념상 전통적인 남성성을 요한다고 믿는 고용인이라면 특정 여성이 자기주장을 잘하고 리더십을 보일지라도 여성 지원자에게 낮은 점수를 준다. 또한 취업 관련 면접관들은 여성을 면접할 때 업무와 무관한 측면에 주목한다. 저자는 전문직 사원을 뽑는 자리에서 여성의 업무 관련 능력에는 별 관심이 없으면서 외모와 성격(유순한지 여부)을 기준으로 뽑는 경우를 많이 봐 왔다. 여기서 짚고 넘어갈 것은, 이러한 경우들에서 고정관념에 따라 여성을 채용한 고용인은 역시 여성은 그 일을 잘 못한다고 결론지을 것이라는 점이다. 다시 말해, 자가충족 예언으로 고정관념이 더 굳어질 것이다.

일단 여성이 고용되면 대우 차별(treatment discrimination)이라는 또 다른 종류의 차별에 직면한다. 대우 차별에는 봉급 차별, 승진 차별 등이 포함된다.

우리나라의 경우 경제 발전과 서구화의 결과로 여성들의 교육수준이 높아지고 여성 취업률이 증대되었음에도 남녀의 차별의식이나 전통적 가치관에는 큰 변화가 없어 보인다. 성차별주의를 여성에게서도 많이 볼 수 있는데, 이는 남성과 마찬가지로 여성이 남성보다 열등하며 또 '열등해야만 한다.'는 것을 어렸을 때부터 학습해 왔기 때문이다. 그 결과 여성의 자기비하, 직장에서 여성이 여성을 기피하고 혐오하는 현상이 생긴다.

5) 여성의 성상품화

미국심리학회의 보고에 따르면, 광고나 매체에서 여성을 성상품화(sexualization)한(혹은 성화한) 이미지(sexualized image)가 너무 많이 쓰이고 있으며, 이는 소녀의 자기상(self image)과 건강에 해를 미친다. 성상품화란 어느 개인의 가치가 그의 성적 매력이나 성적 행동에서만 규정되고 다른 특성들은 무시되는 상황, 타인이 성적으로 이용하는 '대상'이 되는 '성 대상화'를 일컫는다. 사실 텔레비전이나 잡지, 영화, 비디오 게임이나 인터넷에서 여성이나 소녀가 성적 대상으로 등장하는 것을 우리나라에서도 비일비재하게 볼 수 있다. 여성의 성상품화는 섭식장애, 낮은 자아존중감, 우울감 등과 관련이 있고 건강한 성적 자아상 발달에 악영향을 미친다.

여성을 성상품화한 광고

2. 성차연구

1) 성차연구(성비교연구)의 주의 사항

연구 수행 시 편향(bias)이 파장을 불러일으킬 수 있으므로 주의해야 하며, 결과를 해석할 때도 마찬가지다.

- 기대가 결과에 영향을 미칠 수 있다. 편향이 연구의 각 단계에 영향을 끼칠 수 있다. 가령 성차를 발견할 것을 기대하는 연구자들은 기대하는 결과를 얻는 수가 많다.
- 편향된 표집이 결과에 영향을 끼칠 수 있다. 인지능력에 관한 거의 모든 연구의 대상은 대학생들이며(Halpern, 1995), 대다수 성비교연구는 미국 표집이다.
- 남성과 여성의 점수는 통상 그 분포가 많이 겹친다. 다시 말해, 남자와 여자는 꽤 유사하며 그 점수들이 꽤 중첩된다. 집단 차보다는 집단 내 개인차가 크다.
- 성차가 존재한다고 하더라도 그것이 생물학적 성차의 존재를 의미하는 것은 아니다. 사회화 과정의 결과일 가능성이 크다. 다시 말해, 성차에 대한 생물학적인 설명(유전, 호르몬, 뇌구조 등)은 증거가 부족하며, 경험 차이, 태도(가령 수학은 남성이 더 잘한다는 고정관념, 부모의 태도 등) 등으로 설명이 가능하다.

또한 사회적 특성이나 성격 특성에서의 성차에는 여러 요인들이 영향을 끼친다. 몇 가지 예를 들면 다음과 같다.

- 자기보고로 행동을 측정하는 경우 성차가 가장 크다. 가령 여자는 자신이 매우 상냥하다고 보고한다. 그런데 '상냥한 행동'을 객관적으로 측정하면 '상냥한 행동'의 성차가 크지 않은 것을 볼 수 있다.

- 성차는 타인이 주위에 있으면 커진다. 가령 다른 사람이 주위에 있으면 여성은 어린아이에게 더욱 상냥하게 군다.
- 성차는 성이 구분되는 상황, 다른 공통 역할들이 최소화된 상황에서 커진다. 가령 나이트클럽처럼 젠더가 강하게 강조되는 분위기에서 성차가 커진다. 학회처럼 남녀가 같은 역할을 하는 상황에서는 업무가 강조되고 성차는 작아질 것이다.
- 특정 성과 관련된 기술을 요하는 행동에서는 성차가 커진다. 가령 단추가 떨어져서 꿰매어야 한다면 여자가 더 나설 것이다.

2) 성차연구의 결과

지금까지의 연구에 따르면, 언어능력과 언어장애의 성차는 미미하다. 또한 대부분의 수학 검사에서 성차는 무시할 만한 수준이다. 공간시각 과제에서 역시 그 차이가 미미하며, 대부분의 남성과 여성은 유사한 점수를 얻는다. 또한 그 미미한 성차는 연습 시간을 따로 주면 사라진다. 일관성 있게 성차를 보이지 않는 인지능력에는 일반지능, 기억, 개념 형성, 문제 해결, 추리력, 창의성 등이 있다.

성취동기 역시 여성과 남성이 유사하다. 그렇다면 여성이 성공공포(fear of success)가 크다는 얘기들을 하는 것은 어째서인가?

성공공포라는 개념은 여성이 남성에 비해서 성공공포를 느낄 가능성이 크다는 가정이 대중매체의 각광을 받으면서 매우 유명해졌다. 성공공포가 높은 여성은 경쟁적 성취 상황에서 성공하면 나쁜 결과가 생길 뿐이라고 두려워한다는 것이다. '나쁜 결과' 란 인기를 얻지 못하는 것과 여성성을 상실하는 것을 말한다. 남자는 성공을 두려워하지 않는다. 왜냐하면 성취가 남성적인 역할의 일부이기 때문이다. 과연 맞는 말인가? 적어도 유럽계 미국인 표집에서는 맞는 말이 아니다. 다시 말해, 일관성 있게 양성 간 유사한 결과를 보였다. 그러나 흑인, 멕시코계 여성들은 자신의 성취가 남성의 자존심을 상하게 할 수도 있는 상황에서는 성공을 위해 최선을 다하는 것을 꺼려할 가능성이 있다는 것을 보여 주었다. 우리나라 상황에서는 어떠한 결과가 나오리라고 예측하는가?

신체 이미지에 대한 성차연구 결과는 다음과 같다. 학령 전 아동에서조차도 외모가 남자아이보다 여자아이에게 더 중요하다. 귀여운 여자아이가 더 많이 칭찬받고 귀여움을 받는다. 그렇지만 남자아이에게는 외모가 그런 영향을 발휘하지 않는다.

사춘기에 달하면, 여성에게서 외모의 중요성이 더 커진다. 여자 청소년은 예쁜 얼굴과 몸매는 여성에게 가장 중요하다는 메시지를 지속적으로 받으면서 성장한다.

외모에서 가장 중요한 부분 중 하나는 체중이다. 체중에 강박적으로 집착하다 보면 섭식장애를 불러오기도 한다. 저자가 본 한 여대생은 남자친구와 헤어졌는데 그 남자친구가 평소에 "난 하늘하늘한 여자가 좋더라."라고 했기 때문에 이 여대생은 더 마른 여자를 원해서 남자친구가 떠나간 것으로 해석했다. 그 남자친구와 사귀면서 또 헤어지면서 이 여대생은 음식과 몸매에 집착하고 거식증에 걸리게 되었다. 마른 몸매를 갖는 것만이 문제일 뿐 학업, 취직이나 동성 간 친구관계 등은 그녀의 안중에 없었다.

대중매체는 미와 마른 몸매에 주목하는 분위기를 조장한다. 십대나 젊은 여성들은 이러한 대중매체의 메시지를 받아들이고, 자기개념이 외모에 의해 형성된다. 여성에게 있어 외모는 자기가치감의 가장 강력한 예언변인이다. 이에 반해 남성은 운동 유능감이 자기가치감을 느끼는 데 중요하다. 다시 말해, 여성은 자신의 몸이 어떻게 '보이는지'에 따라 자신의 가치가 결정된다고 믿는 데 반해, 남성은 자신의 몸이 어떻게 기능하느냐 혹은 활동하느냐에 따라 자신의 가치가 결정된다고 믿는다는 점이다. 물론 우리나라의 경우 최근에 남녀노소 할 것 없이 외모가 중시되는 경향이 있으므로 외국의 연구 결과와 다를 수 있다.

3. 여성호르몬의 영향

어떤 문화에서는 월경 중인 여성과의 접촉을 금기시한다. 현대의 우리 문화에도 그러한 터부가 잔존한다. 가령 월경은 금기시되는 대화 주제다. 잡지 등의 대중문화에서 월경은 신경질 등의 정서문제, 여드름, 통증과 함께이며, 일종의 저주처럼 간주된다. 우리는 이렇게 사회화된다.

1) 생리통

생리통(dysmenorrhea)은 다음에서 설명할 월경 전 증후군과는 달리 '하복부의 통증'이 주가 된다. 두통, 오심, 어지러움, 요통을 수반하기도 한다. 생리통은 고등학생과 대학생의 50~75%가 호소하며 통증으로 학교나 일터에 가지 못하는 여성들도 많다.

월경이 시작되기 직전 프로스터글란딘(prostaglandins)이 고농도로 분비되면서 자궁이 수축하게 되는데, 이것이 통증을 일으킬 수 있다. 그렇지만 프로스터글란딘과 생리통 간 관계는 복잡해서 심한 생리통을 앓는 여자들 중에는 프로스터글란딘 수준이 높지 않은 경우도 있다. 생리통은 생리적·심리적 요인의 복합적으로 작용하는 것 같다는 것이 현재까지의 결론이다. 흥미로운 것은 생리통의 경험에도 자가충족 예언이 작용해서 생리통을 예기하는 사람이 결국 실제로 심한 증상을 경험하게 된다는 연구가 있다(Ruble & Brooks-Gunn, 1982).

생리통을 완화해 주는 다양한 치료법들이 있다. 약물로는 프로스터글란딘의 합성을 억제하는 약, 경구용 피임약 등이 효과가 있으며, 온열요법, 운동, 근육이완, 섭식변화 등이 추가적으로 완화를 가져오는 경우가 많다.

2) 월경 전 증후군

월경 전 증후군(premenstrual syndrome: PMS)은 전문가와 일반인 모두가 관심이 많은 주제다. 월경 주기와 연관된 신체적 변화와 행동 변화는 이미 오래전부터 인식되었지만, 1980년대에 들어서서야 학자들의 의견을 모아 월경 전 증후군을 정의하고 진단범주로 만드는 시도가 이루어졌다. 현재 월경 전 증후군은 ICD-10(1992)에 산부인과 질병의 범주로 분류되어 있고, 월경 전 증후군의 극심한 하위 유형이라고 할 수 있는 월경 전 불쾌장애(Premenstrual Dysphoric Disorder)가 DSM-IV-TR(1994)에 포함되어 있다.

월경 전 증후군은 말 그대로 월경 주기 중 월경 전, 다시 말해 황체기에 주기적으로 겪는 증상들이 그 특징이다. 지금까지 백 가지가 넘는 증상들이 파악되었지만 공통 증상을 다음과 같이 두 가지로 구분해서 들 수 있다. 우선 행동적·심리적 증상으로는 짜증, 분노, 우울한 기분, 울음, 불안, 긴장, 기분 급변, 집중력 저하, 혼란, 망각, 안절부절, 외로움, 자기존중감 저하, 피로감, 불면증, 어지러움, 성에 대한 관심의 변화, 식탐 혹은 과식이 있다. 신체적 증상으로 두통, 유방이 부어오름 등의 통증, 배의 통증 및 복부 팽만, 체중 증가, 사지 부종, 메스꺼움, 근육 및 관절통이 있다. 가장 자주 호소하는 신체 증상으로는 부종과 식욕 증가, 정서적 증상으로 짜증과 우울을 들 수 있다.

월경 전 증상을 겪는 여성은 자기 스스로 혹은 주변 사람들이 "여자들은 누구나 그런 증상이 한둘 있다. 유난스럽게 굴 일이 아니다." "약국에서 진통제 같은 거사 먹고 견디면 된다."라고 생각하여 전문적 도움을 구하는 경우가 드물다. 그러한 일반적 인식에 더해 월경 전 증후군의 정의가 아직도 모호한 상태이기 때문에 건강 전문가들의 인식과 이해 수준이 낮아 진단을 놓치는 경우가 많으며, 월경 전 증후군을 인지했다고 하더라도 적절한 치료 관리법을 여성에게 설명하고 선택하지 못하는 경우가 허다하다.

여성호르몬인 에스트로겐과 프로게스테론이 신경전달물질(주로 세로토닌)의 수준을 조정하는 데 관여하기 때문에 월경 전 증상은 여성호르몬 수준에 이상이 생겨서 그 결과 세로토닌 수준에 영향을 주기 때문으로 보이지만, 연구 결과에 따르면 증상이 있는 여성과 없는 여성은 혈중 호르몬 수준이 다르지 않다. 따라서 증상이 있는 여성은 단지 호르몬 수준 변화에 민감할 뿐이라는 설이 지배적이다. 그러나 이 기제는 원인의 작은 부분만 설명한다.

월경 전 증후군의 원인은 아직 밝혀지지 않았으며 아마도 생물학적 · 심리적 · 환경적 · 사회적 요인이 모두 증상 발발에 일조하는 것 같다. 모녀간과 쌍생아 간 공유율을 연구한 결과들을 보면 유전적 영향도 작용하는 것 같다(Deuster, Adera, & South-Paul, 1999).

많은 학자들이 월경 전 증상들이 월경 전 증상에 대한 문화적 고정관념과 기대를 반영한다는 연구를 발표했다. 가령 월경 관련 증상의 현상을 강하게 믿을수록, 여성은 지난 월경 주기 증상이 심했다고 보고했다(McFarland, Ross, & DeCourville, 1989). 또한 월경 전 증후군의 유병률에 관한 믿음을 조작했을 때 유병률이 높다고 믿은 여성일수록 증상을 부정적으로 보고했다(Marván & Cortes-Iniestra, 2001).

한편, '월경의 기쁨(Menstrual Joy)' 이라는 개념을 소개했더니 여성들이 월경에 대해 보다 긍정적인 태도를 보고했고, 주기 중 변화에 대해 보다 긍정적으로 평가했다(Chrisler, Johnston, Champagne, & Preston, 1994). 그들은 전문가가 월경 주기를 어떻게 그리는지가 상당히 큰 영향을 미친다고 결론지었다. 월경 전 증후군이 사회적 구성 개념에 불과하다고 주장하며 그 개념 자체를 거부하고 그 존재를 부인하는 학자도 있다. 사회가 여성의 '짜증' 을 용인하지 않고 '병리' 라고 규정한다고 주장한다.

월경 전 증후군에 대한 연구자들은 의학이 여성의 주기적 고통을 너무 오래 무시해 왔다는 비난과 여성의 호르몬상 약점에 대한 신념을 강화하는 것이 여성들에게 도움이 되지 않고 오히려 해가 된다는 우려 사이를 줄타기하고 있다. 월경 전 증후군을 둘러싼 강한 감정과 방법론적 어려움이 월경 전 증후군의 개념에 논쟁의 소지를 만든다.

이러한 논의들이 가지는 사회적 · 임상적 시사점은 다음과 같다. 가령 대중매체와 전문가들이 이 문제를 다룰 때 주기적 '변화' 와 심한 '증상' 을 확실히 구분 지어야 할 것이다. 그리고 '긍정적' 인 월경 전 변화도 일어날 수 있음을 강조할 필요가 있다. 그래서 월경 주기를 둘러싼 부정적 사고를 경감하는 쪽으로 기대와 편견을 변화시키는 데 기여할 수 있다.

3) 월경과 수행

월경 주기에 따라 신체 과업의 수행이 약간 영향을 받을 수 있다. 그러나 이 변화는 크지 않으며 보편적이지 않다. 스포츠에서의 수행은 월경 주기의 영향을 크게 받지 않는 것 같은데, 실제로 월경 전이나 월경 중에도 올림픽 등에서 기록을 갱신하거나 메달을 딴 것을 볼 수 있다. 타자 치기 등의 신체적 과업수행도 월경 주기와 별 관계가 없는 것 같다.

주기의 시점마다 인지적 수행이 차이가 있다는 결과는 아주 드문데, 그러한 결과가 나올 때마다 대중매체의 집중 조명을 받아서 일반인이 편중된 결과만을 접했다. 그러나 지금까지 연구 결과를 종합해 보면 여성의 인지적 수행이 월경 전이나 월경 중에 다른 때보다 나쁘지 않다(예: Walker et al., 1998). 그러나 여기서 다시 환기하고자 하는 사항은 개인차다. 어떤 여성은 특정 연령에서, 특정 인지과제에서 월경 전 수행도가 떨어질 수 있다. 그래도 일반적으로 월경 주기는 여성의 인지 수행에 영향력이 없다.

4) 폐경[1]

월경이 멈춘 지 1년이 지나면 폐경(menopause)이라고 한다. 대부분의 여성들은

[1) 여성인권운동단체에서는 폐경을 모든 것이 끝난다는 의미가 아닌 여성 스스로를 완성시킨다는 뜻으로 '완경' 이라는 용어를 사용하자는 소리를 내고 있다.

42~58세에 폐경을 맞는다. 어떤 여성은 월경이 갑자기 끝나지만, 대부분 처음에는 주기가 불규칙하게 되고 점점 양이 줄어든다. 폐경의 원인은 난소가 여성 호르몬인 에스트로겐과 프로게스테론을 더 이상 이전처럼 잘 생산하지 못해서 월경 주기가 순조롭지 않게 되고 결국 호르몬 수준이 상당히 낮아져서 더 이상 자궁내막을 떨어져 나가게 할 수 없게 되는 것이다. 그 결과 월경이 일어나지 않는 것이다.

폐경기 증후군(menopausal syndrome)이라고 불리는, 폐경과 관련된 신체 증상들은 다음과 같다. 우선 몸속에서 열이 느껴지는 것인데, 가슴, 목, 머리가 특히 그러하다. 이로 인해 밤잠을 설치기도 한다. 다른 증상으로 골다공증, 질분비물 감소, 질 조직이 얇아짐, 두통, 피로 등을 들 수 있다. 모든 여성이 이러한 증상을 겪는 것은 아니며, 개인차가 크다.

폐경 자체가 우울, 짜증, 기분 변조 같은 심리적 증상을 야기한다는 증거는 아무데도 없다. 아마 폐경기 즈음의 여러 힘든 요인들, 즉 나이든 여성에 대한 사회의 태도, 경제적 지위, 건강 문제, 이혼, 친지의 죽음 등이 폐경기 여성 개인의 심리상태를 결정하는 것 같다.

대중매체가 폐경기의 부정적 측면을 강조할 때 여성이 폐경기를 부정적으로 지각하기 쉽다는 점, 실제로 폐경을 겪은 여성은 그리 부정적이지 않았다고 보고하는 데 반해 35세 이하 여성은 폐경에 대해 보다 부정적인 태도를 보인다는 점, 문

영화 〈Something's Gotta Give〉의 한 장면. 에리카(다이앤 키튼 분)는 해리 샌본(잭 니콜슨 분)에게 이미 폐경이 되어 피임 걱정을 할 필요가 없다고 말한다.

화에 따라서는 폐경기 여성이 그 사회의 높은 지위를 가지게 되고 그 문화에서는 폐경기 여성이 우울이나 기타 심리적 증상을 보고하지 않는다는 점 등을 볼 때 우리는 우리의 문화가 그 나름의 가치에 따라 폐경을 어떻게 구성하는지를 이해하게 된다.

4. 성과 사랑

1) 짝 찾기

사랑에 관한 연구에서 가장 논쟁거리가 된 주제는 진화론적 설명이 짝을 선택할 때의 기호를 설명할 수 있느냐 하는 것이다. 진화심리학에서는 환경에 순응하기 위해 여러 세대를 거쳐 점차로 종이 진화한다고 말한다. 남자나 여자나 자신의 유전자를 다음 세대에 넘겨 주는 데 골몰하며, 짝을 찾을 때 그것이 십분 반영된다 (Buss, 1995). 남자는 건강해 보이고 젊고 예쁜 여성에게 끌리기 마련이다. 왜냐하면 그러한 여성이 임신 가능성이 커서 자신의 유전자가 다음 세대로 넘겨질 가능성이 높기 때문이다. 또한 여성은 자녀에게 필요한 재정적 · 정서적 지원을 확보하기 위해 수입이 높고 오래 관계를 지속할 가능성이 큰 남자를 찾는 경향이 있다.

진화심리학적 견지에서는 성차가 크고 피할 수 없는 당연한 것이라고 주장하기 때문에 이에 반대하는 일부 페미니스트 심리학자들이 있다. 또 다른 페미니스트 심리학자들은 사회적 요인을 강조하면서 사회학습이론으로 짝 선택의 성차를 설명한다. 사회학습이론에서는 짝 선택의 성차가 필연적이지 않다고 얘기한다. 가령 과거 우리 문화에서 여성은 스스로 생계를 유지하기 힘들기 때문에 일견 계산적이고 현실적으로 짝을 선택했다. 외모보다는 경제적 · 사회적 안정성에 초점을 맞춘다는 것이다. 그러나 우리 사회에서 여성의 지위가 높아지면서 여성이 상대 남성의 경제적 · 사회적 안정성을 덜 보게 되고 신체적 매력 같은 다른 요인들을 보게 된다는 것이다. 사회학습이론을 지지해 주는 또 다른 증거는 문화마다 짝의 취향이 다른 정도에 비하면 여성−남성 간 차이는 작다는 것이다.

2) 성반응

여기서 강조하고 싶은 점은 여성과 남성의 성반응에 유사한 점이 많다는 것이다. 가령 성반응의 단계를 연구한 결과 여성과 남성이 모두 유사한 단계를 거쳐서 생리적으로 유사한 오르가슴(orgasm)을 경험한다고 결론지었다. 여성과 남성 모두 성적 욕망 단계, 흥분 단계 및 오르가슴 단계에 이른다는 것이다. 또한 오르가슴에 대한 심리적인 반응도 유사해서 남성이나 여성이 자신의 오르가슴을 유사한 형용사를 써서 유사한 정도로 묘사한다. 그리고 일반인의 생각과 달리, 여성도 남성만큼 빨리 오르가슴에 도달할 수 있다.[2]

물론 성반응에 성차가 있다. 가령 남성의 '사정'과 유사한 과정을 보이는 여성들이 있다는 보고가 있기는 하지만 아직 그 증거가 미흡하며, '다중 오르가슴(multiple orgasm)'에 도달할 수 있는 남성은 드물지만 여성들은 많다.

3) 결혼과 이혼

조사연구에 따르면 결혼생활에서 대체적으로 남성이 여성보다 더 만족도가 높은 것으로 나타난다. 남녀 할 것 없이 대부분의 젊은 신혼부부들은 행복하다. 신혼기 아내들이 남편들보다 더 행복해하는 경향도 보인다. 그러나 결혼한 지 20년이 지난 부부들은 불행과 불만족을 보고하며, 특히 아내의 만족도는 급격히 감소한다. 친근감, 신체적 이끌림, 함께하는 활동들이 줄어든다. 그러다가 자녀가 결혼

---

2) '빨리' 오르가슴에 도달하는 것이 낫다는 의미는 아니다.

등의 이유로 집을 떠나면 결혼만족도는 일반적으로 개선된다. 그 이유는 확실하지 않지만 양육문제 등으로 인한 갈등이 줄어들고 재정자원이 좋아지기 때문으로 추측된다. 그래도 끝까지 아내는 남편보다 덜 만족한 결혼생활을 보낸다. 가정에서 가지는 힘의 차이가 그러한 만족도상의 차이를 설명하는 바가 큰 것 같다. 남편과 아내가 상하관계를 형성할수록 아내의 불만족이 커지고 심리적인 문제를 일으킨다.

행복한 결혼생활에서 부부는 자신들의 정서적 욕구가 충족되고 서로의 존재가 삶을 풍요롭게 만든다고 느낀다. 서로를 이해하고 존중하며 서로의 행복을 바란다. 행복하고 안정적인 결혼은 다음의 특성과 상관이 높다. 즉, 높은 교육수준 및 경제자원, 20대 이상일 때 결혼, 결혼 전 임신 사실이 없음, 행복한 결혼생활을 보인 부모를 둠, 갈등해소 기술이 좋음, 성적 만족, 서로에 대한 긍정적 행동 등이다.

이혼 역시 이 요인들과 상관이 있다. 그리고 추가적으로 불륜, 질투, 음주나 마약 남용 또한 이혼의 예언변인이다. 이혼은 매우 큰 스트레스원으로, 우울과 분노가 가장 흔한 반응이다. 설사 더 이상 서로를 사랑하지 않더라도 서로를 묶었던 끈을 아쉬워하며 애착이 지속될 수 있다. 우리나라에서 이혼율이 높아지면서 이혼에 대한 태도가 예전 같지는 않지만 여전히 본인이나 주위 사람들에게 부정적인 반응을 불러일으킨다. 물론 어떤 사람들은, 특히 여성은 생각했던 것보다 자신들이 강하다는 점을 깨닫는 등, 자아발견, 자아개발 같은 긍정적 결과를 경험하기도 한다.

4) 동성애와 양성애

동성애는 많은 아동의 성장 과정에서 한때 나타나기도 하고 상황에 따라 일시적으로 경험하는 경우가 많다는 것, 어떤 심리장애나 성적 변태가 아니라는 인식이 커지긴 했지만 아직도 많은 이성애자들은 동성애를 부자연스러운 것으로 본다. 이성애적 차별주의(heterosexism)는 이성애 중심의 사고방식으로, 이성애자가 아닌 사람들에게 편향을 가지는 것을 말한다. 이성애적 차별주의자들은 이성 간의 사랑만이 정상적이고 자연스럽다고 믿으며 동성애자를 일반인의 가치체계에서 일탈된 사람으로 본다. 동성애혐오증(homophobia)은 이성애적 차별주의에 기인한 것으로서, 동성애에 대해 매우 부정적으로 반응하는 것을 뜻한다. 동성애혐오증자는 동성애를 묵인하면 온 사회에 동성애가 만연하게 되지 않을까 우려하며, 남자가 여자처럼 보이면 화를 내거나 용납하지 못한다. 남성들 중에 동성애혐오증자가 많다.

여성 동성애자인 레즈비언(lesbian)은 심리적 · 정서적 · 성적으로 다른 여성에게 끌리는 여성이다. 많은 레즈비언 커플들이 일단 친구로 관계를 시작한 뒤 사랑에 빠진 것으로 보고한다. 이들의 관계에서 정서적 친근감이 중요한 반면, 신체적 매력은 비교적 중요하지 않은 경우가 많다.

양성애 여성(bisexual women)은 심리적 · 정서적 · 성적으로 여성과 남성 모두에게 끌리는 여성이다. 그렇다고 해도 한 시점에서 남성과 여성 모두에게 같은 정도로 끌리는 것은 아니다. 대부분의 양성애자들은 한 성과 사랑에 빠졌다가 후에, 가령 수년 후 또 다른 성과 사랑에 빠지는 식으로 관계를 경험한다. 양성애자들은 자신들이 동성애자와 이성애자 모두로부터 배척당하고 있다고 보고한다.

레즈비언들이 양성애 여성을 의혹의 눈길로 본다는 것을 보여 준 연구들이 있는데, 이에 따르면 '양성애란 존재하지 않는다.' '양성애는 레즈비언이 되어 가는 과정일 뿐이다.' '사실은 레즈비언이면서 이성애에 집착하고 (우리 사회에서) 이성애자로서의 혜택을 누리는 여성이 바로 양성애 여성이다.' 라고 레즈비언들은 생각한다.

자신의 성정체성이 어느 것이든 그것을 받아들인 사람들은 더 잘 적응하고 자긍심이 높다.

5. 여성에 대한 폭력: 성희롱, 강간 그리고 학대

성희롱, 강간 그리고 학대는 공통적인 점이 많다. 우선 셋 다 어떤 형태건 폭력이 연루되어 있다. 우선 세 가지 모두 남성이 여성보다 힘을 가진 상황에서 일어난다. 남성이 여성보다 우월하므로 남자들은 어떤 '특혜'를 누려야 한다고(예: 남자들은 화가 날 때 부인을 때려서 화를 풀 권한이 있다) 믿는 문화에서 자주 볼 수 있다. 그리고 모두 희생자인 여성을 탓하는 경향이 있다. "조신하게 굴었으면 술자리에서 술을 따르라고 그랬겠어?" "미니스커트를 입고 밤에 거리를 혼자 걸었으니 날 강간해 줍쇼였겠지." "여편네가 맞을 짓을 했겠지." 물론 이러한 태도가 달라지고 있기는 하지만, 아직도 가해자는 공감을 얻으며(예: 화가 났으니 그럴 만하네.) 그다지 지탄받지 않는다. 마지막으로 이러한 폭력은 전통적 성역할의 사회화에 기인한다. 남자들은 '공격적이고 지배적이며 통솔한다.', 여성들은 '비공격적이며 유순하고 항복한다.'라는 믿음이 뿌리 내린 탓이다.

1) 성희롱

성희롱은 상대방이 원하지 않는 성적인 언급, 몸짓 혹은 신체적 접촉을 고의적으로 하거나 지속적으로 하는 것을 뜻한다. 우리나라 법에서는 성희롱에 대한 두 가지의 법률이 있다.

「남녀차별금지 및 구제에 관한 법률」 제2조제2호는 '성희롱'이라 함은 업무, 고용 기타 관계에서 공공기관의 종사자, 사용자 또는 근로자가 그 지위를 이용하거나 업무 등과 관련하여 성적 언동 등으로 성적 굴욕감 또는 혐오감을 느끼게 하거나 성적 언동 기타 요구 등에 대한 불응을 이유로 고용상의 불이익을 주는 것이라고 규정한다.

또한 「남녀고용평등법」에서도 유사하게 직장 내 성희롱을 특별히 정의하고 있다.

성희롱의 형태는 여러 가지인데 다음과 같이 나누어 볼 수 있다.

1. 몸으로 하는 성희롱

   −입맞춤이나 포옹, 뒤에서 껴안기 등의 신체 접촉 행위

   −가슴, 엉덩이 등 특정 신체부위를 만지는 행위

   −안마나 애무를 강요하는 행위

2. 말로 하는 성희롱

   −음란한 농담이나 상스러운 이야기를 하는 행위(전화통화 포함)

   −외모에 대한 성적 비유나 평가를 하는 행위

   −성적인 사실 관계를 묻거나 성적인 내용의 정보를 의도적으로 유포하는 행위

   −성적인 관계를 강요하거나 회유하는 행위

   −회식자리 등에서 무리하게 옆에 앉혀 술을 따르도록 강요하는 행위

3. 눈으로 하는 성희롱

   −음란한 사진, 낙서, 그림, 출판물 등을 게시하거나 보여 주는 행위(컴퓨터 통신이나 팩스를 이용하는 경우 포함)

   −성과 관련한 자신의 특정 신체부위를 고의적으로 노출하거나 만지는 행위

4. 기타 성적 굴욕감을 유발하는 것으로 인정되는 언어나 행위

대학교에서는 교수−학생 간, 직원−학생 간 성희롱 등이 발생하곤 한다. 성희롱의 정의대로 위계관계를 전제하는 상황에서 발생한다. 다시 말해, 교수와 직원은 성적, 졸업, 진로 등과 관련해서 학생에게 직간접적인 영향력을 행사할 수 있으므로 학생들이 피해를 당해도 불이익을 염려하여 거부의사를 밝히거나 행위의 중지를 요구하지 못하는 경우가 많아 성희롱 행위가 은폐된 채 지속되기 일쑤다. 피해자가 성희롱을 문제시 삼아도 가해자나 주변 사람들은 '성폭력의 의도는 없었던 단순한 실수'라거나 '학습을 돕기 위해서 그랬다'는 등 성희롱에 대한 낮은 인식수준을 보이면서 피해자를 이상한 학생으로 몰고 성차별적이고 성폭력적인 우리

영화 〈North country〉의 한 장면. 여주인공 조시 에임즈는 남편의 폭력을 견디다 못해 아이들을 이끌고 집을 나온 뒤 광부로 취직한다. 그녀는 이곳에서 남자 광부들의 성희롱과 부당한 대우에 맞서서 미국 사상 최초로 성희롱에 대한 소송을 제기한다.

사회의 가치관과 인식을 또 한 번 가르치고 공고히 하는 결과를 낳곤 한다.

성희롱은 피해자에게 어떠한 영향을 끼치는가? 성희롱을 그냥 받아들이지 않으면 상사의 업무능력 평가가 나쁘게 나오고 승진에 불이익을 당하며, 학교에서는 학점이나 추천장과 관련해서 불이익을 받을 수 있다. 가해자를 피해 다니거나(예: 강의를 듣지 않거나) 자퇴 또는 휴학을 고민한다. 대부분의 피해자는 분노, 수치감 및 우울증을 경험한다.

성희롱 문제를 제기하면 '말 많은 학생' '문제여성' '문제를 일으킬 소지가 있는 여자' '유별난 애' 등으로 낙인찍힌다. 직장동료들이나 학생들이 가해자를 감싸면서 피해자를 몰아붙이기도 하고, 가해자의 주위 사람들이 다 함께 가해자를 옹호하기도 한다. "그분의 진의를 오해한 것이다. 훌륭하신 분인데 이런 작은 일로 누를 끼치지 말라. 인격자시니 그냥 넘어가라." 등의 말을 듣기도 한다. 법적 조치를 취하면 시간과 돈과 에너지, 정서적 낭비가 크고, 반면 조처를 취하지 않기로 한다면 더욱 무력감을 느끼고 심리적 문제가 심각해질 수도 있다.

성희롱에 대해 무엇을 어떻게 해야 할까? 우선 모든 구성원들이 성희롱에 대한 교육을 받고 관련 정책과 기관에 대해 알아야 한다. 성희롱을 당했다면 신뢰하는 사람과 상의하거나 관련 기관에 문의한다. 모든 사건을 기록하고 특정 행동이 부적절했고 불쾌했음을 가해자에게 알린다. 그리고 문제가 지속되면 적정 기관에 보고한다.

2) 강간

강간은 동의가 없는 성행위다. 다시 말해, 힘이나 위협, 강제에 의해 혹은 피해자가 동의할 수 없는 상태(예: 정신을 잃었을 때)에서 일어난다. 성폭력(sexual assault)이라는 용어는 만지는 등 다른 성적 접촉을 포함하므로 보다 넓은 의미를 가진다.

강간에 대해 사람들이 가지고 있는 고정관념은 밤에 인적이 없는 골목을 여성 혼자 걷다가 전혀 모르는 사람에 의해서 당하는 것이지만, 한국성폭력상담소의 2006년도 상담통계에 따르면 아는 사람에 의한 성폭력 피해가 무려 83.5%를 차지하였고, 이 통계수치는 지난 16년간 큰 변동이 없었다. '아는 사람'에는 친인척, 교사, 동네 사람, 데이트 상대, 친구 등이 포함되며, 이들에 의한 성폭력 피해는 집, 학교, 이웃집 등 일상적인 생활공간에서 발생한다. 이렇게 아는 사람에 의해 강간(acquaintance rape)을 당한 경우 피해 여성은 실제 자신이 강간당한 것인지 확신이 없는 경우가 많아서 실제로 '강간'의 정의에 해당하는 성폭력을 경험한 40%만이 자신이 겪은 폭력을 강간으로 규정한다. 또한 가해자와 피해자가 서로 아는 경우 사람들은 '강간'이라는 용어를 쓰기 꺼린다.

아는 사람에 의한 강간의 경우 술 또는 술에 몰래 탄 약물의 영향으로 나중에 강간과 관련된 기억이 잘 남아 있지 않고 주위 사람이나 피해자 자신이 피해자 탓을 하는 경우가 많아 심리적으로 힘들어하는 경우가 많다. 우리 사회에서 다른 폭력에 대해서는 그러지 아니하면서 성폭력 피해에 대해서는 유독 피해자에게 범죄의 책임을 전가하는 잘못된 통념이 아직도 만연해서 안타깝다. 여자보다 남자, 전통적인 성역할에 익숙한 사람, 젊은 사람보다 나이 든 사람이 더 피해자 탓을 한다.

강간 피해 여성은 자신이 더럽혀졌다고 여기기도 하고 자신 탓이라고 여겨 죄책감과 후회를 느낀다. 가령 '내가 왜 바보처럼 밤에 혼자 동아리방에 있었지?' 하는 생각을 한다. 평소 믿었던 사람에게 당하거나 자신이 선의를 베푼 사람인 경우 사람들을 다시 신뢰하기 어렵다고 느끼며, 세상을 믿지 못하게 된다. 강간 피해자들 중에는 외상 후 스트레스장애로 진단된 경우들도 많다. 악몽을 꾸거나 시도 때도 없이 강간당하던 장면이 떠오르거나 하는 식으로 강간을 재경험한다.

강간의 원인에 대한 연구에서 일반적으로 남성은 여성보다 행동을 성적인 방식으로 잘못 해석하는 경향이 있음이 확인되었다. 다시 말해, 남성은 여성의 성적이지 않은, 그저 우호적인 언행을 성적으로 혹은 유혹하는 것으로 해석하는 경향이 있다. 이러한 연구 결과가 뜻하는 바는 무엇인가? 여성은 우호적 행동이 남성들에게 오해를 받을 수 있다는 점을 인지해야 하며, 남성은 여성의 우호적인 언행이 반드시 '당신과 성관계를 갖고 싶다.'를 뜻하지는 않음을 알아야 한다.

성폭력을 다루면서 아동 성학대를 빼놓을 수 없다. 수년 전 아동 성학대가 뜨거운 논쟁거리가 된 적이 있다. 아동이 성적으로 학대받은 뒤 그 기억을 억압했다가 나중에 기억이 회복될 수 있는 것인가? 이러한 '회복된 기억'이 실은 잘못된 기억이거나 결코 일어나지 않았던 사건을 지어낸 것에 불과한 것인가? 저자도, 아버지로부터 성적으로 학대당했다고 주장하는 여성과 그런 적이 없다고 주장하는 부친 사이에서 난처했던 적이 있다. 문제는 아동기 기억이 정확한지 알 수 없다는 점이다. 목격자 증언을 연구한 것을 보면 일어나지도 않았던 어린 시절 기억이 '심어질 수' 있다는 것이다. 그렇지만 성적 학대에 관한 기억도 '심어질 수' 있는 것인가? 현재 두 입장 모두 적어도 부분적으로 옳다고 정리된 바 있다. 실제 아동 성학대는 일어나고 있다. 성학대를 경험한 대부분 아동은 부분적으로라도 성학대에 대해 기억하지만, 오랫동안 잊고 살 수도 있다. 또한 결코 일어나지 않았던 성학대가 일어났었다고 잘못 생각할 수도 있다.

3) 학대

학대는 여성에게 상해를 주고자 하는 의도가 깃든 행동이다. 이 상해는 신체적일 수도, 심리적일 수도 또 성적일 수도 있다. 성적 학대는 앞에서 강간을 얘기하면서 다루었다.

신체적 학대는 때리고 불로 지지고 목 조르고 무기로 위협하는 것들이 포함되며, 정서적 학대에는 모욕, 욕, 깔봄, 위협, 침묵 등이 포함된다. 필자가 상담한 전업주부 중에는 남편에게 뺨을 맞고 입술을 깨물었다며, "어디 감히 남편에게 입을 앙다물어!" 하면서 전신구타를 당했다고 호소한 사람도 있다. 또 남편이 돈을 관리하면서 자신에게 돈 문제로 까다롭게 군 사례도 있었다. 그 남편은 생활비를 달마다 주지 않고 그때그때 돈이 필요하다고 설득을 해야지만 조금씩 돈을 주었다. 남편이 밖에서 기분이 나쁜 상태로 들어오면 돈을 달라고 하기가 너무 힘들거니와 눈치를 봐 가면서, 애교를 부려 가면서 말을 해도 화만 내는 적이 많았다는 것이다.

물론 학대에는 가해자의 개인적 특성이 많이 작용하지만 우리 사회에 뿌리 깊은 성적 불평등이 폭력행동을 가능하게 하고 용납한다. 가해자는 아버지, 남자 형제, 남편 등인데, 주위 사람들은 '맞을 짓을 했겠지.' '하도 답답해서 때렸겠지.' '가해자가 직장을 잃더니 굉장히 힘들었나 보다.' 하는 식의 반응을 한다. 학대가 피해자에게 미치는 장단기적 악영향을 인식하지 못해서, 여성이 남성의 분노를 받아 주어야 한다는 생각, 남성이 여성을 지배하는 것을 당연시 여기기 때문에 여성에 대한 학대가 근절되지 않고 있다.

요약

여성심리학은 '성차심리학'에서처럼 남성과 여성 간 집단 차이를 다루기도 하지만 남녀 간 유사성과 개인차를 중요시한다. 또한 페미니스트 심리학처럼 페미니즘적 관점에서 사회와 문화 그리고 그 영향을 분석하기도 하지만, 사회정치적 변화나 개인적 변화 자체에 초점을 맞추지는 않는다. 또한 성차 연구 수행 시 편향이 파장을 불러일으킬 수 있으므로 주의해야 하며, 결과를 해석할 때도 마찬가지다. 여성호르몬의 영향으로 생리통, 월경 전 증후군이 발생할 수 있으며, 여성에게 가해지는 폭력에는 성희롱, 강간 그리고 학대가 있다.

학습과제

1. 섹스와 젠더의 차이에 관해 설명하시오.

2. 성차연구에서의 주의 사항에 관해 설명하시오.

3. 월경 전 증후군에 관해 설명하시오.

4. 여성폭력의 대표적인 유형에 관해 설명하시오.

참고문헌

Buss, D. M. (1995). Psychological sex differences: Origins through sexual selection. *American Psychologist, 50*, 164-168.

Chrisler, J. C., Johnston, I. K., Champagne, N. M., & Preston, K. E. (1994). Menstrual joy: The construct and its consequences. *Psychology of Women Quarterly, 18*, 375-387.

Deaux, K. (1995). How basic can you be? The evolution of research on gender stereotypes. *Journal of Social Issues, 51*, 11-20.

Deuster, P. A., Adera, T., & South-Paul, J. (1999). Biological, social and behavioral factors associated with premenstrual syndrome. *Archives of Family Medicine, 8*, 122-128.

Lott, B. (1987). Sexist Discrimination as distancing behavior I.: A laboratory demonstration. *Psychology of Women Quarterly, 11*, 47-58.

Martin, C. L. (1987). Aratio measure of sex stereotyping. *Journal of Personality and Social Psychology, 52*, 489-499.

Marván, M. L., & Cortés-Iniestra, S. (2001). Women's beliefs about the prevalence of premenstrual syndrome and biases in recall of premenstrual changes. *Health Psychology, 20*, 276-280.

McFarland, C., Ross, M., & DeCourville, N. (1989). Women's theories of menstruation and biases in recall of menstrual symptoms. *Journal of Personality and Social Psychology, 57*, 522-531.

Perrone, K. M., Webb, L., & Blalock, R. (2005). The effects of role congruence and role conflict on work, marital, and life satisfaction. *Journal of Career Development, 31*, 225-238.

Ruble, D. R., & Brooks-Gunn, J. (1982). A developmental analysis of menstrual destress in adolescence. In R. C. Friedman (Ed.), *Behavior and the menstrual cycle* (pp. 177-216). New York: Marcel Dekker.

Walker, A. F., De Souza, M. C., Vickers, M. F., Abeyasekera, S., Collins, M. L., & Trinca, L. A. (1998). Magnesium supplementation alleviates premenstrual symptoms of fluid retention. *Journal of Women's Health, 7*, 1157-1165.

찾아보기

인 명

Adler, A. 23, 263
Ainsworth, M. 85
Allport, G. 276
Anastasi, A. 290
Asch, S. E. 341
Atkinson, R. C. 223

Baddley, A. D. 205
Bandura, A. 200, 270
Bard, P. 240
Bartlett, F. C. 143
Beck, A. 419
Berne, E. 367
Binet, A. 291
Bower, G. 21
Bowlby, J. 370
Brazelton, T. B. 29
Buss, D. M. 281

Canon, W. B. 240
Cattell, R. 276
Charcot, J. M. 366
Costa, P. 278

Descartes, R. 43, 135
Dix, D. 366

Ebbinghaus, H. 143, 207
Ekman, P. 230
Ellis, A. 367, 417
Erikson, E. 90
Exner, J. E. 302
Eysenck, H. 278

Fechner, G. T. 110
Festinger, L. 329
Frankl, V. E. 367
Freud, A. 261
Freud, S. 23
Friedman, M. 446

Galen, G. 251
Galton, F. 291
Gazzaniga, M. 66
Glasser, W. 367
Gould, S. J. 35

Harlow, H. 83
Hebb, D. O. 188
Heider, F. 326
Helmholtz, H. 127, 128
Hering, E. 129
Hippocrates, 251, 365
Holmes, T. H. 439

Horney, K. 23
Hull, C. 225

James, W. 143, 239
Jung, C. G. 23, 261

Kelly, H. H. 326
Kernberg, M. O. 369
Kobassa, S. C. 447
Koch, S. 21
Kohlberg, L. 88
Köhler, W. 198
Kohut, H. 369

Lamarck, J. 208
Lange, C. G. 240
Lazarus, R. 241
LeDoux, J. 243
Lorenz, K. 181

MacLean, P. 242
Maslow, A. H. 227, 274
McCrae, R. 278
McDougall, W. 224
Mischel, W. 270, 272
Morton, S. G. 35
Murray, A. 301

내 용

저자 소개

안창일
Ohio State University Ph.D. (상담심리학 전공)
현재 고려대학교 심리학과 명예교수, 초은상담심리연구소 소장

고영건
고려대학교 심리학과 문학박사 (임상심리 전공)
현재 고려대학교 심리학과 부교수

구민모
고려대학교 심리학과 문학박사 (실험심리 전공)
현재 고려대학교 연구처 연구정보분석센터 연구교수

김근향
고려대학교 심리학과 문학박사 (임상 및 상담심리 전공)
현재 차(CHA)의과대학교 분당 차병원 정신건강의학과 임상심리전문가

김나라
고려대학교 심리학과 문학박사 (임상 및 상담심리 전공)
현재 고려대학교 학생상담센터 상담교수

김미리혜
The State University of New York Ph.D. (임상심리 전공)
현재 덕성여자대학교 심리학과 부교수

김진영
고려대학교 심리학과 문학박사 (임상심리 전공)
현재 서울여자대학교 아동학과 조교수

김현택
고려대학교 심리학과 문학박사 (생리심리 전공)
현재 고려대학교 심리학과 교수

남기춘
The University of Texas at Austin Ph.D. (언어심리 전공)
현재 고려대학교 심리학과 교수

류승아
North Carolina State University Ph.D. (공동체 심리학 전공)
현재 서울대학교 심리과학 연구소 선임연구원

박기환
고려대학교 심리학과 문학박사 (임상심리 전공)
현재 가톨릭대학교 심리학과 부교수

윤선아
고려대학교 심리학과 문학박사 (임상심리 전공)
현재 국제뇌교육종합대학원 뇌교육학과 조교수

이순묵
Ohio State University Ph.D. (산업 및 조직심리 전공)
현재 성균관대학교 심리학과 교수

이정흠
고려대학교 심리학과 문학박사 (임상심리 전공)
현재 마음사랑상담센터 원장

최승원
고려대학교 심리학과 문학박사 (임상 및 상담심리)
현재 대전대학교 산업광고심리학과 전임강사

최윤경
고려대학교 심리학과 문학박사 (임상심리 전공)
현재 계명대학교 심리학과 조교수

심리학의 현대적 이해

2012년 9월 20일 1판 1쇄 발행
2019년 2월 19일 1판 4쇄 발행

지은이 • 안창일 편
　　　　고영건 · 구민모 · 김근향 · 김나라 · 김미리혜 · 김진영 · 김현택 · 남기춘
　　　　류승아 · 박기환 · 윤선아 · 이순묵 · 이정흠 · 최승원 · 최윤경

펴낸이 • 김 진 환

펴낸곳 • (주) **학지사**

　　　　04031 서울특별시 마포구 양화로 15길 20 마인드월드빌딩 5층

대표전화 • 02) 330-5114　　　팩스 • 02) 324-2345

등록번호 • 제313-2006-000265호

홈페이지 • http://www.hakjisa.co.kr
페이스북 • https://www.facebook.com/hakjisabook

ISBN 978-89-6330-949-1 93180

정가 19,000원

교육문화출판미디어그룹 **학지사**

학술논문서비스 **뉴논문** www.newnonmun.com
심리검사연구소 **인싸이트** www.inpsyt.co.kr
원격교육연수원 **카운피아** www.counpia.com
간호보건의학출판 **학지사메디컬** www.hakjisamd.co.kr